# 大学の
# アクティブラーニング
― 導入からカリキュラムマネジメントへ ―

河合塾 編著

東信堂

## はじめに

　学校法人河合塾　教育イノベーション本部　教育研究部では、学習者が受動的に「教わる」ことから、主体的に「学ぶ」ことへの転換が求められている今、これに関して、教育内容、教育手法、評価、教育理論などさまざまな視点から調査・研究に取り組んでおります。こうした諸活動は、高等教育機関および初等・中等教育機関の先生方の知見、実践、そして挑戦なくしては成り立ちません。そのようなお取り組みを私たちの調査・研究に向けて公開し、多くのご示唆を与えて下さっておりますことに、この場をお借りして拝謝いたします。

　本書は、河合塾大学教育力調査プロジェクトが 2010 年以来、先駆的に実施してきた「大学のアクティブラーニング調査」のこれまでの蓄積と最新の 2015 年度調査の結果に加え、大学でのアクティブラーニングの今後の方向性を、河合塾の視点から記した書籍です。

　2006 年以来、本プロジェクトでは、偏差値だけには頼らない、新たな大学評価の切り口を開発すべく、「大学の教育力とは？」という問題意識のもと、調査に取り組んできました。アクティブラーニングを中心テーマとするまでには、大学での教養教育や初年次教育をテーマとして取り上げてきましたが、それらの調査を通して痛感してきたのが、「教員が何を教えたか（教授者中心の教育）」から「学生が何をできるようになったのか（学習者中心の教育）」へと教育についてのフォーカスのポイントを移行すること、いわゆる教授・学習パラダイムの転換 (Barr & Tagg, 1995) の重要性です。そして、「学習者中心の教育がいかになされているのか」という調査課題に取り組もうとした結果生まれたのが、「大学のアクティブラーニング調査」です。

　調査を開始した 2010 年当時は、「アクティブラーニング」という単語そのものが知られておらず、実地調査の時などには、いつも説明を添える必要がありました。しかし、2016 年現在では、大学のみならず、初等・中等教育に至るまで広く浸透し、ごく一般的な単語となりつつあります。「2015 年度

大学のアクティブラーニング調査」では、アクティブラーニングという言葉だけではなく、導入そのものが広く浸透しつつある現状を踏まえ、これまで調査してきたアクティブラーニングの導入状況に加えて、2011年度から2015年度までの5年間におけるアクティブラーニング導入に関する取り組みの変化状況についても調査しました。

なぜ、私たちがここまでこだわって、大学でのアクティブラーニングの導入を調査してきたのか。その理由は、アクティブラーニング型授業を通して学生が身に付けられることの意義深さにあります。私たちが考えるアクティブラーニングの意義とは、①学修事項の定着と深い学びを可能にする、②社会で必要とされるジェネリックスキル（汎用的能力）を培う、の2点です。①については、専門知識の修得にかかわり、大学が果たすべき極めてコアな役割であると言えます。②については、不確実性の高まる現代社会を生きていくためには、どのような学生にも身に付けて巣立ってほしいスキル、態度・志向です。

2016年の現代社会では、国際的にはグローバル化・多極化の進展、新興国・地域の勃興、産業構造や就業構造の転換、国内では生産年齢人口の急減、労働生産性の低迷、地方創生への対応等、新たな時代に向けて国内外に大きな社会変動が起こっているということがあります（文部科学省、『高大接続システム改革会議「最終報告」』、2016年3月31日発表）。このような社会環境を背景として、教育においては、異なる多様な知を結びつけながら新たな付加価値を生み出す創造的な活動を行うことができる人材を、育成する必要性が唱えられています。

文部科学省が取り組む「高大接続システム改革」では、「高等学校教育」と「大学教育」、そして両者を接続する「大学入学者選抜」を、連続した一つの軸として一体的に改革するだけではなく、初等・中等教育までも巻き込んで、改革していこうと取り組まれています。

大学教育改革では、高校までに培った力を、大学教育を通じて更に向上・発展させて、学生を社会に送り出すための一貫した観点を、3つの方針として明示することが求められています。そのため、3つの方針（ディプロマポリシー、カリキュラムポリシー、アドミッションポリシー）を一体的に策定し、運用

することが、2017 年 4 月より義務付けられることになりました。

　個別大学における入学者選抜改革では、大学の 3 つの方針に基づいて「学力の 3 要素（知識・技能／思考力・判断力・表現力／主体性・多様性・協調性）」を多面的・総合的に評価できるように、入学希望者に求める能力と評価方法の関係を明確化し、それに基づいた入学者選抜へと改善することが求められています。

　高等学校教育改革では、高校での学習指導要領の見直しも行われています。例えば、教科「外国語」では、英語で情報や考えなどを互いに伝え合うことを目的とした 4 技能（聞く／読む／話す／書く）総合型の科目や、教科「情報」では、高度情報化社会に対応する情報と情報技術を、問題の発見と解決に活用するための科学的な考え等を育成する科目などが、検討されています。

　こうして教育改革が社会の変化を見据えて取り組まれていることを考えれば、社会への出口となる大学が果たすべき役割は、ますます重要なものになっていると言えるのではないでしょうか。

　本書では、「2015 年度大学のアクティブラーニング調査」の質問紙調査でいただいた 1,339 学科の回答分析と 2011 年度調査との比較、質問紙調査を踏まえて実施した実地調査での事例、さらには 2016 年 3 月に開催した「河合塾 FD セミナー － 2011 ～ 2015 年　大学のアクティブラーニングの進化と新しい課題－　導入からカリキュラムマネジメントへ」での内容を、網羅的に収録しています。2010 年度調査以来蓄積してきた知見も多く含まれていることを加味すれば、本プロジェクトがこれまで書籍や FD セミナーなどを通して発信してきた、大学のアクティブラーニングに関する情報や提言を網羅する決定版的書籍であると言っても過言ではありません。

　本書の構成は以下のようになっています。


第 1 部　河合塾からの 2015 年度大学アクティブラーニング調査報告
第 2 部　河合塾 FD セミナー　大学からの事例報告（創価大学・首都大学東京・國學院大學）
第 3 部　河合塾 FD セミナー　ラップアップ
第 4 部　2015 年度実地調査による大学個別レポート

本書のトピックスを一部ご紹介しますと、例えば、これまでアクティブラーニングを導入しづらいとされてきた法学部での、その導入に向けた取り組み事例を紹介しています。また、アクティブラーニング導入での組織的取り組みのきっかけやプロセスを「トップダウン型」「ボトムアップ型」「ミドル・アップダウン型」「学系的な特質によるもの」に類型化しています。もちろんこの整理が大切な訳ではなく、きっかけはどうあれ、学生の「学び」がより深まっていくようアクティブラーニングの導入をはじめとした教育改革が進んでいくことが、最も重要なことであるとの立場からまとめています。そして、アクティブラーニングを含む学びの仕組みづくりとその運用を、カリキュラムマネジメントの視点から提言しています。

　今後も教育の現場で「学び」を深めるために、アクティブラーニングが有効に機能することを望んでいます。本書が、未来に生きる人たちのための教育を実現するために、今できることに取り組んでいらっしゃる大学教員や教育関係者の方々に、ご活用いただければ幸いです。

　　※本書に掲載された各大学の学部・学科名称、科目名称は、特に注記のない限り、調査当時のものです。
　　※本書に掲載された図表において出典が明記されていないものは、発表者（報告者）作成のものです。

# 大目次

## 第1部　河合塾からの2015年度大学のアクティブラーニング調査報告 … 3

河合塾からの2015年度大学のアクティブラーニング調査報告 …………………………………………………… 5

## 第2部　河合塾FDセミナー　大学からの事例報告 …………… 131

事例1：創価大学 経営学部 経営学科 ………… 中村みゆき　133
事例2：首都大学東京 都市環境学部 分子応用化学
　　　　コース ……………………………………… 川上浩良　153
事例3：國學院大學 法学部 法律学科 ………… 中川孝博　171

## 第3部　河合塾FDセミナー　ラップアップ …………………… 195

アクティブラーニングと組織的改革 ……………… 溝上慎一　197

## 第4部　2015年度実地調査による大学個別レポート ………… 223

実地調査による大学・学部・学科別レポート　225

資料：質問紙調査回答学科一覧　327

# 詳細目次

はじめに i

図表一覧 xii

## 第1部　河合塾からの 2015 年度大学のアクティブラーニング調査報告 … 3

### 河合塾からの 2015 年度大学のアクティブラーニング調査報告 …… 5

#### 【Ⅰ】本調査の経緯と今回調査の目的　5
1．これまでの調査で明らかになったこと、今回調査の前提となること　5
2．2015 年度調査の視点：カリキュラムマネジメント　12

#### 【Ⅱ】質問紙調査　15
1．質問紙調査の概要　15
2．質問紙調査の結果分析　29
　(1) 初年次ゼミ　29
　(2) 専門知識の定着を目的としたアクティブラーニング科目（一般的アクティブラーニング科目）　33
　(3) 専門知識を活用し課題解決を目的としたアクティブラーニング科目（高次のアクティブラーニング科目）　36
　(4) ファシリテータとしてのSA・TA導入状況　42
　(5) 文系学科の専門ゼミ　45
　(6) 卒業論文、卒業研究　46
　(7) 反転授業の導入　47
　(8) 振り返り　48
　(9) 教育目標の設定と科目との関連性　50
　(10) アクティブラーニングへの取り組みの4年間の変化　53

#### 【Ⅲ】実地調査の分析　56

目次　vii

1．実地調査の概要：13学科を訪問しエビデンスに基づいたヒアリング調査を実施　56
2．アクティブラーニング導入への組織的取り組みの類型　57
　(1) トップダウンで導入を進めてきた事例およびすでに全学的な体制が整っている事例　58
　　創価大学　経営学部　経営学科　58
　　産業能率大学　経営学部　現代ビジネス学科　60
　　関西国際大学　人間科学部　経営学科　62
　(2) ボトムアップで導入を進めてきた事例　62
　　國學院大學　法学部　法律学科　63
　(3) ミドル・アップダウンで導入を進めてきた事例　65
　　首都大学東京　都市環境学部　分子応用化学コース　65
　　山梨大学　工学部　応用化学科　68
　　近畿大学　理工学部　電気電子工学科　70
　　神奈川工科大学　工学部　電気電子情報工学科　71
　(4) 学系的な特質から、以前よりアクティブラーニングに取り組んできた大学　72
　　関東学院大学　建築・環境学部　建築・環境学科　72
　　昭和女子大学　人間社会学部　心理学科　74
3．カリキュラムマネジメントに取り組み、PDCAが回っている大学　74
　(1) 明確な教育目標が設定され、カリキュラム設計に紐付けられている事例　75
　　首都大学東京　都市環境学部　分子応用化学コース　75
　　近畿大学　理工学部　電気電子工学科　77
　　神奈川工科大学　工学部　電気電子情報工学科　79
　　九州工業大学　工学部　機械知能工学科　80
　　東邦大学　理学部　生命圏環境科学科　82
　　関東学院大学　建築・環境学部　建築・環境学科　84
　　創価大学　経営学部　経営学科　84
　　産業能率大学　経営学部　現代ビジネス学科　85
　　関西国際大学　人間科学部　経営学科　86
　　國學院大學　法学部　法律学科　87
　　昭和女子大学　人間社会学部　心理学科　89
　(2) アクティブラーニングを軸にしたカリキュラム設計が進んでいる事例　91
　　首都大学東京　都市環境学部　分子応用化学コース　92
　　九州工業大学　工学部　機械知能工学科　96
　　神奈川工科大学　工学部　電気電子情報工学科　97

近畿大学　理工学部　電気電子工学科　100
創価大学　経営学部　経営学科　101
関西国際大学　人間科学部　経営学科　103
愛知県立大学　外国語学部　国際関係学科　106

(3) アセスメントおよび振り返りに取り組んでいる事例　108
産業能率大学　経営学部　現代ビジネス学科　108
創価大学　経営学部　経営学科　109
関西国際大学　人間科学部　経営学科　109
近畿大学　理工学部　電気電子工学科　110
愛知県立大学　外国語学部　国際関係学科　110
九州工業大学　工学部　機械知能工学科　111
首都大学東京　都市環境学部　分子応用化学コース　111
東邦大学　理学部　生命圏環境科学科　113
神奈川工科大学　工学部　電気電子工学科　113

(4) PDCAのための組織化・制度化、科目連携のための教員の協働を進めている事例　113
九州工業大学　工学部　機械知能工学科　114
神奈川工科大学　工学部　電気電子情報工学科　114
近畿大学　理工学部　電気電子工学科　115
首都大学東京　都市環境学部　分子応用化学コース　116
創価大学　経営学部　経営学科　116
産業能率大学　経営学部　現代ビジネス学科　117
神奈川工科大学　工学部　電気電子情報工学科　117
創価大学　経営学部　経営学科　118
関西国際大学　人間科学部　経営学科　118

(5) ファシリティの整備等　119
山梨大学　工学部　応用化学科　120
九州工業大学　工学部　機械知能工学科　120
神奈川大学　工学部　電気電子情報工学科　120
関東学院大学　建築・環境学部　建築・環境学科　120
産業能率大学　経営学部　現代ビジネス学科　121
関西国際大学　人間科学部　経営学科　121
愛知県立大学　外国語学部　国際関係学科　121

【Ⅳ】河合塾からの提言　122

1．カリキュラムマネジメントこそが課題である　122
　(1) カリキュラムマネジメントの重要性　122
　(2) カリキュラムデザイン：教育目標　124
　(3) カリキュラムデザイン：アセスメント　124
　(4) カリキュラムデザイン：カリキュラム設計　125
　(5) カリキュラムデザイン：3者の整合性の確保　127
　(6) カリキュラムマネジメント：組織的活動によるPDCAの実現　127
　引用・参考文献一覧　128

## 第2部　河合塾FDセミナー　大学からの事例報告……………131

### 事例1：創価大学 経営学部 経営学科
### 2011年〜2015年大学アクティブラーニングの進化と新しい課題…………………………………………中村みゆき　133

1．創価大学　建学の精神とグランドデザイン　133
2．経営学部の理念と教育目標　134
3．カリキュラム設計とアクティブラーニング導入　135
4．より深い学びに向けてのカリキュラム改善と体系化　138
5．アクティブラーニングを支えるSA　143
6．大学教育再生加速プログラム（AP）　143
7．問題解決型授業の充実　146
8．アセスメントおよび学生の振り返り　147
9．今後の課題　151
　質疑応答　152

### 事例2：首都大学東京 都市環境学部 分子応用化学コース
### カリキュラム改革とアクティブラーニング … 川上浩良　153

1．教育改革に至る背景　153
2．カリキュラム改革の進め方　155

3．カリキュラム改革の内容　160
　4．授業評価と成績にみる改革の成果　167
　5．今後の取り組み　168
　質疑応答　168

## 事例3：國學院大學 法学部 法律学科
### 國學院大學法学部(法律専攻)における法学教育改善のボトムアップ・マネジメント………………中川孝博　171
　1．全国法学部の伝統的なカリキュラムとそこへの批判　171
　2．國學院大學内の事情 2012年度〜　172
　3．國學院大學法学部内の改革の流れ　174
　4．まとめ　190
　質疑応答　192

## 第3部　河合塾FDセミナー　ラップアップ………………　195

### アクティブラーニングと組織的改革……………溝上慎一　197
　はじめに　197
　1．今日の学校教育改革の背景を確認する　197
　2．アクティブラーニングの基本的考え方を確認する　209
　3．3大学の事例報告を踏まえて　214
　4．今後の課題　218

## 第4部　2015年度実地調査による大学個別レポート…………　223

### 実地調査による大学・学部・学科別レポート……………　225
　1．首都大学東京 都市環境学部 分子応用化学コース　225
　　※2018年度より「都市環境学部 環境応用化学科」に改称
　2．東邦大学 理学部 生命圏環境科学科　237

3．神奈川工科大学 工学部 電気電子情報工学科　243
4．関東学院大学 建築・環境学部 建築・環境学科　251
5．山梨大学 工学部 応用化学科　257
6．近畿大学 理工学部 電気電子工学科　265
7．九州工業大学 工学部 機械知能工学科　272
8．國學院大學 法学部 法律学科　279
9．昭和女子大学 人間社会学部 心理学科　287
10．創価大学 経営学部 経営学科　293
11．産業能率大学 経営学部 現代ビジネス学科　301
12．愛知県立大学 外国語学部 国際関係学科　311
13．関西国際大学 人間科学部 経営学科　318


資料：質問紙調査回答学科一覧　327

解　説　359
　「河合塾からの報告」について　359
　3大学からの事例報告について　360
　法・政治学系統におけるアクティブラーニング導入の本格化について　360
　溝上慎一京都大学教授によるラップアップ講演について　362
　「大学のアクティブラーニング調査」が果たした役割について　362

謝　辞　365
講演者紹介　367

## ■図表一覧

| 図表番号 | タイトル | ページ |
|---|---|---|
| 図表 1-1 | 高次のアクティブラーニング科目・一般的アクティブラーニング科目・講義科目の関係図 | 8 |
| 図表 1-2 | 知識の3層構造と学び直し | 9 |
| 図表 1-3 | Fink によるコースデザイン＝カリキュラムデザインの概念図 | 13 |
| 図表 1-4 | カリキュラムマネジメントの概念図 | 14 |
| 図表 1-5 | 初年次ゼミ系統別実施状況（2015年度調査） | 29 |
| 図表 1-6 | 初年次ゼミ系統別実施状況（2011年度調査） | 30 |
| 図表 1-7 | 初年次ゼミ科目に含まれるアクティブラーニングの形態（2015年度調査） | 31 |
| 図表 1-8 | 初年次ゼミ科目に含まれるアクティブラーニングの形態（2011年度調査） | 33 |
| 図表 1-9 | 系統別　専門知識の定着を目的としたアクティブラーニング科目実施状況（2015年度調査） | 34 |
| 図表 1-10 | 系統別　専門知識の定着を目的としたアクティブラーニング科目実施状況（2011年度調査） | 34 |
| 図表 1-11 | 学年別系統別　専門知識の定着を目的としたアクティブラーニング科目実施状況（2015年度調査） | 35 |
| 図表 1-12 | 学年別系統別　専門知識の定着を目的としたアクティブラーニング科目実施状況（2011年度調査） | 36 |
| 図表 1-13 | 学年別系統別　課題解決を目的としたアクティブラーニング科目実施状況（2015年度調査） | 37 |
| 図表 1-14 | 学年別系統別　課題解決を目的としたアクティブラーニング科目実施状況（2011年度調査） | 38 |
| 図表 1-15 | 系統別　活用すべき専門知識を伝達する科目の記入状況（2015年度調査） | 39 |
| 図表 1-16 | 系統別　活用すべき専門知識を伝達する科目の記入状況（2011年度調査） | 40 |
| 図表 1-17 | 系統別　知識を活用し課題解決を目的としたアクティブラーニング科目における教員の協働（2015年度調査） | 41 |
| 図表 1-18 | 系統別　ファシリテータとしての SA・TA 導入状況（2015年度調査） | 43 |
| 図表 1-19 | 系統別　ファシリテータとしての SA・TA 導入状況（2011年度調査） | 44 |
| 図表 1-20 | 学年別系統別　専門ゼミ科目実施状況（2015年度調査） | 45 |
| 図表 1-21 | 学年別系統別　専門ゼミ科目実施状況（2011年度調査） | 46 |
| 図表 1-22 | 系統別　卒業論文・卒業研究履修率（2015年度調査） | 46 |
| 図表 1-23 | 系統別　卒業論文・卒業研究履修率（2011年度調査） | 47 |
| 図表 1-24 | 系統別　反転授業の導入（2015年度調査） | 48 |
| 図表 1-25 | 系統別　「知識定着を目的としたアクティブラーニング科目」における振り返り（2015年度調査） | 49 |
| 図表 1-26 | 系統別　「専門知識を活用し課題解決を目的としたアクティブラーニング科目」における振り返り（2015年度調査） | 49 |
| 図表 1-27 | 系統別　教育目標の設定と科目との関連性（2015年度調査） | 51 |
| 図表 1-28 | 系統別　学科の教育目標で設定されている能力（2015年度調査） | 52 |
| 図表 1-29 | 系統別　アクティブラーニングへの取り組みの2011年度からの変化（2015年度調査） | 54 |
| 図表 1-30 | 系統別　変化の具体（2015年度調査） | 55 |
| 図表 1-31 | 首都大学東京都市環境学部分子応用化学コースのディプロマポリシーの「獲得すべき学習成果」 | 76 |
| 図表 1-32 | 首都大学東京都市環境学部分子応用化学コースのカリキュラムマップ | 76 |

図表一覧　xiii

図表1-33　近畿大学理工学部電気電子工学科エレクトロニクス・情報通信コースの学習・
　　　　　教育到達目標とJABEE基準1との対応（抜粋） …………………………………77
図表1-34　近畿大学理工学部電気電子工学科エレクトロニクス・情報通信コースの科目
　　　　　フロー図 ………………………………………………………………………………78
図表1-35　神奈川工科大学工学部電気電子情報工学科のディプロマポリシー ……………79
図表1-36　神奈川工科大学工学部電気電子情報工学科EBコースのJABEE基準の学習・教育
　　　　　到達目標………………………………………………………………………………79
図表1-37　神奈川工科大学工学部電気電子情報工学科「電気電子応用ユニット」のシラバス …80
図表1-38　九州工業大学工学部機械知能工学科・機械工学コースの学習・到達目標 ………81
図表1-39　九州工業大学工学部機械知能工学科機械工学コースの身につけておくべき知識・
　　　　　能力と学習・教育到達目標との相関…………………………………………………81
図表1-40　九州工業大学工学部機械知能工学科「機械工学PBL」のシラバス ………………82
図表1-41　東邦大学理学部生命圏環境科学科の教育目標とディプロマポリシー ……………82
図表1-42　東邦大学理学部生命圏環境科学科「基礎化学実験」のシラバス …………………83
図表1-43　創価大学経営学部経営学科のディプロマポリシー …………………………………85
図表1-44　創価大学経営学部経営学科のラーニング・アウトカムズ（細目）………………85
図表1-45　産業能率大学経営学部現代ビジネス学科のディプロマポリシー　到達目標 ………86
図表1-46　関西国際大学のKUIS学修ベンチマーク（一部抜粋）………………………………86
図表1-47　関西国際大学人間科学部経営学科の教育達成目標（一部抜粋）……………………87
図表1-48　國學院大學法学部法律学科法律専攻の暫定的カリキュラムマップ ………………88
図表1-49　昭和女子大学人間社会学部心理学科のディプロマポリシー ………………………89
図表1-50　昭和女子大学人間社会学部心理学科のカリキュラムマップ（一部抜粋）…………90
図表1-51　首都大学東京都市環境学部分子応用化学コースのアクティブラーニングの
　　　　　フェーズと学修時間の相関…………………………………………………………93
図表1-52　首都大学東京都市環境学部分子応用化学コースの学士・修士課程6年間での英語教育 …94
図表1-54　カリキュラムマネジメントの概念図 ………………………………………………123
図表2-1-1　12点のラーニング・アウトカムズ項目……………………………………………134
図表2-1-2　アクティブラーニング沿革…………………………………………………………135
図表2-1-3　「経営基礎演習」の特徴………………………………………………………………136
図表2-1-4　「経営基礎演習」で学ぶ内容 …………………………………………………………136
図表2-1-5　「経営基礎演習」でのLTD手法 ……………………………………………………137
図表2-1-6　「グループ演習」参考テーマ一覧 …………………………………………………138
図表2-1-7　経営学部コース制のイメージ ………………………………………………………139
図表2-1-8　カリキュラムの流れ …………………………………………………………………140
図表2-1-9　アクティブラーニング科目の流れ…………………………………………………142
図表2-1-10　SA研修プログラム …………………………………………………………………144
図表2-1-11　APの概念図 …………………………………………………………………………145
図表2-1-12　4年間を通したゼミでの学び………………………………………………………145
図表2-1-13　アセスメントの仕組み ……………………………………………………………147
図表2-1-14　2つの相互評価活動による学修成果の可視化と改善の試み……………………148
図表2-1-15　アセスメント科目を介したカリキュラムに責任を持つ教員集団づくり ………149
図表2-1-16　アセスメントの結果①……………………………………………………………149
図表2-1-17　アセスメントの結果②……………………………………………………………149
図表2-1-18　アセスメントの結果③……………………………………………………………150

| | | |
|---|---|---|
| 図表 2-1-19 | ラーニングコミュニティ、ティーチングコミュニティの形成 | 151 |
| 図表 2-2-1 | アクティブラーニングのフェーズと学修時間の相関 | 159 |
| 図表 2-2-2 | 学士・修士課程6年間の分野別学習プロセス | 161 |
| 図表 2-2-3 | 学士・修士課程6年間での英語教育 | 162 |
| 図表 2-2-4 | 1年次での振り返りツールの活用 | 164 |
| 図表 2-3-1 | 國學院大學内の事情（2012年度～） | 173 |
| 図表 2-3-2 | 國學院大學法学部内改革の流れ | 174 |
| 図表 2-3-3 | ティーチング・ポートフォリオ例① | 176 |
| 図表 2-3-4 | ティーチング・ポートフォリオ例② | 177 |
| 図表 2-3-5 | ティーチング・ポートフォリオ例③ | 178 |
| 図表 2-3-6 | 法律専攻科目の具体的教育目標 | 180 |
| 図表 2-3-7 | 法律専攻の暫定的カリキュラムマップ | 181 |
| 図表 2-3-8 | 2015年度 刑事訴訟法 これだけは！シート 質問集 | 184 |
| 図表 2-3-9 | 2015年度と2009年度の期末試験結果比較 | 186 |
| 図表 2-3-10 | 初級授業の論述式期末試験の解答例（再現） | 186 |
| 図表 2-3-11 | 2014年度授業アンケート結果（授業意欲） | 187 |
| 図表 2-3-12 | 2014年度授業アンケート結果（自己効力感） | 188 |
| 図表 2-3-13 | 2014年度授業アンケート結果（自習時間） | 188 |
| 図表 3-1 | アクティブラーニング導入の組織的取り組みの類型 | 199 |
| 図表 3-2 | その人独自の能力や個性をつくるもの | 203 |
| 図表 3-3 | 教授パラダイムと学習パラダイムの特徴 | 207 |
| 図表 3-4 | 学習と成長パラダイムが導く2つの個性化 | 207 |
| 図表 3-5 | アクティブラーニングとは（定義） | 212 |
| 図表 3-6 | アクティブラーニング型授業 | 213 |
| 図表 3-7 | 一般的アクティブラーニングの「定着」とは？ | 216 |
| 図表 3-8 | 首都大学東京「生命化学Ｉ」での授業目的 | 217 |
| 図表 3-9 | 國學院大學法学部での4観点からの学力の三要素 | 221 |
| 図表 4-1 | 首都大学東京都市環境学部分子応用化学コースのディプロマポリシーの「獲得すべき学習成果」 | 228 |
| 図表 4-2 | 首都大学東京都市環境学部分子応用化学コースのカリキュラムマップ | 229 |
| 図表 4-3 | 首都大学東京都市環境学部分子応用化学コースのアクティブラーニングのフェーズと学修時間の相関 | 230 |
| 図表 4-4 | 首都大学東京都市環境学部分子応用化学コースの学士・修士課程6年間での英語教育 | 231 |
| 図表 4-5 | 東邦大学理学部生命圏環境科学科の教育目標とディプロマポリシー | 238 |
| 図表 4-6 | 東邦大学理学部生命圏環境科学科「基礎学実験」のシラバス | 239 |
| 図表 4-7 | 神奈川工科大学工学部電気電子情報工学科のディプロマポリシー | 245 |
| 図表 4-8 | 神奈川工科大学工学部電気電子情報工学科EBコースのJABEE基準の学習・教育到達目標 | 245 |
| 図表 4-9 | 神奈川工科大学工学部電気電子情報工学科「電気電子応用ユニット」のシラバス | 246 |
| 図表 4-10 | 関東学院大学建築・環境学部建築・環境学科のディプロマポリシー | 253 |
| 図表 4-11 | 山梨大学工学部応用化学科の教育目標 | 259 |
| 図表 4-12 | 近畿大学理工学部電気電子工学科エレクトロニクス・情報通信コースの学習・教育到達目標とJABEE基準1との対応 | 267 |
| 図表 4-13 | 近畿大学理工学部電気電子工学科エレクトロニクス・情報通信コースの科目 | |

| | | |
|---|---|---|
| | フロー図………………………………………………………………………… | 268 |
| 図表 4-14 | 近畿大学理工学部電気電子工学科エレクトロニクス・情報通信コース「エンジニアリングデザイン実験」の評価項目……………………………………… | 271 |
| 図表 4-15 | 九州工業大学工学部機械知能工学科・機械工学コースの学習・到達目標 ……… | 274 |
| 図表 4-16 | 九州工業大学工学部機械知能工学科機械工学コースの身につけておくべき知識・能力と学習・教育到達目標との相関………………………………………… | 274 |
| 図表 4-17 | 九州工業大学工学部機械知能工学科「機械工学 PBL」のシラバス…………………… | 275 |
| 図表 4-18 | 九州工業大学工学部機械知能工学科「機械工学 PBL」のルーブリック…………… | 279 |
| 図表 4-19 | 國學院大学法学部法律学科法律専攻の暫定的カリキュラムマップ ……………… | 282 |
| 図表 4-20 | 昭和女子大学人間社会学部心理学科のディプロマポリシー ……………………… | 288 |
| 図表 4-21 | 昭和女子大学人間社会学部心理学科のカリキュラムマップ …………………… | 288 |
| 図表 4-21 | 創価大学経営学部経営学科のディプロマポリシー ……………………………… | 296 |
| 図表 4-22 | 創価大学経営学部経営学科のラーニング・アウトカムズ（細目）……………… | 296 |
| 図表 4-24 | 産業能率大学経営学部現代ビジネス学科のディプロマポリシー到達目標 …………… | 303 |
| 図表 4-25 | 産業能率大学経営学部現代ビジネス学科の科目の分類 ………………………… | 305 |
| 図表 4-26 | 愛知県立大学外国語学部国際関係学科の教育研究上の目的とディプロマポリシー ……… | 313 |
| 図表 4-27 | 関西国際大学の KUIS 学修ベンチマーク ……………………………………… | 320 |
| 図表 4-28 | 関西国際大学人間科学部経営学科の教育達成目標 ……………………………… | 320 |
| 図表 5-1 | 高次のアクティブラーニング実施率ポイントの推移の比較（法・政治学系統と全系統）………………………………………………………………………… | 361 |

大学のアクティブラーニング
──導入からカリキュラムマネジメントへ──

# 第1部

## 河合塾からの 2015 年度
## 大学のアクティブラーニング調査報告

# 河合塾からの2015年度大学の
# アクティブラーニング調査報告

## 【Ⅰ】本調査の経緯と今回調査の目的

### 1．これまでの調査で明らかになったこと、今回調査の前提となること

　河合塾大学教育力調査プロジェクトは、2006年に偏差値を補完する大学選びの指標づくりをミッションとし、その指標を大学教育力に定めて、調査を進めてきた。「2008年度国立大学教養教育調査」「2009年度全国大学初年次教育調査」を経て、2010年度からは「大学のアクティブラーニング調査」を現在まで継続的に進めてきている。これらの成果は、『初年次教育でなぜ学生が成長するのか』『アクティブラーニングでなぜ学生が成長するのか』『「深い学び」につながるアクティブラーニング』『「学び」の質を保証するアクティブラーニング』(以上いずれも東信堂刊)の書籍にまとめられるとともに、これまで5回の大学人向けのFDセミナーを開催してきた。

　以下その内容について紹介していくが、その前にアクティブラーニングの定義について触れておきたい。

　文部科学省の用語集では「伝統的な教員による一方向的な講義形式の教育とは異なり、学習者の能動的な学習への参加を取り入れた教授・学習法の総称。学習者が能動的に学ぶことによって、後で学んだ情報を思い出しやすい、あるいは異なる文脈でもその情報を使いこなしやすいという理由から用いられる教授法。発見学習、問題解決学習、体験学習、調査学習等が含まれるが、教室内でのグループ・ディスカッション、ディベート、グループ・ワーク等

を行うことでも取り入れられる」とされている。

京都大学高等教育研究開発推進センターの溝上慎一教授の定義では次のようになる。

「一方向的な知識伝達型講義を聴くという（受動的）学習を乗り越える意味での、あらゆる能動的な学習のこと。能動的な学習には、書く・話す・発表する等の活動への関与と、そこで生じる認知プロセスの外化を伴う」

溝上教授の定義でのポイントは、後半部分の「書く・話す・発表する等の活動への関与と、そこで生じる認知プロセスの外化を伴う」という点にあり、単に能動的に身体等を動かしているだけではなく、言語化する活動への関与が不可欠であることを強調している。本調査でも、こうした溝上教授の定義を踏襲している。

また、アクティブラーニングそのものについては、学習者の行為であって、教授者が提供するものではない。

これに関連して、同教授は「（アクティブラーニングは）知識習得を目指す伝統的な教授学習観の転換を目指す文脈で用いられ、その授業においては『アクティブラーニング型授業』等として使用されるべきである」としている。

本調査では、"アクティブラーニング型授業"という表現以外にも"アクティブラーニング科目"という表現を用いている。これは授業コマ数の半数以上で、ディスカッションやプレゼンテーションなどのアクティブラーニングの形態が取り入れられている科目のことを指す。また"アクティブラーニングの導入"という表現も用いているが、これは「学生のアクティブラーニングを引き出すカリキュラムや科目等の導入」を意味している。

これらを踏まえたうえで、以下、これまでの調査で明らかにしてきたこと、および今回調査の前提となっていることを紹介する。

## 教授者中心から学習者中心へ

この一連の調査では、当初より、教育力とは「教員が何を教えたか」ではなく、「学生が何ができるようになったのか」を基準とするものと定義した。そして、そのことは必然的に「教授者中心の教育」から「学習者中心の教育」への転換を大学に促す立場に立つということでもあった。

## ミニマムスタンダードとしての「『学び』の質保証」

　これと関連して、本調査ではミニマムスタンダードとしての教育目標に焦点を当ててきた。つまり入学者の一部に対してのみ提供される教育プログラムではなく、入学者全員に最低限このレベルの能力を身につけさせるという教育プログラムが提供されているのかを重視した。それは一部の学生しか履修できない選択科目よりも、全員必修や選択必修科目の中で、どのような能力の育成が図られようとしているのかを評価するという視点であり、これを当プロジェクトは「『学び』の質保証」と定義してきた。

## 質問紙調査と実地調査の組み合わせ

　同時に、この転換は教員の一方的な講義による授業から、アクティブラーニングを含む授業への転換を意味するものと考えられた。このような視点の整理を経つつ、2010年度からの連続した「大学のアクティブラーニング調査」に取り組んできたのである。

　大学のアクティブラーニング調査の形式は、質問紙調査とその結果から抽出した実地調査の2本立てとし、質問紙調査の結果は定量的に分析するとともに、実地調査についてはプロジェクトメンバー最低3人以上が参加し合議の上で定性的な評価を行うという形で、今日まで継続している。

## 調査対象は学科のカリキュラム

　本調査が対象としているのは学科のカリキュラムである。何故ならば、学科が異なると学部が異なるほどにカリキュラム設計が異なっていることが珍しくないからである。このため大学のアクティブラーニング調査では、継続的に対象を大学全体や学部全体ではなく、学科を対象としている。ただし、2010年度調査に限っては、理系が工学部の機械工学科・電気電子工学科の"学科"を対象としたのに対し、文系では経済学部・経営学部・商学部の"学部"を対象としたが、2011年度調査以降は理系・文系とも学科を対象とすることで統一している。

## 高次のアクティブラーニングと一般的アクティブラーニングの分別

「大学のアクティブラーニング調査」では、当初よりアクティブラーニング型授業を目的に応じて「専門知識を活用して課題解決に取り組む高次のアクティブラーニング」と「専門知識の定着を目的とする一般的アクティブラーニング」の2つに分別している（**図表1-1**）。この「高次のアクティブラーニング」と「一般的アクティブラーニング」とは、目的による分類であって、グループワーク、討議、プレゼンテーションなどの具体的なアクティブラーニングの形態はどちらにも含まれる。つまり形態による分類ではない。

同時に留意しておきたいのは、高次のアクティブラーニングに取り組みつつも、学習者においては知識の学び直しが行われているという点である。

**図表1-2**で言えば、「知識の有意味な使用（使える）」に取り組んでいる際には、「知識の獲得と統合（知っている・できる）」および「知識の拡張と洗練（わかる）」レベルを学び直していることになる。小学生の算数で説明すれば、割り算を学んでいるときには九九を"使える"レベルであることが求められるが、その際には同時に九九を"知っている・できる""わかる"レベルでも学び直していることになる。

大学レベルで説明すれば、ビジネスプランを創出するという課題に取り組んでいるときには、その科目がマーケティング理論の活用を織り込んでいるとするならば、そこではマーケティング理論の学び直しが行われていくことになるのである。

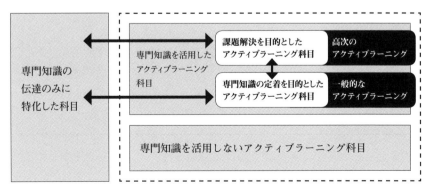

図表1-1　高次のアクティブラーニング科目・一般的アクティブラーニング科目・講義科目の関係図

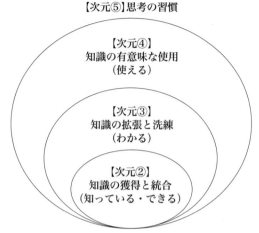

図表1-2　知識の3層構造と学び直し
出典：石井英真『現代アメリカにおける学力形成論の展開』（東信堂、2011年）より

　その意味では、高次のアクティブラーニング科目と一般的アクティブラーニング科目を完全に二分することはできないが、科目の主要な目的がどちらに重きを置いているかで、一応の区別を図ることとしてきた。そして、この目的の異なるアクティブラーニングをいかにカリキュラムの中で組み合わせるかが重要だということも、調査を通じて提言してきた。
　これまでの当プロジェクトの調査から言えることは、アクティブラーニングを取り入れたカリキュラム設計をするうえで重要なポイントとなることは以下である。

①一般的アクティブラーニングについて
　いわゆる知識を習得することが目的の従来の講義型科目においては、講義のみで終始するのではなく、毎授業において討議やグループワークなどのアクティブラーニングを組み合わせることが重要である。すべての授業でアクティブラーニングを取り入れるという取り組みが、金沢工業大学では"総合力ラーニング"としてすでに行われているが、こうした取り組みは好例である。

またアメリカ、ヨーロッパなどで"モジュール科目"と呼称されているが、同一科目の授業が週3回程度割り振られ、2回は知識伝達の講義であったとして、少なくとも1回はディスカッション等のアクティブラーニングに振り向けられるという形態もある。日本ではまだ導入例は少ないが、これも有効であろう。

②高次のアクティブラーニング科目について

知識を統合する高次のアクティブラーニング科目（ハブ科目）設置に関しては、次のような要件を満たす必要がある。
・学科の多くの教員（可能であれば何らかの形で全員）が担当する必要がある。
・このアクティブラーニング科目は少人数のグループを基本単位とし、専門知識を活用しつつ学生同士が協働して課題解決に当たることが必要である。
・複数クラスで開講される場合は、内容が統一されていなければならず、その統一のプロセス自体が教員の協働として行われる必要がある。
・他の科目との連携が組み込まれた「科目を統合する」ハブになる科目であることが必要である。
・1〜3年次に連続して配置することが望ましい。少なくとも専門ゼミが始まる以前の1年次と2年次に配置される必要がある。

これらの要件を踏まえると、高次のアクティブラーニング科目については、専門知識を統合するようにカリキュラム設計される必要があり、また授業時間外学習などの学生の負担も大きいことから、1学年に1科目程度、しかし常に学生が取り組んでいけるように連続的に配置することが望ましいということである。そして、そのためには各教員がバラバラに高次のアクティブラーニング科目を実現するのではなく、学部・学科としての教員の協働が不可欠だということである。

③教育目標の明確化、教員間での共有とＰＤＣＡを機能させる

抽象的な教育目的はミッションステートメントやディプロマポリシーで明

確化されていても、学生にどのような能力を身につけさせるのか、という具体的な教育目標が学部・学科で明確でない場合が多い。教育目標を明確化し、「どの能力育成をどの科目が担うのか」という対応関係を明確化すること(カリキュラムマップの作成等)を通じて、教員の協働の質を高め、教育改革のPDCAを機能させることが重要だということである。

ここで、教育目標を設定することの重要性について改めて触れておく。以下は、2013年度大学のアクティブラーニング調査を基にした、『「学び」の質を保証するアクティブラーニング』(河合塾編著　東信堂　2014年)からの抜粋である。

目的と目標の関係は一般的には次のように整理される。「『目的』は、『目標』に比べ抽象的で長期にわたる目あてであり、内容に重点を置いて使う。『人生の目的を立身出世に置く』◇『目標』は、目指す地点・数値・数量などに重点があり、『目標は前方三〇〇〇メートルの丘の上』『今週の売り上げ目標』のようにより具体的である」(『大辞泉』)。この整理に従えば、意義や価値観などから導かれるものが目的であり、それは必然的に定性的になる。例えば、「世界に貢献できる人材を育成する」というのは目的に他ならない。その達成についてはアウトカムとして問われることになる。
他方、目標は数値などで設定され、定量的なものである。例えば上記の目的を実現するために「全学生に卒業までにTOEICスコア700点をクリアさせる」というようなことが目標であり、その達成については定量的なアウトプットとして問われることになる。
この両者の関係は明らかに、目的が上位であり、その上位にある目的を実現するために目標が設定されることになる。

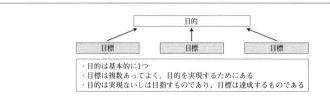

・目的は基本的に1つ
・目標は複数あってよく、目的を実現するためにある
・目的は実現ないしは目指すものであり、目標は達成するものである

図表　目的と目標との関連

このように見た時に、医療系をはじめとした資格取得を目指す学部では、全員の、または〇〇%以上の学生の資格取得ということが明確に目標として設定されている。この目標は、必然的に教員集団に共有され、その共有された目標をクリアするためにこそ、教員集団は協働する関係に入る。
工学系では、そのような資格取得を目指す学系もあるが、そうでない学系においても概ね「こ

> のような技能を有して、こうした知識を用いてこのレベルのものが設計・製作できる」というような目標が共有され、そのレベル到達に向かって教員集団が協働しているという現状がある。
> では、非資格系で社会科学系や人文系の場合はどうか。この目標が設定されていない学部・学科がほとんどなのである。もちろん、今ではほとんどの学部でディプロマポリシーが整備されているのだが、にもかかわらず達成すべき教育目標として、そのディプロマポリシーが認識されているとはとても言い難い状況が存在している。あるいは、ディプロマポリシー自体が、具体性を欠いた抽象的なものに終始して、それが教員の日々の教育活動を規定しているとはとても言えない場合も多く見受けられる。
> つまり、明確な学部・学科の組織的目標が存在しなかったり、存在しても教員間で共有されていなかったりすれば、その結果、教員個々がそれぞれに描いた目標に向かって学生を教育していくことにならざるを得ない。

　PDCAの最初に行うべきことは目標設定である。目標がなければそれがどの程度達成されたかをチェックし評価することもできない。その評価に基づかなければ、次の教育改善に結び付けることもできないはずである。
　つまりアクティブラーニングを個々の科目にバラバラに導入するだけでは不十分であり、科目間のつながりを織り込んでカリキュラムをデザインするとともに、それを実行し改革していく条件整備が問われているということである。まさにカリキュラムマネジメントが必要だということに他ならない。

## ２．2015年度調査の視点：カリキュラムマネジメント

　カリキュラムマネジメントは、これまでは日本では初等中等教育で主に用いられてきた概念であるが、当プロジェクトは大学教育においてもその重要性は変わらないことを強調しておきたい。論者によって多少の違いはあるが、概ね以下のように定義されている。

> 　カリキュラム・マネジメントとは、大学の教育理念（教育目標）を実現するために、教育活動の内容・方法（カリキュラム）上の連関性と条件整備活動（マネジメント）上の協働性の対応関係を、組織構造と組織文化を媒介としながら、P-D-C-Aサイクルを通して組織的、戦略的に動態化していく営みのことである（中留武昭, 2012）。

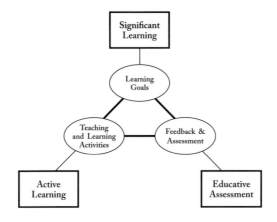

図表 1-3　Fink によるコースデザイン＝カリキュラムデザインの概念図

　一方、米オクラホマ大学の L. Dee Fink は『A Self-Directed Guide to Designing Courses for Significant Learning（意義深い学びのためにコースをデザインするための自発的ガイド）』の中で**図表 1-3** のように、教育目標と教育実践とフィードバック＆アセスメントとの 3 者の関係を描き、これが統合されたコースデザインのキーとなる要素であると指摘している。ここで言う"Designing Courses"は、本書でいうところのカリキュラムデザインとほぼ同義であり、また図表 1-3 中の"Teaching and Learning Activities"にはカリキュラム設計が含まれている。
　これらから、当プロジェクトはカリキュラムマネジメントを以下のように整理して定義する。
　ⅰ）教育目標、アセスメント、カリキュラム設計を一体的にデザインし（カリキュラムデザイン）、実施し、検証して PDCA を機能させる
　ⅱ）カリキュラム設計においては各科目の教育内容を相互に関連付ける
　ⅲ）PDCA を機能させるために、人、組織・制度、ファシリティ、資金等の条件を整備する
　これを図式化して示せば**図表 1-4** になる。図中のカリキュラム設計、カリキュラムデザイン、カリキュラムマネジメントには、いずれも"カリキュラム"という語が使われているが、階層が異なる。
　カリキュラム設計は、科目のつながりを意識したカリキュラムそのものを

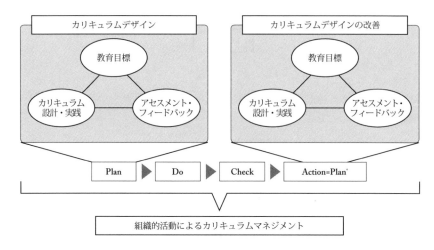

**図表1-4 カリキュラムマネジメントの概念図**

つくることである。これに対してカリキュラムデザインは、教育目標の設定とカリキュラム設計とアセスメント・フィードバックを一体的にデザインすることである。

そしてこのカリキュラムデザイン(Plan)を実践(Do)し、その結果を検証(Check)し、次の改善されたカリキュラムデザイン(Action=Plan´)につながるように機能させていくこと、しかもこのプロセスを組織的に行うことがカリキュラムマネジメントなのである(この図では、ファシリティや資金等の条件整備については割愛している)。

このようなカリキュラムマネジメントの視点から見た場合、この4年間の大学のアクティブラーニングはどれほど進化してきたのだろうか。以下、調査の報告を行う。

## 【Ⅱ】質問紙調査

## 1．質問紙調査の概要

### ■調査対象

調査対象は 2015 年度カリキュラムとした。

医・歯・薬、獣医学系統の 6 年制の学科、教員養成系学部等の資格取得を目的とした学科、生活科学系、芸術・体育学系の学科を除く（看護は調査対象）すべての系統の学科を対象に、全国公立大学と 1 学年定員 500 人以上の私立大学の 3,624 学科の学科長に対して質問紙を送付し、e-mail および郵便にて 1,339 学科から回答をいただいた（回収率 37%）。

送付対象を学部ではなく学科としているのは、同じ学部内であっても学科によってカリキュラム編成が大きく異なる場合があるためである。また同一学科の中でも、専攻・課程やコースによってカリキュラムの設計が異なる場合は、専攻・課程やコースごとに回答いただくよう依頼した。

### ■調査時期

質問紙発送：2015 年 6 月　　質問紙回収：2015 年 6 月〜 2015 年 7 月

### ■系統別回答状況

| 系統 | 回答学科数 |
|---|---|
| 文・人文・外国語 | 362 |
| 社会・国際 | 127 |
| 法・政治 | 77 |
| 経済・経営・商 | 211 |
| 理 | 78 |
| 工（建築除く） | 289 |

| 系統 | 回答学科数 |
|---|---|
| 建築 | 31 |
| 農・林・水産 | 64 |
| 看護・保健・福祉 | 26 |
| 生活科学 | 6 |
| 芸術・体育 | 5 |
| 総合・環境・人間・情報 | 63 |

| 系統 | 回答学科数 |
|---|---|
| 全体 | 1,339 |

一部の私立大からは、調査対象外の学科からも回答があった。以降の質問紙調査集計では、生活科学系統、芸術・体育学系統も含めて掲載しているが、それらの系統についてはサンプル数が少ないため、分析の対象からは除外している。

　なお、比較対象として掲載している 2011 年度調査は、以下のように対象系統を限定しており、また、回答学科もパネル調査として継続しているものではない。このため、本年度の調査と 2011 年度調査との厳密な比較はできていないということを前提として本報告をご覧いただきたい。

（2011 年度調査の対象学科系統）

| 学部系統 | 学科系統 |
|---|---|
| 文・人文・外国語学系 | 日本文学系、英米文学系、外国語・コミュニケーション学系 |
| 社会・国際学系 | 社会学系（観光・ジャーナリズム含む）、国際関係学系 |
| 法・政治学系 | 法律系、政治・行政学系 |
| 経済・経営・商学系 | 経済学系、経営学系、商・会計学系 |
| 教育学系 | 教育学・教育心理学系、小等・中等教育教員養成課程(国語科、数学科) |
| 理学系 | 数学系、物理系、化学系、 |
| 工学系 | 機械工学系、電気・電子工学系、通信・情報工学系、建築学系 |
| 生物生産・応用生命学系 | 生物生産学系、応用生命学系 |
| 総合・環境・人間・情報学系 | 総合政策学系、環境科学系、人間科学系、情報メディア学系 |

■質問の構成

　本年度調査の質問は、2011 年当時のものに加え、現在の我々の問題意識を反映した内容を追加している。質問の構成は、以下の通りである。

```
(1) 初年次ゼミ
(2) 専門知識の定着を目的としたアクティブラーニング科目
(3) 専門知識を活用し課題解決を目的としたアクティブラーニング科目
(4) 専門ゼミ・専門研究
(5) 卒業論文・卒業研究
(6) 学科の教育目標と各科目との関係性
(7) アクティブラーニングへの取り組みの 4 年間の変化
```

(1)〜(5)の質問については、これまでの調査で継続的に質問している項目で、学科の正課のカリキュラムにおけるアクティブラーニング科目の網羅的な調査である。大学4年間を通じて、学生が履修するアクティブラーニング型授業科目に関し、どのような科目が、どのような年次・学期に配置され、それらで実施されているアクティブラーニングとはどのようなものかということを明らかにするものである。

　(6)(7)については、本年度追加した項目である。

　(6)は、教育目標で掲げられている能力および、その能力と科目との関係についての調査である。個々のアクティブラーニングに関する取り組みは、それを取り巻く学びから独立して実施されるのではなく、明確な教育目標のもとに設計されたカリキュラムの中に他の学びと関連付けられながら埋め込まれているべきであるという考えのもと、教育目標として設定されている学生が獲得すべき能力と、それらの教育目標と科目との関連付けを問うている。

　(7)は、2011年度から比較したアクティブラーニングに関する取り組みの変化を問うている。

　調査依頼時には、2011年度調査において回答いただいた学科については、当時の回答も同封し、比較しながらご回答いただけるように配慮した。

# 2015年度 大学のアクティブラーニング調査

エクセルファイルにてご回答いただける方は、以下のURLからダウンロードをお願いいたします。

http://www.kawaiijuku.jp/research/activelearning/
（短縮URL http://goo.gl/3ZVoug ）

■2015年度の貴学科についてお答えください。
注）学科ではなく、専攻、コースあるいは課程ごとに記入される場合にのみ、専攻、コース・課程欄にもご記入下さい。

大学名 _____  学部名 _____  学科名 _____ （専攻・コース・課程 _____ ）

学科の1年生の定員 _____ 人　　（専攻・コース・課程の1年生の定員 _____ 人）

学科設置年度 西暦 _____ 年度　　（専攻・コース・課程設置年度 西暦 _____ 年度）

■ご回答くださった方についてお答えください。

|  |  | （フリガナ） |  |
|---|---|---|---|
| ご回答者 | 所属 |  |  |
|  | 役職 | お名前 |  |
| ご連絡先 | TEL |  | FAX |
|  | e-mail |  |  |
| ご住所 | 〒 |  |  |

※ ご記入いただいた個人情報は、ご回答内容に関する問い合わせ、及び、調査報告書の発送、及び、今回調査報告に関する案内のためのみに使用いたします。

1) 本調査で対象とする科目（対象科目）　※ 2015年度のカリキュラムが対象

一般教育科目 ─┬─ 外国語、体育および情報（コンピュータ）リテラシー以外の科目でアクティブラーニングを含む科目
　　　　　　　├─ 外国語、体育および情報（コンピュータ）リテラシー以外の科目でアクティブラーニングを含まない科目
　　　　　　　└─ 外国語、体育および情報（コンピュータ）リテラシー科目

専門科目 ─┬─ 講義 ──────── アクティブラーニングを含まない講義（座学）
　　　　　├─ 演義 ──────── アクティブラーニングを含む分義
　　　　　├─ 実験・実習
　　　　　├─ 専門ゼミ・専門研究
　　　　　└─ 卒業論文・卒業研究
　　　　　　　（双方向、少人数で行われ、卒論・卒研につながる科目）

<除外する科目>
a. 就業支援科目は除きます。
2011年4月から義務化された社会的・職業的自立に関する指導等には、面接指導、履歴書の書き方、資格取得講座などの「就業支援科目」と、学生の職業観、勤労観などの取り組みなどの「キャリアデザイン科目」がありますが、学生の職業観、勤労観などの取り組みなどの「キャリアデザイン科目」は調査対象から除外しております。
b. 初年次ゼミに関する質問以外では、他学部や全学共通組織が開講している科目は除外して下さい。

2) 本調査におけるアクティブラーニング科目

「講義」科目
「グループワーク」、「ディベート」、「フィールドワーク」、「プレゼンテーション」、「振り返り」のアクティブラーニングの5つの形態のうちのいずれかが、全開講回数のうち延べ半数以上で実施されている。

「演習」科目および「実験・実習」科目
「グループワーク」、「ディベート」、「フィールドワーク」、「プレゼンテーション」、「振り返り」のアクティブラーニングの5つの形態のうちのいずれかが、全開講回数のうち1回以上実施されている。

3) 本調査におけるアクティブラーニング科目の目的別分類とその定義

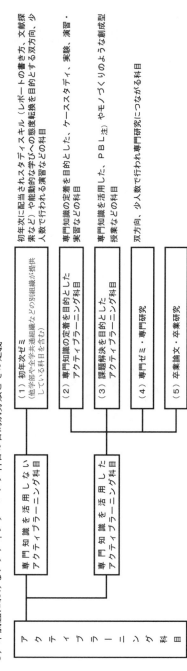

アクティブラーニング科目
├─ 専門知識を活用しないアクティブラーニング科目
│　　├─ (1) 初年次ゼミ（他学部や全学共通組織などの別組織が提供している科目を含む）……初年次に配当されスタディスキル（レポートの書き方、文献探索など）や能動的な学びへの態度転換を目的として、少人数で行われる演習などの科目
│　　└─ (2) 専門知識の定着を目的としたアクティブラーニング科目……専門知識の定着を目的とした、ケーススタディ、実験、演習・実習などの科目
└─ 専門知識を活用したアクティブラーニング科目
　　　├─ (3) 課題解決を目的としたアクティブラーニング科目……専門知識を活用した、PBL（注）やモノづくりのような創成型授業などの科目
　　　├─ (4) 専門ゼミ・専門研究……双方向、少人数で行われる専門研究につながる科目
　　　└─ (5) 卒業論文・卒業研究

注：PBL（project/problem based learning）とは、課題発見、解決型学習のことで、学習者が自ら課題を発見し、その解決を図ることを通して学びを深めるような学習方法のことです。

以下の設問では、貴学科のアクティブラーニング科目を上記の分類ごとにご記入下さい。
例えば、双方向、少人数で実験などで、"専門知識の定着" と "課題解決" の両方を目的とした科目がある場合、比重が最も大きいいずれかの分類にご記入下さい。

(1) 初年次ゼミ　※他学部や全学共通組織などの別組織が提供している科目を含む

「初年次ゼミ」とは、初年次に配当されるスタディスキル（レポートの書き方、文献授業など）や能動的な学びへの態度転換を目的とする少人数で行われる演習などの科目のことです。

【記入欄】

SA：2年生以上の学部生
TA：大学院生
ファシリテータ：単なるプリント配布や回収などの事務的な業務だけではなく、受講生に対して直接アドバイスを行って授業進行を補佐するようなもの
※該当する後枠に✓。
開講講座が全1講座の場合、1講座のみで実施していれば全講座で✓を入れて下さい。

| 初年次ゼミの科目名 | 目的と内容(50字以内) | 提供組織 | | | 必修/選択 | 履修率(%) | 配置セメスター | 科目に含まれているアクティブラーニングの形態 | | | | | | 担当講師(ラス)数 | ⇒複数教員の協働内容(複数教員が担当する場合) |
|---|---|---|---|---|---|---|---|---|---|---|---|---|---|---|---|
| | | 全学 | 学部 | 組織 | 必修/選択 | | 前期・後期 学期 | グループディスカッション | プレゼンテーション | フィールドワーク | 振り返り(内容理解や復習) | 授業時間外学習(宿題) | | | |
| | | | | | | x<20<br>20≦x<40<br>40≦x<60<br>60≦x<80<br>x≧80 | | | | | | | | | |
| | | | | | | x<20<br>20≦x<40<br>40≦x<60<br>60≦x<80<br>x≧80 | | | | | | | | | |
| | | | | | | x<20<br>20≦x<40<br>40≦x<60<br>60≦x<80<br>x≧80 | | | | | | | | | |

注）記入欄が足りない場合には当用紙をコピーし、それに記入してください。

## (2) 専門知識の定着を目的としたアクティブラーニング科目

- 専門知識の定着を目的としたアクティブラーニング科目とは、専門知識の定着を目的として、スタディ、実験、演習・実習などの科目を実施していることです。
- 科目の目的が他のアクティブラーニングの分類と重なる場合、比重が最も大きい分類の回答欄に回答してください。

【記入欄】

| 配置セメスター | | | | 専門知識の定着を目的としたアクティブラーニング科目名 | 専門知識定着の方法 (50字以内) | 定着させる専門知識を伝達している科目 | 必修／選択 | 履修率 (%) | 振り返り | カテゴリー | 担当教員 |
|---|---|---|---|---|---|---|---|---|---|---|---|
| 1年次 | 2年次 | 3年次 | 4年次 | | | | | | | | |
| 前期／後期 | 前期／後期 | 前期／後期 | 前期／後期 | | | | 必修 | x<20, 20≤x<40, 40≤x<60, 60≤x<80, x≥80 | | | |
| | | | | | | | 選択 | x<20, 20≤x<40, 40≤x<60, 60≤x<80, x≥80 | | | |
| | | | | | | | 科目 | x<20, 20≤x<40, 40≤x<60, 60≤x<80, x≥80 | | | |

注）記入欄が足りない場合には当用紙をコピーし、それに記入してください。

【記入欄】

配置セメスター
注1：配置されているセメスターに「✓」を附印して下さい。通期科目・場合は両期の欄の両期に「✓」を記入して下さい。
注2：複数年次に渡る科目の場合は、ドリルを推定させている科目のみを「✓」を記入して下さい。

| 1年次 | | 2年次 | | 3年次 | | 4年次 | | 専門知識の定着を目的としたアクティブラーニング科目名 | 専門知識定着の方法 (50字以内) 記入例えば、ドリル、実験、小テスト、グループワーク、教え合いなど、どのような方法・手段で知識を定着させているのかお答え下さい。 | 定着させる専門知識を伝達している科目 ※定着させるべき知識を当該科目で伝達している場合と、当該科目とは別科目で伝達している場合があります。当該科目で伝達している場合は、当該科目を記入下さい。なお、当該科目以外で伝達している場合には"同科目"と記入して下さい。 | 当該科目の授業方法（各学年の場合を除く） | 必修/選択 ※所属学科の選択科目一覧のコピーとしている場合、当該科目として選択して下さい。 | | 必修/選択 →選択科目の場合 履修率 (x%) ※所属学科で選択科目として扱い、学科内の進学に絞った場合、学科内の選択率として記入して下さい。 | 振り返り ※該当するもののみ「✓」 基本的に2回に1時間程度内容理解や科目について振り返りをする | 振り返り 基本的に3回に1回程度毎に振り返り活動をしている | カテゴリー ※Sカテゴリーあるいはその他を「✓」として下さい。授業に関わる全てを一括して講座(クラス)で導入 | 開講区分 | 担当教員数 (クラス数) |
|---|---|---|---|---|---|---|---|---|---|---|---|---|---|---|---|---|---|---|
| 前期 | 後期 | 前期 | 後期 | 前期 | 後期 | 前期 | 後期 | | | | | 必修 | 選択 | 科目 | | | | |
| | | | | | | | | | | | | | | x<20 20≦x<40 40≦x<60 60≦x<80 x≧80 | | | | |
| | | | | | | | | | | | | | | x<20 20≦x<40 40≦x<60 60≦x<80 x≧80 | | | | |
| | | | | | | | | | | | | | | x<20 20≦x<40 40≦x<60 60≦x<80 x≧80 | | | | |
| | | | | | | | | | | | | | | x<20 20≦x<40 40≦x<60 60≦x<80 x≧80 | | | | |

注）記入欄が足りない場合には当用紙をコピーし、それに記入して下さい。

(3) 専門知識を活用し課題解決を目的としたアクティブラーニング科目

- 「課題解決を目的としたアクティブラーニング科目」とは、専門知識を活用して、PBLやモノづくりのような創成型授業などに取り組む科目のことです。PBL (project/problem based learning) とは、その解決を図ることを通して学びを深めるような学習方法のことです。
- 記入欄に収まらない場合は、当該科目のアクティブラーニングの分類も重なる場合、比重が最も大きい分類の回答欄に回答してください。

【記入欄】

注1. 配置されているセメスターに、該当期間の欄には該当箇所に○、通年の内容は、1学期目と当該2・3学期目の両方の欄に記入してください。
注2. 指定されていない科目が早期に配置されている場合、2～4年次の各欄にに

| 配置セメスター | | | | 課題解決を目的としたアクティブラーニング科目名 | 授業内容 (50字以内) | 活用すべき専門知識を伝達している科目 | 必修/選択 | | 振り返り | | | 開講講座 (クラス) | | 担当教員 (複数教員の協働内容) |
|---|---|---|---|---|---|---|---|---|---|---|---|---|---|---|
| 1年次 前後期 | 2年次 前後期 | 3年次 前後期 | 4年次 前後期 | | | | 必修/選択 | 選択科目 | | | | | | |
| | | | | | | | | | | | x<20 | | | |
| | | | | | | | | | | | 20≦x<40 | | | |
| | | | | | | | | | | | 40≦x<60 | | | |
| | | | | | | | | | | | 60≦x<80 | | | |
| | | | | | | | | | | | x≧80 | | | |
| | | | | | | | | | | | x<20 | | | |
| | | | | | | | | | | | 20≦x<40 | | | |
| | | | | | | | | | | | 40≦x<60 | | | |
| | | | | | | | | | | | 60≦x<80 | | | |
| | | | | | | | | | | | x≧80 | | | |
| | | | | | | | | | | | x<20 | | | |
| | | | | | | | | | | | 20≦x<40 | | | |
| | | | | | | | | | | | 40≦x<60 | | | |
| | | | | | | | | | | | 60≦x<80 | | | |
| | | | | | | | | | | | x≧80 | | | |

注) 記入欄が足りない場合には当用紙をコピーし、それに記入してください。

【記入欄】

| 配置セメスター | | | | | 課題解決を目的としたアクティブラーニング科目名 | 授業内容(50字以内) | 活用すべき専門知識を伝達している科目 | 必修/選択 | | 振り返り 該当するものに✓ | | | SAあるいはTAがアクティビティなどとして授業に関わるか? 該当するものに✓ | | 開講講座 | 担当教員数 | ⇒複数教員の協働内容(複数教員が担当する場合) |
|---|---|---|---|---|---|---|---|---|---|---|---|---|---|---|---|---|---|
| 1年次 | 2年次 | 3年次 | 4年次 | | | | | 必修/選択 | ⇒選択科目の場合 履修率(%) | 振り返り内容の整理を行っているか | 振り返り・理解度について | 毎回基本的に1時間3分以上 | 毎回基本的に2時間3分以上 | 全講座(クラス)して導入 | 一部の講座(クラス)で導入 | | |
| 前期 後期 | 前期 後期 | 前期 後期 | 前期 後期 | | | 必修科目 選択科目 | | | | | | | | | | | |
| | | | | | | | | | x<20 | | | | | | | | |
| | | | | | | | | | 20≦x<40 | | | | | | | | |
| | | | | | | | | | 40≦x<60 | | | | | | | | |
| | | | | | | | | | 60≦x<80 | | | | | | | | |
| | | | | | | | | | x≧80 | | | | | | | | |
| | | | | | | | | | x<20 | | | | | | | | |
| | | | | | | | | | 20≦x<40 | | | | | | | | |
| | | | | | | | | | 40≦x<60 | | | | | | | | |
| | | | | | | | | | 60≦x<80 | | | | | | | | |
| | | | | | | | | | x≧80 | | | | | | | | |
| | | | | | | | | | x<20 | | | | | | | | |
| | | | | | | | | | 20≦x<40 | | | | | | | | |
| | | | | | | | | | 40≦x<60 | | | | | | | | |
| | | | | | | | | | 60≦x<80 | | | | | | | | |
| | | | | | | | | | x≧80 | | | | | | | | |

注)記入欄が足りない場合には当用紙をコピーし、それに記入してください。

## （4）専門ゼミ・専門研究

該当する選択肢に「✓」を記してください。なお、専門ゼミ・専門研究では、指導教官・研究室ごとにそれぞれ別科目として扱われていることがありますが、ここでは専門ゼミや専門研究そのものを1科目として記入してください。

記入例：
- 2年次後期に「プレ演習」（選択科目、履修率90％）、3年次通期に必修科目「演習Ⅰ」、4年次通期に必修科目「演習Ⅱ（卒業研究）」が配置されている。
- 各演習とも講座数は20講座である。

| 科目名 | 必修／選択 ※該当する選択肢に「✓」 | | 選択科目である場合の履修率（x%） ※卒業までに学科学生の何％が履修しますか？ 該当する履修率に「✓」を記してください。 | | | | | 配置されているセメスター | | | | | | | ゼミあるいは講座の開設数 |
|---|---|---|---|---|---|---|---|---|---|---|---|---|---|---|---|
| | 必修 | 選択 | x<20 | 20≦x<40 | 40≦x<60 | 60≦x<80 | x≧80 | 2年次前期 | 2年次後期 | 3年次前期 | 3年次後期 | 4年次前期 | 4年次後期 | | |
| プレ演習 | | ✓ | | | | | | | ✓ | | | | | | 20 |
| 演習Ⅰ | ✓ | | | | | | | | | ✓ | ✓ | | | | 20 |
| 演習Ⅱ（卒業研究） | ✓ | | | | | | | | | | | ✓ | ✓ | | 20 |

【記入欄】

| 科目名 | 必修／選択 ※該当する選択肢に「✓」 | | 選択科目である場合の履修率（x%） ※卒業までに学科学生の何％が履修しますか？ 該当する履修率に「✓」を記してください。 | | | | | 配置されているセメスター | | | | | | | ゼミあるいは講座の開設数 |
|---|---|---|---|---|---|---|---|---|---|---|---|---|---|---|---|
| | 必修 | 選択 | x<20 | 20≦x<40 | 40≦x<60 | 60≦x<80 | x≧80 | 2年次前期 | 2年次後期 | 3年次前期 | 3年次後期 | 4年次前期 | 4年次後期 | | |
| | | | | | | | | | | | | | | | |
| | | | | | | | | | | | | | | | |
| | | | | | | | | | | | | | | | |
| | | | | | | | | | | | | | | | |

注）記入欄が足りない場合には当用紙をコピーし、それに記入してください。

(5) 卒業論文・卒業研究　※ 卒業レポートのみの場合、卒業実験のみの場合は含みません。

チェック欄には該当する選択肢を「✓」して下さい。

| 番号 | 設問 | 選択肢 | チェック欄 | 番号にしたがってお進みください。 |
|---|---|---|---|---|
| ① | 卒業論文・卒業研究はありますか？ | ある<br>ない | 択一 | ②へ<br>次頁へ |
| ② | 卒業論文・卒業研究がある場合、それは全員必須ですか？ | 全員必須とされている<br>必須とされていない | 択一 | ③へ<br>④へ |
| ③ | 卒業論文・卒業研究が全員必須とされている場合、論文の執筆量などの規定はありますか？ 規定がある場合には、選択肢に「✓」したうえで、その下の＜記入欄＞にその量の規定について記述してください。 | 最低限の量規定がある<br>＜量規定の記入欄＞<br><br>量の規定は無い | 択一 | ⑥へ |
| ④ | 卒業論文・卒業研究が全員必須とされていない場合、学科1学年の学生数を母数として、卒業論文・卒業研究に取り組む学生の割合はおよそどのくらいですか？ | 20%未満<br>20%以上 40%未満<br>40%以上 60%未満<br>60%以上 80%未満<br>80%以上 100%未満<br>100% | 択一 | ⑤へ |
| ⑤ | 卒業論文・卒業研究が全員必須とされていない理由はどのようなものですか？ また、卒業論文・卒業研究が全員必須である必要がない場合、その理由について下の＜記入欄＞に記述してください。 | 必要であるが、やむを得ず必須としていない<br>全員必須である必要がない<br>＜その理由 記入欄＞ | 択一 | ⑥へ |
| ⑥ | 卒業論文・卒業研究がある場合、その審査は誰が行いますか？ | 複数教員により審査が行われる<br>担当教員のみの審査が行われる | 択一 | ⑦へ |
| ⑦ | 卒業論文・卒業研究がある場合、審査（評価）において、明文化された審査（評価）基準チェックシートはありますか？ | ある<br>ない | 択一 | ⑧へ |
| ⑧ | 卒業論文・卒業研究がある場合、その発表はどのように行われますか？（複数回答可） | 卒論（卒研）発表会が行われている<br>全員参加のポスターセッションがある<br>優秀論文のみの発表会がある<br>卒論（卒研）発表会は行われていない | 複数回答可 | ⑨へ |
| ⑨ | 卒論（卒研）発表会が行われている場合、全員の口頭発表はありますか？ | 全員の口頭発表がある<br>全員の口頭発表はない | 択一 | 次頁へ |
| ⑩ | 卒論（卒研）発表会が行われている場合、その発表は成績に反映されますか？ | 反映される<br>反映されない | 択一 | 次頁へ |

## (6) 学科の教育目標と各科目との関係性

| | 該当する項目に「✓」 | 近似の能力名 |
|---|---|---|
| ① 学科として学生に獲得させるべき能力が明文化され、学生に提示されている。 | | |
| ② 上記①の能力と各科目の対応関係を示した右図のようなマトリックス等が作成されている。 | | |
| ③ 上記の対応関係がシラバスに提示されている。 | | |
| ④ ①で提示されている能力に「✓」を付けてください。※近似の能力の場合、「✓」の右側に実際に表記されている能力名を記入してください。（学科の特性を問わず必要とされる汎用的能力＝ジェネリックスキルについてのみお答えください） 情報収集力 / 情報分析力 / 課題発見力 / 構想力 / 表現力 / 実行力 / 親和力 / 協働力 / 統率力 / 問題解決力 | | |
| その他の能力（右欄に具体的に能力名を記入してください） | | |

### 科目と能力の対応表の例（記載されている能力は一例です）

学修成果との関連
◎：強く関連　○：関連　△：やや関連

| 科目名 | 情報収集力 | 情報分析力 | 課題発見力 | 構想力 | 表現力 | 実行力 | 国際社会に関する知識の理解 | 経営に関する知識の理解 | 数量的スキル | コミュニケーションスキル |
|---|---|---|---|---|---|---|---|---|---|---|
| 基礎ゼミ | ◎ | ◎ | ◎ | ○ | ◎ | ◎ | ◎ | ◎ | △ | ◎ |
| ミクロ経済学 | ◎ | ◎ | ◎ | | △ | | ◎ | ◎ | | |
| マクロ経済学 | ◎ | ◎ | ◎ | △ | | | ◎ | ◎ | | ◎ |
| ボランティア実践 | △ | △ | | | ◎ | ◎ | | | | ◎ |
| マーケティング | | ◎ | ◎ | | | | | | | |
| 組織マネジメント | | | | ○ | ○ | | | | | ◎ |

## （7）アクティブラーニングへの取り組みの4年間の変化

①4年前の2011年度と比較して、アクティブラーニングへの取り組みに変化がありましたか。あてはまるものに「✓」を付けてください。

☐大きく進んだ　☐やや進んだ　☐変化していない　☐後退した

②上記①で、「大きく進んだ」「やや進んだ」を選択された場合、当てはまる内容に「✓」を入れ、変化の内容を具体的にご記入ください。（複数回答可）

☐学科・学部・全学等の
組織・施策の変化　⇒

☐学科における
教員個人の変化　⇒

☐学科・学部・全学における
ICTやファシリティ等の変化　⇒

以上、ご協力ありがとうございました。

## 2．質問紙調査の結果分析

### (1) 初年次ゼミ

①系統別実施状況

・初年次ゼミ科目の履修率をポイントに換算。

必須＝6、80％以上＝5、60％〜80％＝4、40％〜60％＝3、20〜40％＝2、20％以下＝1、履修率の記載なし＝1

半期科目は、上記ポイントの2分の1とする。

・複数の科目を設置している場合は、ポイントを積み上げ、上限を6点とする。

・系統ごとに平均ポイントを算出。

| 系統 | 全体 | | 国公立大 | | 私立大 | |
|---|---|---|---|---|---|---|
| | 対象学科数 | 平均ポイント | 対象学科数 | 平均ポイント | 対象学科数 | 平均ポイント |
| 文・人文・外国語 | 362 | 4.6 | 13 | 3.3 | 349 | 4.7 |
| 社会・国際 | 127 | 4.8 | 7 | 4.6 | 120 | 4.8 |
| 法・政治 | 77 | 4.8 | 13 | 3.9 | 64 | 5.0 |
| 経済・経営・商 | 211 | 4.6 | 27 | 4.2 | 184 | 4.6 |
| 理 | 78 | 3.2 | 25 | 3.8 | 53 | 3.0 |
| 工（建築除く） | 288 | 3.8 | 76 | 3.7 | 212 | 3.8 |
| 建築 | 32 | 3.1 | 6 | 1.1 | 26 | 3.6 |
| 農・林・水産 | 64 | 3.2 | 23 | 3.3 | 41 | 3.1 |
| 看護・保健・福祉 | 26 | 3.3 | 4 | 2.3 | 22 | 3.5 |
| 生活科学 | 6 | 2.5 | | | 6 | 2.5 |
| 芸術・体育 | 5 | 3.3 | | | 5 | 3.3 |
| 総合・環境・人間・情報 | 63 | 4.0 | 16 | 2.9 | 47 | 4.4 |
| 全体 | 1,339 | 4.2 | 210 | 3.6 | 349 | 4.7 |

2011年度からの変化が顕著

**図表1-5　初年次ゼミ系統別実施状況（2015年度調査）**

2011年度調査でも2015年度調査でも総じて文系学科の方が平均ポイントが高い。

平均ポイントから初年次ゼミ科目の設置状況をイメージすると、おおむね文系学科では通期もしくは半期で1科目、理系学科では半期に1科目が、必修で設置されているのが一般的な状況と言えよう。

2011年度調査と比較すると、特に文・人文・外国語、法・政治、経済・経営・

| 系統 | 全体 || 国公立大 || 私立大 ||
|---|---|---|---|---|---|---|
| | 対象学科数 | 平均ポイント | 対象学科数 | 平均ポイント | 対象学科数 | 平均ポイント |
| 文・人文・外国語 | 132 | 3.8 | 5 | 4.2 | 127 | 3.7 |
| 社会・国際 | 84 | 4.6 | 7 | 2.5 | 77 | 4.8 |
| 法・政治 | 75 | 4.3 | 11 | 3.7 | 64 | 4.4 |
| 経済 | 76 | 4.2 | 16 | 3.7 | 60 | 4.3 |
| 経営・商 | 129 | 4.3 | 15 | 3.3 | 114 | 4.4 |
| 教育 | 46 | 3.0 | 29 | 2.2 | 17 | 4.4 |
| 理 | 64 | 3.0 | 30 | 3.3 | 34 | 2.8 |
| 工（建築除く） | 204 | 3.1 | 59 | 2.6 | 145 | 3.3 |
| 建築 | 36 | 3.2 | 10 | 2.5 | 26 | 3.4 |
| 生物生産・応用生命 | 31 | 2.9 | 14 | 3.3 | 17 | 2.6 |
| 総合・環境・人間・情報 | 75 | 4.3 | 14 | 3.1 | 61 | 4.5 |
| 全体 | 952 | 3.7 | 210 | 2.9 | 742 | 4.0 |

**図表1-6　初年次ゼミ系統別実施状況（2011年度調査）**

商、工（建築除く）の系統で顕著に増加しており、全体の平均ポイントアップにつながっている。

　おおむね国公立大よりも私立大の方がポイントは高い。ただし、国公立大の場合は全学共通の設置科目についてアンケートに記載されていない学科もあり、それが平均を下げている要因とも考えられる。

②初年次ゼミ科目に含まれるアクティブラーニングの形態
・科目ごとにアクティブラーニングの各要素の実施頻度をポイントに換算。
　頻度大＝3、頻度中＝2、頻度小＝1、記載なし＝0
・系統ごとに平均ポイントを算出。

全体の傾向は、2011年度調査での傾向とほぼ変わらず、「グループ学習」「プレゼンテーション」のポイントが高い。

2015年度調査では、「振り返り」を「振り返り（内容理解）」と「振り返り（チーム・他者）」に分割して聞いた。これは、高次のアクティブラーニングに関する「振り返り」についても同様である。

2011年度調査では「振り返り」という項目のみであったが、どちらかといえば後者の「チーム・他者」に比重を置いたものであった。学生への面倒見は、学生を自律・自立化させるためのプロセスであるべきであり、学生が自らPDCAサイクルを回していけるように成長するために、振り返りとそこへの

第1部 河合塾からの2015年度大学のアクティブラーニング調査報告 31

| 全体 | 対象科目数 | グループ学習 | ディベート | フィールドワーク | プレゼンテーション | 振り返り(内容理解) | 振り返り(チーム・他者) | 時間外学習 |
|---|---|---|---|---|---|---|---|---|
| 文・人文・外国語 | 717 | 1.8 | 1.2 | 0.9 | 1.7 | 1.7 | 1.4 | 1.5 |
| 社会・国際 | 257 | 1.7 | 1.2 | 0.8 | 1.6 | 1.4 | 1.2 | 1.3 |
| 法・政治 | 214 | 1.6 | 1.2 | 0.8 | 1.5 | 1.4 | 1.2 | 1.4 |
| 経済・経営・商 | 464 | 1.6 | 1.1 | 0.8 | 1.4 | 1.4 | 1.1 | 1.3 |
| 理 | 129 | 1.6 | 0.9 | 0.7 | 1.5 | 1.4 | 1.1 | 1.5 |
| 工（建築除く） | 525 | 1.9 | 1.3 | 1.0 | 1.5 | 1.7 | 1.4 | 1.7 |
| 建築 | 42 | 1.6 | 0.8 | 0.7 | 1.9 | 0.8 | 0.9 | 1.4 |
| 農・林・水産 | 72 | 2.0 | 1.5 | 1.2 | 1.8 | 1.4 | 1.4 | 1.6 |
| 看護・保健・福祉 | 28 | 2.6 | 1.1 | 0.8 | 1.8 | 1.8 | 1.8 | 1.6 |
| 生活科学 | 4 | 2.3 | 1.3 | 1.8 | 1.5 | 1.8 | 2.0 | 1.3 |
| 芸術・体育 | 6 | 1.2 | 0.8 | 0.7 | 1.2 | 2.0 | 0.8 | 2.3 |
| 総合・環境・人間・情報 | 107 | 2.1 | 1.3 | 0.9 | 1.7 | 1.7 | 1.6 | 1.8 |
| 全体 | 2,565 | 1.8 | 1.2 | 0.9 | 1.6 | 1.6 | 1.3 | 1.5 |

| 国公立大 | 対象科目数 | グループ学習 | ディベート | フィールドワーク | プレゼンテーション | 振り返り(内容理解) | 振り返り(チーム・他者) | 時間外学習 |
|---|---|---|---|---|---|---|---|---|
| 文・人文・外国語 | 14 | 2.3 | 1.9 | 0.9 | 1.9 | 2.1 | 1.8 | 1.1 |
| 社会・国際 | 32 | 0.7 | 0.6 | 0.3 | 0.7 | 0.5 | 0.5 | 0.7 |
| 法・政治 | 38 | 1.0 | 0.7 | 0.6 | 0.9 | 0.6 | 0.5 | 0.9 |
| 経済・経営・商 | 101 | 0.7 | 0.5 | 0.3 | 0.7 | 0.6 | 0.4 | 0.7 |
| 理 | 40 | 1.8 | 0.8 | 0.5 | 1.3 | 1.4 | 0.6 | 1.6 |
| 工（建築除く） | 134 | 2.1 | 1.3 | 0.9 | 1.6 | 1.8 | 1.5 | 1.8 |
| 建築 | 3 | 1.3 | 1.3 | 0.8 | 1.3 | 0.6 | 1.0 | 1.3 |
| 農・林・水産 | 32 | 2.1 | 1.5 | 1.3 | 1.6 | 1.5 | 1.6 | 1.5 |
| 看護・保健・福祉 | 2 | 3.0 | 2.0 | 1.0 | 1.5 | 1.5 | 1.5 | 1.5 |
| 総合・環境・人間・情報 | 22 | 1.9 | 1.2 | 0.9 | 1.6 | 2.0 | 2.0 | 1.4 |
| 全体 | 418 | 1.5 | 1.0 | 0.7 | 1.2 | 1.3 | 1.0 | 1.3 |

| 私立大 | 対象科目数 | グループ学習 | ディベート | フィールドワーク | プレゼンテーション | 振り返り(内容理解) | 振り返り(チーム・他者) | 時間外学習 |
|---|---|---|---|---|---|---|---|---|
| 文・人文・外国語 | 703 | 1.8 | 1.2 | 0.9 | 1.7 | 1.7 | 1.4 | 1.5 |
| 社会・国際 | 225 | 1.8 | 1.3 | 0.9 | 1.7 | 1.5 | 1.3 | 1.4 |
| 法・政治 | 176 | 1.8 | 1.3 | 0.9 | 1.6 | 1.6 | 1.4 | 1.5 |
| 経済・経営・商 | 363 | 1.9 | 1.2 | 0.9 | 1.7 | 1.6 | 1.3 | 1.4 |
| 理 | 89 | 1.5 | 1.0 | 0.8 | 1.6 | 1.5 | 1.3 | 1.4 |
| 工（建築除く） | 391 | 1.9 | 1.2 | 1.0 | 1.4 | 1.6 | 1.4 | 1.6 |
| 建築 | 39 | 1.6 | 0.8 | 0.7 | 1.9 | 0.8 | 0.9 | 1.4 |
| 農・林・水産 | 40 | 2.0 | 1.5 | 1.0 | 1.9 | 1.4 | 1.2 | 1.7 |
| 看護・保健・福祉 | 26 | 2.6 | 1.1 | 0.8 | 1.8 | 1.8 | 1.8 | 1.6 |
| 生活科学 | 4 | 2.3 | 1.3 | 1.8 | 1.5 | 1.8 | 2.0 | 1.3 |
| 芸術・体育 | 6 | 1.2 | 0.8 | 0.7 | 1.2 | 2.0 | 0.8 | 2.3 |
| 総合・環境・人間・情報 | 85 | 2.1 | 1.4 | 0.9 | 1.8 | 1.7 | 1.5 | 1.9 |
| 全体 | 2,147 | 1.8 | 1.2 | 0.9 | 1.6 | 1.6 | 1.4 | 1.5 |

▨ 2011年度からの変化が顕著

**図表1-7 初年次ゼミ科目に含まれるアクティブラーニングの形態（2015年度調査）**

教員のコミットメントがあるかを問うものであった。2015年度調査では、学習内容を振り返ることにより、学んだ内容の定着を図るという面を付加した。

初年次ゼミ科目においては、「振り返り（内容理解）」と「振り返り（チーム・他者）」では、おおむね内容理解の振り返りよりも、チームや他者に対するかかわりについての振り返りの頻度が少ないことが注目される。「グループ学習」は、どの系統でも高いが、グループでの活動を振り返るタイミングは多くないようだ。グループ学習を行う目的の一つには、他者と協働する能力を身に付けることがあると思われるが、その活動に対する振り返りがあまり組み込まれていないというギャップが存在している。

| 全体 | 対象科目数 | グループ学習 | ディベート | フィールドワーク | プレゼンテーション | 振り返り | 時間外学習 |
|---|---|---|---|---|---|---|---|
| 文・人文・外国語 | 187 | 1.6 | 1.2 | 0.7 | 1.6 | 1.5 | 1.6 |
| 社会・国際 | 128 | 1.9 | 1.6 | 0.8 | 2.0 | 1.5 | 1.6 |
| 法・政治 | 114 | 1.8 | 1.5 | 0.8 | 1.8 | 1.3 | 1.5 |
| 経済 | 112 | 1.8 | 1.4 | 0.8 | 1.8 | 1.4 | 1.5 |
| 経営・商 | 193 | 2.0 | 1.3 | 0.8 | 1.8 | 1.4 | 1.5 |
| 教育 | 58 | 2.1 | 1.4 | 1.0 | 1.9 | 2.0 | 1.9 |
| 理 | 85 | 1.9 | 1.2 | 0.8 | 1.7 | 1.3 | 1.9 |
| 工（建築除く） | 257 | 2.0 | 1.2 | 1.0 | 1.4 | 1.5 | 1.6 |
| 建築 | 43 | 2.4 | 1.6 | 1.5 | 2.1 | 1.4 | 1.8 |
| 生物生産・応用生命 | 34 | 2.3 | 1.4 | 1.0 | 1.6 | 1.1 | 1.4 |
| 総合・環境・人間・情報 | 131 | 1.9 | 1.2 | 0.9 | 1.6 | 1.6 | 1.5 |
| 全体 | 1,342 | 1.9 | 1.3 | 0.9 | 1.7 | 1.4 | 1.6 |

| 国公立大 | 対象科目数 | グループ学習 | ディベート | フィールドワーク | プレゼンテーション | 振り返り | 時間外学習 |
|---|---|---|---|---|---|---|---|
| 文・人文・外国語 | 7 | 2.1 | 2.1 | 1.0 | 2.7 | 1.1 | 1.9 |
| 社会・国際 | 7 | 1.3 | 1.0 | 0.6 | 1.9 | 1.1 | 1.6 |
| 法・政治 | 13 | 1.9 | 2.2 | 1.2 | 2.1 | 1.6 | 2.2 |
| 経済 | 22 | 1.9 | 1.9 | 1.1 | 2.4 | 1.3 | 2.1 |
| 経営・商 | 18 | 1.7 | 1.6 | 0.8 | 2.1 | 1.0 | 1.5 |
| 教育 | 25 | 1.9 | 1.3 | 1.2 | 1.7 | 1.6 | 1.4 |
| 理 | 38 | 1.9 | 1.1 | 0.8 | 1.9 | 0.9 | 1.9 |
| 工（建築除く） | 58 | 1.9 | 1.2 | 0.9 | 1.3 | 1.2 | 1.6 |
| 建築 | 10 | 2.4 | 1.5 | 1.8 | 2.0 | 1.5 | 1.9 |
| 生物生産・応用生命 | 20 | 2.4 | 1.6 | 1.2 | 1.9 | 1.2 | 1.5 |
| 総合・環境・人間・情報 | 18 | 1.3 | 0.9 | 0.6 | 1.3 | 0.8 | 1.1 |
| 全体 | 236 | 1.9 | 1.4 | 1.0 | 1.8 | 1.2 | 1.7 |

| 私立大 | 対象科目数 | グループ学習 | ディベート | フィールドワーク | プレゼンテーション | 振り返り | 時間外学習 |
|---|---|---|---|---|---|---|---|
| 文・人文・外国語 | 180 | 1.5 | 1.2 | 0.7 | 1.6 | 1.5 | 1.6 |
| 社会・国際 | 121 | 2.0 | 1.6 | 0.8 | 2.0 | 1.5 | 1.6 |
| 法・政治 | 101 | 1.8 | 1.4 | 0.8 | 1.8 | 1.3 | 1.5 |
| 経済 | 90 | 1.8 | 1.3 | 0.7 | 1.7 | 1.4 | 1.3 |
| 経営・商 | 175 | 2.0 | 1.3 | 0.8 | 1.8 | 1.4 | 1.5 |
| 教育 | 33 | 2.2 | 1.4 | 0.8 | 2.0 | 2.3 | 2.3 |
| 理 | 47 | 2.0 | 1.3 | 0.8 | 1.6 | 1.6 | 1.9 |
| 工（建築除く） | 199 | 2.0 | 1.3 | 1.0 | 1.4 | 1.6 | 1.6 |
| 建築 | 33 | 2.4 | 1.6 | 1.4 | 2.1 | 1.4 | 1.7 |
| 生物生産・応用生命 | 14 | 2.2 | 1.2 | 0.9 | 1.1 | 1.0 | 1.3 |
| 総合・環境・人間・情報 | 113 | 2.0 | 1.3 | 0.9 | 1.7 | 1.7 | 1.6 |
| 全体 | 1,106 | 1.9 | 1.3 | 0.8 | 1.7 | 1.5 | 1.6 |

**図表1-8　初年次ゼミ科目に含まれるアクティブラーニングの形態（2011年度調査）**

## （2）専門知識の定着を目的としたアクティブラーニング科目（一般的アクティブラーニング科目）

①系統別実施状況

・履修率をポイントに換算。

必須＝6、80％以上＝5、60％～80％＝4、40％～60％＝3、20～40％＝2、20％以下＝1、履修率の記載なし＝1。半期科目は、上記ポイントの2分の1。

・数の科目を設置している場合は、ポイントを積み上げ、上限を6点とする。
・系統ごとに平均ポイントを算出。

2011年度と比較すると、理学系統での減少、および総合・環境・人間・情報学系統でほぼ変化がないほかは、どの系統でも増加しており、全体の平均ポイントは2011年度の3.5ポイントから4.2ポイントへ大きく上昇している。

知識定着を目的とした旧来の講義科目がアクティブラーニングを含むものへと変化していることが推測できる。

本調査では、各学科で専門知識の定着を目的としたアクティブラーニング科目（一般的アクティブラーニング科目）の設置数がそれほど多くないことを前提として、極端な例を排除するために、科目数がいかに多くてもポイントの

| 系統 | 全体 | | 国公立大 | | 私立大 | |
|---|---|---|---|---|---|---|
| | 対象学科数 | 平均ポイント | 対象学科数 | 平均ポイント | 対象学科数 | 平均ポイント |
| 文・人文・外国語 | 362 | 4.3 | 13 | 3.3 | 349 | 4.3 |
| 社会・国際 | 127 | 4.5 | 7 | 4.0 | 120 | 4.5 |
| 法・政治 | 77 | 3.1 | 13 | 2.0 | 64 | 3.3 |
| 経済・経営・商 | 211 | 2.7 | 27 | 2.1 | 184 | 2.8 |
| 理 | 78 | 4.4 | 25 | 4.6 | 53 | 4.3 |
| 工（建築除く） | 288 | 5.0 | 76 | 5.2 | 212 | 4.9 |
| 建築 | 32 | 5.1 | 6 | 4.5 | 26 | 5.2 |
| 農・林・水産 | 64 | 4.9 | 23 | 5.1 | 41 | 4.8 |
| 看護・保健・福祉 | 26 | 5.2 | 4 | 6.0 | 22 | 5.0 |
| 生活科学 | 6 | 3.0 | | | 6 | 3.0 |
| 芸術・体育 | 5 | 3.5 | | | 5 | 3.7 |
| 総合・環境・人間・情報 | 63 | 3.9 | 16 | 4.4 | 47 | 3.8 |
| 全体 | 1,339 | 4.2 | 210 | 4.3 | 1,129 | 4.2 |

▬ 2011年度からの変化が顕著

**図表 1-9　系統別　専門知識の定着を目的としたアクティブラーニング科目実施状況（2015年度調査）**

上限を6点としている。しかし平均ポイントが4.2に達している現状を鑑みると、実際の科目数はさらに増えていると思われる。

| 系統 | 全体 | | 国公立大 | | 私立大 | |
|---|---|---|---|---|---|---|
| | 対象学科数 | 平均ポイント | 対象学科数 | 平均ポイント | 対象学科数 | 平均ポイント |
| 文・人文・外国語 | 132 | 3.8 | 5 | 3.5 | 127 | 3.8 |
| 社会・国際 | 84 | 3.3 | 7 | 3.6 | 77 | 3.2 |
| 法・政治 | 75 | 1.6 | 11 | 0.8 | 64 | 1.7 |
| 経済 | 76 | 1.1 | 16 | 0.4 | 60 | 1.2 |
| 経営・商 | 129 | 2.3 | 15 | 1.6 | 114 | 2.4 |
| 教育 | 46 | 3.4 | 29 | 3.5 | 17 | 3.4 |
| 理 | 64 | 4.9 | 30 | 5.1 | 34 | 4.8 |
| 工（建築除く） | 204 | 4.8 | 59 | 4.3 | 145 | 5.0 |
| 建築 | 36 | 4.9 | 10 | 4.5 | 26 | 5.1 |
| 生物生産・応用生命 | 31 | 4.6 | 14 | 4.9 | 17 | 4.3 |
| 総合・環境・人間・情報 | 75 | 4.0 | 14 | 3.6 | 61 | 4.1 |
| 全体 | 952 | 3.5 | 210 | 3.6 | 742 | 3.5 |

**図表 1-10　系統別　専門知識の定着を目的としたアクティブラーニング科目実施状況（2011年度調査）**

②学年別系統別実施状況

・履修率をポイントに換算。
　必須＝6、80％以上＝5、60％～80％＝4、40％～60％＝3、20～40％＝2、20％以下＝1、履修率の記載なし＝1。半期科目は、上記ポイントの2分の1。
・複数の科目を設置している場合は、ポイントを積み上げ、学年ごとの上限を2点とする。
・複数年次に開講されている場合は、最も低い学年にポイントを算入する。
・系統ごとに平均ポイントを算出。

| 系統 | 該当学科数 | 1年平均実施率ポイント | 2年平均実施率ポイント | 3年平均実施率ポイント | 4年平均実施率ポイント |
|---|---|---|---|---|---|
| 文・人文・外国語 | 362 | 0.9 | 1.4 | 1.0 | 0.7 |
| 社会・国際 | 127 | 0.8 | 1.4 | 1.3 | 0.9 |
| 法・政治 | 77 | 0.6 | 1.1 | 0.8 | 0.7 |
| 経済・経営・商 | 211 | 0.6 | 0.9 | 0.8 | 0.6 |
| 理 | 78 | 1.1 | 1.4 | 1.1 | 0.2 |
| 工（建築除く） | 288 | 1.1 | 1.5 | 1.3 | 0.3 |
| 建築 | 32 | 1.0 | 1.4 | 1.4 | 0.3 |
| 農・林・水産 | 64 | 1.1 | 1.4 | 1.2 | 0.3 |
| 看護・保健・福祉 | 26 | 1.7 | 1.7 | 1.4 | 1.0 |
| 生活科学 | 6 | 1.0 | 1.0 | 1.0 | 1.0 |
| 芸術・体育 | 5 | 0.4 | 1.3 | 1.4 | 0.4 |
| 総合・環境・人間・情報 | 63 | 0.7 | 1.4 | 1.1 | 0.4 |
| 全体 | 1,339 | 0.9 | 1.3 | 1.1 | 0.6 |

■ 1.4ポイント以上の学年・系統

**図表1-11　学年別系統別　専門知識の定着を目的としたアクティブラーニング科目実施状況（2015年度調査）**

いずれの学科系統でも、専門科目が増加する2年次でポイントが高くなる。
　看護・保健・福祉学系統は、1年次～4年次まで連続して一般的アクティラーニング科目が配置されている。これは、完全習得型の実習などが多く組み込まれているためと思われる。
　2011年度調査では、ほとんどポイントがなかった4年次においても、特に

| 系統 | 該当学科数 | 1年平均実施率ポイント | 2年平均実施率ポイント | 3年平均実施率ポイント | 4年平均実施率ポイント |
|---|---|---|---|---|---|
| 文・人文・外国語 | 132 | 0.8 | 1.2 | 0.8 | 0.1 |
| 社会・国際 | 84 | 0.4 | 1.0 | 0.8 | 0.1 |
| 法・政治 | 75 | 0.2 | 0.5 | 0.4 | 0.0 |
| 経済 | 76 | 0.3 | 0.3 | 0.2 | 0.0 |
| 経営・商 | 129 | 0.4 | 0.8 | 0.4 | 0.1 |
| 教育 | 46 | 0.5 | 0.9 | 0.8 | 0.4 |
| 理 | 64 | 1.3 | 1.5 | 1.3 | 0.1 |
| 工（建築除く） | 204 | 1.1 | 1.4 | 1.3 | 0.2 |
| 建築 | 36 | 1.1 | 1.3 | 1.3 | 0.1 |
| 生物生産・応用生命 | 31 | 0.7 | 1.3 | 1.2 | 0.2 |
| 総合・環境・人間・情報 | 75 | 0.8 | 1.3 | 1.1 | 0.2 |
| 全体 | 952 | 0.7 | 1.1 | 0.9 | 0.1 |

**図表1-12　学年別系統別　専門知識の定着を目的としたアクティブラーニング科目実施状況（2011年度調査）**

文系学科において、ポイントが増えている。ゼミ・卒業論文が中心となる4年次においても、アクティブラーニングによって知識の定着が図られるようになってきた。

(3) 専門知識を活用し課題解決を目的としたアクティブラーニング科目（高次のアクティブラーニング科目）

①学年別、系統別実施状況

・履修率をポイントに換算。

　必須＝6、80％以上＝5、60％〜80％＝4、40％〜60％＝3、20〜40％＝2、20％以下＝1、　履修率の記載なし＝1。半期科目は、上記ポイントの2分の1とする。

・1学年で複数の科目を設置している場合はポイントを積み上げ、1学年の上限を6点とする。

・学年、系統ごとに平均ポイントを算出。

第 1 部　河合塾からの 2015 年度大学のアクティブラーニング調査報告　37

| 系統 | 全体 | | | |
|---|---|---|---|---|
| | 対象学科数 | 2年平均実施率ポイント | 3年平均実施率ポイント | 4年平均実施率ポイント |
| 文・人文・外国語 | 362 | 1.0 | 1.4 | 1.0 |
| 社会・国際 | 127 | 1.3 | 1.4 | 1.1 |
| 法・政治 | 77 | 0.6 | 0.7 | 0.5 |
| 経済・経営・商 | 211 | 1.0 | 1.1 | 0.8 |
| 理 | 78 | 0.4 | 0.8 | 0.4 |
| 工（建築除く） | 288 | 1.2 | 2.1 | 0.4 |
| 建築 | 32 | 3.3 | 3.2 | 1.0 |
| 農・林・水産 | 64 | 1.0 | 1.8 | 0.6 |
| 看護・保健・福祉 | 26 | 2.9 | 2.3 | 2.1 |
| 生活科学 | 6 | 0.8 | 1.5 | 2.2 |
| 芸術・体育 | 5 | 1.1 | 1.0 | 2.0 |
| 総合・環境・人間・情報 | 63 | 1.4 | 1.5 | 0.4 |
| 全体 | 1,339 | 1.1 | 1.5 | 0.8 |

■ 2.0ポイント以上の学年・系統
■ 0.8ポイント以下の学年・系統

| 系統 | 国公立大 | | | | 私立大 | | | |
|---|---|---|---|---|---|---|---|---|
| | 対象学科数 | 2年平均実施率ポイント | 3年平均実施率ポイント | 4年平均実施率ポイント | 対象学科数 | 2年平均実施率ポイント | 3年平均実施率ポイント | 4年平均実施率ポイント |
| 文・人文・外国語 | 13 | 1.5 | 1.8 | 0.9 | 349 | 1.0 | 1.4 | 1.0 |
| 社会・国際 | 7 | 2.2 | 1.7 | 1.2 | 120 | 1.3 | 1.3 | 1.1 |
| 法・政治 | 13 | 0.8 | 0.8 | 0.7 | 64 | 0.6 | 0.7 | 0.4 |
| 経済・経営・商 | 27 | 0.8 | 0.6 | 0.4 | 184 | 1.1 | 1.2 | 0.8 |
| 理 | 25 | 0.4 | 1.0 | 0.2 | 53 | 0.4 | 0.8 | 0.5 |
| 工（建築除く） | 76 | 1.2 | 2.6 | 0.6 | 212 | 1.2 | 2.0 | 0.3 |
| 建築 | 6 | 2.1 | 1.7 | 0.6 | 26 | 3.5 | 3.6 | 1.1 |
| 農・林・水産 | 23 | 0.6 | 1.6 | 0.8 | 41 | 1.2 | 1.9 | 0.4 |
| 看護・保健・福祉 | 4 | 0.8 | 1.5 | 3.8 | 22 | 3.3 | 2.5 | 1.8 |
| 生活科学 | | | | | 6 | 0.8 | 1.5 | 2.2 |
| 芸術・体育 | | | | | 5 | 1.1 | 1.0 | 2.0 |
| 総合・環境・人間・情報 | 16 | 1.3 | 2.4 | 0.2 | 47 | 1.4 | 1.1 | 0.5 |
| 全体 | 210 | 1.0 | 1.8 | 0.6 | 1,129 | 1.2 | 1.5 | 0.8 |

**図表 1-13　学年別系統別　課題解決を目的としたアクティブラーニング科目実施状況（2015 年度調査）**

　専門知識を活用し課題解決を目的としたアクティブラーニング科目（高次のアクティブラーニング科目）の設置は、いずれの系統においても、2011 年度調査と比較して増加している。全体平均で 2 年次 0.5 → 1.1、3 年次 0.8 → 1.5、4 年次 0.3 → 0.8 である。

学年ごとの平均ポイントでは、4年次に1.0ポイントを割っているが、これとは別に4年次にはゼミや卒業論文が設けられていることを踏まえると、各年次に高次のアクティブラーニング科目が設置されるようになってきたと言える。

系統別に見ると、建築が各学年で高く、またPBLに取り組む看護・保健・福祉学系統も同様に各学年で高い。

逆に低いのは、法・政治学系統と理学系統だが、これらの系統も2011年度のポイントからは大きく上昇している。

| 系統 | 全体 | | | |
|---|---|---|---|---|
| | 対象学科数 | 2年平均実施率ポイント | 3年平均実施率ポイント | 4年平均実施率ポイント |
| 文・人文・外国語 | 132 | 0.5 | 0.7 | 0.4 |
| 社会・国際 | 84 | 0.6 | 0.7 | 0.5 |
| 法・政治 | 75 | 0.1 | 0.3 | 0.2 |
| 経済 | 76 | 0.4 | 0.3 | 0.2 |
| 経営・商 | 129 | 0.5 | 0.6 | 0.5 |
| 教育 | 46 | 0.4 | 0.6 | 0.4 |
| 理 | 64 | 0.0 | 0.2 | 0.0 |
| 工（建築除く） | 204 | 0.6 | 1.6 | 0.1 |
| 建築 | 36 | 1.5 | 1.9 | 0.3 |
| 生物生産・応用生命 | 31 | 0.3 | 0.3 | 0.1 |
| 総合・環境・人間・情報 | 75 | 0.8 | 0.9 | 0.5 |
| 全体 | 952 | 0.5 | 0.8 | 0.3 |

| 系統 | 国公立大 | | | | 私立大 | | | |
|---|---|---|---|---|---|---|---|---|
| | 対象学科数 | 2年平均実施率ポイント | 3年平均実施率ポイント | 4年平均実施率ポイント | 対象学科数 | 2年平均実施率ポイント | 3年平均実施率ポイント | 4年平均実施率ポイント |
| 文・人文・外国語 | 5 | 0.7 | 0.6 | 0.5 | 127 | 0.5 | 0.7 | 0.4 |
| 社会・国際 | 7 | 0.3 | 0.5 | 0.1 | 77 | 0.6 | 0.7 | 0.6 |
| 法・政治 | 11 | 0.0 | 0.1 | 0.2 | 64 | 0.1 | 0.3 | 0.2 |
| 経済 | 16 | 0.4 | 0.0 | 0.0 | 60 | 0.4 | 0.3 | 0.2 |
| 経営・商 | 15 | 0.4 | 0.2 | 0.2 | 114 | 0.5 | 0.7 | 0.6 |
| 教育 | 29 | 0.3 | 0.6 | 0.3 | 17 | 0.7 | 0.6 | 0.6 |
| 理 | 30 | 0.0 | 0.3 | 0.0 | 34 | 0.0 | 0.1 | 0.0 |
| 工（建築除く） | 59 | 0.4 | 1.5 | 1.2 | 145 | 0.6 | 1.6 | 0.1 |
| 建築 | 10 | 1.0 | 3.0 | 0.0 | 26 | 1.6 | 1.5 | 0.4 |
| 生物生産・応用生命 | 14 | 0.7 | 0.6 | 0.3 | 17 | 0.0 | 0.0 | 0.0 |
| 総合・環境・人間・情報 | 14 | 0.6 | 0.3 | 0.0 | 61 | 0.9 | 1.0 | 0.7 |
| 全体 | 210 | 0.4 | 0.8 | 0.2 | 742 | 0.5 | 0.8 | 0.4 |

**図表1-14　学年別系統別　課題解決を目的としたアクティブラーニング科目実施状況（2011年度調査）**

②活用すべき専門知識を伝達する科目の記入状況

高次のアクティブラーニング科目について、当該科目で活用すべき専門知識を伝達する科目名を聞いた。その記入率を系統別にまとめる。
「同科目」や「全科目」などの回答も含めている。

| 系統 | 全体 | | | 国公立大 | | | 私立大 | | |
|---|---|---|---|---|---|---|---|---|---|
| | 対象科目数 | 科目記入 | 科目記入率 | 対象科目数 | 科目記入 | 科目記入率 | 対象科目数 | 科目記入 | 科目記入率 |
| 文・人文・外国語 | 674 | 466 | 69.1% | 34 | 30 | 88.2% | 640 | 436 | 68.1% |
| 社会・国際 | 265 | 164 | 61.9% | 18 | 14 | 77.8% | 247 | 150 | 60.7% |
| 法・政治 | 97 | 77 | 79.4% | 12 | 8 | 66.7% | 85 | 69 | 81.2% |
| 経済・経営・商 | 406 | 289 | 71.2% | 36 | 22 | 61.1% | 370 | 267 | 72.2% |
| 理 | 91 | 67 | 73.6% | 32 | 22 | 68.8% | 59 | 45 | 76.3% |
| 工（建築除く） | 632 | 482 | 76.3% | 179 | 131 | 73.2% | 453 | 351 | 77.5% |
| 建築 | 160 | 127 | 79.4% | 16 | 15 | 93.8% | 144 | 112 | 77.8% |
| 農・林・水産 | 156 | 125 | 80.1% | 51 | 38 | 74.5% | 105 | 87 | 82.9% |
| 看護・保健・福祉 | 154 | 81 | 52.6% | 16 | 1 | 6.3% | 138 | 80 | 58.0% |
| 生活科学 | 18 | 6 | | | | | 18 | 6 | |
| 芸術・体育 | 10 | 7 | | | | | 10 | 7 | |
| 総合・環境・人間・情報 | 153 | 120 | 78.4% | 42 | 36 | 85.7% | 111 | 84 | 75.7% |
| 全体 | 2,816 | 2,011 | 71.4% | 436 | 317 | 72.7% | 2,380 | 1,694 | 71.2% |

2011年度からの変化が顕著

図表 1-15　系統別　活用すべき専門知識を伝達する科目の記入状況（2015年度調査）

①で見たように、2011年度調査と比較して、高次のアクティブラーニング科目の設置が拡大する一方で、そこで活用すべき専門知識を伝達する科目の記入率は78.2%から71.4%に低下している。

他の科目との連携などが考慮されないまま、PBLなどの高次のアクティブラーニング科目が形式的に導入されているのではないか。高次のアクティブラーニングの導入そのものが目的化していることが懸念される。

| 系統 | 全体 | | | 国公立大 | | | 私立大 | | |
|---|---|---|---|---|---|---|---|---|---|
| | 対象科目数 | 科目記入 | 科目記入率 | 対象科目数 | 科目記入 | 科目記入率 | 対象科目数 | 科目記入 | 科目記入率 |
| 文・人文・外国語 | 209 | 160 | 76.6% | 5 | 3 | 60.0% | 204 | 157 | 77.0% |
| 社会・国際 | 118 | 104 | 88.1% | 10 | 10 | 100.0% | 108 | 94 | 87.0% |
| 法・政治 | 57 | 46 | 80.7% | 11 | 7 | 63.6% | 46 | 39 | 84.8% |
| 経済 | 59 | 27 | 45.8% | 18 | 7 | 38.9% | 41 | 20 | 48.8% |
| 経営・商 | 161 | 123 | 76.4% | 13 | 9 | 69.2% | 148 | 114 | 77.0% |
| 教育 | 30 | 24 | 80.0% | 19 | 18 | 94.7% | 11 | 6 | 54.5% |
| 理 | 15 | 9 | 60.0% | 7 | 3 | 42.9% | 8 | 6 | 75.0% |
| 工（建築除く） | 338 | 280 | 82.8% | 80 | 66 | 82.5% | 258 | 214 | 82.9% |
| 建築 | 135 | 110 | 81.5% | 31 | 16 | 51.6% | 104 | 94 | 90.4% |
| 生物生産・応用生命 | 19 | 17 | 89.5% | 14 | 12 | 85.7% | 5 | 5 | 100.0% |
| 総合・環境・人間・情報 | 186 | 138 | 74.2% | 17 | 17 | 100.0% | 169 | 121 | 71.6% |
| 全体 | 1,327 | 1,038 | 78.2% | 225 | 168 | 74.7% | 1,102 | 870 | 78.9% |

**図表 1-16　系統別　活用すべき専門知識を伝達する科目の記入状況（2011 年度調査）**

③知識を活用し課題解決を目的としたアクティブラーニング科目における教員の協働

　高次のアクティブラーニング科目において、どのような教員の協働が行われているかを、科目ごとに聞いた。各項目について、教員の協働が「有る」と回答のあった科目の割合を系統ごとにまとめた。

　この質問項目は、2015 年度調査で新たに加えたものである。

| 全体 | 対象科目数 | 授業内容の企画・検討 | シラバスの作成 | 授業運営 | 教材作成 | 評価基準の統一 | ルーブリックの作成 |
|---|---|---|---|---|---|---|---|
| 文・人文・外国語 | 674 | 17.7% | 15.1% | 14.8% | 10.4% | 13.6% | 5.6% |
| 社会・国際 | 265 | 33.2% | 30.9% | 23.4% | 20.0% | 27.9% | 7.5% |
| 法・政治 | 97 | 15.5% | 15.5% | 14.4% | 7.2% | 14.4% | 2.1% |
| 経済・経営・商 | 406 | 27.3% | 24.6% | 22.2% | 17.0% | 22.4% | 6.2% |
| 理 | 91 | 57.1% | 62.6% | 52.7% | 42.9% | 52.7% | 12.1% |
| 工(建築除く) | 632 | 54.7% | 48.1% | 54.9% | 42.9% | 51.1% | 19.6% |
| 建築 | 160 | 62.5% | 56.3% | 62.5% | 52.5% | 58.1% | 10.0% |
| 農・林・水産 | 156 | 60.3% | 59.0% | 56.4% | 43.6% | 53.8% | 15.4% |
| 看護・保健・福祉 | 154 | 61.0% | 58.4% | 64.3% | 49.4% | 57.1% | 16.2% |
| 生活科学 | 18 | 27.8% | 11.1% | 27.8% | 5.6% | 22.2% | 0.0% |
| 芸術・体育 | 10 | 20.0% | 20.0% | 20.0% | 20.0% | 10.0% | 10.0% |
| 総合・環境・人間・情報 | 153 | 49.7% | 47.7% | 46.4% | 28.8% | 41.8% | 8.5% |
| 全体 | 2,816 | 39.1% | 35.8% | 36.4% | 27.8% | 34.7% | 10.6% |

| 国公立大 | 対象科目数 | 授業内容の企画・検討 | シラバスの作成 | 授業運営 | 教材作成 | 評価基準の統一 | ルーブリックの作成 |
|---|---|---|---|---|---|---|---|
| 文・人文・外国語 | 34 | 5.9% | 5.9% | 8.8% | 2.9% | 2.9% | 0.0% |
| 社会・国際 | 18 | 11.1% | 11.1% | 5.6% | 0.0% | 5.6% | 0.0% |
| 法・政治 | 12 | 33.3% | 16.7% | 33.3% | 8.3% | 25.0% | 8.3% |
| 経済・経営・商 | 36 | 13.9% | 11.1% | 13.9% | 0.0% | 5.6% | 0.0% |
| 理 | 32 | 56.3% | 56.3% | 50.0% | 43.8% | 31.3% | 0.0% |
| 工(建築除く) | 179 | 44.1% | 42.5% | 47.5% | 37.4% | 47.5% | 18.4% |
| 建築 | 16 | 87.5% | 75.0% | 87.5% | 81.3% | 68.8% | 0.0% |
| 農・林・水産 | 51 | 78.4% | 76.5% | 72.5% | 64.7% | 76.5% | 43.1% |
| 看護・保健・福祉 | 16 | 6.3% | 12.5% | 6.3% | 0.0% | 0.0% | 0.0% |
| 総合・環境・人間・情報 | 42 | 54.8% | 54.8% | 54.8% | 54.8% | 45.2% | 4.8% |
| 全体 | 436 | 43.1% | 41.3% | 43.3% | 34.9% | 39.2% | 13.3% |

| 私立大 | 対象科目数 | 授業内容の企画・検討 | シラバスの作成 | 授業運営 | 教材作成 | 評価基準の統一 | ルーブリックの作成 |
|---|---|---|---|---|---|---|---|
| 文・人文・外国語 | 640 | 18.3% | 15.6% | 15.2% | 10.8% | 14.2% | 5.9% |
| 社会・国際 | 247 | 34.8% | 32.4% | 24.7% | 21.5% | 29.6% | 8.1% |
| 法・政治 | 85 | 12.9% | 15.3% | 11.8% | 7.1% | 12.9% | 1.2% |
| 経済・経営・商 | 370 | 28.6% | 25.9% | 23.0% | 18.6% | 24.1% | 6.8% |
| 理 | 59 | 57.6% | 66.1% | 54.2% | 42.4% | 64.4% | 18.6% |
| 工(建築除く) | 453 | 58.9% | 50.3% | 57.8% | 45.0% | 52.5% | 20.1% |
| 建築 | 144 | 59.7% | 54.2% | 59.7% | 49.3% | 56.9% | 11.1% |
| 農・林・水産 | 105 | 51.4% | 50.5% | 48.6% | 33.3% | 42.9% | 1.9% |
| 看護・保健・福祉 | 138 | 67.4% | 63.8% | 71.0% | 55.1% | 63.8% | 18.1% |
| 生活科学 | 18 | 27.8% | 11.1% | 27.8% | 5.6% | 22.2% | 0.0% |
| 芸術・体育 | 10 | 20.0% | 20.0% | 20.0% | 20.0% | 10.0% | 10.0% |
| 総合・環境・人間・情報 | 111 | 47.7% | 45.0% | 43.2% | 18.9% | 40.5% | 9.9% |
| 全体 | 2,380 | 38.4% | 38.4% | 35.2% | 26.6% | 33.8% | 10.1% |

40%以上の系統・協働内容　　18%以下の系統・協働内容

図表1-17　系統別　知識を活用し課題解決を目的としたアクティブラーニング科目における教員の協働(2015年度調査)

総じて理系と看護・保健・福祉、総合・環境・人間・情報学系統が高く、高次のアクティブラーニング科目の約半数程度で、「ルーブリックの作成」を除く各項目が教員の協働で実現されている。

これに対して、文・人文・外国語学系統と法・政治学系統は教員の協働が他の系統と比較しても極端に低くなっている。

「ルーブリックの作成」は、どの系統も協働の割合が低いが、理系学科の方が文系学科よりも大きく上回っている。

## (4) ファシリテータとしてのＳＡ・ＴＡ導入状況

「初年次ゼミ」「専門知識の定着を目的としたアクティブラーニング科目」「専門知識を活用し課題解決を目的としたアクティブラーニング科目」それぞれにおいて、ファシリテータとしてのSA・TAの導入状況を比較した。

2011年度調査と比較して無回答の大学が多いため、分析は難しい。

「専門知識の定着を目的としたアクティブラーニング科目」「専門知識を活用し課題解決を目的としたアクティブラーニング科目」では、理系学科の半数ほどが、SA・TAを全講座においてファシリテータとして活用している。文系学科ではかなり活用率は低いが、理系学科と比較して、特に私立大では大学院生の数が少なく、やむを得ない面はあるだろう。

また、初年次ゼミ科目において、「全講座で導入」率が低いが、新入生にとってロールモデルを見せるという点でも、上級生にとって初年次の学びを振り返って改めて自分のものにするという点でも、SAの活用は有効なはずだ。

第1部 河合塾からの2015年度大学のアクティブラーニング調査報告

| | 系統 | 対象科目数 | 無回答 | 導入していない | 一部講座で導入 | 全講座で導入 |
|---|---|---|---|---|---|---|
| 初年次ゼミ科目 | 文・人文・外国語 | 717 | 22.5% | 55.9% | 12.6% | 9.1% |
| | 社会・国際 | 257 | 23.0% | 55.3% | 13.6% | 8.2% |
| | 法・政治 | 214 | 25.7% | 49.5% | 15.0% | 9.8% |
| | 経済・経営・商 | 464 | 27.2% | 51.7% | 11.6% | 9.5% |
| | 理 | 129 | 17.1% | 47.3% | 21.7% | 14.0% |
| | 工（建築除く） | 525 | 14.5% | 41.0% | 19.0% | 25.5% |
| | 建築 | 42 | 19.0% | 35.7% | 14.3% | 31.0% |
| | 農・林・水産 | 72 | 19.4% | 50.0% | 25.0% | 5.6% |
| | 看護・保健・福祉 | 28 | 14.3% | 60.7% | 3.6% | 21.4% |
| | 生活科学 | 4 | 0.0% | 75.0% | 0.0% | 25.0% |
| | 芸術・体育 | 6 | 50.0% | 50.0% | 0.0% | 0.0% |
| | 総合・環境・人間・情報 | 107 | 10.3% | 54.2% | 18.7% | 16.8% |
| | 全体 | 2,565 | 21.0% | 50.6% | 15.0% | 13.5% |

| | 系統 | 対象科目数 | 無回答 | 導入していない | 一部講座で導入 | 全講座で導入 |
|---|---|---|---|---|---|---|
| 知識の定着を目的としたアクティブラーニング科目 | 文・人文・外国語 | 2,593 | 16.5% | 71.6% | 3.9% | 8.0% |
| | 社会・国際 | 865 | 15.8% | 66.8% | 5.3% | 12.0% |
| | 法・政治 | 346 | 10.1% | 83.5% | 2.3% | 4.0% |
| | 経済・経営・商 | 813 | 21.9% | 65.8% | 3.0% | 9.3% |
| | 理 | 628 | 10.8% | 23.1% | 10.8% | 55.3% |
| | 工（建築除く） | 1,888 | 13.9% | 24.0% | 9.9% | 52.2% |
| | 建築 | 204 | 15.2% | 19.6% | 1.0% | 64.2% |
| | 農・林・水産 | 466 | 9.4% | 27.5% | 8.6% | 54.5% |
| | 看護・保健・福祉 | 389 | 7.2% | 78.4% | 3.3% | 11.1% |
| | 生活科学 | 52 | 53.8% | 36.5% | 0.0% | 9.6% |
| | 芸術・体育 | 22 | 0.0% | 31.8% | 13.6% | 54.5% |
| | 総合・環境・人間・情報 | 425 | 10.8% | 42.8% | 5.9% | 40.5% |
| | 全体 | 8,691 | 14.8% | 52.2% | 5.9% | 27.1% |

| | 系統 | 対象科目数 | 無回答 | 導入していない | 一部講座で導入 | 全講座で導入 |
|---|---|---|---|---|---|---|
| 課題解決を目的としたアクティブラーニング科目 | 文・人文・外国語 | 674 | 25.7% | 58.9% | 8.0% | 7.4% |
| | 社会・国際 | 265 | 10.6% | 72.1% | 6.0% | 11.3% |
| | 法・政治 | 97 | 27.8% | 57.7% | 9.3% | 5.2% |
| | 経済・経営・商 | 406 | 20.2% | 58.9% | 6.2% | 14.8% |
| | 理 | 91 | 13.2% | 20.9% | 17.6% | 48.4% |
| | 工（建築除く） | 632 | 19.3% | 22.2% | 17.9% | 40.7% |
| | 建築 | 160 | 25.6% | 19.4% | 8.8% | 46.3% |
| | 農・林・水産 | 156 | 17.9% | 38.5% | 6.4% | 37.2% |
| | 看護・保健・福祉 | 154 | 10.4% | 74.0% | 0.6% | 14.9% |
| | 生活科学 | 18 | 55.6% | 44.4% | 0.0% | 0.0% |
| | 芸術・体育 | 10 | 10.0% | 80.0% | 0.0% | 10.0% |
| | 総合・環境・人間・情報 | 153 | 15.7% | 49.7% | 12.4% | 22.2% |
| | 全体 | 2,816 | 20.0% | 47.5% | 9.8% | 22.6% |

▓ 「全講座で導入」率が30％以上の系統

**図表1-18　系統別　ファシリテータとしてのＳＡ・ＴＡ導入状況（2015年度調査）**

| 系統 | | 対象科目数 | 無回答 | 導入していない | 一部講座で導入 | 全講座で導入 |
|---|---|---|---|---|---|---|
| 初年次ゼミ科目 | 文・人文・外国語 | 187 | 9.1% | 74.3% | 8.6% | 8.0% |
| | 社会・国際 | 128 | 17.2% | 58.6% | 14.8% | 9.4% |
| | 法・政治 | 114 | 7.9% | 61.4% | 17.5% | 13.2% |
| | 経済 | 112 | 14.3% | 65.2% | 10.7% | 9.8% |
| | 経営・商 | 193 | 10.4% | 65.3% | 9.8% | 14.5% |
| | 教育 | 58 | 6.9% | 65.5% | 17.2% | 10.3% |
| | 理 | 85 | 7.1% | 42.4% | 22.4% | 28.2% |
| | 工（建築除く） | 257 | 12.5% | 45.1% | 17.9% | 24.5% |
| | 建築 | 43 | 4.7% | 60.5% | 14.0% | 20.9% |
| | 生物生産・応用生命 | 34 | 8.8% | 70.6% | 17.6% | 2.9% |
| | 総合・環境・人間・情報 | 131 | 9.9% | 63.4% | 13.0% | 13.7% |
| | 全体 | 1,342 | 10.7% | 60.1% | 14.2% | 15.1% |

| 系統 | | 対象科目数 | 無回答 | 導入していない | 一部講座で導入 | 全講座で導入 |
|---|---|---|---|---|---|---|
| 知識の定着を目的としたアクティブラーニング科目 | 文・人文・外国語 | 1,081 | 9.4% | 86.3% | 2.4% | 1.9% |
| | 社会・国際 | 419 | 17.4% | 62.1% | 5.5% | 15.0% |
| | 法・政治 | 148 | 8.1% | 79.7% | 4.1% | 8.1% |
| | 経済 | 110 | 35.5% | 50.9% | 3.6% | 10.0% |
| | 経営・商 | 436 | 16.3% | 62.2% | 5.5% | 16.1% |
| | 教育 | 432 | 7.4% | 80.1% | 5.1% | 7.4% |
| | 理 | 464 | 13.4% | 25.0% | 6.7% | 55.0% |
| | 工（建築除く） | 1,363 | 7.7% | 22.2% | 11.3% | 58.8% |
| | 建築 | 241 | 8.3% | 29.9% | 1.7% | 60.2% |
| | 生物生産・応用生命 | 252 | 16.3% | 20.6% | 19.8% | 43.3% |
| | 総合・環境・人間・情報 | 575 | 16.5% | 49.0% | 2.3% | 32.2% |
| | 全体 | 5,521 | 11.8% | 50.9% | 6.5% | 30.8% |

| 系統 | | 対象科目数 | 無回答 | 導入していない | 一部講座で導入 | 全講座で導入 |
|---|---|---|---|---|---|---|
| 課題解決を目的としたアクティブラーニング科目 | 文・人文・外国語 | 209 | 2.9% | 85.2% | 7.2% | 4.8% |
| | 社会・国際 | 118 | 11.0% | 59.3% | 11.9% | 17.8% |
| | 法・政治 | 57 | 5.3% | 86.0% | 3.5% | 5.3% |
| | 経済 | 59 | 23.7% | 55.9% | 6.8% | 13.6% |
| | 経営・商 | 161 | 9.9% | 71.4% | 6.2% | 12.4% |
| | 教育 | 30 | 20.0% | 56.7% | 3.3% | 20.0% |
| | 理 | 15 | 13.3% | 26.7% | 0.0% | 60.0% |
| | 工（建築除く） | 338 | 5.6% | 22.8% | 16.9% | 54.7% |
| | 建築 | 135 | 17.0% | 19.3% | 1.5% | 62.2% |
| | 生物生産・応用生命 | 19 | 36.8% | 31.6% | 5.3% | 26.3% |
| | 総合・環境・人間・情報 | 186 | 32.8% | 49.5% | 0.0% | 17.7% |
| | 全体 | 1,327 | 12.8% | 50.3% | 8.0% | 28.9% |

図表1-19　系統別　ファシリテータとしてのＳＡ・ＴＡ導入状況（2011年度調査）

## (5) 文系学科の専門ゼミ

### ①学年別、系統別実施状況

・履修率をポイントに換算。

必須＝6、80％以上＝5、60％〜80％＝4、40％〜60％＝3、20〜40％＝2、20％以下＝1、履修率の記載なし＝1。半期科目は、上記ポイントの2分の1とする。

・1学年で複数の科目を設置している場合は、ポイントを積み上げ、1学年の上限を6点とする。

・学年、系統ごとに平均ポイントを算出。

理系学科は一般的に「ゼミ」という形態をとらずに、研究室での活動が中心となるため、文系学科のみ抽出して掲載している。

| 系統 | 対象学科数 | 2年平均ポイント | 3年平均ポイント | 4年平均ポイント |
|---|---|---|---|---|
| 文・人文・外国語 | 362 | 1.9 | 5.0 | 4.7 |
| 社会・国際 | 127 | 2.2 | 4.9 | 5.0 |
| 法・政治 | 77 | 1.8 | 4.8 | 4.4 |
| 経済・経営・商 | 211 | 3.0 | 4.9 | 4.2 |
| 総合・環境・人間・情報 | 63 | 1.1 | 4.4 | 4.3 |
| 文系・総合 | 840 | 2.2 | 4.9 | 4.6 |

図表1-20　学年別系統別　専門ゼミ科目実施状況（2015年度調査）

傾向としては、2011年度調査と変化はなく、平均ポイントが高いのは3年次である。これは、就職活動に向けて、3年次に学生個人のテーマをある程度意識させ、専門性を高めるという意図があるものと思われる。

2011年度調査では、2年次の平均ポイントが低い点を指摘したが、2015年度調査においても変化はない。

| 系統 | 対象学科数 | 2年平均ポイント | 3年平均ポイント | 4年平均ポイント |
|---|---|---|---|---|
| 文・人文・外国語 | 132 | 2.1 | 4.8 | 4.9 |
| 社会・国際 | 85 | 2.5 | 4.9 | 4.4 |
| 法・政治 | 75 | 2.1 | 4.7 | 4.1 |
| 経済 | 76 | 2.6 | 5.1 | 4.2 |
| 経営・商 | 129 | 2.9 | 5.1 | 4.2 |
| 教育 | 46 | 0.8 | 4.0 | 3.6 |
| 総合・環境・人間・情報 | 75 | 1.7 | 4.4 | 4.5 |
| 文系・総合 | 618 | 2.2 | 4.8 | 4.3 |

図表1-21　学年別系統別　専門ゼミ科目実施状況（2011年度調査）

### (6) 卒業論文、卒業研究

①系統別　卒業論文・卒業研究履修率

・学部系統別に卒業論文、卒業研究の取り扱いを比較する。
・卒業論文、卒業研究に取り組む学生の割合をポイントに換算。
　必須＝6、必須ではないが100％の学生が取り組む＝6、
　80％以上＝5、60％〜80％＝4、40％〜60％＝3、20〜40％＝2、20％以下＝1、
　卒業論文・卒業研究はあるが取り組む学生の割合の記載なし＝1、
　卒業論文はない＝0
・系統ごとに平均ポイントを算出。

| 系統 | 全体 | | 国公立大 | | 私立大 | |
|---|---|---|---|---|---|---|
| | 対象学科数 | 平均履修率ポイント | 対象学科数 | 平均履修率ポイント | 対象学科数 | 平均履修率ポイント |
| 文・人文・外国語 | 362 | 4.9 | 13 | 6.0 | 349 | 4.9 |
| 社会・国際 | 127 | 4.4 | 7 | 5.9 | 120 | 4.3 |
| 法・政治 | 77 | 2.1 | 13 | 3.5 | 64 | 1.8 |
| 経済・経営・商 | 211 | 4.1 | 27 | 5.0 | 184 | 4.0 |
| 理 | 78 | 5.6 | 25 | 5.6 | 53 | 5.6 |
| 工（建築除く） | 288 | 5.8 | 76 | 5.9 | 212 | 5.8 |
| 建築 | 32 | 6.0 | 6 | 6.0 | 26 | 6.0 |
| 農・林・水産 | 64 | 5.7 | 23 | 5.7 | 41 | 5.7 |
| 看護・保健・福祉 | 26 | 5.3 | 4 | 6.0 | 22 | 5.1 |
| 生命科学 | 6 | 3.5 | | | 6 | 2.0 |
| 芸術・体育 | 5 | 1.8 | | | 5 | 5.0 |
| 総合・環境・人間・情報 | 63 | 5.0 | 16 | 5.3 | 47 | 4.9 |
| 全体 | 1,339 | 4.9 | 210 | 5.5 | 1,129 | 4.7 |

　4.0ポイント以下の系統

図表1-22　系統別　卒業論文・卒業研究履修率（2015年度調査）

国公立大では、法・政治学系統を除けば、ほとんどの学科で卒業論文・卒業研究が必須となっている。法・政治学系統は、私立大においても突出して低い。

この傾向は、2011年度調査とほぼ変わらない。

法・政治学系統は(3)の専門知識を活用し課題解決を目的としたアクティブラーニング科目の実施率も低く、学生の課題解決能力をどの場面で育成するのかが課題であろう。

| 系統 | 全体 | | 国公立大 | | 私立大 | |
|---|---|---|---|---|---|---|
| | 対象学科数 | 平均履修率ポイント | 対象学科数 | 平均履修率ポイント | 対象学科数 | 平均履修率ポイント |
| 文・人文・外国語 | 129 | 5.0 | 5 | 5.2 | 124 | 4.9 |
| 社会・国際 | 80 | 5.3 | 7 | 6.0 | 73 | 5.2 |
| 法・政治 | 71 | 2.3 | 11 | 3.7 | 60 | 2.0 |
| 経済 | 75 | 3.8 | 16 | 4.7 | 59 | 3.5 |
| 経営・商 | 124 | 4.1 | 15 | 4.9 | 109 | 4.0 |
| 教育 | 45 | 5.8 | 28 | 6.0 | 17 | 5.6 |
| 理 | 63 | 5.7 | 29 | 5.8 | 34 | 5.6 |
| 工（建築除く） | 198 | 6.0 | 19 | 5.9 | 139 | 6.0 |
| 建築 | 34 | 5.8 | 10 | 5.9 | 24 | 5.7 |
| 生物生産・応用生命 | 30 | 5.8 | 13 | 5.9 | 17 | 5.8 |
| 総合・環境・人間・情報 | 73 | 5.2 | 14 | 6.0 | 59 | 5.1 |
| 全体 | 922 | 5.0 | 20 | 5.6 | 715 | 4.8 |

図表1-23　系統別　卒業論文・卒業研究履修率（2011年度調査）

### (7) 反転授業の導入

「知識定着を目的としたアクティブラーニング科目」および「専門知識を活用し課題解決を目的としたアクティブラーニング科目」において、定着させる知識または活用する知識の伝達を反転授業で行っているかを聞いた。学科系統別に、反転授業をテキストで行っている割合、動画で行っている割合を算出した。

| 系統 | 知識定着を目的としたアクティブラーニング科目 | | | 課題解決を目的としたアクティブラーニング科目 | | |
|---|---|---|---|---|---|---|
| | 対象科目数 | テキスト | 動画 | 対象科目数 | テキスト | 動画 |
| 文・人文・外国語 | 2,593 | 45.0% | 5.7% | 674 | 41.1% | 15.3% |
| 社会・国際 | 865 | 36.2% | 8.6% | 265 | 31.7% | 10.9% |
| 法・政治 | 346 | 29.8% | 0.0% | 97 | 26.8% | 0.0% |
| 経済・経営・商 | 813 | 22.9% | 3.8% | 406 | 20.0% | 2.5% |
| 理 | 628 | 40.8% | 1.1% | 91 | 54.9% | 3.3% |
| 工（建築除く） | 1,888 | 43.6% | 3.3% | 632 | 38.0% | 3.6% |
| 建築 | 204 | 41.7% | 1.0% | 160 | 36.9% | 7.5% |
| 農・林・水産 | 466 | 48.5% | 5.4% | 156 | 50.0% | 12.8% |
| 看護・保健・福祉 | 389 | 50.4% | 23.1% | 154 | 46.1% | 24.0% |
| 生活科学 | 52 | 0.0% | 0.0% | 18 | 0.0% | 0.0% |
| 芸術・体育 | 22 | 50.0% | 18.2% | 10 | 50.0% | 10.0% |
| 総合・環境・人間・情報 | 425 | 29.4% | 3.5% | 153 | 20.9% | 10.5% |
| 全体 | 8,691 | 40.2% | 5.3% | 2,816 | 35.6% | 9.0% |

▨▨▨「テキスト」で40%以上、「動画」で20%以上の系統

**図表 1-24　系統別　反転授業の導入（2015 年度調査）**

　アクティブラーニング科目においては、授業では学生による活動が中心になるため、知識を伝達する時間は限定される。したがって、授業外の時間に前もって知識を伝達する、いわゆる反転型の授業形態をとる方が、授業内でアクティブラーニングにより多くの時間を割くことができる。理系では多くの科目でテキストを活用した反転授業が取り入れられている。また看護・保健・福祉学系統では動画を用いた反転授業が一般的アクティブラーニング科目、高次のアクティブラーニング科目とも多い。
　講義コンテンツそのものを外に出すような動画による反転授業は少ないというのが現状である。

## (8) 振り返り

　「知識定着を目的としたアクティブラーニング科目」および「専門知識を活用し課題解決を目的としたアクティブラーニング科目」において、授業内容の理解についての振り返りと、授業の中でのチームや他者へのかかわりを含む行動や態度についての振り返りの頻度を聞いた。
　頻度大＝3ポイント、頻度中＝2ポイント、頻度小＝1ポイント、回答なし＝0ポイントとして、系統別に各科目のポイントの平均を算出した。

第1部 河合塾からの2015年度大学のアクティブラーニング調査報告　49

| 系統 | 全体 | | | 国公立大 | | | 私立大 | | |
|---|---|---|---|---|---|---|---|---|---|
| | 対象科目数 | 内容理解 | チーム・他者 | 対象科目数 | 内容理解 | チーム・他者 | 対象科目数 | 内容理解 | チーム・他者 |
| 文・人文・外国語 | 2,593 | 1.9 | 1.5 | 60 | 1.7 | 1.5 | 2,533 | 1.9 | 1.5 |
| 社会・国際 | 865 | 1.9 | 1.6 | 65 | 1.1 | 0.9 | 800 | 2.0 | 1.6 |
| 法・政治 | 346 | 1.8 | 1.2 | 23 | 0.5 | 0.6 | 323 | 1.9 | 1.3 |
| 経済・経営・商 | 813 | 2.0 | 1.3 | 101 | 0.8 | 0.6 | 712 | 2.1 | 1.4 |
| 理 | 628 | 1.8 | 0.8 | 222 | 1.4 | 0.6 | 406 | 2.0 | 1.0 |
| 工（建築除く） | 1,888 | 2.0 | 1.2 | 573 | 2.1 | 1.1 | 1,315 | 2.0 | 1.2 |
| 建築 | 204 | 1.9 | 1.3 | 40 | 1.9 | 1.4 | 164 | 2.0 | 1.3 |
| 農・林・水産 | 466 | 1.9 | 1.5 | 238 | 2.0 | 1.3 | 228 | 1.9 | 1.7 |
| 看護・保健・福祉 | 389 | 2.2 | 2.0 | 89 | 2.3 | 2.3 | 300 | 2.2 | 1.9 |
| 生活科学 | 52 | 1.4 | 1.0 | | | | 52 | 1.4 | 1.0 |
| 芸術・体育 | 22 | 2.7 | 1.8 | | | | 22 | 2.7 | 1.8 |
| 総合・環境・人間・情報 | 425 | 1.9 | 1.3 | 115 | 1.2 | 0.9 | 310 | 2.1 | 1.4 |
| 全体 | 8,691 | 1.9 | 1.4 | 1,526 | 1.3 | 0.8 | 7,165 | 2.0 | 1.4 |

**図表1-25　系統別　「知識定着を目的としたアクティブラーニング科目」における振り返り（2015年度調査）**

| 系統 | 全体 | | | 国公立大 | | | 私立大 | | |
|---|---|---|---|---|---|---|---|---|---|
| | 対象科目数 | 内容理解 | チーム・他者 | 対象科目数 | 内容理解 | チーム・他者 | 対象科目数 | 内容理解 | チーム・他者 |
| 文・人文・外国語 | 674 | 2.0 | 1.8 | 34 | 1.3 | 1.3 | 640 | 2.0 | 1.8 |
| 社会・国際 | 265 | 1.9 | 1.8 | 18 | 1.9 | 1.6 | 247 | 1.9 | 1.8 |
| 法・政治 | 97 | 2.0 | 1.6 | 12 | 1.3 | 1.3 | 85 | 2.1 | 1.6 |
| 経済・経営・商 | 406 | 1.9 | 1.7 | 36 | 1.4 | 1.4 | 370 | 2.0 | 1.7 |
| 理 | 91 | 2.2 | 2.0 | 32 | 2.6 | 2.4 | 59 | 2.0 | 1.8 |
| 工（建築除く） | 632 | 1.9 | 1.6 | 179 | 1.8 | 1.6 | 453 | 1.9 | 1.6 |
| 建築 | 160 | 1.9 | 1.4 | 16 | 2.4 | 1.8 | 144 | 1.8 | 1.3 |
| 農・林・水産 | 156 | 2.1 | 1.9 | 51 | 1.9 | 1.7 | 105 | 2.2 | 2.0 |
| 看護・保健・福祉 | 154 | 2.6 | 2.4 | 16 | 3.0 | 3.0 | 138 | 2.5 | 2.4 |
| 生活科学 | 18 | 1.1 | 0.8 | | | | 18 | 1.1 | 0.8 |
| 芸術・体育 | 10 | 2.2 | 2.2 | | | | 10 | 2.2 | 2.2 |
| 総合・環境・人間・情報 | 153 | 1.8 | 1.6 | 42 | 1.5 | 1.5 | 111 | 2.0 | 1.7 |
| 全体 | 2,816 | 2.0 | 1.7 | 436 | 1.7 | 1.6 | 2,380 | 2.0 | 1.8 |

**図表1-26　系統別　「専門知識を活用し課題解決を目的としたアクティブラーニング科目」における振り返り（2015年度調査）**

課題解決を目的とした高次のアクティブラーニング科目では、知識定着を目的とした一般的アクティブラーニング科目よりも、内容理解についての振り返りのポイント、チームや他者へのかかわりを含む行動・態度についての振り返りのポイントはともに高い。

知識定着を目的とした一般的アクティブラーニング科目の場合は、授業そのものがこれまでの履修内容を振り返るプロセスが含まれているのに対し、課題解決を目的とした高次のアクティブラーニング科目は、振り返りを行わないと、活動しっぱなしで終わってしまうため、それを避けるということを反映しているのではないか。

## (9) 教育目標の設定と科目との関連性

①教育目標の設定と科目との関連性

学科の教育目標の設定と、設定された目標と履修科目との関連性について、以下の3点について聞いた。

(1) 学科として学生に獲得させるべき能力が明文化され、学生に提示されている。
(2) (1)の能力と各科目の対応関係を示したマトリックス(カリキュラムマップ等)が作成されている。
(3) (2)の対応関係がシラバスに提示されている。

今回の調査では、学生に獲得させるべき能力を明文化している学科は87.3％にのぼった。ほとんどの学科で学科として学生に獲得させるべき能力が明文化され、学生に提示されていると言える。

ただし、獲得させるべき能力と、各科目の対応関係を示したマトリックス(カリキュラムマップ等)まで作成している学科は、工(建築除く)、建築、看護・保健・福祉学系統では半数を超えているものの、全体では約3分の1の33.9％に過ぎない。

科目との対応関係が低い学科では、学生に対して獲得すべき能力が目標として提示されているものの、その能力をどのように伸ばしていくのかは示されていない状況と言える。

| 系統 | 全体 | | | | 国公立大 | | | | 私立大 | | | |
|---|---|---|---|---|---|---|---|---|---|---|---|---|
| | 対象学科数 | 能力を明文化 | 科目との対応関係 | シラバスに提示 | 対象学科数 | 能力を明文化 | 科目との対応関係 | シラバスに提示 | 対象学科数 | 能力を明文化 | 科目との対応関係 | シラバスに提示 |
| 文・人文・外国語 | 362 | 87.3% | 24.0% | 15.7% | 13 | 92.3% | 53.8% | 7.7% | 349 | 87.1% | 22.9% | 16.0% |
| 社会・国際 | 127 | 88.2% | 26.8% | 12.6% | 7 | 100.0% | 28.6% | 0.0% | 120 | 87.5% | 26.7% | 13.3% |
| 法・政治 | 77 | 87.0% | 23.4% | 13.0% | 13 | 84.6% | 46.2% | 23.1% | 64 | 87.5% | 18.8% | 10.9% |
| 経済・経営・商 | 211 | 87.2% | 27.0% | 16.1% | 27 | 92.6% | 18.5% | 11.1% | 184 | 86.4% | 28.3% | 16.8% |
| 理 | 78 | 78.2% | 28.2% | 19.2% | 25 | 72.0% | 44.0% | 32.0% | 53 | 81.1% | 20.8% | 13.2% |
| 工（建築除く） | 289 | 89.6% | 53.3% | 46.4% | 77 | 90.9% | 61.0% | 50.6% | 212 | 89.2% | 50.5% | 44.8% |
| 建築 | 31 | 93.5% | 64.5% | 64.5% | 5 | 100.0% | 80.0% | 80.0% | 26 | 92.3% | 61.5% | 61.5% |
| 農・林・水産 | 64 | 81.3% | 32.8% | 23.4% | 23 | 73.9% | 34.8% | 21.7% | 41 | 85.4% | 31.7% | 24.4% |
| 看護・保健・福祉 | 26 | 84.6% | 53.8% | 46.2% | 4 | 75.0% | 25.0% | 25.0% | 22 | 86.4% | 59.1% | 50.0% |
| 生活科学 | 6 | 100.0% | 0.0% | 0.0% | | | | | 6 | 100.0% | 0.0% | 0.0% |
| 芸術・体育 | 5 | 100.0% | 16.7% | 16.7% | | | | | 5 | 100.0% | 16.7% | 16.7% |
| 総合・環境・人間・情報 | 63 | 88.9% | 41.3% | 27.0% | 16 | 75.0% | 37.5% | 18.8% | 47 | 93.6% | 42.6% | 29.8% |
| 全体 | 1,339 | 87.3% | 33.9% | 24.7% | 210 | 85.7% | 46.2% | 31.9% | 1,129 | 87.6% | 31.6% | 23.4% |

■「科目との対応関係」で50％以上の系統　　※「総合」は、「総合・環境・人間・情報」

**図表1-27　系統別　教育目標の設定と科目との関連性（2015年度調査）**

②学科の教育目標で設定されている能力

①で、学科として学生に獲得させるべき能力が明文化され、学生に提示されていると回答した学科を対象に、専門分野にかかわりなく、広く汎用的に求められる能力（ジェネリックスキル）を例示し、それに該当する目標が設定されているかを聞いた。

最も多く教育目標として設定されている能力は「問題解決力」である（それぞれの能力は、独立して存在しているわけではなく、それぞれ相互に関連しているもので、他の能力要素はすべて、問題解決力に含まれるという考え方もできる）。

一方で、「統率力」を目標として設定している率は低い。系統別に見ると、看護・保健・福祉学系統で、他の系統と比較すると、「統率力」を目標として設定している率が、やや高い。看護・保健・福祉学系統は、他にも「親和力」「協働力」といった項目でも、他の系統と比較して、目標として設定している率が高く、チーム医療の現場で求められる能力が、そのまま反映されているものと思われる。

## 全体

| 全体 | 対象学科数 | 情報収集力 | 情報分析力 | 課題発見力 | 構想力 | 表現力 | 実行力 | 親和力 | 協働力 | 統率力 | 問題解決力 |
|---|---|---|---|---|---|---|---|---|---|---|---|
| 文・人文・外国語 | 316 | 61.1% | 65.2% | 64.2% | 42.7% | 67.7% | 42.7% | 32.6% | 40.8% | 16.8% | 68.0% |
| 社会・国際 | 112 | 57.1% | 66.1% | 70.5% | 46.4% | 57.1% | 54.5% | 34.8% | 43.8% | 27.7% | 72.3% |
| 法・政治 | 67 | 50.7% | 76.1% | 65.7% | 41.8% | 56.7% | 40.3% | 26.9% | 41.8% | 17.9% | 76.1% |
| 経済・経営・商 | 184 | 53.8% | 63.6% | 70.7% | 41.3% | 52.7% | 45.7% | 34.2% | 48.4% | 25.0% | 72.3% |
| 理 | 61 | 59.0% | 68.9% | 70.5% | 49.2% | 54.1% | 50.8% | 24.6% | 36.1% | 21.3% | 78.7% |
| 工（建築除く） | 258 | 60.5% | 69.4% | 72.9% | 63.2% | 71.7% | 71.7% | 41.5% | 64.3% | 35.7% | 82.6% |
| 建築 | 30 | 60.0% | 66.7% | 70.0% | 60.0% | 66.7% | 53.3% | 40.0% | 56.7% | 26.7% | 83.3% |
| 農・林・水産 | 52 | 67.3% | 69.2% | 78.8% | 44.2% | 63.5% | 65.4% | 36.5% | 40.4% | 25.0% | 78.8% |
| 看護・保健・福祉 | 22 | 63.6% | 86.4% | 68.2% | 63.6% | 63.6% | 77.3% | 68.2% | 81.8% | 36.4% | 81.8% |
| 生活科学 | 6 | 66.7% | 66.7% | 100.0% | 0.0% | 16.7% | 66.7% | 33.3% | 83.3% | 16.7% | 100.0% |
| 芸術・体育 | 5 | 20.0% | 20.0% | 40.0% | 40.0% | 20.0% | 20.0% | 20.0% | 40.0% | 0.0% | 20.0% |
| 総合・環境・人間・情報 | 56 | 66.1% | 75.0% | 75.0% | 53.6% | 67.9% | 66.1% | 39.3% | 50.0% | 26.8% | 80.4% |
| 全体 | 1,169 | 59.1% | 67.7% | 69.6% | 48.8% | 63.1% | 54.1% | 35.6% | 49.1% | 25.0% | 75.0% |

## 国公立大

| 国公立大 | 対象学科数 | 情報収集力 | 情報分析力 | 課題発見力 | 構想力 | 表現力 | 実行力 | 親和力 | 協働力 | 統率力 | 問題解決力 |
|---|---|---|---|---|---|---|---|---|---|---|---|
| 文・人文・外国語 | 12 | 58.3% | 58.3% | 58.3% | 50.0% | 66.7% | 25.0% | 8.3% | 16.7% | 8.3% | 58.3% |
| 社会・国際 | 7 | 85.7% | 57.1% | 85.7% | 42.9% | 57.1% | 71.4% | 42.9% | 71.4% | 28.6% | 71.4% |
| 法・政治 | 11 | 45.5% | 54.5% | 54.5% | 27.3% | 54.5% | 36.4% | 18.2% | 27.3% | 27.3% | 36.4% |
| 経済・経営・商 | 25 | 48.0% | 52.0% | 76.0% | 36.0% | 52.0% | 36.0% | 32.0% | 60.0% | 32.0% | 76.0% |
| 理 | 18 | 50.0% | 55.6% | 61.1% | 50.0% | 44.4% | 55.6% | 22.2% | 38.9% | 16.7% | 66.7% |
| 工（建築除く） | 69 | 58.0% | 63.8% | 79.7% | 65.2% | 71.0% | 68.1% | 36.2% | 62.3% | 30.4% | 88.4% |
| 建築 | 6 | 33.3% | 50.0% | 66.7% | 33.3% | 66.7% | 16.7% | 16.7% | 50.0% | 0.0% | 83.3% |
| 農・林・水産 | 17 | 76.5% | 76.5% | 76.5% | 41.2% | 70.6% | 70.6% | 35.3% | 52.9% | 29.4% | 70.6% |
| 看護・保健・福祉 | 3 | 66.7% | 66.7% | 33.3% | 66.7% | 66.7% | 66.7% | 66.7% | 66.7% | 33.3% | 66.7% |
| 総合・環境・人間・情報 | 12 | 83.3% | 91.7% | 83.3% | 50.0% | 83.3% | 91.7% | 50.0% | 50.0% | 25.0% | 100.0% |
| 全体 | 180 | 58.9% | 62.8% | 73.3% | 51.1% | 63.9% | 57.8% | 32.2% | 52.8% | 26.1% | 77.2% |

## 私立大

| 私立大 | 対象学科数 | 情報収集力 | 情報分析力 | 課題発見力 | 構想力 | 表現力 | 実行力 | 親和力 | 協働力 | 統率力 | 問題解決力 |
|---|---|---|---|---|---|---|---|---|---|---|---|
| 文・人文・外国語 | 304 | 61.2% | 65.5% | 64.5% | 42.4% | 67.8% | 43.4% | 33.6% | 41.8% | 17.1% | 68.4% |
| 社会・国際 | 105 | 55.2% | 66.7% | 69.5% | 46.7% | 57.1% | 53.3% | 34.3% | 41.9% | 27.6% | 72.4% |
| 法・政治 | 56 | 51.8% | 80.4% | 67.9% | 44.6% | 57.1% | 41.1% | 28.6% | 44.6% | 16.1% | 83.9% |
| 経済・経営・商 | 159 | 54.7% | 65.4% | 69.8% | 42.1% | 52.8% | 47.2% | 34.6% | 46.5% | 23.9% | 71.7% |
| 理 | 43 | 62.8% | 74.4% | 74.4% | 48.8% | 58.1% | 48.8% | 25.6% | 34.9% | 23.3% | 83.7% |
| 工（建築除く） | 189 | 61.4% | 71.4% | 70.4% | 62.4% | 72.0% | 73.0% | 43.4% | 65.1% | 37.6% | 80.4% |
| 建築 | 24 | 66.7% | 70.8% | 70.8% | 66.7% | 70.8% | 62.5% | 45.8% | 58.3% | 33.3% | 83.3% |
| 農・林・水産 | 35 | 62.9% | 65.7% | 80.0% | 45.7% | 60.0% | 62.9% | 37.1% | 34.3% | 22.9% | 82.9% |
| 看護・保健・福祉 | 19 | 63.2% | 89.5% | 73.7% | 63.2% | 63.2% | 78.9% | 68.4% | 84.2% | 36.8% | 84.2% |
| 生活科学 | 6 | 66.7% | 66.7% | 100.0% | 0.0% | 16.7% | 66.7% | 33.3% | 83.3% | 16.7% | 100.0% |
| 芸術・体育 | 5 | 20.0% | 20.0% | 40.0% | 40.0% | 20.0% | 20.0% | 20.0% | 40.0% | 0.0% | 20.0% |
| 総合・環境・人間・情報 | 44 | 61.4% | 70.5% | 72.7% | 54.5% | 63.6% | 59.1% | 36.4% | 50.0% | 27.3% | 75.0% |
| 全体 | 989 | 59.2% | 68.6% | 69.0% | 48.4% | 63.0% | 53.4% | 36.2% | 48.5% | 24.8% | 74.6% |

各系統の中で、最も割合が高い能力

**図表1-28　系統別　学科の教育目標で設定されている能力（2015年度調査）**

## (10) アクティブラーニングへの取り組みの4年間の変化

### ①アクティブラーニングへの取り組みの2011年度からの変化

アクティブラーニングへの取り組みの2011年度からの変化の有無を、以下の3つの選択肢で聞いた。

・大きく進んだ

・やや進んだ

・変化していない

| 全体 | 対象学科数 | 大きく進んだ | やや進んだ | 変化していない | 無回答ほか | 大きく進んだ＋やや進んだ |
|---|---|---|---|---|---|---|
| 文・人文・外国語 | 362 | 14.4% | 44.2% | 32.3% | 9.1% | 58.6% |
| 社会・国際 | 127 | 11.0% | 55.1% | 21.3% | 12.6% | 66.1% |
| 法・政治 | 77 | 23.4% | 35.1% | 33.8% | 7.8% | 58.4% |
| 経済・経営・商 | 211 | 13.3% | 52.6% | 26.5% | 7.6% | 65.9% |
| 理 | 78 | 9.0% | 32.1% | 48.7% | 10.3% | 41.0% |
| 工（建築除く） | 288 | 16.7% | 44.4% | 29.5% | 9.4% | 61.1% |
| 建築 | 32 | 9.4% | 43.8% | 43.8% | 3.1% | 53.1% |
| 農・林・水産 | 64 | 4.7% | 50.0% | 40.6% | 4.7% | 54.7% |
| 看護・保健・福祉 | 26 | 3.8% | 46.2% | 15.4% | 34.6% | 50.0% |
| 生活科学 | 6 | 0.0% | 50.0% | 0.0% | 50.0% | 50.0% |
| 芸術・体育 | 5 | 0.0% | 60.0% | 20.0% | 20.0% | 60.0% |
| 総合・環境・人間・情報 | 63 | 14.3% | 47.6% | 28.6% | 9.5% | 61.9% |
| 全体 | 1,339 | 13.7% | 45.9% | 30.8% | 9.6% | 59.6% |

| 国公立大 | 対象学科数 | 大きく進んだ | やや進んだ | 変化していない | 無回答ほか | 大きく進んだ＋やや進んだ |
|---|---|---|---|---|---|---|
| 文・人文・外国語 | 13 | 23.1% | 15.4% | 61.5% | 0.0% | 38.5% |
| 社会・国際 | 7 | 14.3% | 71.4% | 0.0% | 14.3% | 85.7% |
| 法・政治 | 13 | 15.4% | 15.4% | 53.8% | 15.4% | 30.8% |
| 経済・経営・商 | 27 | 7.4% | 37.0% | 44.4% | 11.1% | 44.4% |
| 理 | 25 | 4.0% | 40.0% | 48.0% | 8.0% | 44.0% |
| 工（建築除く） | 76 | 22.4% | 42.1% | 30.3% | 5.3% | 64.5% |
| 建築 | 6 | 0.0% | 16.7% | 83.3% | 0.0% | 16.7% |
| 農・林・水産 | 23 | 0.0% | 47.8% | 43.5% | 8.7% | 47.8% |
| 看護・保健・福祉 | 4 | 0.0% | 25.0% | 50.0% | 25.0% | 25.0% |
| 総合・環境・人間・情報 | 16 | 0.0% | 50.0% | 31.3% | 18.8% | 50.0% |
| 全体 | 210 | 12.4% | 39.0% | 40.0% | 8.6% | 51.4% |

| 私立大 | 対象学科数 | 大きく進んだ | やや進んだ | 変化していない | 無回答ほか | 大きく進んだ+やや進んだ |
|---|---|---|---|---|---|---|
| 文・人文・外国語 | 349 | 14.0% | 45.3% | 31.2% | 9.5% | 59.3% |
| 社会・国際 | 120 | 10.8% | 54.2% | 22.5% | 12.5% | 65.0% |
| 法・政治 | 64 | 25.0% | 39.1% | 29.7% | 6.3% | 64.1% |
| 経済・経営・商 | 184 | 14.1% | 54.9% | 23.9% | 7.1% | 69.0% |
| 理 | 53 | 11.3% | 28.3% | 49.1% | 11.3% | 39.6% |
| 工（建築除く） | 212 | 14.6% | 45.3% | 29.2% | 10.8% | 59.9% |
| 建築 | 26 | 11.5% | 50.0% | 34.6% | 3.8% | 61.5% |
| 農・林・水産 | 41 | 7.3% | 51.2% | 39.0% | 2.4% | 58.5% |
| 看護・保健・福祉 | 22 | 4.5% | 50.0% | 9.1% | 36.4% | 54.5% |
| 生活科学 | 6 | 0.0% | 50.0% | 0.0% | 50.0% | 50.0% |
| 芸術・体育 | 5 | 0.0% | 60.0% | 20.0% | 20.0% | 60.0% |
| 総合・環境・人間・情報 | 47 | 19.1% | 46.8% | 27.7% | 6.4% | 66.0% |
| 全体 | 1,129 | 13.9% | 47.2% | 29.1% | 9.8% | 61.1% |

「大きく進んだ」+「やや進んだ」が50％以上の系統

**図表1-29　系統別　アクティブラーニングへの取り組みの2011年度からの変化（2015年度調査）**

どの系統も、5〜6割程度の学科が、なんらかの形でアクティブラーニングが進んだと答えている。また、国公立大よりも私立大の方が進んだと答えている率が高い。

ただし、同じ「大きく進んだ」でも、もともとアクティブラーニングが盛んな学科がさらに大きく進んだのと、ほとんどアクティブラーニングが取り入れられていなかった学科が大きく進んだのでは、意味合いが違うことには注意が必要である。

②変化の具体

①で「大きく進んだ」「やや進んだ」を選択した学科を対象に、具体的にどのような変化があったのかを、以下の3点に分類して聞いた。
・学科・学部・全学等の組織・施策の変化
・学科における教員個人の変化
・学科・学部・全学におけるICTやファシリティ等の変化

おおむね、どの系統も、組織が最も高く、次いで教員個人、ファシリティの順となっている。

| 系統 | 全体 ||||
|---|---|---|---|---|
| | 対象学科数 | 組織 | 教員個人 | ファシリティ |
| 文・人文・外国語 | 212 | 77.4% | 69.3% | 43.9% |
| 社会・国際 | 84 | 91.7% | 58.3% | 54.8% |
| 法・政治 | 45 | 93.3% | 53.3% | 51.1% |
| 経済・経営・商 | 139 | 89.2% | 61.2% | 47.5% |
| 理 | 32 | 87.5% | 53.1% | 43.8% |
| 工（建築除く） | 176 | 86.4% | 65.3% | 46.6% |
| 建築 | 17 | 82.4% | 52.9% | 35.3% |
| 農・林・水産 | 35 | 80.0% | 57.1% | 42.9% |
| 看護・保健・福祉 | 13 | 84.6% | 61.5% | 46.2% |
| 生活科学 | 3 | 33.3% | 100.0% | 66.7% |
| 芸術・体育 | 3 | 100.0% | 66.7% | 66.7% |
| 総合・環境・人間・情報 | 39 | 84.6% | 69.2% | 48.7% |
| 全体 | 798 | 84.8% | 63.4% | 46.9% |

| 系統 | 国公立大 |||| 私立大 ||||
|---|---|---|---|---|---|---|---|---|
| | 対象学科数 | 組織 | 教員個人 | ファシリティ | 対象学科数 | 組織 | 教員個人 | ファシリティ |
| 文・人文・外国語 | 5 | 100.0% | 60.0% | 60.0% | 207 | 76.8% | 69.6% | 43.5% |
| 社会・国際 | 6 | 83.3% | 50.0% | 33.3% | 78 | 92.3% | 59.0% | 56.4% |
| 法・政治 | 4 | 100.0% | 50.0% | 25.0% | 41 | 92.7% | 53.7% | 53.7% |
| 経済・経営・商 | 12 | 100.0% | 50.0% | 66.7% | 127 | 88.2% | 62.2% | 45.7% |
| 理 | 11 | 100.0% | 45.5% | 27.3% | 21 | 81.0% | 57.1% | 52.4% |
| 工（建築除く） | 49 | 81.6% | 63.3% | 57.1% | 127 | 88.2% | 66.1% | 42.5% |
| 建築 | 1 | 100.0% | 0.0% | 0.0% | 16 | 81.3% | 56.3% | 37.5% |
| 農・林・水産 | 11 | 72.7% | 36.4% | 45.5% | 24 | 83.3% | 66.7% | 41.7% |
| 看護・保健・福祉 | 1 | 100.0% | 100.0% | 0.0% | 12 | 83.3% | 58.3% | 50.0% |
| 生活科学 | | | | | 3 | 33.3% | 100.0% | 66.7% |
| 芸術・体育 | | | | | 3 | 100.0% | 66.7% | 66.7% |
| 総合・環境・人間・情報 | 8 | 75.0% | 75.0% | 25.0% | 31 | 87.1% | 67.7% | 54.8% |
| 全体 | 108 | 86.1% | 56.5% | 48.1% | 690 | 84.6% | 64.5% | 46.7% |

図表1-30　系統別　変化の具体（2015年度調査）

文・人文・外国語学系統は、全体の傾向は他と同様だが、他の系統と比較すると、組織の変化と回答する率が低く、教員個人の変化と回答する率が高い。

文学部や人文学部では、一つの学部の中に、さまざまな専門分野の教員が所属しており、組織として統一して取り組むよりも、教員個人の授業改善の工夫に任されているという状況が推測される。また、一つの学科の規模が小さく、もともと小さな教員コミュニティの中で、教育目標や教育手法が共有されているという背景もあろう。

## 【Ⅲ】実地調査の分析

### 1．実地調査の概要：13学科を訪問しエビデンスに基づいたヒアリング調査を実施

今回の2015年度調査では質問紙調査の回答から13学科を抽出して実地調査を行った。調査対象の抽出にあたっては、アクティブラーニングの導入が「この4年間で大きく進んだ」と回答した学科を中心に、その進展内容やカリキュラム設計、特に高次のアクティブラーニング科目の配置状況や、そこにおける教員の協働、振り返りの有無等を重視した。

その結果、「この4年間でやや進んだ」と回答した学科も、現状で進んだカリキュラム設計が行われていると思われるところについては、調査対象に加えることとした。

今回の調査対象学科は以下の通りであり、実地調査期間は2015年11月～12月である。

2011年度調査と同様に、2015年度調査においても当プロジェクトメンバーが最低3人以上で訪問し、質問項目について学科よりエビデンスを提示していただきながらヒアリングを行った。

また、各質問項目について、ヒアリングに参加したメンバーによる合議の後に、ヒアリングレポートを作成した。

※ヒアリングレポートについては第4部に掲載

| 系 | 大学 | 学部 | 学科・コース |
|---|---|---|---|
| 理系 | 首都大学東京 | 都市環境学部 | 分子応用化学コース |
| | 東邦大学 | 理学部 | 生命圏環境科学科 |
| | 神奈川工科大学 | 理工学部 | 電気電子情報工学科 |
| | 関東学院大学 | 建築・環境学部 | 建築・環境学科 |
| | 山梨大学 | 工学部 | 応用化学科 |
| | 近畿大学 | 理工学部 | 電気電子工学科 |
| | 九州工業大学 | 工学部 | 機械知能工学科 |
| 文系 | 國學院大學 | 法学部 | 法律学科 |
| | 昭和女子大学 | 人間社会学部 | 心理学科 |
| | 創価大学 | 経営学部 | 経営学科 |
| | 産業能率大学 | 経営学部 | 現代ビジネス学科 |
| | 愛知県立大学 | 外国語学部 | 国際関係学科 |
| | 関西国際大学 | 人間科学部 | 経営学科 |

## 2．アクティブラーニング導入への組織的取り組みの類型

　今回の実地調査で対象となった13大学・学科を俯瞰すると、アクティブラーニングの導入・及びその推進に関して4つの類型があった。
　(1)学長・理事長など大学のトップマネジメント層によるトップダウン型、あるいは出発点はともかくとして、すでに長期にわたって全学的な体制が整っているというタイプ、(2)アクティブラーニング導入やカリキュラムマネジメントに関して権限を持たない教員による動きから始まっているボトムアップ型、(3)学部長や学科長、教務委員長などの限定された権限を持つミドル層のイニシアチブでトップとボトムの合意を形成しつつ進めるミドル・アップダウン型である。
　これら3つに加えて、(4)学系的な特性によりアクティブラーニングという概念が普及する以前から導入しているタイプがある。
　これらの類型ごとに、取り組みにも共通した要素がみられるので、自大学と似ている類型の取り組みは参考になると思われる。

## (1) トップダウンで導入を進めてきた事例およびすでに全学的な体制が整っている事例

　この類型の中から創価大学 経営学部 経営学科、産業能率大学 経営学部 現代ビジネス学科、関西国際大学 人間科学部 経営学科を紹介する。これら3つの大学・学科は、アクティブラーニングの導入でも先行していることで知られ、現在ではカリキュラムマネジメントにも踏み込んだ取り組みを行っているが、それらの個々の取り組みについては後述することとして、ここでは4年間のアクティブラーニング導入の進展について紹介する。

### 創価大学　経営学部　経営学科

- 経営学科では、2002年度から初年次ゼミの「経営基礎演習」において、全クラス一斉にラーニング・スルー・ディスカッション (LTD) の手法を統一的に導入してきた。2011年時点では、個々の教員は各授業でアクティブラーニングを行っていたが、組織化されてはいなかった。学部共通の科目としては「経営基礎演習」と2009年より開始した全員必修で課題解決を目的とするプロジェクト・ベースド・ラーニング (PBL) の手法を導入した「グループ演習」が中心に行われていた。しかし2014年度新カリキュラム開始とともに大学教育再生加速プログラム (AP) に採択され、形式を伴って整備されつつある。
- 2014年度からの新カリキュラムでは、1～4年次に演習科目が並ぶとともに、2年次前期に「グループ演習」を改編した「人間主義経営演習」を設置し、より手法を多様化した高次のアクティブラーニングを行うこととした。
- 新カリキュラムでは、同時に3・4年次にクラスター科目が新設されている。これは各クラスターが複数科目で1つのテーマについて取り組む高次のアクティブラーニング科目で構成されており、すべての学生はいずれかのクラスターを選択する (複数クラスター選択可)。
- このような新カリキュラムのスタート直後に、2014年秋に"学習成果の可視化"と"アクティブラーニングの導入"をテーマとしてAPに採択されたことにより、組織的な整備が一挙に進んだ。
- APのテーマでもある"アクティブラーニングの導入"については、これ

までの量的な拡大の上に質的向上を実現しようとするもので、学部・学科によるアクティブラーニング推進会議4人（APマスター）が任命されている他、「経営基礎演習」、「人間主義経営演習」の主担当教員4名程度が2015年度から学期末に"同僚会議"を"質問会議"方式（参加者が意見を言い合うのではなく、問題に関する質問とその応答のみでやりとりを進め、問題の解決策を探っていく会議術のこと。マーコードモデルによるアクションラーニングの手法）で行い、総括と改善を行っていく仕組みを確立している。この同僚会議をはじめ、2015年度から毎月1回の教授会の前後に全員参加のFDセミナーを開催し、アクティブラーニング手法の共有やルーブリック導入についての検討を重ねている。

・AP採択のもう一つのテーマである"学習成果の可視化"については、入学から卒業までに3つのアセスメントゲートを設けることで実現させる方針である。各アセスメントゲートは、1年次に"大学での学業の基礎となる技能や態度を可視化"するマイル・ストーン、2年次に"汎用的能力（ジェネリックスキル）の伸長を点検"するタッチ・ストーン、3・4年次に"専門知識・技能の習得状態の点検"をするキャップ・ストーンから構成されている。各アセスメントゲートで学習成果を可視化する対象は、各学科で重要と位置付けている特定の科目での取り組みとし、経営学科では、マイル・ストーンを「経営基礎演習」で、タッチ・ストーンを「人間主義経営演習」、キャップ・ストーンを「演習Ⅰ〜Ⅳ」で、それぞれ可視化を試みている。可視化のためのツールにはルーブリックを使うこととしている。全学に先行して取り組んでいる経営学科では、例えば「経営基礎演習」での期初・期中・期末でのルーブリックによる学生の自己評価と相互評価が行われ、これを全学のセンターに集約してデータベース化している最中である（2015年11月段階ではそのフィードバックまでには至っていない）。また、教員が独自にルーブリックを作成して評価に活用している科目も多い。

・同学科では、以前からLTDが学部全体で一斉に行われていることにより、アクティブラーニングの導入やその改善に教員がかかわっていく組織的風土が存在していたが、それがAP採択によって公的な組織として運営されるようになった。一例としては2015度2泊3日のFD合宿を全教員

（学長、副学長・学士機構長も参加）で実施するとともに、同時期同場所で「経営基礎演習」のSA合宿を開催し、SAのファシリテーション能力向上などの研修を行った。このSAは2002年度にLTDが「経営基礎演習」に導入された時から各クラス1名配置され、ファシリテーション等を担ってきたが、そのレベルアップを図ろうとしている（シニアSA養成）。また2016年度3年生から開始する新カリキュラムでのクラスター科目については、クラスター担当教員による科目間連携の会議が行われることになっている。

・同学科では、このような教員間の連携の組織化を、学生におけるラーニング・コミュニティの形成と対になったティーチング・コミュニティの形成として位置付けている。

## 産業能率大学　経営学部　現代ビジネス学科

・産業能率大学の大学改革の取り組みの先駆けとなったのは、2001年度に「教育中心大学としてのあり方を確立し、教育の質的向上を目指す」というビジョンを掲げたことである。このビジョンのもと、2002年度にFD委員会を設置した。これと同時に1995年度以来、一部で実施してきた「学生による授業評価」を全学実施へと拡大し、FD活動での参照すべき重要資料としてこれを位置付けた。

・経営学部現代ビジネス学科におけるアクティブラーニング型授業の導入は、アクティブラーニングという言葉が普及する以前から行われていた。2004年度入学生カリキュラム（実施2006年度）には既に、現在の同学科でのアクティブラーニング型授業を象徴するユニット専門科目が置かれていた。ユニット専門科目は、講義科目2科目と課題解決に取り組む高次のアクティブラーニング科目2科目との4科目がセットになった科目群で、テーマ別に5つのユニット専門科目群が3年次の選択必修科目として置かれている。ユニット専門科目は、講義科目と実践科目とを行き来しながら学び進められるよう設計されている。

・教育力の向上と教育の質の保証が社会的に求められていることを受け、2008年度に同大学では教育開発研究所（経営学部と情報マネジメント学部の

教員7～8人で構成)を立ち上げた。ここで担う機能は授業改善策の検討と実施、学生調査の実施、IR などである。ここが主催者となって教育方法の開発と改善を目的に、全教員を対象として FD 研修会を年6～9回の頻度で実施してきた。FD 研修会への教員の参加率は徐々に高まってきており、最近では平均 90％以上となっている。

・2010 年度には、シラバスの中でディプロマポリシーを卒業時の到達目標として提示し、シラバスには科目の到達目標も明示した。また教育開発研究所では、2012 年度以来『到達目標を意識した授業運営に関する実態調査』を実施し、教員がそれぞれの科目の中でいかにディプロマポリシーを学生に意識させながら授業を運営しているかを調査してきた。これまでの結果では、2 学部ともにほぼ全ての科目で、ディプロマポリシーが強く意識されていることが示されている。

・2012 年より「基礎ゼミ I・II」の内容が刷新され、単にスタディ・スキルだけでなく、汎用的能力(ジェネリックスキル)を身につけさせることを目的にした授業構成となった。また同時期より、その測定を目的として1 年次と 3 年次を対象に "PROG テスト" (汎用的能力の測定テスト) が導入された。

・2014 年度から 2015 年度にかけての FD 研修会で、学生から主体的に考える態度を引き出すことを目的として、ワークシートに頼らないアクティブラーニングの導入の推進、時間外学習を促進する授業設計の実践など、個々の科目の中での教育の質的向上を目指した取り組みを継続している。

・同学科のカリキュラムの大枠は 2006 年度から大きくは変えてはいない。2015 年度までの 7 年間は、教育研究開発所の立ち上げによる FD の活性化や到達目標と科目との関係の明確化などを通した、カリキュラムを構成する個々の科目での取り組みの質的向上を図ってきた期間であった。

・2014 年度に文部科学省の大学教育再生加速プログラム (AP) の "テーマ I (アクティブラーニング)・II (学修成果の可視化) 複合型" に採択された。取り組みのタイトルは、"授業内スタッツデータおよび学生の学習行動データに基づく深い学びと学修成果を伴った教育の実現" である。この取り組みは、学生と教員のアクティビティ、学習行動及び学修成果のデータ

を分析することで、教育改善の方策を開発しようという、アクティブラーニングの質向上に向けた科学的アプローチである。

### 関西国際大学　人間科学部　経営学科

- 2011年度に人間科学部ビジネス行動学科の募集を停止し、経営学科に改組した。同学科では、教室で学ぶ専門知識と、現場で学ぶ経験を行き来するというコンセプトで、新たなカリキュラムを策定した。現在、ほぼすべての授業でアクティブラーニングが行われており、さらに学外での実習プログラムの活動を通して学ぶ"ハイ・インパクト・プラクティス"を特徴としている。

- 全学的に4学期制（春学期：4〜7月、夏学期：8・9月、秋学期：10〜翌1月、冬学期：2・3月）をとっており、春学期と秋学期（一般の大学でいう前期と後期）は教室での授業、夏学期と冬学期は学外のインターンシップやサービスラーニングにあて、4学期の中で、教室と現場を行き来するように設計されている。

- 学長の強力なリーダーシップの下、徹底したFD活動で、学科内から全学へアクティブラーニングを広げてきた。学科設立時に、まず1年次必修科目「総合マネジメント演習Ⅰ」を対象に、アクティブラーニングを専門とする外部コンサルタントを講師に招き、研修を実施した。同科目を担当する実務家教員5名に加え、研究者教員5名がそれぞれペアとなり、コンサルタントの指導の下、アクティブラーニング型授業の進め方をOJT (On the Job Training) で学んでいった。その後に学科会議において、他の科目でもアクティブラーニングを取り入れるように広げ、全学のFD研修では、経営学科の教員がグループワークの中心になってワークショップを行い、全学に浸透させていった。また、大学間連携で他大学の教員も参加してのFD活動も行っている。

### (2) ボトムアップで導入を進めてきた事例

これまでの調査では立教大学経営学部のビジネス・リーダーシップ・プログラム (BLP) 導入などが典型的な事例として該当するが、今回の実地調査か

らは國學院大學 法学部 法律学科について紹介する。法・政治学系統はこれまでの大学のアクティブラーニング調査でも、導入が最も進んでいない系統として指摘した。その法・政治学系統において、アクティブラーニング導入をボトムアップで進めてきている点が注目される。

　特にティーチング・ポートフォリオの作成については、全教員が同僚的な協力関係のもとに作成に取り組んだことにより、自分の教えている内容と手法をそれぞれが認識でき、アクティブラーニング導入が大きく進展する第一歩となっている。

　このような同学科の取り組みは、日本における法学部改革の一つのモデルとなりうるものと思われる。

## 國學院大學　法学部　法律学科

- 2008年度に法学部の改組が行われ、法律学科が法律専攻、法律専門職専攻、政治専攻の3つの専攻に分けられた。当時は、学生の興味関心の度合いや学びの姿勢、学習時間、志向などの個人差が大きくなり、一つの授業で同じ成果を上げていくことが困難になりつつあった。そのため、従来の典型的な流れを汲む法律専攻の他に、学生の志向性に応じて、専門職（弁護士・検察官・裁判官など）を志望する学生は法律専門職専攻で、政治を明確に学びたい学生は政治専攻で効果的に学べるようにした。
- アクティブラーニング導入は法律専門職専攻と政治専攻で先行した。両専攻は、定員を50人に絞り、少人数制・双方向型で学生と教員とのやり取りを密にし、徹底的に学生を鍛えるというコンセプト（アクティブラーニングを通じた、学生の育成を狙った形）でスタートした。法律専門職専攻では、1・2年次のほとんどの科目で、まずは法科大学院で実践されていたソクラテスメソッド（一方向講義ではなく、教員と学生との対話を通して進められる授業形式）を取り入れてみたがなかなか成果が出なかった。そもそも法学部には講義科目でのアクティブラーニングの事例がなかったため、導入に前向きな教員を中心に他の学問分野で行われていた事例を地道に研究し、それを応用実践し、専門科目を担当する教員で構成されるスタッフ会議で実践例や効果を共有してきた。一方、法律専攻では、

定員 400 人という大人数ゆえになかなか動きが取りにくく、学生の学力、やる気の低下が顕著になってきた。
- このような状況の中で、中央教育審議会から 2008 年 12 月答申「学士課程教育の構築に向けて」で学士力が提示され、2012 年 8 月答申「新たな未来を築くための大学教育の質的転換に向けて」で学生が主体的に問題を発見して解を見いだしていく能動的学修（アクティブラーニング）への転換が求められるなどの社会的ニーズと、法律専攻の学生から能動的な学びをどうしたら引き出すことができるかという現場の教員の思いや危機感が重なり、個々の教員による様々な試みが行われるようになった。一方、全学規模の組織として 2012 年に FD を統括する教育開発推進機構が創設された。
- こうした全学的な動きも背景として、法律専攻でもアクティブラーニング導入の取り組みが進むが、それは"ティーチング・ポートフォリオ"の作成という少し迂回した道程を通してであった。各学部に FD 活動をするための特別予算枠が設けられ、法律学科では今まで出来なかった各教員の授業の実態調査（各教員がどういう意図をもって授業をやっているか）やリアルな学生の動向調査を実施した。
- 具体的には、"ティーチング・ポートフォリオ"を作成し、現場で教員が考えていることを言語化した。一人一人の教員が科目ごとに具体化した目標を達成するためにどのような授業方法をとり、どのように検証し、その結果どの程度目標を達成することができたのか、これらの詳細を数百ページにもおよぶ冊子にまとめ、実際に使っている教材・試験のサンプルも集めた。
- このようなボトムアップのムーブメントにより、各教員の持っている教育観や方法の違いが見えてきて、ほとんどの教員が自身の授業手法に目を向けるようになり、成果が上がらなければ自発的に試行錯誤しながら授業改善に取り組むようになった。
- このような歩みから、講義科目で何らかのアクティブラーニングの手法を取り入れた授業を実践する教員が 2015 年度には 85.7% になった（2012 年度については、正確な統計が存在しないために推測となるが、アクティブラー

ニングを取り入れていた教員はごく一部にとどまっていた)。また、他の学部と比べて学生の授業外学習時間数も多くなり、法律専門職専攻での司法試験の結果は、カリキュラム改革1期生が初めて受験した2014年では3人、2015年も2人が合格するなど、目に見える成果を上げることができている。

### (3) ミドル・アップダウンで導入を進めてきた事例

今回の実地調査では、この類型に属する改革がもっとも多かった。アクティブラーニング導入については肯定的な背景があり、その中で学部・学科のマネジメント層が学科教員を巻き込みつつ、トップマネジメント層に承認を求めていくというのが、このスタイルでは一般的である。ここではそれらの中から首都大学東京 都市環境学部 分子応用化学コース、山梨大学 工学部 応用化学科、近畿大学 理工学部 電気電子工学科、神奈川工科大学 工学部 電気電子情報工学科について紹介する。

### 首都大学東京　都市環境学部　分子応用化学コース

- カリキュラム改革に取り掛かったのは、2018年問題(2018年を境に18歳人口が急激に減少する問題)に対応し、かつ大学間の競争に生き残るためには、特色ある教育プログラムを作り上げ、教育に力を入れている大学、学部、コース(学科)となる必要があると考えたからである。この取り組みにあたって対応すべき問題点、特に、①改革前のカリキュラムが幅広く浅い学びで構成され、実験科目以外の授業の多くが一方通行型の受身の講義形式となっていること、②学生が大学以外ではほとんど学習(予習・復習)をしないこと、への対策としてアクティブラーニングの導入が検討された。
- 一般に公立大学は規模が小さいので大学改革は進めやすいと思われているかもしれないが、学部によっては保守的な学部も存在するため、全学での改革はなかなか進まないというのが現状である。しかし同コースではそのような全学での改革を待っていては、教育改革に取り組む機会を逸してしまいかねないと考え、同コースの教授である大学教育センター

副センター長（現学長補佐）を委員長として、同コースだけでもやれることから着手していこうと、まずはカリキュラム改革に取り掛かった。同コースでのこの試みに対しては、同学の経営陣や大学教育センターからの賛同も得られ、図書館施設の充実、学習支援設備の拡充、TA 制度の導入など、設備面や制度面からのバックアップを得ることができた。

- 同コースでのカリキュラム改革は、先の大学教育副センター長が中心となり、中長期的な視点で教育改革を進めてきた成果である。まず 2010 年度にこの取り掛かりとして、学生全員の成績を追跡調査し、入学から卒業までの成績の推移や、授業時間外学習の状況を調べた。ここでわかったことは、学生の自発的な学習時間は教員たちが考えていたほど多くはなかったことと、多くの学生は入学時の成績は良好であるが、入学後の成績推移については時間外学習時間の多寡によって 1 年次後期で差が出始め、2 年次には成績の良い学生と悪い学生とで二極化することである。

- そこで 2011 年度、新しいカリキュラム開発を担う中心組織としてカリキュラム委員会が発足し、カリキュラム改革を推進するのに必要な権限が付与された。委員会は、入試担当、教務担当、推薦入学担当、広報担当、国際センター、学生実験の担当教員など、組織横断的なメンバーで構成され、新しいカリキュラム案が検討された。同委員会の機能は、カリキュラム開発だけに留まるものではなく、入試や、留学生、広報に関することなど多岐にわたる内容を一括して検討し、改革を行った。その理由は、カリキュラム改革が、入試、留学、広報などと深く関係しており、同時に議論することが必要であると考えたからである。

- 2013 年 4 月より開始した現在の新カリキュラムのコンセプトは、同コースの特長を明確にすると同時に、自発的な修学姿勢の学生を育てるということである。このため、ディプロマポリシーの達成に向けて、各年次でのコア科目（学部・修士ともに各期で 7 科目を選定）を決めて科目数を絞り込み、かつそれらの授業にはアクティブラーニングを積極的に取り入れ、学部から大学院までの教育を一貫して段階的に進めていける構造を作り上げた。また同時に教員への科目負担を 1 教員当たり平均 3 科目に減らす代わりに、各授業にアクティブラーニングを取り入れる工夫を

行って、1回の授業の質を上げるようにした。全体の授業科目数を減らしたのは、アクティブラーニングを授業に取り入れることで教員への負担が増えることを考慮したためだけではなく、コースの特長をより明確にし（かなり専門性が高い内容は大学院講義に移行）、さらにそのカリキュラムで教育したい学生を再確認する意味もあった（入試や広報に反映させるため）。授業へのアクティブラーニングのとり入れ方については、同コースでの授業の進め方を記したプリントを各教員に配付し、教員全員で共通意識を持って取り組めるようにしたほか、ホームページ上にもカリキュラムの意義や内容を公開することによって見える化を実施した。その中で、各年次のコア科目ではアクティブラーニングを取り入れることを必須化することを明記している。また、目的を持ってアクティブラーニング型授業を進めてもらえるように、学年進行に応じてそこで取り組まれるべきアクティブラーニングの目的を5つのフェーズに分類して明確化し、担当する教員にはそれらを共有してもらうようにした。なお、アクティブラーニング（AL）の分類は、AL1（1年次）：ジェネリックスキルの定着を目的としたAL、AL2（1・2・3年次）：知識定着を目的とした『専門分野のAL』、AL3（3・4年次）：知識を活用し、課題解決を目的とした『専門分野のAL』、AL4（4年次）：知識を活用し、問題発見・課題解決を目的とした『専門分野のAL』、AL5（M1・2）：知識を活用し、問題発見・課題解決を目的とした『高次な専門分野のAL』としている。

・カリキュラムおよび各科目の内容についてはカリキュラム委員会で決めているが、各授業の進め方については担当の教員に基本的には任せている。ただし例え講義形式の科目であっても一方向的な授業にはせず、演習などのアクティブラーニングの要素を入れてもらえるよう各教員にお願いしている。また、新カリキュラムでは英語教育にも力を入れており、修士を英語講義のみで卒業できるようなカリキュラムの設計としたため、学部の授業でも講義内に英語を含めるようにしている。英語の割合は学年毎に傾斜をかけ、例えば、2年次では授業時間のうちの10〜20％、3年次では20〜30％という具合で進めてもらっている。

・アクティブラーニングを積極的に授業に取り入れていこうとしたもう1

つの意図は、学生に対象テーマについて授業前に予め自主的に調べさせることで、自ら調べた知識を記憶に残りやすくさせ、また自主的に学ぶ習慣を身に付けさせることにある。これにより授業時間外での学生の学習時間は自ずと増え、また授業ではアクティブラーニングを通して考える力も鍛えることで、一方向的講義で知識を記憶するだけの授業から、理解する授業へと転換することができた。

### 山梨大学　工学部　応用化学科

- 山梨大学工学部応用化学科は、2003年度に前年度までの物質・生命工学科を当学科と生命化学科に分ける形で設置された学科である。現在のカリキュラムは当時から大きく変更していないが、授業内容などを毎年少しずつ、その時々で必要な形へと変えてきた。またアクティブラーニングという言葉こそ意識はしていなかったが、一部の志ある教員は、その当時よりアクティブラーニングにあたる活動を授業に取り入れていた。
- 2000年代半ばに当時の学長の問題意識から、教える内容の明確化、各科目における教育内容の精査、成績評価の厳密化などを図る改革を行った。またこれと同時に工学部では、各学生にクラス担任をつけて成績不振者を放置せずに退学勧告を出すことも含めて指導することを徹底した。この結果、全学および同学科での成績不振者も減り、近年での同学科の直行率は90%程度にまで回復した。
- 一方、将来的な学生数の減少に対し、教員間では危機感が共有されるようになった。地方国立大学は、学生を着実に育成し就職させなければ学生を確保できない。同学科の学生はまじめに授業に出席してはいるが、ただ講義を聴いているだけで、知識の定着率は決して高くないということに気付いた教員たちにより、授業の効果を高めるための模索が開始された。
- 同大学が全学を挙げて授業にアクティブラーニングを取り入れるべく動き出したのは2012年度からであり、それは反転授業の活用を中心にしたものであった。改革のきっかけになったのが、当時の企画担当理事の指示のもと2012年度より動き出した富士ゼロックス株式会社と山梨大学の共同研究「グローバル人材育成のためのICTを活用した新たな教育

の方法と技術に関する研究」であり（共同研究契約締結は 2013 年 4 月）、この共同研究グループが大学教育センターを巻き込む形でアクティブラーニング導入の動きが進められていった。共同研究グループの山梨大学側は、工学部を中心に、大学教育研究開発センター（現 大学教育センター）、総合情報戦略機構、産学官連携・研究推進機構、教育人間科学部などの組織を横断したメンバー約 30 名で構成された。当初は、ICT を使って何か効果的な教育ができないかと広い視野でターゲットを捉えていたが、研究を推進する中で得られたアメリカでの反転授業に関する情報や富士ゼロックスの技術から、現在実施しているスクリーン／スライドキャスト（音声付スライドショー）を活用した反転授業という授業形態に行き着いた。そして 2012 年度後期の授業より反転授業を取り入れた授業が開始された。これと同時に反転授業におけるグループワークなどがしやすいよう、可動式の机・椅子を設置したアクティブラーニング室を整備し、2014 年 3 月に供用開始した。

・反転授業を取り入れた授業形態は、当初の共同研究プロジェクトの中心であった電気電子工学科担当教員の授業から取り入れられ、2012 年度後期から 2014 年度前期にかけて、応用化学科を含め全学的にも少しずつ浸透しつつあった。しかし、仕組みができても、比較的に若手から中堅の教員は興味関心を持ってそれらを取り入れようとするが、必ずしもすべての教員の意識がその授業形態やアクティブラーニングそのものの導入に前向きなわけではなかった。実際、応用化学科でも教室会議という学科の会議で、アクティブラーニングの導入や反転授業とアクティブラーニングとの組み合わせを検討したが、そのために教材や資料を制作する負担の重さを指摘する声も聞かれた。

・2014 年 9 月に、それまでの反転授業の効果を共同研究グループが示したことを受け、当時の執行部の強力な指導によって、全学的な反転授業の導入推進を目的として、大学教育企画評価委員会の傘下にアクティブラーニング導入プロジェクトチームが組織された。このリーダーには共同研究グループの主要メンバーが就き、メンバーは各学部・学科の教員で構成された。アクティブラーニング導入プロジェクトチームは、共同

研究グループと協力し、授業でのアクティブラーニングや反転授業の導入ノウハウや事例を盛り込んだ"アクティブラーニングガイド"を制作して全教員に配付した。また 2014 年 9 月より、共同研究グループが中心となって大学教育センターを主催者とした FD を開催するようになり、啓発活動にも積極的に取り組んできた。こうした活動の結果、応用化学科の科目においても、アクティブラーニングや反転授業の導入が徐々に進んできた。
・2015 年 4 月に共同研究グループの主要メンバーが大学教育センターのセンター長となったことで、アクティブラーニングや反転授業の導入推進活動の中心は、共同研究グループから、より全学に向けての発信力が強い大学教育センターへと移行しつつある。

## 近畿大学　理工学部　電気電子工学科

・理工学部では、2013 年度に 1 セメスターあたりの修得単位数を 24 単位までにするという CAP 制の全学導入に伴い、各学科においてカリキュラム変更を行った。電気電子工学科では、就職先において情報系とエレクトロニクス系の領域が重なってきていることから、情報コース、総合エレクトロニクスコース、エネルギー・環境コースの 3 コース体制から、エレクトロニクス・情報通信コースとエネルギー・環境コースの 2 コース体制へのコース再編も行った。
・カリキュラム変更とコース再編の主なねらいは、カリキュラムをスリム化することで各教員の教育負担の軽減をはかり、総合エレクトロニクスコースのみで導入されていたアクティブラーニングを全コースに導入することにあった。
・もともと旧カリキュラムのときから、JABEE の認定基準に合致するようなカリキュラムが運用されていたこともあり、ほとんどの教員が導入には前向きであった。しかし、当時はまだ実践経験のある教員も少なく、全コース導入となると教員の負担も大きく授業の質にばらつきが生じる恐れもあったため、まずは 3 コースのうち、総合エレクトロニクスコースのみで PBL を主体としたアクティブラーニング型授業を行うことか

ら始めた。
- 2012年度には、改革の目玉となる「エンジニアリングデザイン実験」を試行的に立ち上げ、授業後には毎回反省会を行い、さらに月に1回のペースで学科全体の会議で進捗を報告するといったことを重ね、1年かけて授業手法のノウハウを共有していった。また、JABEE講習会への教員の参加や、カリキュラム改訂前後におけるFD研修(学部で年2回、学科で年2回、大学院で年1回実施)を通してアクティブラーニング型授業の事例やその効果を報告し合い広めていった。
- 一方で、組織的な取り組みも見逃せない。アクティブラーニングを教育現場に取り入れる動きが広まっているという世の中の流れを個々の教員が捉えているというだけでなく、5つの分野(回路・制御系、電磁気・計測・材料系、数学・物理系、エレクトロニクス・情報通信、エネルギー・環境)からなる授業内容検討会やコース・カリキュラムの検討やものつくり支援を考えるなどの8つの小委員会からなる教育改善委員会が設けられ、教員全員でエビデンスを取りながら継続的な改善活動を行っている。
- こうした個の力と組織的な力がうまく機能することにより、現在では全コースで全教員がそれぞれ工夫を凝らしてアクティブラーニングを取り入れた授業を行うに至っている。

## 神奈川工科大学　工学部　電気電子情報工学科
- 神奈川工科大学工学部電気電子情報工学科には、「実践的エンジニアコース(EA)」「グローバルエンジニアコース(EB)」「電気工事・施工管理エキスパートコース(EC)」の3コースがあり、2年次にコース選択を行う。3コースのうち「グローバルエンジニアコース(EB)」はJABEE(日本技術者教育認定機構)の認定基準に対応したコースとなっている(2004年度入学生から開始)。
- 全学の取り組みとして、2012年から新教育体制がスタートした。考えて行動する人材の育成を目標に、"学生に何を教えるか"より、"学生が何を学べたか"を主眼としている。この改革は主に教養科目を充実させるものだったが、併せて専門分野にユニットプログラムができた。これは

従来別々だったPBLに取り組む高次のアクティブラーニングと座学を組み合わせて学習成果を上げようというもので、同学科では1年〜3年次に必修で設置し、基礎→応用→発展と課題の難易度を上げて「卒業研究」へとつなげている。

- JABEEが2012年度から新基準となり、チームで仕事をする力やエンジニアリング・デザイン力が強調され、その評価法にルーブリックが推奨された。これを機に同学科では、JABEEの講習会で学びながら教員が協働でルーブリックをつくり、ユニット科目や「卒業研究」で使用するようになった。ルーブリックの項目・文言・配点・スレッショルド（閾値）などについては常に議論し、改良を重ねている。

- 同学科では新教育体制以前からPBLのような高次のアクティブラーニング導入に力を入れてきたが、この実現には11人の専任教員のうち5人が企業出身者であったということが大きい。企業出身の教員には、企業で通用する学生は座学だけでは育たないし、結果が自明の実験だけやっていても育たないという認識があった。同時に研究者教員たちも学生の受け身の姿勢を目にしながら同じような意識を持っており、教員全体で前向きに取り組む空気が形成されていた。

- 最初は教員の理解にも差があり、"アクティブラーニング""PBL""エンジニアリング・デザイン"などの言葉の定義もばらばらだったが、JABEEの講習会などで得た知識を持ち寄ることで擦り合わせてきた。

## （4）学系的な特質から、以前よりアクティブラーニングに取り組んできた大学

　アクティブラーニングを一つの軸とした現在の大学教育改革の流れとは別に、以前よりアクティブラーニングに取り組んできた学科系統がある。2013年度カリキュラムを対象とした調査では京都橘大学看護学部看護学科が典型的な事例であったが、今回の実地調査では、関東学院大学 建築・環境学部 建築・環境学科と昭和女子大学 人間社会学部 心理学科を紹介する。

### 関東学院大学　建築・環境学部　建築・環境学科

- 2012年度に工学部建築学科から、建築・環境学部に改組された。その際

に、カリキュラム等が大きく見直された。その大きな特徴は、以下のようにまとめられる。

　ⅰ．学科内をコース制にして「建築デザインコース」「建築・都市再生デザインコース」「すまいデザインコース」「環境共生デザインコース」「建築エンジニアリングコース」の5コースとし、3年進学時にコース選択できるようにした。コースは基本的に本人の希望によるものとし、最大45人定員、最小で25人定員という緩やかな枠を設けている。

　ⅱ．コース制導入に伴い、3年前期〜4年前期まで連続して配置される課題解決を目的とした高次のアクティブラーニングとしての「デザインスタジオ」が必修化され、ここで各コースに応じた設計デザインに全学生が何度もレベルアップしつつ取り組むようにカリキュラムが変更された。また、このことにより、1・2年次に全員必修で配置されている「建築設計製図Ⅰ・Ⅱ・Ⅲ・Ⅳ」との接続が、学生にとり明確に意識されるようになり、4年前期の「ゼミナール」および4年後期の「卒業研究」も含めて、1年次から4年次まで専門知識を統合するハブ科目としての高次のアクティブラーニング科目が切れ目なく連続して配置される設計となった（ただし、後述するように1年次配当の「建築設計製図Ⅰ・Ⅱ」では訓練的な一般的アクティブラーニング的な要素が多く、2年次になると次第に高次のアクティブラーニング的な要素が多く含まれるようになる）。

　ⅲ．このカリキュラムは、2016年度に完成年度を迎えるが、現時点でも、ハブ科目「デザインスタジオ」を必修化したことによって、そのハブ科目で活用する専門知識を得る講義科目との関連性を意識する学生が以前よりも増えてきている。

・また、関東学院大学として、現在、全学的にカリキュラムマップの作成が推進されているが、建築・環境学部ではそれに先行して2014年にはカリキュラムマップが作成され、そのことを通じて、科目の教育内容の検証やレベルアップが行われるようになった。

・総じて言えば、新学部・学科への改組によって、以下に見る教育目標の明確化と並行しつつ、整合性のある教育プログラムの整備が進んでいる。

・建築・環境学科では、専門知識と教養的な知識を統合しつつ建築物を設

計するという課題解決に取り組むため、高次のアクティブラーニングが伝統的に行われてきた。ただし、同学科では「アクティブラーニングを意識的に導入してきた」という意識は持っておらず、建築学として必要な教育を実施してきたら、それがアクティブラーニングだったという認識である。

**昭和女子大学　人間社会学部　心理学科**
・心理学分野は、グループでの実習・実験が不可欠であるため、今日アクティブラーニングと呼ばれているような学習形態が、以前からとられていた。2007年頃より大学全体で授業改善の機運が高まり、FD推進委員会によって、研修会（年4回）、教員へのアクティブラーニングに関する授業調査、アクティブラーニングに取り組む教員の授業紹介などが行われ、これまで心理学科で自然に取り組まれてきた教育活動を、改めてアクティブラーニングとして意識するようになった。
・現在のカリキュラムは、2008年度にスタートし、2011年度に完成年度を迎え、その後もブラッシュアップが続けられてきたものである。このカリキュラム改訂では、アクティブラーニングという視点で、大きなカギとなる2つの科目が新たに導入された。1つは、2年次の必修科目「心理学入門演習」、もう1つが半数程度の学生が履修する「心理支援コミュニティ・サービスラーニング」である。

## 3．カリキュラムマネジメントに取り組み、PDCAが回っている大学

　今回の大学のアクティブラーニング調査では、前回2014年度調査に引き続いて、アクティブラーニング科目がどれだけの量で導入されているかだけではなく、それがいかに機能するようにカリキュラムマネジメントされているかに焦点を当てた。
　①教育目標（どのような能力を学生に身に付けさせるか）の明確な設定と教員の共有化、②アクティブラーニングを軸にしたカリキュラム設計、③教育目標達成度のアセスメントへの取り組み、④PDCAを機能させるための組織化・

制度化、⑤ファシリティの充実、の5点である。

## (1) 明確な教育目標が設定され、カリキュラム設計に紐付けられている事例

　当プロジェクトは、教育目標の設定と教員による共有化が、カリキュラムマネジメントにおいては最初に取り組まれるべきであることを2012年度調査報告の中でも提言してきた。今回調査した大学・学科の多くは学生にどのような能力を身に付けさせるのか、という意味での教育目標を設定している。特にJABEE認定プログラムとなっている学科では、JABEEに準拠して目標設定が行われているが、それ以前から設定されていた学科独自の目標との整合性を明確にするなどしている学科もあり、こうした取り組みはこれらの学科がいかに教育目標を重視しているかを物語っている。

　文系学科でも、同様のレベルで目標設定している学科が見られ、2011年から大きく前進している。

### 首都大学東京　都市環境学部　分子応用化学コース

- ディプロマポリシーで、「獲得すべき学習成果」として(A) ～ (I)の9つの知識・能力を学習・教育目標として設定している。そしてこれらの学習・教育目標の各項目と科目との対応関係をカリキュラムマップとして示している。
- ディプロマポリシーは、2008年に文科省が中教審で明示した「学士課程教育の構築に向けて」にしたがって作成したもので、2010年に作成し、2011年から公表してきた。
- カリキュラムマップは、1年次冒頭にあるオリエンテーションで、全コース生に配付して説明することで周知を図っている。
- カリキュラムマップにおける目標と科目の対応、整合性については、シラバスも参考にしながら、毎年度末に科目にかかわる全教員で再検討し、必要に応じて改定している。

| | 獲得すべき学習成果 |
|---|---|
| | 分子応用化学コースを修了して「学士（工学）」を授与される学生は、以下のような知識や能力を有します。 |
| (A) | 人文・社会・自然科学等の幅広い知識を身につけ、社会で起こる問題を理解し、総合的な視野に立って物事を考えることができる。 |
| (B) | 科学や技術が自然環境・生活環境に及ぼす影響を理解し、研究者・技術者として高い倫理観を持って公正な立場で発言し行動することができる。 |
| (C) | 自然科学全般および情報技術に関する基礎的専門知識を身に付け、それらの知識や技術を正しく使うことができる。 |
| (D) | 応用化学、材料化学の基礎知識および専門的知識を修得し、研究者・技術者としてそれらを問題解決に活用することができる。 |
| (E) | 人類が直面している環境、エネルギー、材料、ライフサイエンス等に関する問題を理解し、解決に向けて自らの考えを論理的に組み立てることができる。 |
| (F) | 人類の発展に役立つ新材料や新物質、新しい方法論等を開発するための研究に工学的な視点を持って自ら取り組むことができる。 |
| (G) | 研究成果を日本語で論理的に記述して論文やレポートをまとめる文章力、自分の考えを分かり易く伝えるプレゼンテーション力、他者との議論を円滑に行えるコミュニケーション力を有する。 |
| (H) | 自分の考えを英語で伝えることができる基礎的なプレゼンテーション力およびコミュニケーション力を有する。 |
| (I) | 自ら解決すべき問題・課題を見つけ、それに取り組む姿勢を備えている。 |

図表 1-31　首都大学東京都市環境学部分子応用化学コースのディプロマポリシーの「獲得すべき学習成果」

| | 必修 | 科目名 | 年次 | 学習・教育目標 ◎：強く関連、○：関連、▲：やや関連 | | | | | | | | |
|---|---|---|---|---|---|---|---|---|---|---|---|---|
| | | | | (A) | (B) | (C) | (D) | (E) | (F) | (G) | (H) | (I) |
| 基礎科目群 | 必修（講義・演習） | | | | | | | | | | | |
| | 必修 | 基礎ゼミナール | 1前 | | | | | ▲ | ▲ | ○ | ○ | ▲ |
| | 必修 | 実践英語 Ia～d | 1前・後 | | | | | | | | ◎ | |
| | 必修 | 実践英語 IIa～d | 2前・後 | | | | | | | | ◎ | |
| | 必修 | 情報リテラシー実践 I | 1前 | | | ◎ | | | | | | |
| | 必修 | 線形代数 I・II | 1前・後 | ○ | ▲ | ◎ | | | | | | |
| | 必修 | 微分積分 I・II | 1前・後 | ○ | ▲ | ◎ | | | | | | |
| | 選択必修（講義・演習） | | | | | | | | | | | |
| | 選必 | 一般化学 I・II | 1前・後 | ○ | ▲ | ◎ | ▲ | | | | | |
| | 選必 | 物理通論 I・II | 1前・後 | ○ | ▲ | ◎ | | | | | | |
| | 選必 | 初等物理 I・II | 1前・後 | ○ | ▲ | ◎ | | | | | | |
| | 選必 | 物理学実験第一 | 1後 | ○ | ▲ | | | | | ◎ | | |

図表 1-32　首都大学東京都市環境学部分子応用化学コースのカリキュラムマップ

## 近畿大学　理工学部　電気電子工学科

- 2002年度からJABEE認定基準に基づいた教育プログラムを実施している。このJABEE基準の学習・教育到達目標と、電気電子工学科の教育プログラムGEEP（General Electronics Education Program）の定める学習・教育到達目標に、各科目がどのように位置づけられているかを一覧表にまとめている。さらに、全学共通のディプロマポリシーの4つの観点（1関心・意欲・態度、2思考・判断、3技能・表現、4知識・理解）と上記2つの学習・教育到達目標との関係を科目フロー図にまとめている。
- 各科目のシラバスには、上記の学習・教育目標で必要とされる項目と成績評価法が明記されている。

| エレクトロニクス・情報通信コース 学習・教育到達目標 | | | (a) 地球的視点から多面的に物事を考える能力とその要素 | JABEE 基準1：学習・教育到達目標の設定と公開 | |
|---|---|---|---|---|---|
| | | | | (c) 数学及び自然科学に関する知識とそれらを応用する能力 | 当該分野において必要とされる専門（d-1）<br>専門に関する基礎能力：プログラムの学習・教育目標達成に必要な基礎となる数理法則や物理原理に関する理論的知識 |
| A | 電気電子工学全般の基礎知識とその対応力 | A1 | ・自然科学で扱う現象を図や数式を用いてモデル化することができる。<br>・数学における諸問題を公式を用いて計算することができる。<br>・パーソナルコンピュータ等、基本情報処理機器を用いて表や文書、プレゼンテーション資料の作成を行うことができる。 | | 基礎物理学および演習<br>物理学および演習<br>物理学概論および演習 I<br>物理学概論および演習 II<br>基礎化学および演習<br>化学<br>基礎生物学<br>生物学<br>資源とエネルギー<br>科学的問題解決法<br>線形代数学 I、II<br>微分積分学 I、II<br>微分方程式<br>複素関数論<br>ベクトル解析<br>フーリエ・ラプラス変換論<br>確率統計 | 基礎物理学および演習<br>物理学および演習<br>物理学概論および演習 I<br>物理学概論および演習 II<br>線形代数学 I、II<br>微分積分学 I、II<br>情報処理基礎<br>情報処理実習 I、II<br>情報処理基礎<br>情報システム基礎<br>情報システム応用<br>微分方程式<br>複素関数論<br>ベクトル解析<br>フーリエ・ラプラス変換論<br>確率統計 |
| | | A2 | ・電気回路や電磁界における現象を図や式を用いて表現することができる。また、それらに関する諸量を各種法則に基づいて導出することができる。 | | | 情報処理基礎<br>コンピュータ概論<br>電気回路 I、II、III、IV<br>電磁気学 I、II、III<br>電気計測<br>電気物性概論<br>基礎電子回路<br>制御工学基礎<br>アナログ電子回路 |
| | | A3 | ・システム制御、論理回路、電力の発生・伝送、電気機器、情報通信、組込みシステム、光・半導体デバイス等の応用分野を適切な電気電子工学理論と関係付けることができるとともに、これらの応用分野で実現させようとしている内容を説明することができる。 | | | 論理回路<br>電気電子材料<br>組込みシステム<br>通信方式<br>順序回路理論<br>ディジタル電子回路<br>アルゴリズムとデータ構造<br>光・レーザー工学<br>制御工学<br>ネットワーク工学<br>半導体工学<br>エレクトロニクス関連機器<br>光通信工学<br>情報理論<br>移動体通信工学<br>シミュレーション工学<br>電磁波工学<br>電波関係法規<br>画像・映像工学 |

**図表1-33　近畿大学理工学部電気電子工学科エレクトロニクス・情報通信コースの学習・教育到達目標とJABEE基準1との対応（抜粋）**

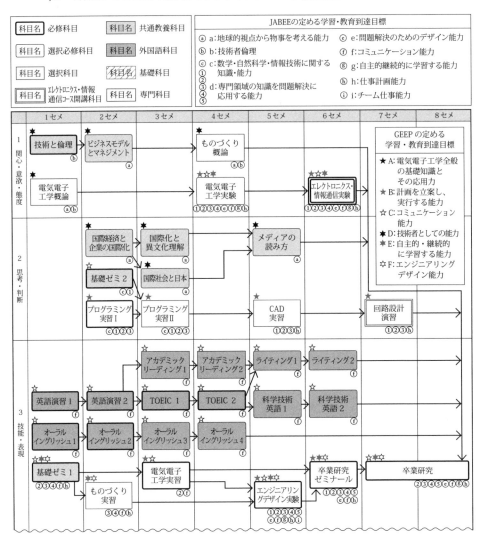

**図表 1-34** 近畿大学理工学部電気電子工学科エレクトロニクス・情報通信コースの科目フロー図

・学生には、『カリキュラムガイドブック』を年度初めに配付し、第1回目の授業で必ず各科目の学習・教育目標と位置づけを口頭で伝えている。

## 神奈川工科大学　工学部　電気電子情報工学科

- 学科の教育目的は「基礎学力の修得を重視し、体験型授業によりコミュニケーション能力、問題解決（デザイン）能力、情報活用力を養い、社会的要請に応えられる能力を備えた技術者を養成する。特に、学生の個性を生かした有為な技術者を養成すること」である。
- 学科のディプロマポリシーは、「技能・表現」「思考・判断」「知識・理解」「関心・意欲・態度」という4つの観点で全11項目設定されている。

■技能・表現
1. 電気電子情報工学の基礎・専門技術を身に付け、それらを実際に応用することができる。
2. 個々の適性に応じた専門分野の基礎を身に付け、それらを応用し、社会に貢献できる。
3. 日本語の論述力、研究発表やグループ討論等でのコミュニケーション能力を身につけ、自己の考え方を表現・発表ができる。
4. 電気電子情報工学科に関連した種々の課題を解決できる。

■思考・判断
5. 技術者として、科学・技術・社会・環境の連携を認識し、柔軟な技術の展開と同時にその社会的な影響と責任を自覚できる。
6. 時間的効率と期限を考えて、計画を進めることができる。

■知識・理解
7. 技術者として必要な数学、自然科学および情報技術の基礎が理解できる。
8. 電気電子情報工学科の専門技術に関する知識を有する。
9. 電気電子情報工学科に関連した種々の課題を理解できる。

■関心・意欲・態度
10. 探求心を持ち、向上意欲のある技術者を目指し、自主的・継続的に学習できる。
11. 国際性を含めた幅広い視野と教養を持ち、技術者としての責任と倫理観を身につけ、社会に対応できる。

**図表1-35　神奈川工科大学工学部電気電子情報工学科のディプロマポリシー**

- EBコース向けに、JABEEの基準に対応した学習・教育到達目標が設けられており、各科目の学修成果と対応する到達目標の項目の記号（A-1、A-2など）をシラバスに記している。

A. 国際性を含めた幅広い視野と教養を身につける。
　　（A-1 社会人としての教養　　A-2 政治経済、国際協調）
B. 技術者としての社会的責任と倫理観を養う。
　　（B-1 技術者の役割と責任　　B-2 技術者としての倫理観）
C. 技術者として必要な自然科学・情報技術の学力を身につける。
　　（C-1 自然科学の基礎　　C-2 情報技術（IT））
D. 専門分野の基礎科目について十分な学力を身につける。
　　（D-1 専門基礎の理解　　D-2 専門基礎の総合的な理解・応用　　D-3 演習・実験による具体的な理解）
E. 専門分野についての知識を身につけ、総合的に活用して社会の要求を解決するためのエンジニアリング・デザイン能力を養う。
　　（E-1 各専門分野の基本原理　　E-2 応用力の素養　　E-3 エンジニアリング・デザイン能力）
F. 自己の考え方を発表・表現し他人とのコミュニケーション能力を養う。
　　（F-1 国際的なコミュニケーション能力　　F-2 プレゼンテーション能力　　F-3 柔軟な思考力・討論能力）
G. チームワーク力と計画的実行力を養い、技術者としての探究心と向上意欲を培う。
　　（G-1 継続的努力と研鑽　　G-2 問題解決力　　G-3 チームワーク力・計画的実行力）

**図表1-36　神奈川工科大学工学部電気電子情報工学科EBコースのJABEE基準の学習・教育到達目標**

```
学修成果
(1) 実際の回路や機器に触れることにより、講義等で学修した内容をより具体的に理解し、説明できる。
    D-3(演習・実験による具体的な理解:10%)
(2) 電気・電子工学の専門分野について、基本原理を学び基礎学力を身につける。
    E-1(各専門分野の基本原理:20%)
(3) 自分達で製作する作品の目標を設定し、電気電子工学の基礎知識を応用して、限定された条件の下で目標を実現するために複数の解を検討し、作品を製作する。
    E-2(応用力の素養:10%)、E-3(エンジニアリング・デザイン能力:20%)
(4) 自分達の考えや成果を相手に明確に伝えるためのプレゼンテーション能力を身につけ、相手の質問や考えを理解し、より良い結論を導き出せるような柔軟な思考力・討論能力を身につける。
    F-2(プレゼンテーション能力:10%)、F-3(柔軟な思考力・討論能力:10%)
(5) 設計・製作・検討・改良を繰り返しながら、課題点を明らかにし、目標とする作品を製作する。
    G-2(問題解決力:10%)
(6) チームを組んで協力・協調しながら、作品を製作するために与えられた制約条件の下で計画的に仕事を進め、まとめる能力を身につける。
    G-3(チームワーク力・計画実行力:10%)
```

**図表1-37　神奈川工科大学工学部電気電子情報工学科「電気電子応用ユニット」のシラバス**

・コースに分かれる前の1年次に、全員に『JABEEのしおり』を配付し、目標とすべき技術者像や学習・教育到達目標を意識させている。

・また、カリキュラムツリーをコースごとに作成して学生にも提示している。科目群ごとの学習・教育目標も記載して、科目間のつながりとともに学生に意識させている。カリキュラムツリーを作る段階で、教育目標と各科目の整合性は念入りに点検した。

### 九州工業大学　工学部　機械知能工学科

・もともと学部・学科・コースで教育目標は明確に設定されていたが、JABEEを2014年に全学科で取得したため、JABEEの目標と自学科の目標との関連も整理し学生に提示している。JABEEは教育目標明確化に関して各学科の足並みを揃える上でも有効であった。

・機械知能工学科・機械工学コースの学習・到達目標は以下の通り。

```
機械知能工学科の学習・到達目標
(A) 国際的に通用する教養・倫理を修得する。
(B) 自然現象を科学的に理解するための能力を修得する。
(C) 問題発見能力や問題解決能力を修得する。
```

機械工学コースの学習・到達目標
(A) 自然・人文科学と機械工学の知識を応用することで問題を発見し解決することができる。
(B) 機械システムを創造することができる。
(C) 機械工学の社会への貢献を考えることができる。
(D) 機械工学の実践が社会に及ぼす影響を理解することができる。
(E) 「ものづくり」に必要な協働作業をすることができる。
(F) グローバルな展開・応用のための国際的な視点を持つことができる。

**図表 1-38　九州工業大学工学部機械知能工学科・機械工学コースの学習・到達目標**

| 身につけておくべき知識・能力 | (A) 自然・人文科学と機械工学の知識を応用することで問題を発見し解決することができる。 | (B) 機械システムを創造することができる。 | (C) 機械工学の社会への貢献を考えることができる。 | (D) 機械工学の実践が社会に及ぼす影響を理解することができる。 | (E) 「ものづくり」に必要な協働作業をすることができる。 | (F) グローバルな展開・応用のための国際的な視点を持つことができる。 |
|---|---|---|---|---|---|---|
| (a) 地球的視点から多面的に物事を考える能力とその素養 | ◎ | | | ○ | | ○ |
| (b) 技術が社会や自然に及ぼす影響や効果、及び技術者が社会に対して負っている責任に関する理解 | | | | ◎ | | |
| (c) 数学及び自然科学に関する知識とそれらを応用する能力 | ◎ | ○ | | | | |
| (d) 当該分野において必要とされる専門的知識とそれらを応用する能力 | ◎ | | ○ | | ○ | |
| (e) 種々の科学、技術及び情報を活用して社会の要求を解決するためのデザイン能力 | | ◎ | ○ | ○ | ○ | |
| (f) 論理的な記述力、口頭発表力、討議等のコミュニケーション能力 | | | | | ◎ | ◎ |
| (g) 自主的、継続的に学習する能力 | | | ○ | | ○ | ○ |
| (h) 与えられた制約の下で計画的に仕事を進め、まとめる能力 | | ◎ | | | ◎ | |
| (i) チームで仕事をするための能力 | | | | | ◎ | |

**図表 1-39　九州工業大学工学部機械知能工学科機械工学コースの身につけておくべき知識・能力と学習・教育到達目標との相関**

・同学科では学生の自己評価ポートフォリオシステムを導入し、この目標に対する達成度の検証にも取り組んでいる。
・JABEE 導入に際しては、学科で教育目標と各科目との対応関係を検証し、その結果をシラバスにも反映している。

| 機械知能工学科 ||
|---|---|
| 機械工学 PBL<br>Mechanical Engineering PBL(Project Based Learning) | 宇宙工学 PBL<br>Space Engineering PBL(Project Based Learning) |
| 学年：3年次　学期：後期<br>単位区分：必修（機械工学コース）　単位数：1単位<br>担当教員名　宮崎 康次・坪井 伸幸・鶴田 隆治・<br>　　　　　　長由 暁子・谷川 洋文・河部 徹 | 学年：3年次　学期：後期<br>単位区分：必修（宇宙工学コース）　単位数：1単位<br>担当教員名　米本 浩一 |
| ❶ 概要<br>　機械工学 PBL とは、与えられた課題に対して機器を設計、性能評価を通して、工学に必要な基本的な設計、解析能力の習得と共に、自ら目標設定をして具体的に課題解決をしていく PBL(Project Based Learning) である。履修方法は、複数の学生を一組としたグループワークとする。履修期間中に設計結果や製作した機器について、さらに性能評価後に報告会を実施し、学生同士で相互評価や意見交換を行う。<br>　• 授業の位置づけ<br>　関連する学習・教育目標：B、C、D、E（機械工学コース）、C-2、C-3（知能制御工学コース）<br>❷ キーワード<br>　設計、製図、加工、測定<br>❸ 到達目標<br>　1. 与えられた課題を満たす機器を設計できる。<br>　2. 設計した機器を製作できる。<br>　3. 製作した機器の性能を評価できる。<br>　4. プレゼンテーションを通して、他者に成果を伝えることができる。<br>❹ 授業計画<br>　1. 授業の概要説明、班分け、課題設定<br>　2. 課題解決のための文献調査 | ❶ 概要<br>　宇宙工学 PBL とは、実際に小型ロケットを設計製作し、打ち上げ実験と性能評価を通じて、工学に必要な基本的な設計、解析能力の習得と共に、自ら目標設定をして具体的に課題解決をしていく PBL(Project Based Learning) である。履修方法は、複数の学生を一組としたグループワークとする。履修期間中に設計結果や製作したロケットについて、また打ち上げ実験後には飛行結果の報告会を実施し、学生同士で相互評価や意見交換を行う。<br>　• 授業の位置づけ<br>　関連する学習・教育目標：B、C、D、E（宇宙工学コース）、C-2、C-3（知能制御工学コース）<br>❷ キーワード<br>　ロケット、固体モータ、重量と重心、抵抗、空力中心、安定性、飛行性能、マイコン、プログラム<br>❸ 到達目標<br>　1. ロケットに関する基本的な専門用語が理解できる。<br>　2. 目標性能に対する各種要素の感度解析や設計ステップの組み立てを学ぶ。<br>　3. 汎用の計算ソフトウエアを用いて、性能解析に必要な数値計算方法を習得する。<br>　4. マイコンの動作原理とプログラミングの基礎を学ぶ。<br>　5. センサーの種類、原理と解析方法を学ぶ。 |

**図表 1-40　九州工業大学工学部機械知能工学科「機械工学 PBL」のシラバス**

## 東邦大学　理学部　生命圏環境科学科

・ウェブサイトには教育目標が提示されており、カリキュラムマップには学科の学習・教育目標が記載されている。また、ディプロマ・ポリシー

---

教育目標　　理学センスを持った頭脳と、環境問題を解決する熱い心を育みます。
　　　　　　少人数制で実践のバランスの取れた教育をモットーとします。
　　　　　　日本語・英語によるコミュニケーション能力を鍛えます。

【生命圏環境科学科のディプロマ・ポリシー】
1．生命圏環境科学の知識と技術を習得し、それら問題解決に応用することができる。
2．生命圏環境科学と関連する科学の分野についても、概括的な知識を持っている。
3．コンピュータを科学の問題解決や情報発信のための道具として活用できる。
4．社会の中での科学の役割を理解し、科学技術が社会や自然に及ぼす影響や効果、および科学者・技術者の社会的責任に関しても理解している。
5．生命圏環境科学分野の英語の基礎的文献を読むことができる。
6．科学における問題解決の過程と結果を、論理的に文章として記述することができ、それらを他人に分かりやすく説明し、議論することができる。

**図表 1-41　東邦大学理学部生命圏環境科学科の教育目標とディプロマポリシー**

はカリキュラム・ポリシーとともに明示され、学生にも共有されている。
- 必修科目は「卒業研究」と、この学科の中心的科目で3年次に設置されている「ユニット科目」のみ。その他は選択必修であるため、学生の履修の自由度は高い。そのため学生にカリキュラム体系を理解させることが大切であり、その目的で学生に明示している。カリキュラムマップは学部で揃えて2014年度に作成し、2015年度から学生に公開するようにした。必要な科目をセットで履修することや、安易な科目選択に流れないようになったという変化が見られる。
- カリキュラムマップでは、人文社会系、自然数理系など7つに分類された教養科目群と、4つのコースに分類された専門科目に分かれて提示されており、計11の科目群それぞれについて身につける能力が明示されている。
- 各科目のシラバスを見ると、(1)授業の目的と学習成果〔教育目標・期待される学習成果〕には〔教育目標〕として"基礎学力"、"科学的素養"、"問題発見・解決力"、"社会人力"の最大4項目に分かれて記載され、それに続いて、〔期待される学習効果〕そして、(2)到達目標については、各科目の内容に応じて具体的に明記されている。

---

(1) 授業の目的と学習効果〔教育目標・期待される学習効果〕
各人が実際に器具や試薬を扱い実験を行うことにより、基礎化学で学ぶ内容を確認する。これらの実験を通じて、化学実験の基本的技術、結果の解析法、レポート作成法、コンピューターを用いたデータ処理法などを習得し、さらにパワーポイントを用いて自らの実験内容を分かりやすくプレゼンテーションする。
〔教育目標〕
・基礎学力:自然科学の専門分野における基礎学力やスキルの習得
・社会人力:一般教養、人間性、倫理観、コミュニケーション能力などの涵養
〔期待される学習効果〕
・専門分野の知識と技術を習得し、それらを問題解決に応用することができる。
・科学における課題解決の過程と結果を、論理的に文章として記述することができ、それらを他人に分かりやすく説明し、議論することができる。

(2) 到達目標
化学実験の基本的技術、レポート作成法、コンピューターを用いたデータ処理法などを習得し、得られた数値を分子やイオンなどの諸量を用いて解釈でき、さらにパワーポイントを用いて自らの実験内容を分かりやすくプレゼンテーションできることを目指す。
(後略)

**図表1-42 東邦大学理学部生命圏環境科学科「基礎化学実験」のシラバス**

・上述のようにウェブサイト上の"教育目標"、カリキュラムマップ上の"学習・教育目標"、"科目群で身につける能力"、シラバスに記載された科目毎の"教育目標"、"期待される学習効果"などの明記はあるものの、現時点ではそれらの有機的な結びつきは明示されておらず、それぞれの目標に対する達成度は測定されていない。2017 年度に導入予定されている新々カリキュラムにてこの点の改善を図ることを検討している。

### 関東学院大学　建築・環境学部　建築・環境学科

・アドミッションポリシー、カリキュラムポリシー、ディプロマポリシーが整備されているが、同学科ではカリキュラムポリシーとディプロマポリシーについて、前記した 5 コースへのブレークダウンが行われている。例えば、建築デザインコースのディプロマポリシーは「建築に対する幅広い基礎的な素養を身につけると共に、構造、材料、環境・設備等の分野も総合的に考え、建築の計画・デザイン (設計) を実践できる感性と能力を身につけている」とされ、カリキュラムポリシーはそれに対応して「計画・設計に必要な幅広い基礎的な素養を身につけ、デザイン、構造、材料・施工、環境・設備等の 4 分野を総合的・統合的にとらえる能力を培う。社会、地域や建物を実感すること、体験することを通じ、自身でそれらを分析し、望ましい建築空間として提案する力を育む」となっている。これを意識したコースのカリキュラム設計となっている。

### 創価大学　経営学部　経営学科

・教育目標はディプロマポリシーが 5 点設定されている。さらにその 5 点が 12 点のラーニング・アウトカムズ項目に細分化された上で、科目との対応関係を明示したカリキュラムマップが作成され、学科での教育に漏れがないか等の点検に活用されている。現時点では、このカリキュラムマップは学生には公表されていないが、新カリキュラムへの移行に伴い、カリキュラムマップの更新を行い、2016 年 4 月に公開予定である。
・教育目標の達成度については、2015 年段階では新カリキュラムの完成年度に達していないということもあって測定されておらず、したがってプ

1. 人間主義経営の理念を理解している。
2. 現代経営に必要な基礎的知識を有している。
3. 基礎的なビジネス英語を社会で活用することができる。
4. 社会や組織において何が問題になっているかに関心をもち、自らもそれを発見することができる。
5. 問題解決に必要な情報を自ら収集し、分析し、論理的に探究し、考えることができる。

**図表 1–43　創価大学経営学部経営学科のディプロマポリシー**

1. 現代経営に必要な学問分野の基礎を知っている。
2. 企業の経営の仕組みを理解している。
3. 経営の基礎的な知識や技術を活用できる。
4. ビジネス英語を活用するための基礎的な知識を持っている。
5. 英語で基本的なビジネス・コミュニケーションをとることができる。
6. 社会の中から経営分野に関する問題を発見することができる。
7. 発見した問題を他者に的確に伝えることができる。
8. 企業の社会的責任を理解している。
9. ICT などを活用してデータを収集・分析し、その結果を理解できる。
10. チームで能動的に活動し、ディスカッションできる。
11. 多面的・論理的に思考し、それを表現できる。
12. 人間主義経営について理解している。

**図表 1–44　創価大学経営学部経営学科のラーニング・アウトカムズ（細目）**

ログラム改善や学生指導に活用されるには至っていない。

## 産業能率大学　経営学部　現代ビジネス学科

・ディプロマポリシーの学生への周知は、前期と後期の科目登録をする前、それぞれの時期に（4月と9月）、全学科生を集めて開催するオリエンテーションの場で行っている。
・シラバスでは、各科目で身に付ける内容がこれらの5つの到達目標のどの観点と関連しているかを明示している。そして5つの到達目標の観点との関連を踏まえて、その科目としての具体的な目標を"科目の到達目標"として示している。
・シラバスに記載された"科目の到達目標"と"ディプロマポリシー"との関連は、学期中に3回（初回、中盤、最終回）、担当教員が学生に説明している。
・各科目での到達目標の達成度・理解度については、授業最終週に授業評価（マークシート＋定性コメント記入）の中で学生が自己評価し、加えて各教員の取り組みとして、その理解度をレポートに書かせるなどして確認

| | |
|---|---|
| 知識・理解 | ビジネスパーソンとしての基礎となる知識・スキル・教養を身に付け、現代ビジネスの専門知識と実務を学び、実践の場に応用することができる |
| 思考・判断 | ビジネス社会で力を発揮するため、社会のなかで直面する課題を深く考え抜き、対策を立案し、行動することができる |
| 関心・意欲 | 自己のキャリア形成に対する意識を持ち、常に新しい知識や技能を学び続ける意欲を持っている |
| 技能・表現 | 自分の意見を述べることと人の意見を聴くことができ、協調・協働して活動することができる |
| 態度 | 21世紀の社会を支える一員として、多様な価値観や文化を尊重し、社会の変化に柔軟に対応して、社会の発展に積極的にかかわることができる |

図表1-45　産業能率大学経営学部現代ビジネス学科のディプロマポリシー　到達目標

している。

## 関西国際大学　人間科学部　経営学科

・全学共通で、ディプロマポリシーとして『自律できる力』『社会に貢献できる力』『心豊かな世界市民としての資質』『問題解決能力』『コミュニケーション能力』『専門的知識・技術』が教育目標として掲げられている。その教育目標を達成するために、すべての学生が卒業までに身につけるべき能力を明示した〈KUIS学修ベンチマーク（以下、ベンチマーク）〉を策定している。ベンチマークでは、教育目標を大項目として、さらに細分化された中項目にブレイクダウンし、それぞれについて1〜4の到達レベルを設定。4年間の学習到達目標として学生に提示している。このベンチマークは2006年に策定され、2014年に改訂されている。

| 大項目 | 大項目の説明 | 中項目 | 中項目の説明 | レベル4 | | レベル1 |
|---|---|---|---|---|---|---|
| 自律できる人間になる | 自分の目標をもち、その実現のために、自ら考え、意欲的に行動するとともに、自らを律しつつ、自分の行動には責任が伴うことを自覚できる | 知的好奇心 | 新しい知識や技能、社会におけるさまざまな現象や問題を学ぶことに、自ら関心や意欲をもつことができる | 修得した知識・技能を社会でどのように活用できるかについて、主体的に関心や意欲を持つことができる | | 社会の現象や授業で学ぶことに関心を持つことができる |
| | | 自律性 | 自分の行動には責任が伴うことを自覚し、自らを律しつつ設定した目標の実現に向けて積極的に取り組み、最後までやりとげることができる | 自分の行動には責任が伴うことを理解し、自分の目標の実現に向けて積極的・主体的に取り組み、やり遂げられるまで継続することができる | | 与えられた課題の実現に向けて、自分の責任を理解して取り組むことができる |
| 社会に貢献できる人間になる | 社会の決まりごとを大切に考え、他者のために勇気をもって行動し、貢献することができる | 規範遵守 | 複数の人々と暮らす社会の決まりごとを尊重し、その背景や意義を理解して、協調的に行動することができる | 社会のマナーや集団でのルールを尊重していくために、自ら率先して、社会から信頼される良識ある行動をとることができる | | 社会のマナーや集団でのルールを守ることができる |
| | | 社会的能動性 | 自分の役割や責任を理解し、他者との積極的な協働や交流を通して、社会のために行動することができる | 社会が求めていることを理解し、他者との協働のもと、社会のために自ら活動を組織して行動することができる | | 集団の中で、自分の果たすべき役割や責任を考えながら行動することができる |

図表1-46　関西国際大学のKUIS学修ベンチマーク（一部抜粋）

| 目標 | レベル4 | レベル3 | レベル2 | レベル1 |
|---|---|---|---|---|
| 組織の運営方針や目標および経営の仕組みを理解し、組織のマネジメントについて現状と課題を説明することができる | 組織における利害関係を調整して合意形成を図り、組織経営の課題の解決策を提案できる | 組織経営の課題を発見し、その要因や背景について説明することができる | 組織経営のケーススタディを通じて、議論しながら成功と失敗の要因を理解できる | 組織経営におけるヒト・モノ・カネ・情報の重要性を理解する |
| 経営に関わる現象を、データを活用し科学的に分析して説明することができる | 収集したデータを分析し、考察を加え、経営の変化と今後の展望を説明することができる | 収集したデータを解析し、その中に潜む項目間の相関関係を把握し、特徴やパターンを説明できる | データの収集方法を理解し、収集したデータの処理(加工)・分析ができる | 経営分析に必要な指標を理解する |

**図表 1-47　関西国際大学人間科学部経営学科の教育達成目標（一部抜粋）**

・ベンチマークに加えて、学科としても、卒業までに修得すべき専門基礎知識や技能について、教育達成目標を設定している。
・学生が使用する開講科目一覧表では、各科目の学修内容がベンチマーク及び学科の教育達成目標のどの項目と関連しているのかをカリキュラムマップとして提示。各科目のシラバスにも、その科目の学習目標が、ベンチマークのどの項目のどのレベルに対応しているかが明記されている。

## 國學院大學　法学部　法律学科

・ディプロマポリシー（2008年作成）には、"法的または政治的思考力を身につける" "寛容さと謙虚さを維持しつつ、対立する利益を調整し、もしくは問題を的確に解決する力をもつ" "社会に貢献できると思われる学生、また、社会の構成員であることを自覚し、主体的にそこに参画する意欲と能力とをもつ" と記されている。
・これらの要素を、各教員のティーチング・ポートフォリオを検証することで、専攻ごとに【知識・理解】【思考・判断】【関心・意欲】【技能・表現】の4項目の中に9つの具体的な目標を落とし込んでいる（**図表1-48**参照、2013年度公表）。この具体的な目標は、学生の成長発達を意識して項目ごとに番号が上がるにつれてレベルが上がるよう表されている。
・学生に対しては、ホームページで教育目標やカリキュラムマップを公開し、ガイドブック『法学部攻略マニュアル』を配付している。法律専攻では、1年次前期必修の「キャリア・プランニング」でカリキュラムマッ

| 学年 | 科目名 | 時期 | 知識・理解 ① | ② | ③ | 思考・判断 ④ | ⑤ | 関心・意欲 ⑥ | 技能・表現 ⑦ | ⑧ | ⑨ |
|---|---|---|---|---|---|---|---|---|---|---|---|
| | | | 条文の読み方や基本的法解釈技術など、法律学に共通する一般的・基礎的な知識を習得する。 | 主要な法領域の特色及び当該法領域で扱われる制度や概念を説明できる。 | 法による紛争解決に求められる事案につき、法的問題点を発見し、法的三段論法により解決を図るという思考をたどることができる。 | ③の思考をする際に、制度趣旨や基本原理に則った利益調整を行ったり、問題解決に必要な事実をより分けて考えるといった、規範的思考を行うことができる。 | 対立する考え方を理解したうえで、自分が正当であると考える見解を説得的に論証する論理的に論証することができる。 | 法学一般および各法領域に関心を持ち、授業に積極的に参加することができる。 | 基本的なアカデミックスキルを修得する。 | ③④⑤に記した思考の過程・結果を、文書での異なる他者と意見交換できる。 | ③④⑤に記した思考の過程・結果を、口頭での異なる他者と意見交換できる。 |
| 1 | 基礎演習 | 後期 | ○ | | | | | | | | |
| 2 | 判例演習 | 前期 | | ○ | | | | | | | |
| 3.4 | 法哲学A | 前期 | | ○ | | | | | | | |
| 3.4 | 法哲学B | 後期 | | ○ | | ○ | | | | | |
| 3.4 | 法制史A | 前期 | | ○ | | | | ○ | ○ | ○ | |
| 3.4 | 法制史B | 後期 | | ○ | | | | ○ | | ○ | |
| 3.4 | 外国法A | 前期 | | ○ | | | | ○ | | ○ | |

図表 1-48　國學院大學法学部法律学科法律専攻の暫定的カリキュラムマップ

プや演習の一覧表などを配付し、法学部の学びについて考え理解させる機会を設けている。法律専門職専攻や政治専攻では、1年次前期必修の「基礎演習」で説明をしている。

> ※なお、ディプロマポリシーとカリキュラムマップについては、全学レベルで改訂の計画が進んでおり、法学部でも、2017年度から新ポリシーと新マップに改訂される予定である。

## 昭和女子大学　人間社会学部　心理学科

・2010年頃に、全学的にアドミッションポリシー、ディプロマポリシー、カリキュラムポリシーの策定が進められた。これに合わせて、心理学科では、カリキュラムマップを作成した。心理学科の設置科目を、『方法論』『発達心理学分野』『社会心理学分野』『認知心理学分野』『臨床心理学分野』『ゼミ・卒論』『教科専門科目（高等学校公民の教職科目）』『社会調査士科目』の8つ（＋心理支援コミュニティ・サービスラーニング）に分類し、それぞれの分類ごとに身につけるべき能力を明示している。このカリキュラムマップは学生にも公開されており、年度初めのガイダンスなどで配付し、説明している。授業担当者は、このカリキュラムマップに基づき、シラバスに各科目での到達目標およびテーマを記述する。

---

所定の単位を修め、次の能力を備えた学生に卒業を認定して学位を授与する。
1. 心理学の科学的で幅広い視点と基礎知識を有している。
2. 人と社会を取り巻く現実の諸問題に関心を持ち、心理学的アプローチにより対処するための基礎的素養を有している。
3. 自ら問いを立て他者と協調して合理的に解決していく総合的な能力を有している。

---

**図表1-49　昭和女子大学人間社会学部心理学科のディプロマポリシー**

| | 方法論 | 発達心理学分野 | 社会心理学分野 | 認知心理学分野 | 臨床心理学分野 | ゼミ・卒論 |
|---|---|---|---|---|---|---|
| どんな力をつけることを目指すのかキーワード | ・実証的研究力<br>・分析力<br>・論理的思考力<br>・問題解決力<br>・数量的スキル<br>・情報リテラシー | ・自己理解力<br>・社会理解力<br>・人間理解力 | ・社会理解力<br>・対人関係力<br>・実践力 | ・人間理解力<br>・批判的思考能力 | ・自己理解力<br>・共感性<br>・対人関係力<br>・個別性の理解<br>・社会(制度)の理解 | ・コミュニケーション力<br>・企画力<br>・分析力<br>・ファシリテート力<br>・論理的思考力<br>・批判力<br>・問題解決力<br>・自主性 |
| どんな力をつけることを目指すのか | 実証的に研究することとともに、データに基づいて分析・解釈する力を身につける。また、パソコンのスキルも身につける。 | 生涯発達の視点から人間を理解するとともに、人の発達と社会との関わりを理解したうえで、教育・養育力を身につける。 | 社会的状況が認知や行動に与える影響の重要性を理解するなど、社会を理解する力を身につける。また、多様な視点の存在を理解する。 | 人間の認知・行動の特性・限界について理解する。また、適応の基礎となる見方や、変化の基本的原理を知る。 | 自己理解するとともに人間の個別性を理解する力の向上、臨床心理学の見方を身につけていくため、マイノリティや弱者に対する社会制度も理解する。 | 自分が何に興味を持っているのかを明確化したうえで、研究課題にしていくためのコミュニケーション力や自主性を身につける。 |
| 4年次 | | | | | | 卒業論文 |
| 3年次 | 質問紙調査法実習<br>心理実験法実習<br>心理学外書講読 | 発達心理学演習<br>アメリカ心理学事情 | 社会心理学演習<br>観光心理学<br>犯罪心理学<br>健康心理学<br>アメリカ心理学事情 | 認知心理学演習<br>アメリカ心理学事情 | 臨床心理学演習<br>臨床心理地域援助<br>心理査定法実習<br>心理臨床面接実習<br>心理アセスメント<br>精神分析理論<br>犯罪心理学<br>アメリカ心理学事情 | 心理学基礎演習 |
| 2年次 | データ解析実習Ⅰ<br>データ解析実習Ⅱ<br>心理学研究法 | 教育心理学<br>発達臨床心理学<br>生理心理学<br>家族心理学<br>感情心理学 | 集団の社会心理学<br>マスコミュニケーションの社会心理学<br>産業組織心理学<br>対人関係論 | 認知心理学<br>学習心理学<br>思考心理学<br>感情心理学<br>生理心理学 | 臨床心理学<br>非行臨床心理学<br>精神医学<br>発達臨床心理学<br>家族葛藤の心理学 | 心理学入門演習 |

**図表 1-50　昭和女子大学人間社会学部心理学科のカリキュラムマップ（一部抜粋）**

## (2) アクティブラーニングを軸にしたカリキュラム設計が進んでいる事例

　専門知識を活用し課題解決に取り組む高次のアクティブラーニング科目については、科目を統合するハブ科目として1年次から4年次まで連続して配置されるべきである。

　また、専門知識を統合して課題を解決するのであれば、当然、他の専門科目との連携が不可欠となる。この縦と横の関係がどう設計されているかが重要である。

　そして専門知識を伝達・定着させる科目そのものにおいても、講義のみではなくアクティブラーニングができる限り導入されることが必要である。

　この一般的アクティブラーニング科目については、これまでの調査から、文系学科より理系学科で多数配置されていることが明らかになっている。その理由は、理系学科の多くでは積み上げ型の知識が一般的であるためと思われる。専門知識伝達の講義科目と、その完全習得を目的とした一般的アクティブラーニングを含む演習科目とがセットで、あるいは同じ科目の中で行われているケースが多い。文系学科については、理系ほどには一般的アクティブラーニングの導入が進んでいるわけではない。

　ここでは、高次のアクティブラーニング科目を軸としたカリキュラム設計について紹介する。一般的アクティブラーニング科目については、第4部の各大学ヒアリングレポートを参照されたい。

## 首都大学東京　都市環境学部　分子応用化学コース

【アクティブラーニング科目の4年間の流れ】

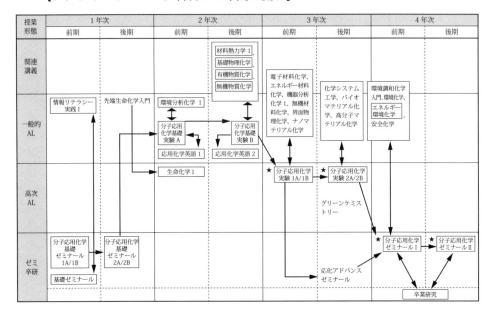

注1）高次AL　：専門知識を活用し、課題解決を目的としたアクティブラーニングのこと。
　　　一般的AL：知識定着を目的としたアクティブラーニングのこと。
注2）☐囲みは必修科目。
注3）★は教員の協働による高次のアクティブラーニング科目（ハブ科目）。

〈アクティブラーニング科目の全体設計〉

- 同コースのカリキュラムは学部から修士までの課程を一貫した設計となっており、学年進行によってそこで取り組まれるべきアクティブラーニングの目的を5つのフェーズに分類し、学年進行に応じてその目的がより高度なものとなるように、かつそれらの取り組みを通して学生の学習時間が増えていくように設計されている。また、教育のグローバル化を目指し（修士では英語の授業の履修のみで卒業できるようなカリキュラム設計）、学部1年次から講義内に化学英語を含めた授業を行っている。英語の割合は学年毎に傾斜をかけ、例えば、2年次では授業時間のうちの10〜20％、3年次では20〜30％となっている。さらに、大学院では、

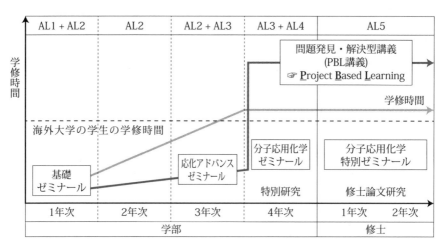

図表1-51　首都大学東京都市環境学部分子応用化学コースのアクティブラーニングのフェーズと学修時間の相関

　学生が留学しやすい制度とするためクォーター制を導入している（大学内では分子応用化学域のみ）。

・必修のコア科目として、1年次には初年次教育科目である前期「分子応用化学基礎ゼミナール1A／1B」、後期「分子応用化学基礎ゼミナール2A／2B」、2年次には一般的アクティブラーニング科目である前期「分子応用化学基礎実験A」、後期「分子応用化学基礎実験B」、3年次には高次のアクティブラーニング科目である前期「分子応用化学実験1A／1B」、後期「分子応用化学実験2A／2B」、4年次にはゼミ科目である前期「分子応用化学ゼミナールⅠ」、後期「分子応用化学ゼミナールⅡ」が配置され

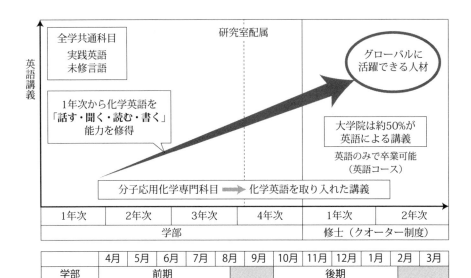

出典：首都大学東京都市環境学部分子応用化学コース提供資料

**図表1-52　首都大学東京都市環境学部分子応用化学コースの学士・修士課程6年間での英語教育**

ている。これらの科目は、同時期に開講されている講義科目や一般的アクティブラーニング科目の内容と密接に関連付けられた内容となっている。
・学び進めていく上で必要な基礎的なスキルだけでなく学習の習慣を、1年次のうちに身につけさせることを重視しているため、初年次ゼミ科目がいずれも必修であり前期の全学必修科目「基礎ゼミナール」、前期「分子応用化学基礎ゼミナール1A／1B」、後期「分子応用化学基礎ゼミナール2A／2B」と手厚く開設されている。

〈学生が協働して課題解決に取り組む高次のアクティブラーニング科目について〉
・2年次前期の必修科目「生命化学1」は、PBLの形式を取り入れた科目である。授業の1講〜12講までは、日本語と英語で毎回レポートを提出（8回程度）させ、予習を前提とした講義が行われる。13講〜15講では講義で得た知識を使って、ライフサイエンス分野で問題となっている課題の

発見とその解決を目指す。自ら調査して成果をプレゼンテーションする。知識の活用の仕方を学ぶが、コミュニケーション力、課題をまとめ伝える文章力、プレゼンテーションの技能と能力を身に付けることも目標としている。

・3年次の必修科目である前期「分子応用化学実験1A／1B」、後期「分子応用化学実験2A／2B」は、いずれも学生実験の中に高次のアクティブラーニングを取り入れた科目である。週2回開講される2コマ連続の授業である。2年次後期の「分子応用化学基礎実験A／B」では、学生は実験を決められた手順にしたがって行い、データの分析・解析の仕方も教員が示す形で取り組ませる。しかし同科目では、学生を2〜3人のグループに分けて、実験そのものは決められた手順にしたがって行わせるが、そこで得られたデータをどう分析・解析すればいいのかということについては、各グループで考えさせる。データの分析・解析方法には唯一解はないので、提出されるレポートの内容は同じ実験を行った学生同士でも随分異なる。

・3年次後期の選択必修科目「高分子マテリアル化学」では、それまでに学んだ専門知識を活用させながらも、解のない課題に取り組ませている。与える課題には、教科書には出ていない、インターネットなどで調べても答えが出てこないようなテーマを選んでいる。テーマの例としては、「はさみで切れない高分子繊維を考えよ」といったものがある。

・3年次後期の選択必修科目「グリーンケミストリー」では、講義で学んだ環境や資源に関する知識をもとにした環境問題や持続的な化学産業のあり方をテーマにディベートに取り組む。

## 九州工業大学　工学部　機械知能工学科

【アクティブラーニング科目の4年間の流れ】(機械工学コースの例)

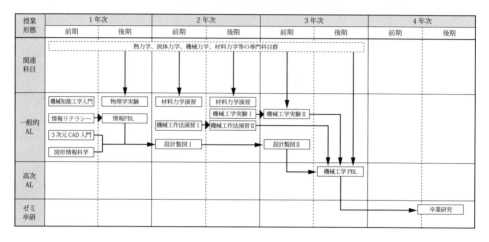

注1) 高次 AL　：専門知識を活用し、課題解決を目的としたアクティブラーニングのこと。
　　 一般的 AL：知識定着を目的としたアクティブラーニングのこと。
注2) ☐ 囲みは必修科目。

〈アクティブラーニング科目の全体設計〉
・同学科でのアクティブラーニング科目は全科目の3割程度。各専門科目で学んだ知識を一般的アクティブラーニング科目としての「材料力学演習」「物理学実験」「機械工学実験Ⅰ・Ⅱ」「設計製図Ⅰ・Ⅱ」等の実習・演習・実験科目で確認し、さらに3年次後期に配当された必修科目である「機械工学PBL」によって、それらの専門知識を活用した課題解決に取り組む。そして、4年次の卒業研究へと連続していく設計となっている（他のコースでも同様に「宇宙工学PBL」「知能制御PBL」が置かれている）。

〈学生が協働して課題解決に取り組む高次のアクティブラーニング科目について〉
・「機械工学PBL」では、①風力発電の風車の作成、②スターリングエンジンの作成、③コマ大戦（直径20㎜の金属製コマを手回しして行う喧嘩ゴマのこと）用のコマの作成の3つのテーマに分かれてグループで取り組んで

いる。この科目は主として「流体力学」「熱力学」「機械工作」の3科目の専門知識の活用が意図されている。具体的には、風車については、サイズ、予算1万円以内等の条件が与えられ発電量を競う。コマについては、素材選びから始めてコマ大戦で勝利できるコマづくりに取り組む。コマ作製後、中小企業が参加する大会に出場し、学生の"ものづくり"の意識を高めるよう取り組んでいる。各テーマに1人ずつの教員、2人ずつのTA、加えて助手や技術職員が指導する体制が整えられ、学生は授業時間外に「デザイン工房」を利用して自由にテーマに取り組む。手順としては、まず設計して実際に作成し、中間発表と最終発表を行い、最後は班で報告書を作成する。評価にはルーブリックを導入している。

## 神奈川工科大学　工学部　電気電子情報工学科
【アクティブラーニング科目の4年間の流れ】

| 授業形態 | 1年次 前期 | 1年次 後期 | 2年次 前期 | 2年次 後期 | 3年次 前期 | 3年次 後期 | 4年次 前期 | 4年次 後期 |
|---|---|---|---|---|---|---|---|---|
| 関連科目 | 情報リテラシー | | 学科専門科目 | | | | | |
| 一般的AL | 基礎電気回路I / 電気電子数学 / 電気電子ユニット入門 | 基礎電気回路II | 回路解析I / 基礎電子回路 / 電気磁気学I | 回路解析II / 電気磁気学II | | | | |
| 高次AL | | ★電気電子基礎ユニット | | ★電気電子応用ユニット | ★電気電子専門ユニット | ★電気電子発展ユニット※ / 電気電子設計および特別研究ユニット※ | | |
| ゼミ卒研 | | | | | | | | 卒業研究 / 電気電子工学ゼミ |

注1) 高次AL　：専門知識を活用し、課題解決を目的としたアクティブラーニングのこと。
　　一般的AL：知識定着を目的としたアクティブラーニングのこと。
注2) 　囲みは必修科目。
注3) ★は教員の協働による高次のアクティブラーニング科目（ハブ科目）。
※　「電気電子発展ユニット」「電気電子設計および特別研究ユニット」…EBコースは「電気電子設計および特別研究ユニット」を必修で履修する必要があるが、EA・ECコースはどちらを選んでもよい。

〈アクティブラーニング科目の全体設計〉

・学科全体でJABEEに対応していない科目は3つしかなく、基本的にJABEE基準でカリキュラムを設計している。

・中心的な高次のアクティブラーニング科目として、1年次に「電気電子基礎ユニット」、2年次に「電気電子応用ユニット」、3年次に「電気電子発展ユニット」または「電気電子設計および特別研究ユニット」（コースによってどちらかを履修）がある。講義で得た専門知識を統合して、エンジニアリング・デザインに取り組ませる高次のアクティブラーニング科目を3年間連続して置き、最後に卒業研究につなげるという流れが、カリキュラムの核となっている。

・カリキュラムツリーをつくる際に、講義科目で得た知識をユニット科目に活かせるように配置時期を工夫した。シラバスには他科目との関連を明記し、学生に意識させている。

〈学生が協働して課題解決に取り組む高次のアクティブラーニング科目について〉

・1年次後期必修の「電気電子基礎ユニット」では、電気電子の基礎回路について、1グループ3人で目的を実現するための仕様の設定、設計、回路製作、測定を学び、最後に発表を行う。「基礎電気回路Ⅰ・Ⅱ」の知識を使うので、実験と講義のタイミングを分野別検討委員会（後述）で調整してシラバスを組んでいる。また、グラフの作成などは1年次前期必修の「情報リテラシー」で学んだことを活用させている。

・2年次後期必修の「電気電子応用ユニット」では、5つのテーマ（1.LEDの光をコントロールしよう／2.音声信号を増幅しよう／3.スピーカをつくろう／4.モータを制御しよう／5.デジタル回路をつくろう）から1つを選択し、1グループ2～4人で作業を進める。例えば"モータを制御しよう"を選んだ場合は、前半3回の授業で原理から制御までを学び、その後は実際にモータを使って制御するもの（扇風機や掃除機など）を製作する。計画・分担・予算（4,000円～5,000円）の管理、仕様書作成をグループで行い、進捗管理を行いながら進めていく。最後に報告会を行い、プレゼンテーションやディスカッションの手法も学ぶ。計画の立て方やデザインが上手くい

かなかった時の対処の仕方についての座学もある。日々の作業報告書・中間発表・中間報告書・完成作品・最終発表・最終報告書のそれぞれをルーブリックで評価し、合計点で最終成績をつけている。

・3年次後期「電気電子発展ユニット」(EA・EC選択必修)、通期「電気電子設計及び特別研究ユニット」(EB必須、EA・EC選択必修)は、プレ卒業研究という位置づけの科目で、より専門性の高い課題に対して、設計・試作・評価および成果発表を行う。JABEEに対応したEBコースは通期の「電気電子設計及び特別研究ユニット」が必修だが、EA・ECコースはどちらを選択してもよい。学生は10名程度に分かれて各教員のもと指導を受ける。既修事項だけでは対応できない場合もあり、KAIT工房を活用させて自分から調べるという姿勢を身につけさせている。

・3年前期必修の「電気電子専門ユニット」は、他のユニット科目とは少し性質が異なった科目である。PBLでは取り組む課題が学生任せになるので、知識として知っておくべきことが抜けてしまう可能性がある。それを防ぐ目的で、旧来の実験のように教員がやることを指定し、予想される答えを導き出す実験を9テーマ、3〜4人の班に分かれて行う。講義で得た知識を基に工夫を加えて実験に取り組み、報告書を作成し、成果を発表する。以前は実験だけで終わっていたが、新カリキュラムから計測の講義を組み合わせるようになった。

## 近畿大学　理工学部　電気電子工学科

【アクティブラーニング科目の 4 年間の流れ】

| 授業形態 | 1年次 | | 2年次 | | 3年次 | | 4年次 | |
| --- | --- | --- | --- | --- | --- | --- | --- | --- |
| | 前期 | 後期 | 前期 | 後期 | 前期 | 後期 | 前期 | 後期 |
| 関連講義 | 基礎物理学および演習<br>物理学概論および演習 I<br>電気電子工学概論<br>電気回路 I<br>コンピュータ概論<br>電気物性概論 | 物理学概論および演習 II<br>電気回路 II<br>プログラミング実習 I | 電気計測<br>電磁気学<br>基礎電子回路<br>プログラミング実習 II<br>電気回路 III | 論理回路<br>アナログ電子回路 | 順序回路理論<br>デジタル電子回路<br>通信方式<br>組み込みシステム<br>熱力学<br>量子線工学<br>原子核工学 | 環境分析化学<br>原子エネルギー工学<br>エネルギー変換工学 | 太陽エネルギー工学 | |
| 一般的 AL | 基礎ゼミ I | 基礎ゼミ II<br>ものづくり実習 | 電気電子工学実習 | 電気電子工学実習 | エレクトロニクス・情報通信実験<br>エネルギー・環境実験 | | | |
| 高次 AL | | | | | ★エンジニアリングデザイン実験 | | | |
| ゼミ卒研 | | | | | | 卒業研究ゼミナール | 卒業研究 | |

注1) 高次 AL　：専門知識を活用し、課題解決を目的としたアクティブラーニングのこと。
　　一般的 AL：知識定着を目的としたアクティブラーニングのこと。
注2)　□ 囲みは必修科目。
注3)　★は教員の協働による高次のアクティブラーニング科目（ハブ科目）。

〈アクティブラーニング科目の全体設計〉
・1・2 年次では、学科共通のカリキュラムでエレクトロニクス分野、情報・通信分野、エネルギー・環境分野など、さまざまな分野について共通する基礎知識を学び、3 年次からは、各コースに分かれてそれぞれの専門性を高めていく。そして、4 年次から各研究室で卒業研究に取り組む。
・講義と実験の連携については、必ず講義で必要な知識を獲得した上で実験を受けさせるという流れになっている。また、専門の講義科目は伝統的な一方向講義が中心だが、「電磁気学」や「論理回路」など、それぞれの分野で基礎的な科目については必ず演習がセットになっている。

〈学生が協働して課題解決に取り組む高次のアクティブラーニング科目について〉
・3 年次前期必修の「エンジニアリングデザイン実験」では、初回にガイダンスを行い、第 2 〜 7 回に第 1 テーマ、第 9 〜 14 回に第 2 テーマ、第 8 回と 15 回に発表会を実施している。学生は 20 の実験テーマから 2 つ選ぶ。ラジオを受信するアンテナを作成するなどのテーマについて、グ

ループで考え、個人で作業し、グループでレポートをまとめて発表を行う。作成物の評価は個人ごとに行うが、その他は個人のかかわり方如何によらずグループ単位で評価する。他者評価や自己評価は口頭で行っている。共通ルーブリックはあるが、個人であるいはグループでどのように進めていくのかは、教員が決める。

## 創価大学　経営学部　経営学科
【アクティブラーニング科目の4年間の流れ】

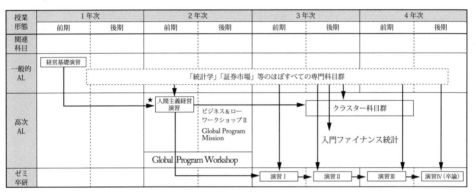

注1)　高次AL　：専門知識を活用し、課題解決を目的としたアクティブラーニングのこと。
　　　一般的AL：知識定着を目的としたアクティブラーニングのこと。
注2)　☐囲みは必修科目。
注3)　★は教員の協働による高次のアクティブラーニング科目（ハブ科目）。

〈アクティブラーニング科目の全体設計〉

・1年次前期の「経営基礎演習」において、全クラス一斉にラーニング・スルー・ディスカッション（LTD）の手法で経営学に関連する文献に取り組む。またこの科目の中で、自己評価と相互評価を繰り返し、自己を客観的に評価する視点を身につける。2年次前期では高次のアクティブラーニング科目「人間主義経営演習」で人間主義に基づいた経営のあり方について実務家の話を聞いた後に、他の経営学の専門科目で身につけた知見を活用しながら、グループワークで自分たちの人間主義経営のあり方を提案し、ポスターセッションで発表する。3年次～4年次では専門ゼ

ミである「演習Ⅰ～Ⅳ」と並行して高次のアクティブラーニング科目である「クラスター科目群」が選択必修で設置され、1つのテーマについて複数の科目での異なる切り口で学ぶ。「演習Ⅰ～Ⅳ」が先述した第3のアセスメントゲートに指定されている。
- このように新カリキュラムから、1年次「経営基礎演習」→2年次「人間主義経営演習」→3・4年次「クラスター科目」+「演習Ⅰ～Ⅳ」の流れが設計されている。また、「クラスター科目」は「演習Ⅰ～Ⅳ」が各教員のもとに「閉じられている」ことを、別のチャンネルで「開く」という意味も有している。学生は「演習Ⅰ～Ⅳ」担当の教員以外からも高次のアクティブラーニングの指導を受けるからである。

〈学生が協働して課題解決に取り組む高次のアクティブラーニング科目について〉
- 「クラスター科目」では、複数科目が共通のテーマで課題解決に取り組む。例えば"近年、企業のM&A（合併・買収）が増加した理由は何か？"というテーマで「証券市場論」では"株式の観点から見たM&A"を学び、「経営戦略論」では"PPM（経営資源の最適配分）と事業部戦略のあり方"、「専門演習Ⅳ（会計学）」では"M&A会計"について取り組み、それぞれの科目において高次のアクティブラーニングが行われるという仕組みである。
- 「人間主義経営演習」「クラスター科目群」の他のアクティブラーニング科目としては以下のようなものがある。
- 産学連携PBLとして、2年次後期の選択科目である「ビジネス＆ローワークショップⅡ」がある。これは、法学部と経営学部の合同の高次のアクティブラーニング科目で、法律学と経営学の知見から1つの問題の解決に取り組む。具体的には野村證券社員がメンターとして授業に張り付き、学生はグループワークで社会問題に対して問題解決をしたり、ビジネスプランを提案したりする。評価も野村證券社員がかかわる。
- 3年後期の「入門ファイナンス統計」では「証券市場論」と「統計学」の両科目の知見を活用して投資ポートフォリオを作成する。
- 国際PBLとして、2年次後期の海外研修授業の「Global Program Misson」と2年次通期の「Global Program Workshop」がある。これは、前者が海外

の専門機関で研修を受けつつ世界的視野での問題解決に取り組み、後者では前者の研修内容をレポートにまとめつつ、グループワークで発展的な研究に取り組む。
- 2年生後期の「人間主義経営とCSR」は、教員連携で行われるワークショップ科目である。これは、3名の教員の連携のもとで、ビジネスの現場と倫理・哲学の関係についてケーススタディを学び、ペアワーク、グループディスカッションを行う。またSAがディスカッションの誘導などの役割を果たしている。

## 関西国際大学　人間科学部　経営学科

【アクティブラーニング科目の4年間の流れ】

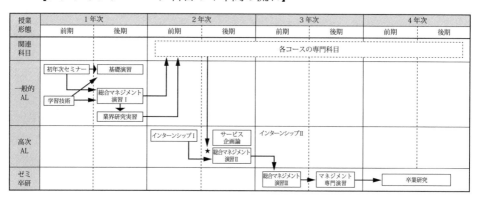

注1）高次AL　：専門知識を活用し、課題解決を目的としたアクティブラーニングのこと。
　　一般的AL：知識定着を目的としたアクティブラーニングのこと。
注2）□囲みは必修科目。
注3）★は教員の協働による高次のアクティブラーニング科目（ハブ科目）。
※　同大は、4学期制（春学期：4〜7月、夏学期：8・9月、秋学期：10〜翌1月、冬学期：2・3月）であるが、本表では、一般的な大学の学期制にあわせて、春・夏学期を前期、秋・冬学期を後期として記述している。

〈アクティブラーニング科目の全体設計〉
- 経営学科の中に、フードビジネス、ホテル・ブライダル、地域マネジメント、スポーツマネジメントの4コースが置かれ、2年次からコースに

分かれる。フードビジネスコースとホテル・ブライダルコースは尼崎キャンパス、地域マネジメントコースとスポーツマネジメントコースは三木キャンパスで学ぶが、4コースともカリキュラムは共通で、遠隔授業や合同合宿を実施したり、卒業研究についてはコースに関係なく専門領域を選べるなど、科目履修に関してコース間の壁は低い。
- 春・秋学期の教室における学びと、夏・冬学期の現場における学びを往還するようにカリキュラムが設計されており、その橋渡しをする科目として、1～3年次にそれぞれ、知識と実践を融合する科目である「総合マネジメント演習Ⅰ・Ⅱ・Ⅲ」が設置されている。「総合マネジメント演習Ⅰ・Ⅱ」は企業出身の実務家教員が担当し、「総合マネジメント演習Ⅲ」「マネジメント専門演習」は研究者教員が担当しており、1・2学年次に実践で学んだことを理論的・学術的に捉え直し、「卒業研究」につなげる設計となっている。
- 履修科目の分野やレベルが体系的に見通せるように、各科目には対応するコード＋番号が割り当てられている（＝科目ナンバリング）。

〈学生が協働して課題解決に取り組む高次のアクティブラーニング科目について〉
- 2年次夏学期と冬学期に「インターンシップⅠ」と「海外インターンシップⅠ」または「グローバルスタディ」から選択必修となっており、すべての学生がインターンシップと海外体験学修を経験することになる。事前学習の後、実質10日間以上の現場実習を行い、事後学習では実習先の組織の役割分担をまとめ、その業務を分析し、報告会を行う。なお、3年次夏学期には選択科目として実質30日間以上の現場実習を課す「インターンシップⅡ」(4単位)が置かれており、毎年数名の学生が単位を取得する。インターンシップを推進する上で、研究者教員も業界のことを知っておくべきであるとの考えから、教員もホテル、旅館、フードビジネス、市役所等でインターンシップを経験する。
- 2年次秋学期の「総合マネジメント演習Ⅱ」は、1年次の基礎科目、2年次からの各コースの専門科目、そしてインターンシップの成果を統合することを目的とした科目で、コースごとにクラスが置かれる。前半は、

担当教員からコースにかかわる現場の問題提起がなされ、その問題の解決に向けてグループで情報・データを集め、分析し、その解決策をまとめ、合同で発表会を行う。後半は、企業等からのゲスト講師による講義等から学生自身が現場の経営課題を見出し、前半同様にその解決について研究し、最後に発表会を行う。解決策は具体的な行動計画に落とし込まれ、プロジェクトマネジメントとしてガントチャート※まで作成する。クラスごとに扱う業界やテーマが異なり、シラバスも別だが、基本的な進め方は共有されており、ルーブリックも共通である。

　　※ガントチャート：プロジェクトの工程管理で用いられる図。縦軸を各作業工程、横軸を時間として、横棒によって作業の順次性と進捗状況を視覚的に表す。

・2年次秋学期必修の「サービス企画論」では、学園祭での屋台運営を模擬株式会社方式で経営するカンパニープロジェクトを行っている。学生グループを社員数10人の企業に見立て、実際に出資者を募り資本金を集め、材料を購入し商品を作って販売する。学園祭終了後は決算書を作り、株主総会も執り行う。後半は、500万円の仮想資金を元手に、投資ポートフォリオを作成し、投資運用シミュレーションを行いながら、金融・株式の仕組みについて学ぶ。

・2年次に、必修でPBL型の高次のアクティブラーニング科目が集中しているが、3年次には、自分で自由応募のインターンシップに参加したり、海外に留学したりするなど、カリキュラムの自由度を確保したいという意図によるものである。

## 愛知県立大学　外国語学部　国際関係学科
【アクティブラーニング科目の4年間の流れ】

| 授業形態 | 1年次 | | 2年次 | | 3年次 | | 4年次 | |
|---|---|---|---|---|---|---|---|---|
| | 前期 | 後期 | 前期 | 後期 | 前期 | 後期 | 前期 | 後期 |
| 関連科目 | | | 学科の専門科目 | | | | | |
| 一般的AL | 研究概論 | | 研究各論（異文化コミュニケーション論）<br>共通各論（日本語教育教材論）※1<br>共通各論（日本語教授法） | | | | | |
| | 基礎演習Ⅰ | | | 研究各論<br>（NPO論）※2 | | | | |
| 高次AL | | | 基礎演習Ⅱ | プロジェクト型演習※3 | | | | |
| ゼミ卒研 | | | | | 研究演習 | | | |

注1) 高次AL　：専門知識を活用し、課題解決を目的としたアクティブラーニングのこと。
　　一般的AL：知識定着を目的としたアクティブラーニングのこと。
注2) □囲みは必修科目。
※1「共通各論（日本語教育教材論）」「共通各論（日本語教授法）」は、2年次～4年次に選択可能な通期科目。
※2「研究各論（NPO論）」は、2年次後期選択の集中講義。
※3「プロジェクト型演習」は2年次後期、または3年次後期で履修するものだが、学科では2年次に履修することを薦めており、ほぼ全員が2年次に履修登録しているため、この表では2年次に置いている。

〈アクティブラーニング科目の全体設計〉
・アクティブラーニング型授業の大きな流れとしては、1年次通期に「基礎演習Ⅰ」、2年次前期に「基礎演習Ⅱ」、2年次後期に「プロジェクト型演習」があり、3・4年次の「研究演習」（ゼミ）につながっている。

〈学生が協働して課題解決に取り組む高次のアクティブラーニング科目について〉
・2年次前期必修の「基礎演習Ⅱ」は、1年次必修だった「基礎演習Ⅰ」を発展させたもので、自らテーマを持ち、調べてまとめ、期間中に2度の発表を行う。テーマは自由だが、必ず"日本から見た外国"または"外国から見た日本"をいう視点を盛り込むよう指示している。発表(18分)＋質疑応答(18分)の後、教員のコメント(5分)がある。発表者は前週までにレジュメを用意し、受講生はそのレジュメを読んで予習してから議論に

臨まなくてはならない。発表は、発表者と場を取り仕切るコメンテータによって行われる。コメンテータは事前に発表者と議論の方向性を検討し、質疑応答では適切に結論を導くよう議論をとりまとめることが求められる。

- 2年次(または3年次)後期必修の「プロジェクト型演習」では、初年度である2015年度は以下の5つのプロジェクトが設けられた。学生は希望により各プロジェクト10名程度に分かれた。

    A『新聞スクラップ：アナログで情報の貯水池をつくる』
    　関心のあるテーマについて、手作りのスクラップ帳を作り、何が見えてきたかを発表する。

    B『他文化を知る／自文化を知る：インドネシア人介護福祉士候補生との交流と発表』
    　旧HIDA中部研修センターで研修を受けているEPA(経済連携協定)に基づくインドネシア人の介護福祉士候補生と交流しながら、彼らの日本語の授業に参加し、お互いに文化紹介のプレゼンテーションをおこなう。

    C『あいちAmbassadorプロジェクト：1day tripプランづくり』
    　外国人を対象に、愛知の良さを体験してもらうための一日旅行プランを作り、名古屋国際会議場館長の前でコンペを行う。

    D『写真・映像による調査と表現』
    　写真や映像の撮影や編集技術を身に付け、フィールドワークの結果を自作の写真作品および映像作品にして発表する。

    E『新聞にのっちゃうかも？岡崎の工場見学の情報発信』
    　愛知県岡崎市の工場を訪問して、岡崎の地元ポータルサイト「岡崎パンチ」に特集記事として、岡崎の工場見学ツアーの記事を書く。

    　最後に行った合同発表会は、担当以外の教員や他学年の学生なども広く招待した。今年度初の新規取り組みでもあり、理事長や地域連携センター長も参観した。

## (3) アセスメントおよび振り返りに取り組んでいる事例

　教育目標の達成度をアセスメントすることについては軽視されがちであるが、記述しているようにカリキュラムデザインにおいては極めて重要である。

　従来より私たちの調査では"振り返り"を重視してきた。その理由は、自分自身の到達度を認知していくプロセスによって、学生の自律・自立化が促されると考えてきたからである。

　今回の実地調査では、次のような取り組みが見出された。

### 産業能率大学　経営学部　現代ビジネス学科

- 到達目標の5つの観点と表現は異なるが、同義であるジェネリックスキル（汎用的能力）を1年次、2年次および3年次にPROGテストで測定している。学生は、測定結果をもとに所属ゼミの担当教員と面接し、自身の優れている点と改善が必要な点を話し合い自己の成長に繋げている。また2016年度から1〜4年次の全年次でPROGテストを実施し、各年次でジェネリックスキルの状態を測定し、またそれらの結果を教育改善にも活かしていく方針である。

- 全学生が"振り返りシート""目標記入シート"を毎学期作成している。そこでは、まず期初に、前学期の自身の学修の振り返り、大学生活全般を通じての自己形成と進路に関する振り返り、ディプロマポリシー（到達目標）についての振り返りを振り返りシートに記入し、そして今学期時点の大学での学修の目標、大学生活全般を通じての自己形成と進路の目標、今学期の目標、今学期の具体的な取り組みを目標記入シートに記入する。そして期中（前期であれば5月下旬から6月上旬ごろ）に、所属ゼミの担当教員（アカデミックアドバイザー）と面接し（1人当たり30分以上）、目標に対する進捗報告をする。教員はこれを受けてアドバイスを与え、学生はその内容を記録簿として面談報告シートに記入する。また成績不振の学生は、期末の面接で目標記入シートを持参し、なぜ今学期成績が芳しくなかったか、学期末の成果と到達目標に対する達成度との差異を所属ゼミの担当教員に自己申告して振り返りを行う。目標記入シートを活用することで学生が次にとるべきアクションが明確になるので、適切にこ

れを活用している学生の成績は顕著に向上している。また教員は、「2年次ゼミI」から「2年次ゼミII」への移行の際のアカデミックアドバイザー変更のタイミングにおいて、これらの振り返りシートと目標記入シートを学生の特徴や状態を示す引継ぎ資料としても活用している。
・1年次「基礎ゼミI」では、すべてのゼミで振り返りシートを全14回のうちの10回で記入することになっている。教員はこれらの振り返りシートに対し、すべてコメントを付して返却している。

**創価大学　経営学部　経営学科**
・教育目標達成を測るアセスメントについては、現在は新カリキュラムの2年目にあたり、完成年度に至っていないため、検討中である。
・大きな枠組みとしては、アセスメントは自己評価と相互評価をリンクさせ、自己評価の精度を高めつつ、3回のアセスメントゲートでの自己評価を通じて行われる。
・こうしたアセスメントを実効的なものにするために、2011年当時より行われている1年次「経営基礎演習」や2年次「人間主義経営演習」での振り返りは、緻密に行われている。
・「人間主義経営演習」での振り返りでは、ほぼ毎回の授業で行われ、「個人研究報告書」「対話ジャーナル（相互評価）」「MY MAP（目標設定など）」「プレゼンテーション振り返りシート」「ポスターセッション評価シート」「振り返りシート（15回目の授業において学習目標との関連で）」等が用意され、各自が記入するとともに学生相互、教員、SAなどが相互評価やコメントなどにかかわる。またこれらの振り返りは、成績評価に活かされる（明示されている）。

**関西国際大学　人間科学部　経営学科**
・4年間、学生一人ずつに対して学科の教員がアドバイザーとして割り当てられている（3年次から4年次には同じアドバイザー教員が持ち上がる）。アドバイザーは担当学生の履修、学生生活、進路に関する助言・指導を行う。
・3年進級時に、到達確認テストを実施。専門用語の意味などの基礎知識

の確認や、論述型の問題などで構成されている。合格するまで何度も受験可能で、これに合格しないと卒業研究には進めない。
・学期末の授業アンケートでは、ベンチマーク、教育目標の達成度を自己評価する項目を設けている。
・年に2回、学期が始まる直前に、ベンチマークの自己点検を行い、次学期の学びに活かすためリフレクション・デイを設けている。アドバイザー教員から成績表とともに各学期のテストやレポート等を返却し、その学期の学修を振り返り、次の学期の新たな目標設定につなげる。リフレクションのためのワークシートなども共有されている。また、この日にPROGテスト（ジェネリックスキル測定テスト）を受験し、能力の伸長を客観的にも測っている。これらは、すべてe-ポートフォリオに蓄積されていく。リフレクション・デイ1日だけですべての問題が解決されるわけでないので、その後半月ぐらいをかけて、面談（アカデミック・アドバイジング）を繰り返す。

**近畿大学　理工学部　電気電子工学科**
・エレクトロニクス・情報通信コースでは、4年間、半期ごとに"学習・教育到達目標リフレクションシート"を学生に作らせている。具体的には、GPAと科目修得率から現在の達成度状況に対する自己評価と今後の対応を書かせ、希望者には主に基礎ゼミを担当する教員が面談も行っている。

**愛知県立大学　外国語学部　国際関係学科**
・1年次通期必修の「研究概論」では、年度初めに自分の英語力に関しての現状と目標および目標到達までの学習計画を書かせ、年度終わりに達成度合いを自己評価し、今後に向けた課題を考えさせている。さらに、半期ごとにグループで行うグループブックレポートにおいても、それぞれが読書で何を学んだかを振り返る機会となっている
・1年次通期必修の「基礎演習Ⅰ」の前期では、最終講にグループで活動を振り返り、今後へ向けた課題などを考えさせている。後期では、フィールドワーク後のスピーチで全員からもらう評価シートを元に、まずグ

ループで検討した後、各自で振り返る時間を設けている。
- 「共通各論（日本語教育教材論）」では、授業初回に受講者自身が成長目標と、それを達成するための具体的な行動目標を作成し、最終回にどこまで達成したか振り返らせる。
- 英語力の客観的な指標として、入学時に CASEC を、その後は毎年 TOEIC を受けさせている。

### 九州工業大学　工学部　機械知能工学科
- 学生は自己学習ポートフォリオを半期に一度作成する。機械工学コースの学習・到達目標 A ～ F の項目について、各項目に対応した必修科目を全部取得すると 100 になるように設計されており、さらに選択科目についても各項目と対応した履修の進捗を自己評価できる。学生は自由記述により自己の目標も設定することになっている。
- 「機械工学 PBL」の中で自由記述での振り返りがあり、教員がコメントを付けて返している。

### 首都大学東京　都市環境学部　分子応用化学コース
- 金沢工業大学での取り組みや学修手帳を参考にして、1 年次に、手書きで書き込むシート「一週間の学修履歴」を毎週書かせている。1 年生のうちに、学生が自身の学修状況を把握し、授業外学修を含め能動的に学ぶ習慣をつけさせることを目的としており、毎週、記入したもののコピーを提出することになっている。

　　シートは A タイプ・B タイプ 2 つの形式を用意しており、学生は自身の好みでこれらのうちの 1 つのタイプを選択して使用する。A タイプは 1 週間のカレンダー型で、毎日、遅刻・欠席した科目名とその理由、予習・復習・課題を行った科目名、自習時間を記入する形式である。B タイプはスケジュール帳型で、毎日、1 日のタイムテーブル（出席した授業名、予習、復習、課題など）を記入するタイプのものである。そして両タイプ共通して、週の自習時間の合計、学修達成度、この一週間で特に努力した点・反省すべき点（その対策）、次週の学習目標を週の終わりに記入することになっている。

この「一週間の学習履歴」の記入は1年次では義務化しており、1年次のうちにこの運用を通してPDCAを機能させ主体的に学ぶ習慣をつけるよう促している。アンケート調査の結果、2年次以降でも2割の学生はこの「一週間の学習履歴」の記入を自主的に継続している。

・1年生には、その他にも、「分子応用化学基礎ゼミナール」の1テーマ終了ごとに「達成度確認シート」と半期終了ごとに「期末達成度自己評価シート」を記入して提出させている。また、前期終了時には「成績自己分析シート」を作成して提出し、問題のある学生は後期に向けて修学指導を行う。

　1回目の授業で、学生一人ひとりにポートフォリオ用のファイルを渡しており、課題やワークシートなどの提出物はコピーをとって提出し、原本は学生が手元に持つそのファイルに綴じ、学修履歴をいつでも振り返られるようにしている。これらの振り返りのツールにより、学生自身で自分の状況をチェックする習慣を身に付けさせる。

・1年次後期「分子応用化学基礎ゼミナール2A／2B」では、クラスを担当する教員によっては、自己評価だけでなく相互評価もさせている。一例を挙げると、同科目では2つのPBLに取り組む。ここではグループのメンバーだけでPBLに取り組むのではなく、TAとして大学院生も混じり彼らにアドバイスを送っている。ここで自己評価と相互評価をさせる意義は、グループのメンバー、教員、TAといった多様なメンバーとの活動における自身への評価が、自己と他者でいかに差異があるのかということを学生に知らしめることにある。相互評価の観点は、貢献度、リーダーシップ、議論の仕方の3つである。学生には、自己評価と相互評価を比較させてそのギャップを知らしめることで、自己認知のメタ化を促す。PBLに合わせて2回の自己評価と相互評価を行うので、2回目の評価では1回目よりも、正確な自己認識を通してそのギャップが小さくなるよう指導している。

・学部4年間の学びのアセスメントは、既に実施している卒業時のアンケート調査を改良した自己評価シートを記入させることで行っていく方針である。到達目標に対して自身のスキルをどれだけ高めることができたか

という観点で測定する予定である。

### 東邦大学　理学部　生命圏環境科学科
・1年次の「環境科学セミナー」の最終レポートで、自分の課題・疑問そしてこれから力を入れたい科目名、さらには将来の希望進路を明記して提出させている。このレポートのコピーが3年次の最初のユニット科目でフィードバックされ、これまでとこれからの学びを確認する仕組みとなっている。
・振り返りとしては、各授業の終了時に学生による授業評価アンケートを実施している。その中で学生の自己評価として"この授業を受けてシラバスに記載されている到達目標を達成することができた"という項目を確認している。

### 神奈川工科大学　工学部　電気電子工学科
・EBコースには、JABEE基準の学習・教育到達目標をいかに達成したかを測る指標の一つに、JABEEの達成度一覧表がある。取得した各講座の単位を入力すると、対応する目標の項目に数字が加算されていき、項目ごとの達成度がわかる表である。学生が表に数値を入力しeポートフォリオを使用して提出する仕組みで、入力しながら自らの学修成果を振り返り、今後の見通しを立てることができる。教員は結果を見ながら、学生に対してアドバイスを行い、その後の履修計画に反映させることもある。
・「電気電子応用ユニット」では、毎回作業報告書に、その日にグループで取り組んだこと、自分がグループで果たした役割、反省点、今後の課題などを書かせ、自分でPDCAを回せるようにしている。
・担任制をとっており、成績を渡す時に担任の教員が学生と面談を行い、出席状況や成績について振り返りを行っている。

## (4) PDCAのための組織化・制度化、科目連携のための教員の協働を進めている事例
①学科レベルの組織化・制度化の取り組み

カリキュラムマネジメントを進める上で重要なポイントとなるのが、"組

織化・制度化"である。組織化・制度化とは、教員個人の属人的な性格や経験に依拠して行うのではなく、学部や学科の組織としての取り組みにするということである。同時に、ある意味では外部に対して"見える化"することでもある。これまでの過去5年間に実地調査を行った多くの大学で、「私たちの学科は教員の人数も少ないし、いつも顔が見える関係なので、組織や制度を作らなくても問題はありません」という回答を聞いてきた。しかし、仮に教員が転出して入れ替わったりした場合には、属人性に依拠した関係は喪失してしまう可能性がある。

　その点で、学科の規模が小さくとも、JABEE認定プログラムの場合は、厳しい検証があるためもあって、この組織化・制度化が進んでいる点が、今回の調査でも明らかになった。

　組織化・制度化することは、カリキュラムマネジメントのPDCAを回していく上で、検証（Check）を実現する上での核心である。組織的に検証されなければ、そもそものPlanがどの程度実現されているのか、また何が不十分なのかが明確にはならないからである。

### 九州工業大学　工学部　機械知能工学科

・組織的には工学部PBL教育運営会議が2010年に設置され、年4回会合を持っている。各学科でどのようなPBLが行われているか、どのようなPBLを進めていくかなどを検討し推進の施策を決定している。各学科のPBLの情報共有にも注力しており、PBL発表会がいつどこで開かれるかなどの一覧を作成し、全教員にMLで配信している。

### 神奈川工科大学　工学部　電気電子情報工学科

・カリキュラム改善については、JABEEの基準に則ってPDCAを回す必要があり、〔Plan〕カリキュラム委員会→〔Do〕教室会議・各教員→〔Check〕分野別検討委員会・電気系教員会議・外部評価委員会・企業や卒業生からの声→〔Action〕JABEE委員会というように役割分担をしている。

・JABEE基準での運用が始まった2004年にJABEE委員会や分野別検討委員会ができたが、それ以前からPDCAを意識した組織は存在していた。

何度かの改編を経て、2013年度から現行の形になっている。
・各役割の詳細は以下。
　〔Plan〕カリキュラム委員会では、JABEE委員会からあがってきた改善案を踏まえながら、次年度のカリキュラム案を少人数で検討している。
　〔Do〕教室会議は、学科の教員全員が所属する最終決定機関であり、カリキュラム委員会が出したカリキュラム案は教室会議で承認された後、各教員により実行される。
　〔Check〕分野別検討委員会では、教員が6分野(専門基礎導入系・専門基礎系・電力系・デバイス系・情報通信系・実験卒論系)に分かれて、各科目の試験問題、解答、成績、授業アンケート結果、シラバスを持ち寄り、講座のレベル設定は正しいか、科目間で内容に抜けや重複はないか、シラバス通りの運営がされているかなどをチェックしている。ここではお互いの授業内容を開示しあい、様々なアイディアが交換される。実験卒論系では、ここ数年ルーブリックの点検に力を入れてきた。
　　その他にも、ホームエレクトロニクス学科と合同で行う電気系教員会議、外部評価委員会、さらには企業や卒業生からの声もCheckの役割を果たしている。
　〔Action〕JABEE委員会は、JABEEの審査の年は審査資料の整備があるが、通常は分野別検討委員会や電気系教員会議から上がってきた検討結果、外部評価委員からの指摘、企業や卒業生へ実施したアンケート結果などから改善案をまとめ、カリキュラム委員会にあげている。

## 近畿大学　理工学部　電気電子工学科

・5つの分野(回路・制御系、電磁気・計測・材料系、数学・物理系、エレクトロニクス・情報通信、エネルギー・環境)からなる授業内容検討会が設けられ、1年2～3回、学習・教育到達目標リフレクションシート、各科目の合格率、さらに授業アンケートなどから学生の学びの状況を確認したり、科目間の連携や同一科目の内容についてすり合わせを行っている。
・また、コース・カリキュラムの検討やものつくり支援を考えるなどの8つの小委員会からなる教育改善委員会が設けられ、学科全体の改善を

行っている。

## 首都大学東京　都市環境学部　分子応用化学コース
・同コースでのカリキュラム改革は、先の大学教育副センター長が中心となり、中長期的な視点で教育改革を進めてきた成果である。まず2010年度にこの取り掛かりとして、学生全員の成績を追跡調査し、入学から卒業までの成績の推移や、授業時間外学習の状況を調べた。ここでわかったことは、学生の自発的な学習時間は教員たちが考えていたほど多くはなかったことと、多くの学生は入学時の成績は良好であるが、入学後の成績推移については時間外学習時間の多寡によって1年次後期で差が出始め、2年次には成績の良い学生と悪い学生とで二極化することである。
・そこで2011年度、新しいカリキュラム開発を担う中心組織としてカリキュラム委員会が発足し、カリキュラム改革を推進するのに必要な権限が付与された。委員会は、入試担当、教務担当、推薦入学担当、広報担当、国際センター、学生実験の担当教員など、組織横断的なメンバーで構成され、新しいカリキュラム案が検討された。同委員会の機能は、カリキュラム開発だけに留まるものではなく、入試や、留学生、広報に関することなど多岐にわたる内容を一括して検討し、改革を行った。その理由は、カリキュラム改革が、入試、留学、広報などと深く関係しており、同時に議論することが必要であると考えたからである。

## 創価大学　経営学部　経営学科
・同学科では学生側のラーニング・コミュニティ形成と同様に、教員側のティーチング・コミュニティの形成に取り組んでいる。
・このティーチング・コミュニティに歴史的に大きな役割を果たしてきたのが、「経営基礎演習」でのLTDの導入であり、全クラス一斉に同期しての進行であるため、ここで担当者間の協働が強く求められ、それが「グループ演習」、「人間主義経営演習」と継続され、今日まで発展している。
・そうした土壌の上に2014年におけるAP採択以降、アクティブラーニング推進会議が正式に4名の教員で編成され、ルーブリックの導入をはじ

めとした取り組みを推進している。
- ルーブリックについては、全学統一的なルーブリックが作成され、3ゲートとともに各学部がそれに独自の項目を付加して活用する。経営学部では、他学部に先行してルーブリック導入に取り組んでおり、「経営基礎演習」や「人間主義経営演習」だけでなく、他の専門科目でも独自に導入している教員が多い。
- 2015年からはFD会議が全教員参加のもとに毎月開催され、アクティブラーニングの手法等の共有が図られている。
- アクティブラーニング教員研修では、教員が100％出席し、シラバス作成から多様なアクティブラーニング手法を協働して学び、活用できるシラバスの統一化や授業デザインに活かしている。

### 産業能率大学　経営学部　現代ビジネス学科

- 同大学が他の大学に比べて改革のスピードが早かった1つの要因として、学長が議長となり教授会が2学部合同で開催されてきたため、意思決定から実行までの期間が短いという点が挙げられる。加えて、教育の質的向上に向けた改革を加速させるために、2学部それぞれに教学委員会が常設されている。教学委員会では、学長が提示する教学全般にかかわる事項を審議して学長に答申する機能を担う。なお、教学委員会の委員長は学部長が務め、メンバーは教員と職員で構成されている。

②科目が教員の協働により実現されている事例

　学科レベルでPDCAのために組織化・制度化が重要であると同時に、コア科目となる高次のアクティブラーニング科目が、教員の協働により実現されることも重要である。実態的にはこの科目レベルでの協働によって、専門科目における科目の「壁」を越えた連携が可能となるからである。

### 神奈川工科大学　工学部　電気電子情報工学科

- JABEEでルーブリックが推奨された2012年から本格的に作成に取り組み、現在、ユニット科目および「卒業研究」で導入している。JABEEの

講習会に参加して得た知識を共有しながら、項目・文言・配点・スレッショルドの見直しを重ねてきた。
- ルーブリックの各項目には、対応する JABEE 基準の学習・教育到達目標の項目の記号（A-1.A-2 など）を記している。
- もともと採点基準をオープンにする風土があり、ルーブリックと似たようなものは存在していた。実験系の科目では学科試験の点では単純に測れない創作の技術やセンスを測定する必要があり、公平な評価方法として、色々な要素を分解してそれぞれの点数を出すようにしていた。専任教員が 11 人で風通しがよいこともルーブリックの導入が進んだ要因である。

### 創価大学　経営学部　経営学科
- 「クラスター科目」では、複数科目が共通のテーマで課題解決に取り組む。例えば"近年、企業の M&A（合併・買収）が増加した理由は何か？"というテーマで「証券市場論」では"株式の観点から見た M&A"を学び、「経営戦略論」では"PPM（経営資源の最適配分）と事業部戦略のあり方"、「専門演習Ⅳ（会計学）」では"M&A 会計"について取り組み、それぞれの科目において高次のアクティブラーニングが行われるという仕組みである。
- 「人間主義経営演習」「クラスター科目群」の他のアクティブラーニング科目としては以下のようなものがある。
- 産学連携 PBL として、2 年次後期の選択科目である「ビジネス＆ローワークショップⅡ」がある。これは、法学部と経営学部の合同の高次のアクティブラーニング科目で、法律学と経営学の知見から 1 つの問題の解決に取り組む。具体的には野村證券社員がメンターとして授業に張り付き、学生はグループワークで社会問題に対して問題解決をしたり、ビジネスプランを提案したりする。評価も野村證券社員がかかわる。
- 3 年後期の「入門ファイナンス統計」では「証券市場論」と「統計学」の両科目の知見を活用して投資ポートフォリオを作成する。

### 関西国際大学　人間科学部　経営学科

- 大学、学科として共通のルーブリックを策定し、各科目では教員が該当する共通ルーブリックの領域・レベルを参照しながらカスタマイズして使用している。
- 学期ごとにトピックやテーマを決め、同じ学期に開講される科目で、それぞれ共通したトピックやテーマを取り上げることで、学習内容を関連づけて学ぶようにしている。また、2年次の「サービス企画論」で運営されている学園祭の店舗に、「マーケティング」の授業の一環で1年生がミステリーショッパー※として参加するなど、科目間の相互乗り入れが積極的に行われている。

    ※ミステリーショッパー：一般客を装って店舗を利用し、その店舗のサービス内容や接客態度、店内環境を評価する覆面調査

- 教員は担当外の科目についても、シラバスや教科書で内容を把握しており、また他の教員の教材もWeb上で自由に使えるため、「総合マネジメント演習」などのPBL型の高次のアクティブラーニング科目では、マーケティングやファイナンスなどの専門科目で使った教科書を持ってこさせて、授業の中で使うこともある。一方で、専門科目の担当教員も、現在学習している内容が次の科目のどこで使えるといったことを説明するようにしている。
- 専門ゼミも含めて各科目については、ブラックボックス化することを防ぐために、授業を他の教員が参観するようになっている。

## (5) ファシリティの整備等

　アクティブラーニングをより有効に機能させるための機器やファシリティが急速に普及している。固定机からグループワークがしやすくなる可動式の机への転換、クリッカーやプレゼンテーション設備などのICT機器、ラーニングコモンズや理工系での工作室のような、学生が自由に授業時間外にグループワークに取り組める設備等々である。

　当プロジェクトは、必ずしもファシリティの充実がなければ、有効なアクティブラーニングが成立しない、という立場は取っていない。ホワイトボードやフリップなどを活用して、1980年代からアクティブラーニングを成立

させてきた、ハーバード大学エリック・マズール教授のピアインストラクションなどの取り組みが多数存在しているからである。

　しかし、こうしたファシリティを使いこなせれば、学生の学びはより充実していくことも確かであり、その点で今回の調査では質問紙調査、実地調査ともにファシリティについて質問した。以下、実地調査においてファシリティの充実がこの4年間に進展した大学・学科の事例である。

### 山梨大学　工学部　応用化学科
・同大学では2016年3月にアクティブラーニング室を、新たに工学部用と人間科学部用にそれぞれ2教室、合計4教室開設した。従来のアクティブラーニング室は会議室に開設されていたが、新たな教室は一般教室に可動式の机・椅子を配備した形態のものである。

### 九州工業大学　工学部　機械知能工学科
・学長裁量経費や学内戦略経費もPBL科目の運営やP-1グランプリ実施などのために投入され、学内での合意形成もなされてきた。
・2015年4月には未来型インタラクティブ教育棟の中にデザイン工房が設置され、機械工学PBLをはじめとするPBL科目の時間外の取り組みとして、学生が自由に使えるようになった。

### 神奈川工科大学　工学部　電気電子情報工学科
・ファシリティ面では、2008年にKAIT工房を開設した。これは授業で使用する工房とは別に、学生が機材を自由に使って物をつくるための施設で、常駐する技術スタッフにアドバイスを受けることもできる。学生は卒業研究のための実験ツールをつくったり、課外活動として自分の興味のあるものを試作している。年々稼働率が上がってきており、学生の自主性を育む上での大きな存在となっている。

### 関東学院大学　建築・環境学部　建築・環境学科
・4コース制への改組に際して、学部棟(建築・環境棟)が新築され、1学年

全員が「建築設計製図」に取り組める製図室や、ラーニングコモンズとして使える学生ラウンジなども設置され、授業時間外における自習での利用も含めて、アクティブラーニング型授業が実施しやすい環境が整えられている。

## 産業能率大学　経営学部　現代ビジネス学科
・APの取り組みの中で、施設面では2015年度にアクティブラーニングに適した机・椅子、全壁面のホワイトボード、プレゼンテーションシステムなどを取り入れたアクティブラーニング型教室を3教室新設した。

## 関西国際大学　人間科学部　経営学科
・同学科は尼崎と三木の2つのキャンパスを拠点としているが、2012年に両キャンパスにラーニングコモンズを開設している。パソコンから無線でパワーポイントのスライドを投影し、それを中心にしてグループで議論したり、他グループの成果発表を聞くといった使い方をしている。

## 愛知県立大学　外国語学部　国際関係学科
・ファシリティ面では、外国語学部として採択された文部科学省のグローバル人材育成推進事業の中で、外国語学部が2013年に「iCoToBa」という外国語学習支援センターを設置した。ここには英語やスペイン語などのネイティブ教員が6人おり、外国語学習や留学支援を行っている。学生がグループディスカッションやイベントを行うスペースもあり、自主研究活動の場として役立っている。また、図書館を改修して机が可動式になるアクティブ研修室が2つ用意された。ここでの活動は正課外ではあるが、学科としてこの施設の積極的活用を推奨している。

## 【Ⅳ】河合塾からの提言

## １．カリキュラムマネジメントこそが課題である

### (1) カリキュラムマネジメントの重要性

　本書で、再三述べてきたように、個々の教員が個々の努力でそれぞれ担当する科目にランダムにアクティブラーニングを導入するだけで、教育目標とする能力を学生が身に付けられるわけではない。

　【Ⅰ】で示したカリキュラムマネジメントの意義について、再掲しておきたい。

　学生にどのような能力を身に付けさせるのかという教育目標の設定、科目間のつながりを重視したカリキュラム設計、そのアセスメントとフィードバックという3者を一体のものとしてカリキュラムデザイン (Plan) する。このカリキュラムデザインを実践し (Do)、その効果を測定・評価 (Check) することで、次の改善されたカリキュラムデザインを創造 (Action = Plan) していく。このプロセスがカリキュラムマネジメントである。

　教育目標・アセスメント・カリキュラム設計の3者を一体的にデザインするカリキュラムデザインの内部構造について、『理解をもたらすカリキュラム設計』(Wiggins, G., and McTighe, J., 2005) では"逆向き設計"をめぐる問題として、多くの教員はカリキュラムを考えるときに次のように発想していると指摘している。

　「私たちはすぐに、私たちが教えたいこと、私たちがする活動、私たちが使うリソースの種類について述べる。しかし、求められている結果を明らかにすることなしに指導するとすれば、いったいどうして私たちの設計が効果的なのか、恣意的なのかを知ることができるだろうか？」

　「多くの教師は、求められている結果─アウトプット─に含意されていることから授業や活動を導き出してはいない。むしろ、教科書や好みの授業や昔からの活動─インプット─に焦点を合わせて設計し始め、その後もそれらに焦点を合わせ続ける。(中略) あまりにも多くの教師が、学習にではなく指

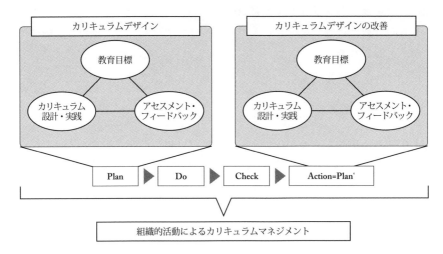

図表1-54　カリキュラムマネジメントの概念図（再掲）

導に焦点を合わせているのである」

　このように、教員が"何を教えるか"の内容から考え始めてきたが、これを逆転し、ⅰ）求められている結果を明確にする、ⅱ）承認できる証拠を決定する、ⅲ）学習経験と指導を計画する、の順番でカリキュラムを設計すべきだと主張する。つまり、ⅰ）育成すべき能力を教育目標としてまず明確にし、ⅱ）その測定方法を決定し、順番としては最後にⅲ）何をどのように学生に経験させるか・指導するかを決めるべきだ、というのである。

　当然とも言える考えであるが、いま日本でもこの逆向き設計が注目されているのは、逆説的に教育現場ではこの当たり前が通用してこなかったということを示唆している。

　しかし、いずれにせよ、教育目標の設定から始めて、評価方法と教育内容を設計していくという考えは、カリキュラムマネジメントの**図表1-54**で示した、カリキュラムデザインの考え方・順序に該当するものと考えられる。

　こうした点を踏まえたうえで、カリキュラムマネジメントの視点から見たときに、現在のアクティブラーニングをめぐる大学教育の状況を踏まえると、どのような課題が抽出されるのだろうか。

## (2) カリキュラムデザイン：教育目標

　そもそも教育目標が設定されていなければ、カリキュラムデザインそのものができないことになる。また、学生が教育目標である能力をどのように身に付けたのかを測定することができなければ、そのデザインを評価し改善することもできない。

　各科目において、専門知識の習得が目標とされ、その達成度を測定するテストが組み込まれているのだからアセスメントは行われている、ということにはならない。各科目における専門知識の習得とテストによる測定は、そのほんの一部に過ぎないからである。

　学科として、どのような能力を身に付けさせるのか。専門知識はもちろん、ジェネリックスキル等を含めて、全体的な教育目標を設定し、それを実現するためのカリキュラムを設計し、そのアセスメントがカリキュラムデザインに組み込まれていなければならないのである。

　その点で、質問紙調査から明らかになっているのは、教育目標が"育成すべき能力"として明文化されている学科は87.3%であるのに対して、"科目との対応関係"が明示されている学科は33.9%しかなく、またシラバスに明示されている学科は24.7%とさらに少なくなっている。科目に能力が落とし込まれていなければ、学生にとってはどのように履修すれば能力を身に付けられるかが明確ではなく、能力の獲得も測定ができなくなる。ということは、アセスメントが最初から放棄されていることになりはしないだろうか。このように考えると、教育目標が実態としてはお題目化し、実際にそこに向かって学生の能力を形成するリアルな目標としての機能を付与されているとはとても言えない現状が浮かび上がってきている。

　カリキュラムマネジメントでも、あるいは逆向き設計の考えに立っても、まず最初のスタート地点となるべき教育目標の設定に、もっと真剣に向き合う必要がある。

## (3) カリキュラムデザイン：アセスメント

　まず(2)で述べたように、目標設定がアセスメント（効果測定）を前提としていないのではないか、という構造的な問題が指摘される。

また、高次のアクティブラーニング科目における"教員の協働"に関する質問紙調査の回答では、"授業内容の企画・検討""シラバスの作成""授業運営""教材作成""評価基準の統一"等の項目が30％前後であるのに対して、"ルーブリックの作成"は10.6％しかないことも、アセスメントへの取り組みの低調さを示唆している。

　それらを踏まえた上で、アセスメントに関しては多くの大学で取り組みそのものが極めて立ち遅れているのが現状である。そもそも、この面では、アクティブラーニングの導入の立ち遅れとは異なって、「このようにするのが妥当だが、そうするためのハードルが高い」というよりも、「いかにして測定したらいいのか分からない」という手探り状態が実情であることが今回の調査でも浮き彫りとなっている。

　現実的には「独自のポートフォリオを工夫して学生が記入することで到達段階が把握できるようにする」「ルーブリックを組織的に導入する」「PROGなどのジェネリックスキル測定テストを活用する」「学修内容に関する独自テストを実施する」等が新しい試みとして行われていた。しかし、多くの大学では「卒業論文のレベルで分かる」等に留まっている。

　当プロジェクトとしては、アセスメントの最適解は未だオーソライズされたものが存在していない現状で、ある特定の手法でアセスメントすべきだという立場を取っていない。とは言うものの、各学部・学科で自分たちの教育目標がどこまで達成されたのかを検証することが不可欠である以上、暫定的であるにせよアセスメントに取り組み、それを改善していくプロセスに入ることが重要であると考える。何故なら、そこで生じる教員の協働は、各アクティブラーニング科目の高度化やカリキュラムデザインにもプラスの効果を生むはずであり、カリキュラムマネジメントを機能させる推進役となるに違いないと考えられるからである。

## (4) カリキュラムデザイン：カリキュラム設計

　質問紙調査の結果分析でも、実地調査でも、アクティブラーニング導入は量的には進展してきている。個々の教員による努力も多く費やされていることがうかがえる。しかし、アクティブラーニングをより効果的な教育手法と

して機能させる上で重要なことは、科目間を連携させるカリキュラムを設計することである。

　しかも、このカリキュラム設計の中にハブ科目として、各科目で学んだ専門知識を活用して課題解決に取り組む高次のアクティブラーニング科目を連続的に配置していくことが重要である。こうすることで、学生たちは「深い学び」に導かれる。

　「深い学び」とは、授業の中で学んだり体験したことが、自分がすでに持っている知識と結びつき、それが再編集されて自分なりの新しい理解を構築していくということに他ならない。試験が過ぎてしまえば忘れてしまうような表面的な暗記と異なり、一生活用できる知識・理解として自分のものにすることである。

　学生にとり「深い学び」を成立させるためには、「科目の壁」を越えることが重要であり、他の科目で学んだ専門知識を、知識を統合する高次のアクティブラーニング科目で活用するという関係が生じる必要がある。であるからこそ、高次のアクティブラーニング科目を導入するなら、科目間の関連をカリキュラム設計に組み込んでおくことが重要なのである。そして、専門知識を提供する科目の側でも、高次のアクティブラーニング科目においてその知識が活用されることを常に意識したティーチングが求められる。また、学生は高次のアクティブラーニングでの専門知識を活用するプロセスにおいて、専門知識の学び直しを行っている。この「学び直し」を意識した授業づくりも今後は重要な要素となっていくだろう。

　しかし、質問紙調査からは、高次のアクティブラーニング科目それ自体の量はどの系統においても顕著に増加しているにもかかわらず、専門知識を活用して課題を解決するための、その専門知識を提供する科目を問う項目については、記入率が2011年度調査における78.2％と比して、2015年度調査では71.4％へと減少していた。このことは、教育目標を達成し、深い学びを実現する手段として機能すべきアクティブラーニング型授業が、アクティブラーニングで学生が活性化することの方に比重を置いた"目的としてのアクティブラーニング"的な傾向を示しているのではないだろうか。

　また高次のアクティブラーニングは、学生に多くの授業時間外学習を要請

するなど、授業時間内では完結しないのが一般的である。そうした場合、むやみに高次のアクティブラーニング科目を増やせばよいということにはならない。学生の負担が過度に増大するからである。そうした点を考慮した上で、当プロジェクトではこれまで、同時に多くの高次のアクティブラーニング科目を配置するのはデメリットもあり、むしろ重要なことは連続性であって、学生が4年間、常に高次のアクティブラーニング科目を履修し続けていけるようなカリキュラム設計が必要であると提言してきている。現在ますますそれが重要になってきていると言えよう。

### (5) カリキュラムデザイン：3者の整合性の確保

　カリキュラムデザインにおいて重要なことは、教育目標の設定、アセスメント手法の設定、そしてカリキュラム設計の3者が一体的にデザインされることである。その点で、どれかだけができているが、その他はできていない、ということは本来あり得ない。それはカリキュラムデザインができていないということと同義である。

　しかし、すでに(2)(3)(4)で概観したように、これらが一体的にデザインされているとは到底考えられない現状が示されている。

### (6) カリキュラムマネジメント：組織的活動によるPDCAの実現

　言うまでもなく、カリキュラムデザインを行い、実践し、その成果を検証して、次の改善されたカリキュラムデザインを実現していくというPDCAサイクルはカリキュラムマネジメントそのものであり、これが機能するようになることが大学教育にとって核心的に重要である。

　これを推進するうえで、もっとも重要なことが"組織化・制度化"であると当プロジェクトは考える。

　今回の調査では、アクティブラーニング導入の進展についてトップダウン、ボトムアップ、ミドル・アップダウンの3つの類型が見出されたが、いずれの場合にも先進的な取り組みを行っている大学・学部では、それを推進する組織が形成されていたのが共通した特徴であった。明確な組織によるマネジメントを抜きにしてPDCAが機能するはずもないのである。

しかし、その一方で、特に小規模大学等においては、「明確な組織や制度がなくても教員間の風通しがよいので、いつでも意思疎通は取れ協働は行われている」という学部・学科も少なくない。現状ではそうかもしれないが、しかし問題はこうしたことが属人的に行われるに留まることであり、人の構成が変化すれば優れた大学の風土も失われかねない。また、組織化・制度化されることによって説明可能となり、学生に対しても提供しようとしている教育の仕組みが可視化されることになる。その意味で、JABEEに認定されたプログラムは可視化・説明可能性が強く求められており、その組織化・制度化への取り組みは文系の学部・学科にも参考になるのではないだろうか。

このような要素から見た際に、アクティブラーニング導入の進展はあるものの、それをより効果的にしていくためには、組織的な活動によるカリキュラムマネジメントという踏み込んだ次なる取り組みが一層必要となっている。

今回の調査では、そうした実践面での進んだ事例も数多く見出すことができ、こうした先進事例の紹介が、多くの大学・学科にとって改革の参考となることを期待したい。

## 引用・参考文献一覧

河合塾編著, 『アクティブラーニングでなぜ学生が成長するのか』, 東信堂, 2011 年.
河合塾編著, 『初年次教育でなぜ学生が成長するのか』, 東信堂, 2010 年.
河合塾編著, 『「深い学び」につながるアクティブラーニング』, 東信堂, 2013 年.
河合塾編著, 『「学び」の質を保証するアクティブラーニング』, 東信堂, 2014 年.
中留武昭, 『大学のカリキュラムマネジメント―理論と実際―』, 東信堂, 2012 年.
溝上慎一, 『アクティブラーニングと教授学習パラダイムの転換』, 東信堂, 2014 年.
Barr, R. B., & Tagg, J. From teaching to learning- A new paradigm for undergraduate education. *Change: The magazine of higher learning*, 27(5), 12-26., 1995.
Entwistle, N., *Teaching for understanding at university: Deep approaches and distinctive ways of thinking*. New York: Palgrave MacMillan, 2009. (山口栄一訳『学生の学びを重視する大学授業（高等教育シリーズ）』, 玉川大学出版部, 2010 年.)
Fink, L. Dee. "A self-directed guide to designing courses for significant learning." University of Oklahoma 27, 2003.
Nonaka, Ikujiro, and Hirotaka Takeuchi. *The knowledge-creating company: How Japanese companies create the dynamics of innovation*. Oxford university press, 1995. (野中郁次郎, 竹内弘高（梅本勝博訳）『知識創造企業』東洋経済新報社, 1996 年.)
Wiggins, G., and McTighe, J., *Understanding by design*, ASCD, 2005. (ウィギンズ, G. & マクタ

イ, J. (西岡加名恵訳)『理解をもたらすカリキュラム設計 ―『逆向き設計』の理論と方法―』日本標準, 2012年.)

# 第2部

# 河合塾FDセミナー
# 大学からの事例報告

## 事例1：創価大学 経営学部 経営学科

## 2011年〜2015年大学アクティブラーニングの進化と新しい課題
—— 導入からカリキュラムマネジメントへ

創価大学 経営学部 経営学科 教授　中村みゆき

## 1．創価大学　建学の精神とグランドデザイン

　本日はトップダウン型のアクティブラーニングを実施している大学としてご紹介いただきましたが、創価大学は2014年、文部科学省の大学教育再生加速プログラム（AP）に採択されましたので、そのお話と、経営学部で取り組んできたアクティブラーニングの歴史や取り組み内容のお話をします。

　私学創価大学の原点である建学の精神は3点あります。「人間教育の最高学府たれ」「新しき大文化建設の揺籃たれ」「人類の平和を守るフォートレス（要塞）たれ」です。創価大学は2021年に創立50周年を迎えます。それにあたり、「建学の精神に基づく『創造的人間』を育成する大学」を、創立50周年の創価大学像として掲げました。これは、いかなる困難にあっても創造を止めないという人間の育成を謳っています。

　また創立50周年に向けて、「建学の精神に基づく『創造的人間』を育成する大学」を具現化する本学の教育のグランドデザインを発表しました。この中で全大学構成員と共有する長期・中期・短期の3つのビジョンが公表されましたが、特に短期ビジョンとしては、「APの取り組みで目指す教育力の向上」を設定しています。

　さらに教育戦略として教育単年度ビジョンがありますが、2015年度は①アクティブラーニングによる深い学びの実現、②学修成果の可視化、③主体

的な学習を促すシラバスの一層の充実、という目標を制定しています。

## 2. 経営学部の理念と教育目標

次に、経営学部がどのような人物像の育成をめざしているかについてですが、建学の精神を基にしてアドミッションポリシー、カリキュラムポリシー、ディプロマポリシーの3指針を出しています。これらの中で「人間主義経営」という言葉がたくさん出てきます。これは経営学部では、「利益のみを追求しない、社会や環境と共存できるようなビジネスを考えていきましょう」という意味で用いています。

さらに経営学部のディプロマポリシーは12点の細目（**図表2-1-1**）に分けています。このように細分化した上で、科目との対応関係を明示したカリキュラムマップを作成しています。これは、教員がそれぞれの授業で各項目の漏れがないかどうかを確認し、学生にどういう力がつくのかを明確にするために使っています。新カリキュラムに合わせた（アクティブラーニングを意識した）カリキュラムマップは2016年4月以降学生に発表する予定です。それぞれの科目において学生がどういう力をつけるのかがわかるマップになっています。さらに、密接に関連する科目が分かる一覧表も作成しています。

---

1. 現代経営に必要な学問分野の基礎を知っている。
2. 企業の経営の仕組みを理解している。
3. 経営の基礎的な知識や技術を活用できる。
4. ビジネス英語を活用するための基礎的な知識を持っている。
5. 英語で基本的なビジネス・コミュニケーションをとることができる。
6. 社会の中から経営分野に関する問題を発見することができる。
7. 発見した問題を他者に的確に伝えることができる。
8. 企業の社会的責任を理解している。
9. ICTなどを活用してデータを収集・分析し、その結果を理解できる。
10. チームで能動的に活動し、ディスカッションできる。
11. 多面的・論理的に思考し、それを表現できる。
12. 人間主義経営について理解している。

---

**図表2-1-1　12点のラーニング・アウトカムズ項目**

## 3. カリキュラム設計とアクティブラーニング導入

次に経営学部でアクティブラーニングをどのように導入してきたかについてお話しします。

アクティブラーニングは、2003年に「経営基礎演習」という初年次教育科目で初めて明示的に導入しました（**図表2-1-2**）。2009年からは、アクティブラーニングをより強化させるため、2年次の必修科目でPBL型の演習である「グループ演習」を導入しました。そして2014年から、アクティブラーニングを強く意識した新カリキュラムを運用しています。それと同時にAPに採択され、それまで一部でやっていたアクティブラーニングを組織的に運営していく、という流れになっています。

| | |
|---|---|
| 2003年 | LTD（Learning Through Discussion）導入<br>初年次演習「経営基礎演習」（毎年の授業改善） |
| 2009年 | アクティブラーニング強化／PBL（Problem Based Learning）導入<br>「グループ演習」 |
| 2013年 | TBL（Team Based Learning）導入<br>「専門基礎演習」（プレゼミ） |
| 2014年 | 新カリキュラム開始　文科省 大学教育再生加速プログラム（AP）採択 |

**図表2-1-2　アクティブラーニング沿革**

特に経営学部で重要視しているのは、必修科目の「経営基礎演習」（**図表2-1-3**）と「グループ演習」の2つであり、これらがアクティブラーニングのベースの科目となっています。

またアクティブラーニングを実施するにあたって、当学部の特徴的な点は、「主体的学び」を初年次にいかに定着させるか、という視点でカリキュラムをつくっていることです。「経営基礎演習」では、仲間づくりワーク等を導入して「アクティブラーニングに今から取り組む」という意識付けを1年次に行っています。それによって「自立的な学びを今からやるんだ」というこ

> **2003年　初年次教育科目「経営基礎演習」開始**
>
> ■ 仲間づくりワークなど、学生がアクティブラーニングを行うための準備
> 　（能動的に学ぶ意識をもつ準備）を促す
> ■ LTDを中心にした自立的な学びを導く
> 　LTD準備ワーク、勉強への意識付け、ピアレビューなど
> ■ 専門知識を学ぶためのアカデミックスキルズ、キャリアガイダンスを実施する
> 　教員は学生の学びのサポートする
> 　FD活動、教材の開発・共有化や教育手法の習得を行う
> ■ 事前研修を受けたSAが各クラス1名配置、ファシリテーション等を担う

**図表 2-1-3　「経営基礎演習」の特徴**

> ■ 大学でのノートテイキング・レポートライティング
> ■ 英語学習の方法
> ■ 目標設定とタイムマネージメント、ポートフォリオの活用法
> ■ 仲間づくりワーク（プロジェクト・アドベンチャー）
> ■ ライティング課題のピアレビュー（レポートチェックリスト）
> ■ ラーニングコモンズSPACe（総合学習支援センター）の使い方
> ■ 図書館ガイダンス（レファレンス、データベースの利用方法）
> ■ キャリアガイダンス（4年間計画表の作成など）
> ■ LTD学習法の説明
> ■ LTD学習法（反転学習）をつかった教材の学習
> ■ 特別講義：東京富士美術館の運営からビジネスを学ぶ
> ■ 東京富士美術館訪問学習（鑑賞ワークシート）
> ■ 創立者の講演から学ぶ「平和とビジネス」「松下幸之助対談」
> ■ プレゼンテーション

**図表 2-1-4　「経営基礎演習」で学ぶ内容**

とを最初に学生に理解してもらいます。この初年次の教育が非常に重要ではないかと考えています。

　「経営基礎演習」は基本的にはLTD (Learning Through Discussion) を中心に始められましたが、毎年改善を重ねてきました（**図表 2-1-3**）。

　この科目の特徴としては、SA (Student Assistant) を配置していることです。

SAが非常に重要な役割を担っており、彼らは教員と新入生の間に入り、ファシリテーターの役割を果たします。

**図表2-1-4**は2014年度のシラバスからピックアップしてきた授業内容です。その後の学びにつながるアカデミックスキルや、タイム・マネジメントを含むポートフォリオの活用法、LTDなどが盛り込まれています。最近では、近隣の東京富士美術館学芸員にマネジメントの視点で講義をしていただき、鑑賞ワークシートを書き込みながらビジネス視点で鑑賞をして、その後ディスカッションをするなどの試みを行っています。

LTDは協同学習の手法の一つで、SAによる手法の説明の後に、ディスカッションをやってもらっています（**図表2-1-5**）。SAの話を聞いてみますと、自分の1年次のLTDの経験に基づきながら、説明や指導をするなど、非常に熱心に参加しています（SA自体はLTDに参加しません）。

もう一つ、1年次の必修科目「グループ演習」（2015年「人間主義経営演習」に改編）も、アクティブラーニングのベースとなるPBL型の授業です。この授業は全員参加でチームをつくります。そのチームごとに経営学の観点から社会問題を検討し、問題設定をします。そして問題分析を行い、最終的にはプレゼンテーションを行うという流れになっています。プレゼンテーションでは予

---

■LTD手法
予　習：指定された書籍やテキストを事前に読み予習ノートを作成する。
授業中：予習ノートだけを出して
　①ウォーミングアップした上でグループ討議の準備
　②用語の理解
　③主張の理解
　④話題の理解（自分の言葉でまとめる）
　⑤既有の知識との関連付け
　⑥自己との関連付け
　⑦課題文を検討し、改善点・問題点を挙げる
　⑧自己評価と相互評価により振り返る
　　の手順で行われる。

**図表2-1-5　「経営基礎演習」でのLTD手法**

| テーマ | テーマ |
|---|---|
| 八王子未来学<br>(具体的テーマは後日、取り組み詳細は別途：戦略連携GP) | 八王子をより潤うまちにするビジネス |
| | 日本と世界の経営者から学ぶビジネスの成功と失敗 |
| イノベーションと環境ビジネス | 三式簿記を考えてみよう |
| グローバル化と企業経営 | 創価大学の経営と企業の経営 |
| 格差社会と人間主義経営 | コンビニはなぜ儲からないか |
| 地球温暖化対策 | 量販店の限界を考えてみよう |
| 世界食糧危機とエネルギー問題 | 製造業のモノと原価の計算 |
| 企業不祥事は防げるか | 派遣社員という働き方について |
| セブンイレブンはなぜ急成長したか | 持続可能な社会とビジネス |
| 電機業界がM&Aを進めるのはなぜか | 社会起業家の可能性 |
| 日本の携帯電話はなぜ世界に通用しないのか | ビジネスとNPOのパートナーシップ |
| インターネット上の著作権侵害の現状と対応 | エネルギーと経済の関係 |

**図表 2-1-6 「グループ演習」参考テーマ一覧**

選、本選を経て、最終的に優秀チームが選ばれます。こういった課題を学生に与えると、最近の学生は非常によく勉強をしてくれます。**図表 2-1-6** のようにさまざまなテーマでワークとプレゼンテーションをやってもらっています。

## 4．より深い学びに向けてのカリキュラム改善と体系化

先ほど、2014年から新カリキュラムの運用を開始したとお話ししましたが、そのためにこの数年間、さまざまな改善をしてきました。「いかに主体的に学ぶか」という視点で学びの体系化を図っていくため、教育方法の改善とカリキュラムの体系化を行いました。内容は、①2つの学修コース制をとる、②アクティブラーニングを強化する、③クラスターを導入するという3点です。

まず「グローバル・ビジネス・リーダー学修コース」と「プロフェッショナル学修コース」（資格系コース）の2つの学修コースを置きました（**図表 2-1-7**）。プロフェッショナル学修コースについては、もともと本学の経営学部では公認会計士や税理士を希望する学生の割合が高いのですが、資格系の知識習得型の科目において、アクティブラーニングを強化することと、その学びを体系化させることを考えました。グローバル・ビジネス・リーダー学修コース

| コース | | グローバル・ビジネス・リーダー学修コース | プロフェッショナル学修コース |
|---|---|---|---|
| 資格 | | TOEICハイスコア<br>経営学検定初級・中級、CSR検定、エコ検定、シスアド、<br>MOS試験、国家試験（中小企業診断士） | 日商簿記1・2級<br>FP試験、証券アナリスト試験、ビジネス会計検定1・2・3級<br>国家試験（会計士・税理士）国税専門官 |
| 人材像（進路） | | グローバル企業・行政機関・国際機関への就職、起業家、<br>一般企業への就職、経営コンサルタント、ビジネススクール進学、家業継承 | 会社経理担当者、公認会計士・税理士、証券アナリスト・<br>金融機関への就職、会計専門職大学院 |
| 必修28単位 | | 経営基礎演習（2）、人間主義経営演習（2）、経営学原理（4）、簿記原理（4）、経済学入門（4）、統計学（4）、<br>演習Ⅰ～Ⅳ（2）×4 | |
| 選択必修<br>16単位以上 | コース導入<br>（1年次配当） | Introduction to Global Business Leadership（2）、<br>Business English for Global Leaders Ⅰ（2）Ⅱ（2） | 中級簿記（4） |
| | コース強化<br>（2年次配当） | Global Business Communication Ⅰ（4）Ⅱ（4）、Stakeholder<br>Dialogue（2）、International Management（4） | 会計学（4）、管理会計基礎（4） |
| | コース推奨<br>2年次配当 | 経営管理論（4）、人的資源管理論（4）、財務管理論（4）、ビジネスデータ分析基礎（2） | |
| コース共通選<br>択36単位以上 | 1・2年次配当 | ビジネスのための基礎数学（2）（1年次）、人間主義経営とCSR（2）、ビジネス＆ロー・ワークショップⅠ（2）、<br>マーケティング（4）、会社法（4）、CSR会計（2）、専門基礎演習（2）、ビジネス＆ロー・ワークショップⅡ（2） | |
| | グローバルプ<br>ログラム（GP） | Global Program Mission Ⅰ Ⅱ（2）、Global Program Workshop Ⅰ Ⅱ（2）、Project Management Ⅰ（2）、<br>International Internship A,B（2）、International Business Studies Ⅰ Ⅱ（3） | |
| | 3・4年次配当 | 消費者行動論（4）、金融論（4）、流通論（4）、証券市場論（4）、資本市場と証券投資（2）、企業価値管理会計（4）、<br>経営戦略論（4）、経営組織論（2）、ベンチャー企業論（4）、eビジネス論（2）、システムアナリシス（2）、<br>環境マネジメント（2）、ビジネス・エコノミクス（4）、環境管理会計（2）、多国籍企業論（4）、国際経営論（4）、<br>国際地域経営論（2）、ビジネスデータ分析応用（4）、マネジメント・サイエンス（4）、経営情報論（4）、企業論（4）、<br>経営史（4）、生産管理論（4）、プログラミング論（2）、国際比較経営史（2）、金融機関論（2）、民法（4）、<br>監査論（4）、ビジネスゲーム（2）、労働法（2）、ビジネス＆ロー・ワークショップⅢ（2）ミクロ・マクロ経済学中級（4） | |
| | グローバルプ<br>ログラム（GP） | Project Management Ⅱ（2）、Environmental Management（2）、Multicultural Management（2）、Business Ethics、<br>Critical Management、Sustainable Business and Management（2）、Global Business Review Ⅰ Ⅱ | |
| クラスター（例） | | マーケティング ファイナンス 情報とビジネス 環境 グローバル<br>マーケティング 金融論 eビジネス論 環境マネジメント 国際経営論<br>消費者行動論 証券市場論 システムアナリシス 環境管理会計（2） 多国籍企業論<br>流通論 資本市場と証券投資 国際地域経営論 | |
| | | アカウンティング ストラテジー ビジネスヒストリー データ分析<br>企業価値管理会計 経営戦略論 経営史 ビジネスデータ分<br>監査論 経営組織論（2） 国際比較経営史 析基礎<br>環境管理会計 ベンチャー企業論 マネジメント・サイ<br>ビジネス・エコノミクス エンス<br>ビジネスデータ分<br>析応用 | |
| 連携クラスター（例）<br>＊法学部連携科目 | | 経済学（経済） ビジネス＆ロー（法） ビジネス＆ロー（法） 税務（法） 労働（法）<br>ミクロ・マクロ経 ビジネス＆ロー・ 金融商品取引法 租税法＊ 労働法<br>済学中級 ワークショップⅠ 有価証券法＊ 社会保障法＊<br>～Ⅲ 消費者法＊<br>会社法 知的財産法＊<br>環境法＊ | |

**図表2-1-7　経営学部コース制のイメージ**

については、折しも文部科学省のスーパーグローバル大学（グローバル化牽引型）にも採択されているので、グローバル視点での科目配置を意識した学修コースをつくりました。

また経営学部では、ここ数年で科目の統廃合を行ってきました。近年、大学がキャップ制を設けたことにより、経営学部では1セメスターの履修上限が20単位となり、かなりタイトになってます。そのため、コース別に「これだけは基礎段階でしっかり学ぶ」という選択必修科目をつくり、1・2年次に

履修する科目を固定化しました。そして3・4年次へ専門の選択科目を先送りし、複数科目で連携して共通のテーマを扱う、選択科目のクラスター化を行いました(後述)。

次に、アクティブラーニングを意識したカリキュラムの流れ(**図表2-1-8**)に整理しました。初年次の「経営基礎演習」から2年次の「グループ演習(新カリキュラムでは「人間主義経営演習」)」、それから3・4年次の知識を活用・応用する専門演習という流れです。

1〜4年次のゼミはどうしても縦割りになりがちなので、横につながりをつくること、風通しを良くすることを考えています。教員が連携して、科目間に共通する課題を提示していく、というようなことを考えています。これにより、学生が自然と他の教員からも学べるようにすることが狙いです。2016年の後期からですので、今後の準備が大変かと思いますが、そういう試みをしたいと思っています。

もう少し詳細に言いますと、学んだ知識を統合する科目の連携を図り、そ

| | | 1年次 | | 2年次 | | 3年次 | | 4年次 | |
|---|---|---|---|---|---|---|---|---|---|
| | | 前期 | 後期 | 前期 | 後期 | 前期 | 後期 | 前期 | 後期 |
| 知識の活用 | 卒業論文 問題解決力 | | | | | | 演習III | | 演習IV (卒論作成) |
| | 専門を深め、応用研究、課題探究力の向上 | | | | | 演習I | 演習II | | |
| 知識の定着・確認 | 基礎と専門のブリッジ科目プレゼミ | | GPミッションI | GPワークショップI | GPミッションII GPワークショップII | ビジネス＆ローワークショップIII | | | |
| | プレゼンテーション＋コミュニケーション＋チーム力＋課題探究力 | | 人間主義の視点 | ビジネス＆ローワークショップI | ビジネス＆ローワークショップII | | | | |
| | 学習の基礎的スキルの向上 | 経営基礎演習 | 共通基礎演習 | 人間主義経営演習 | | | | | |
| | | 専門基礎知識の修得 | | 基礎から応用へ | | 専門知識を智慧に転換 | | | |

■1、2年次に、知識を使いこなす能力を<u>学ぶ</u>
 1年次にアカデミー・リテラシーを学び、演習での反復練習を通じて磨く。
 2年次には問題発見＆解決活動を実践する演習を通じて、社会で必要な能力を学ぶ。
■3、4年次に、知識を使いこなす能力を<u>磨く</u>
 2年間培った「知識を使いこなす能力」をゼミ活動を通じて、徹底的に磨く。

**図表2-1-8　カリキュラムの流れ**

れをPBLで行っていくことを考えています。これは「クラスター」として実現したいと思っています。また社会との接続を意識したフィールドワーク等を取り入れることも考えています。

　先ほど、さまざまな社会問題の解決をチームでやっていく「グループ演習」という科目のお話をしましたが、新カリキュラムではこれを「人間主義経営演習」という名称に変えました。前半では、経営者を講師としてお招きして、人間主義経営という視点、つまり、利益のみの追求ではなく社会を意識したビジネスの考え方を講義していただきます。また講義内容に関して、PBLができるようなテーマを出してもらうことをお願いしています。授業の後半になるといよいよ学生本人たちが、ビジネスの世界での人間主義経営とはなんだろうかと、自分たちがそれぞれ持つ知見を出し合い、調査するなど、グループワークをしてもらいます。発表はポスターセッション形式で行います。1枚の模造紙に、自分たちの問題意識と、なぜこれを問題にしたのか、どう解決をするのか、ということを書いてもらい、学生と教員がそれを評価し最終的に優秀チームを選びます。

　ここでいったん整理をします。

　アクティブラーニングを意識した学びの流れとして、経営学部では初年次に意識づけをするために、LTDを中心とした「経営基礎演習」を導入しています。2年次には「人間主義経営演習」(前「グループ演習」)を履修させ、より高次にPBLに取り組ませます。それらが「専門基礎演習」につながるという流れになっています(図表2-1-9)。

　知識習得型の授業でも、経営学部は個性豊かな先生方が多く、自分たちでアクティブラーニングをさまざまに工夫して授業を展開しています。協働学習や反転授業、ペアワーク、グループワークなど、さまざまな手法が日常的に用いられています。

　たとえば「統計学」では、学生は事前に予習用テキストを読み準備します。授業では教員が20分間講義した後に学生が課題を解き、その課題について学生がペアで相互にルーブリック評価を行って提出するという、反転授業を含んだ一般的アクティブラーニングを行っています。

　「会計学」では、グループ内で教え合うことに挑戦しています。グループ編

事例1：創価大学 経営学部 経営学科

| 専門演習 | クラスターごとのPBL |
|---|---|
| 深い学びに導く**高次のアクティブラーニング** | |

人間主義経営演習（前グループ演習）
人間主義経営の観点から現実社会の問題意識を涵養しつつ、PBLを実施

経営基礎演習
LTD学習法など、**アクティブラーニング**での学び方の修得

**図表 2-1-9　アクティブラーニング科目の流れ**

成は初めに学生に聞き取りをして、国家試験を目指す学生、商業科出身の学生、簿記資格取得者、勉強が得意ではない学生、スポーツ推薦学生などをバランスよく混ぜます。そしてグループ内で授業内容を教え合います。提出プリントには、自分の氏名以外にも教え合った相手の氏名を書くようになっています。また、授業で学習した企業の決算書項目の基礎知識を生かして、実際の企業の財務指標を比較分析し、ポスターを活用したプレゼンテーションを導入したところ、定期試験では同じ難易度の試験問題でも過去より平均点がかなり上がりました。

　また科目間連携の例としては、従来は単独で企業見学会などをやっていたものを、見学と複数の授業とを連携させるようにしました。本年度は「ベンチャー・ビジネス論」と「多国籍企業論」において、石川酒造株式会社（東京都福生市）へ見学に行きました。日本酒メーカーは、従来は国内志向の企業ですが、今は海外へ輸出するなどグローバルに展開するケースも散見されています。こういった企業家精神の視点、国際経営の視点での話をしていただきました。事前に関連する専門知識を授業で学んで、フィールドワーク（企業見学）を行い、戻ってから再びディスカッションをするという流れになっています。

　昨年度、「会計学」と「証券市場論」では、渋沢栄一記念館と東京証券取引

所へ見学に行き、同様に科目を越えて学んでいます。

## 5. アクティブラーニングを支えるSA

先述しましたように、アクティブラーニングの実現にはSAの役割が大きく、私たちは彼らがいかに学生たちの中に入って共に学ぶかということを重視しています。例えば、PBL型の授業を例に取りますと、どのように問題分析をしたらいいのか教えるために、SAは一所懸命に後輩たちに「私はこういう風に調査分析をしたよ」と伝えます。問題解決型といっても最初は難しいので、こういったSAの役割は大事です。教員には聞けないがSAには聞けるという学生目線で、彼らは授業の中に入って非常に大きな役割をはたしてくれています。

SAには学内の総合学習支援センター（SPACe、ラーニング・コモンズのこと）で研修を受けてもらいます。内容はボランティア活動、学習スキルセミナーなどです。このSA研修プログラム（**図表2-1-10**）を通して、SAを候補者の中から選定し、学部として認定するという形態をとっています。この研修は、リーダーシップをとる学生の育成にも役立っています。こうやってSAの質保証をして授業に参加してもらっています。

## 6. 大学教育再生加速プログラム（AP）

本学では文科省APに、「テーマⅠ：アクティブラーニング」と「テーマⅡ：学修成果の可視化」の複合型で採択されました。そもそも本学の学修の問題意識として、多くの授業で能動的学習をしているにもかかわらず、授業アンケートの結果を見ると、授業外で学習をしているか、授業の理解が十分にできたか、学修目標を意識して授業を受けたか、という項目での答えはあまり芳しくないということがありました。

そこでAPでの取り組みの目標として、この3つの項目を満足できるものにしようということがありました。そのため、本学APでは学修成果を可視化すること、自己評価の取り組みをしっかりさせることを目的として取り組

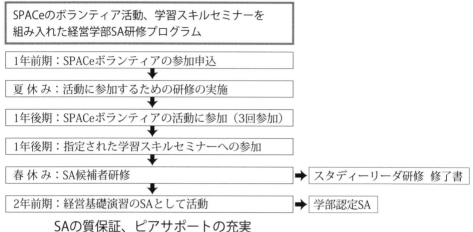

図表 2-1-10　ＳＡ研修プログラム

んでいます。

　**図表 2-1-11** は本学の AP の全体概念図です。3つのアセスメント（マイル・ストーン：大学での学業の基礎となる技能や態度を可視化、タッチ・ストーン：汎用的能力の伸長を点検、キャップ・ストーン：汎用的能力の最後点検）を設け、段階的に評価していきます。評価に関しては、教員側と学生側双方において相互評価を行います。学生も相互に自分たちを評価することができ、また、教員も互いに評価をしていきましょう、という両輪の形になっています。

　この両輪で相互評価ができるような文化を大学の中でつくり、そのことによって大学の育成すべき人物像である「創造的人間」の育成をしていく、という考え方が基本にあります。

　**図表 2-1-12** は経営学部の段階的な学びの流れを示しています。「経営基礎演習」「人間主義経営演習」「専門基礎演習」の3つのゲートをそれぞれマイル・ストーン、タッチ・ストーン、キャップ・ストーンとして位置付け、それぞれの段階でジェネリックスキルがどのように身に付いたのかを自ら評価し、それを振り返る、ということを示しています。

第2部　河合塾FDセミナー　大学からの事例報告　145

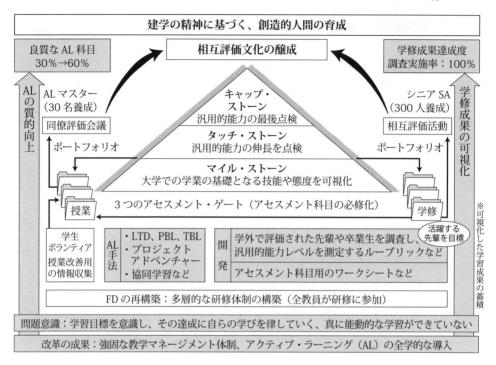

図表 2-1-11　APの概念図

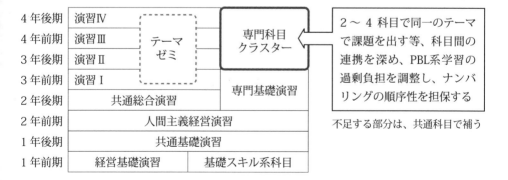

図表 2-1-12　4年間を通したゼミでの学び

## 7. 問題解決型授業の充実

　問題解決型授業では、「問題の発見、仮説の構築とその検証、そして結論をどう導くか」という点を学ぶことが重要になります。こういう基本的なアカデミックな物事の考え方を、アクティブラーニングを通して身に付けさせたい、ということを私たちは考えています。単に授業を能動的にやればいいということではなくて、大学生として科学的にものを見る力をつける仕掛けとしてアクティブラーニングをとらえています。

　高次のアクティブラーニング科目の例を説明します。「入門ファイナンス統計」（2年後期）では教員連携の授業が行われています。これは「証券市場論」と「統計学」の教員2人が担当し、この2つの科目の知見を通して投資ポートフォリオをつくる科目です。

　「人間主義経営とCSR」（2年後期）では、専門も国籍も異なる3名の教員が連携し、ビジネス現場と倫理・哲学の関係についてケーススタディをして、ピアディスカッションを行います。

　それから、私がかかわっている「ビジネス＆ロー・ワークショップⅡ（2年後期）」は、産学連携と学部連携の授業です。これは法学部と経営学部の学生たちが相互の知見を活かし、協同で学ぶ授業です。野村證券株式会社の社員に「社会問題の解決にいかに取り組むか」という視点で指導をしてもらい、グループワークでビジネスプランをつくります。評価においても、企業の方に入っていただきます。この授業では1グループに1人、若手社員をメンターとして貼り付けてもらっており、社会問題の切り口を指導いただいています。

　「ビジネス＆ロー・ワークショップⅢ（3年前期）」も2016年から動き出します。これも産学連携・学部連携の科目で、金融機関を中心に社会問題、金融分野の問題を解決するワークショップです。

　それから国際PBL型プログラムとして、「グローバル・プログラム（GP）」があります。これは、1年次は基礎的なビジネス英語と経営の基礎知識を学び、2・3年次でフィールドワークを行い、さらに上級生になると英語で世界的視野の問題を学ぶという学びのシーケンスができています。学生たちは訪問した国際機関（海外フィールドワーク）でプレゼンテーションを行うなど、

国際的視野で問題解決の学びに取り組んでいます。

## 8．アセスメントおよび学生の振り返り

次はアセスメントについてご説明します。

これは、マイル・ストーン、タッチ・ストーン、キャップ・ストーンの3つの学びの段階で自己評価を行っていきます。それぞれ評価を行うアセスメント科目を設定し、授業内で"学び始めシート""振り返りシート""ルーブリック"によって評価を行います。それを材料にして、教員は授業ポートフォリオを、学生は学修ポートフォリオをつくり上げていきます（図

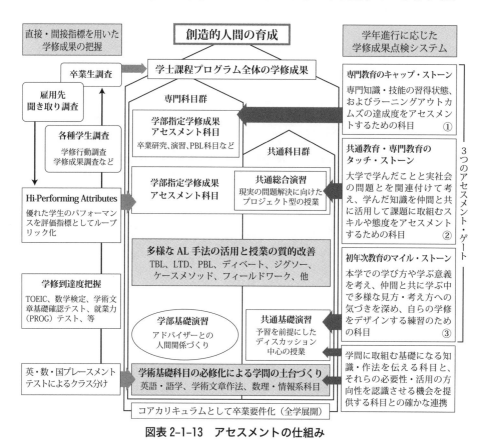

図表2-1-13　アセスメントの仕組み

148 事例1：創価大学 経営学部 経営学科

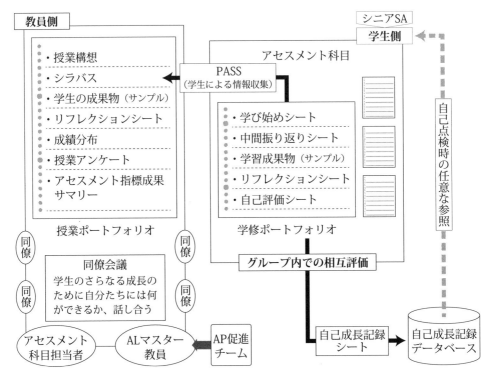

図表2-1-14　2つの相互評価活動による学修成果の可視化と改善の試み

表2-1-13～15）。

　これは3段階でジェネリックスキルを測っていくというイメージです。

　評価はルーブリックに基づいて10段階で行います。評価項目は、「学びの計画性」や、「大学生としての自覚」、「学習者の自覚」、「経営学を学ぶ意義」などです。

　**図表2-1-16～18**は教育目標達成を測るアセスメントの結果です。**図表2-1-16**は1年次科目「経営基礎演習」における、学び初めと学び終わり時点での「計画性」の意識の違いが見てとれます。LTDなどは事前学習が重要なこともあり、そこの気付きが表れたものと思われます。また**図表2-1-17**の2年次「人間主義経営演習」の「情報収集能力」に関して見ると、学び始めと学び終わりについて意識の違いが少し出ているように思います。自分たちでワークをするので、情報収集が大事だという意識が出てきたのだと思います。

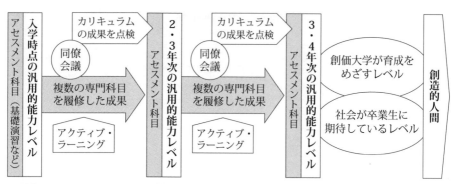

図表 2-1-15 アセスメント科目を介したカリキュラムに責任を持つ教員集団づくり

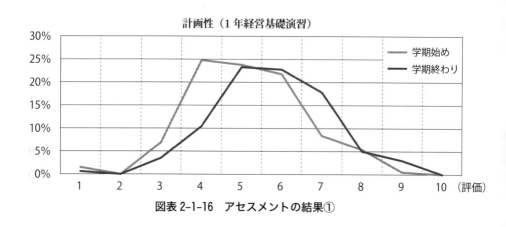

図表 2-1-16 アセスメントの結果①

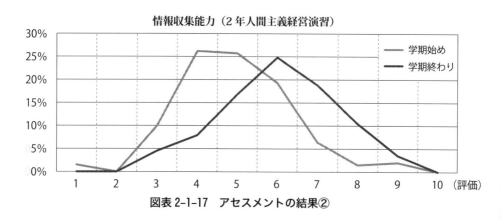

図表 2-1-17 アセスメントの結果②

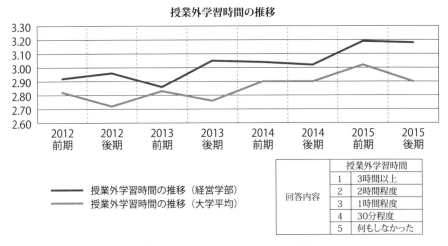

**図表 2-1-18　アセスメントの結果③**

　今回初めて導入したので、経年で追っていくことがまだできないのですが、これを1・2・3年次と継続して学生たちに課すことで、自分自身や自らの学びの把握に役立てることができます。

　時間外学習の時間も、全学的平均が落ちても経営学部ではそんなに落ち込んでいません。このグラフはひと科目週当たりの時間です（**図表2-1-18**）。

　カリキュラムマネジメントのPDCAとしては、基本は4〜5名の教員でアクティブラーニング推進会議を開いています。さらに2015年からは教授会の後に必ずFDセミナーを開催しています。そこでアクティブラーニングの手法を共有し、ルーブリック導入の検討とその結果の検証を行っています。

　また教員同士の相互評価の場として「同僚評価会議」を今回初めて行いました。「経営基礎演習」と「人間主義経営演習」の担当教員がアクションラーニング(質問会議)の研修を受けて、その形式で授業について振り返り、よりよい授業について検討しました。

　学部としての到達目標は、2年次の終わりに、グローバル・ビジネス・リーダー学修コースで英語TOEIC730点以上、プロフェッショナル学修コースで日商簿記2級以上です。経営学部設立以来、公認会計士139人、税理士93人を輩出し、現役合格者も毎年出ています(2016年3月現在)。

　これらの学修成果については今後さまざまなところで可視化をして、検討

する余地があると思います。

## 9．今後の課題

　最後に"ティーチングコミュニティ""ラーニングコミュニティ"をいかにつくるかのお話です。2016年後期から始まるクラスターでは、各教員が連携してPBL課題を設定するため、ティーチングコミュニティの形成が必要です。今から連携をしてやっていくことになります（**図表2-1-19**）。また学生側では、SAを中心にラーニングコミュニティをつくり、自分たちでチームを作ってPBLを通して学び合いをさせる、そういう形で進めたいと思っています。

　創価大学経営学部ではトップダウン型ということでお話をいただきましたが、トップダウンだけで本当にアクティブラーニングが進むのかということもあると思います。経営学部ではそもそも教員が非常に協力的で、さらに自分たちでアクティブラーニングを実施し授業改革の試みを積極的に行う教員が多くいました。その意味ではボトムアップとトップダウンが上手く回転し

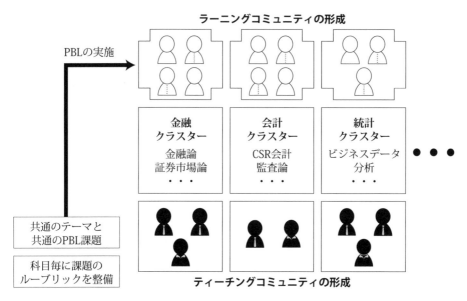

**図表2-1-19　ラーニングコミュニティ、ティーチングコミュニティの形成**

たというところがあるのではないかと思っています。

## 質疑応答

> 創価大学が先日、全国社会人基礎力テストで受賞をしたと伺いましたが、アクティブラーニング型授業と社会人基礎力の関係を教えてください。また、コンテストを目標のひとつとしてアクティブラーニングを実施しているのですか。

　まず就業力に関しては、大学できちんと規定しており、そのアセスメントとして、1年次（全員必修）、4年次（2016年3月現在は希望者のみ、今後は全学的に実施する予定）でPROGテストを実施し、ジェネリックスキルを測定しています。さらに経営学部では、1年次のPROGテストの結果をもとに、2年次にアカデミックアドバイザーが学生全員と1人ずつ面談をし、将来に向けて、どういう勉強をしたらいいか、どういう4年間を送るか、またはどういう資格をとればいいか、といった方向性を具体的に話し合っています。その後にゼミに入るわけですが、面談結果を踏まえて専門ゼミを選択しています。

　コンテストでの受賞は結果論で、決してコンテストを目指してアクティブラーニング型授業を実施している、ということではありません。私見ですが、ひとつはPBL型のアクティブラーニングという授業の結果、おのずと自分で問題を見つけ出すとか、それをどう分析するとか、それを社会貢献につなげたいとか、そういった気持ちを持った学生が出てきている結果ではないかと思います。もう一つは、うちの学生の学外のコンテストに出たがるという気質などもあると思います。

> アセスメント科目の中で作成したルーブリックは、学部で活用しているのですか。

　基本的にはAPの採択用でつくったルーブリックで、APの雛形があり、AP本部、大学でつくった雛形の上に、各学部の要素を付け加えているというルーブリックです。学部用に経営学部で学ぶ意義等をつけ加えています。これらの結果は、学部でデータ分析を行い（図表2-1-16～18）、その結果を学部FDセミナーにおいて報告をして、皆で共有をしています。

## 事例2：首都大学東京 都市環境学部 分子応用化学コース

## カリキュラム改革とアクティブラーニング
―対話型、問題発見・解決型講義の導入と自己評価システムの施行

首都大学東京 都市環境学部 分子応用化学コース 教授　川上浩良

## 1．教育改革に至る背景

　本日は首都大学東京 都市環境学部 分子応用化学コースで取り組む教育改革で、アクティブラーニングをいかに取り入れているのかということをテーマにご紹介します。この取り組みに携わってきた教員は基本的には化学分野の研究者で、教育分野の専門家は一人もおりません。そのようなメンバーだけでも今日話すような改革ができますので、今後の参考にしていただければ幸いです。

　本学での2013年度学内教育GPで、当時の学長に以下の大学教育の問題点を提示しました。

### 【大学教育の問題点】
(1) カリキュラムが広く浅い学びで構成され、一方通行型の受身の講義形式
(2) 学生は、大学以外ではほとんど学習（予習・復習）をしない学生生活を送る。学生の1週間あたりの平均学習時間は、日本：約70%が5時間以下、米国：約60%が11時間以上である
(3) カリキュラムがグローバル化に対応していない
（英語教育、アカデミックカレンダーなど）

大学関係者ならばよくご存じの現代の大学が抱える問題を挙げています。実際には2011年度に実行組織を立ち上げ、2012年度にかけてこれらへの対応を検討し、2013年度にこの問題点の指摘と同時に改革を実施したという経緯があります。このような問題への対策として、アクティブラーニングの導入、あるいは従来からの授業形態を変えることによって学生自身が自ら学ぶような環境づくり、ポートフォリオを使いながらの振り返りの導入など、いくつかの施策を実行しています。

そして制度面からも改革を行っています。例えば、本学では全学的にはまだクォーター制が導入されていませんが、本コースでは2014年度から単独で大学院においてクォーター制を導入しました。クォーター制の導入目的として、海外留学をしやすくするということが一つ挙げられますが、私たちが注目したのは、高い教育効果を期待できるという点です。例えば、授業の開講回数が1週間に1回の場合、その翌週の授業では半分以上の学生が前回の内容を忘れてしまいます。しかし1週間に複数回の授業が開講されていると、学生の8割以上が前回の内容を覚えています。

教育改革に取り組むということは、社会からの要請に応えるということです。しかし私たちにとっては、それだけでなく18歳人口の減少という問題に直面した大学としての生き残り策の一つでもあると考えています。例えば、ステークホルダーである受験生、保護者、高校の先生方に教育改革後の私たちの教育内容の良さを知ってもらえれば、これまで以上に多くの優れた学生さんを本学に送り込んでいただくということも可能なのではないかと考えています。

私たちのアクティブラーニングに関する取り組みをこれからご紹介しますが、私たちにとってのアクティブラーニングとは、目的ではなくあくまでも教育のためのツールの一つです。最も重要なのは、それを取り入れることで、学生にとって良い教育をどれだけ提供できたかということです。そのためにカリキュラム全体をプランニングする、このような意識で教育改革を進めてきています。

## 2．カリキュラム改革の進め方

　本コースのカリキュラム改革には、(1)組織、(2)情報やデータ分析に基づく改革(志願者、入試、成績、広報など)、(3)教員間での意識の共有化と改革の見える化という3つのポイントがあります。カリキュラムは、アドミッションポリシー、カリキュラムポリシー、ディプロマポリシーの中心部分を構成し、またこれら3つのポリシーは相互に関連付けられている必要があります。そのため、カリキュラムを改革するということは、実はアドミッションにかかわる入試から、ディプロマポリシーにかかわる出口までを一体的に改革するということになります。加えて、改革したカリキュラムを実際に運用していくのは各教員ですから、(3)にあるように、教員の意識づけや情報の共有過程が非常に重要となります。そして、この成果や結果、取り組みをコースの内外に向けて、ホームページ上での公開などにより可視化することによって、私たち自身にとっても後戻りできないという環境をつくって、不断の決意のもとカリキュラム改革に取り組んできました。

　組織としては、まず2011年にカリキュラム検討委員会を設置しました。実際には2011年度と2012年度の2年間で検討し、2013年度から新カリキュラムの運用を開始しました。

　委員長である私と教務委員を除く構成員は、入試委員、広報委員、国際センターなどカリキュラムの設計とは全く関係がない業務を担当するメンバーです。このような構成にしたのは、カリキュラム改革と同時に入試から出口までの全てを一体的に改革するにあたって、入試、教育、広報を連動させる必要があったからです。そしてこの委員会の実行力を高めるため、強い権限も付与しました。

　私たちが最も配慮したことの一つに、教育環境を整えるということがあります。例えばクラス分けをしたとき、Aというクラスでは平均点が高い、Bというクラスではとびぬけて優秀な学生もいるが、成績不振に陥る学生もいる、Cというクラスではやる気が高い学生が多いというようなことが起きます。このような特徴が異なるクラスに対して、一つのカリキュラムを与えたときに、そのカリキュラムが最も有効に機能するのはどのクラスかというこ

とを考えながらカリキュラムを運用する必要があります。

　本コースでは1年次に必修の通年科目「基礎ゼミナール」を開講しています。この「基礎ゼミナール」は、入学してきた学生の能力や意識における差を解消しながら、それらを望ましいレベルまで引き上げ、2年次以降の学びに対応できるよう教育環境を整えるという役割を担っています。こうした意味での教育環境を整えることが、本コースで志す教育を実現可能なものにすると私たちは考えています。

　私たちの時間・予算・人といった経営資源は限られていますので、施策判断の妥当性を高めたり、意思決定スピードを早めたりするためにも、改革における方針や施策の検討・決定では、エビデンスに基づいて行うことを重視しています。「こういう数値、こういうエビデンスがあるので、こういう改革をしましょう」という考え方です。例えば、教育環境を整えるということについては、次のようなエビデンスに基づいています。まず、2010年度と2011年度の本コースの卒業生の成績を、入学時まで遡って追跡しました。すると、卒業時の成績が不振な学生の多くは、1年次後期から成績が低下し始めていたということがわかりました。この事実から、学生を高い成績で卒業させるためには、初年次教育に注力して教育環境を整えることが、最も効果的だという結論に至りました。

　また本コースが抱えていた問題として、卒業時の成績では、成績が高い学生と成績不振の学生との二極化が起きていたということがあります。私たちはそれを「M字分布」と呼んでいましたが、何とかこうした成績不振の学生を救いたいと考えました。3・4年次の段階で成績不振の学生を引き上げようとしても極めて難しいものがあります。このような状況を防ぐ意味からも初年次教育が非常に重要になります。

　カリキュラムをつくるときは、やはりそれぞれの学科の特徴をよく考えてつくる必要があります。本コースの特徴は第1に、論文の被引用件数の多さに裏打ちされるように、研究レベルが非常に高いということが挙げられます。研究レベルの高い教員が多くいますので、研究の質を保てるような形で教育改革に取り組んでいかなければなりません。第2に、本コースの学士課程修了者のほぼ全員が修士課程への進学を希望します。そのため、学部だけでな

く大学院まで含めたカリキュラム改革の必要性があります。第3に、1年生のTOEICの平均点は約500点である（2015年度）ということです。本コースでは、学部卒業時には650点程度まで引き上げたいと考えているので、現状をベースにしながらどうやって英語力を底上げしていけるかということを前提にカリキュラムを考えていく必要があります。

　一般的な議論として、将来的には少子化が進行していくので、海外から留学生を迎えることも視野に入れながらカリキュラム改革を進めていこうと考えています。しかし残念ながら、最近では留学生が減少しているので、留学生をどうやって呼び込むかということも考えなければなりません。そのため、海外の学生にとっても魅力あるカリキュラムを提示していかなければならないでしょう。以上、カリキュラム改革の前提として考慮すべき事柄の一例を提示しました。

　改革にあたっての重要な課題には、カリキュラム改革が生み出すメリットや、今後呼び込みたい入学者像などについて、いかに教員間で意識を共有するかということがあります。本改革で共有を図るべき重要なポイントには、(1)基礎・専門教育の全面的な見直し（負担の低減と授業の質の向上）、(2)対話型、問題解決型授業の導入（学生の主体性を引き出す、学修時間を増加させる）、(3)グローバル化への対応（化学英語の理解、指標としてのTOEICの得点向上）、(4)成績不振者対策とTop層を伸ばす教育、という4点がありました。

　本カリキュラム改革では、カリキュラム全体を見直しました。大学改革でありがちなこととして、施策が総花的になってしまうということがあります。その代表的な事例として、科目が多く開設されてしまうということがあります。しかし、学生側からすると、例えば単位取得が容易な科目を履修するなど、履修する科目が事実上、ほとんど決まっている現実があります。一方、多くの科目を開設している以上、教員にとってはその分多くの労力がかかります。そこで本コースではこのような問題を解消するためにも、先ず学部で教えるべき科目を決定し、そこから外れた科目は大学院に繰り上げました。つまり、カリキュラム全体をゼロベースから考え直すことにしました。「人に科目を付けるのか、科目に人を付けるのか」という議論がありますが、本コースの場合には「科目に人を付ける」という考え方のもとでカリキュラム

がつくられています。必修とするべき重要な科目であれば、どの教員であっても授業ができますので、それを実践しています。改革したカリキュラムを運用したところ、開設科目を厳選した分、学士課程で約3割、修士課程でも約3割、教員の授業負担を減らすことができました。このように教員にとっては授業負担が減りより研究に時間が割けるというメリットもありましたので、教員からのカリキュラム改革に対する大きな反対はほとんどありませんでした。そのかわりに、担当する授業の質を150％まで高めてもらうよう教員にはお願いしました。

グローバル化への対応については、そもそも修士課程での授業はすべて英語で実施することを前提にしていますので、学士課程での英語レベルの向上は必須です。例えば4年次に研究室に配属して、いきなり高いレベルの英語を使った授業を行っても、学生はついてこられません。1年次から英語教育のレベルを段階的に引き上げ、修士課程に進学した時には、英語だけの授業にも対応できるようカリキュラムを設計しました。

成績不振者対策とトップ層を伸ばす教育とについては、M字分布という実態を踏まえて考えました。かなり成績の悪い学生も存在するという実情から、彼ら／彼女らの成績を何とか底上げをしなければならない。一方では、トップ層の学生もさらに引き上げてやりたい。この両層への対応を実現できるようカリキュラムを設計しました。

本コースでは、アクティブラーニングをその目的別にAL1〜AL5に分類し、年次進行やレベルに応じてアクティブラーニングを取り入れた科目を配置するようカリキュラムを設計しました（**図表2-2-1**）。

単に授業にアクティブラーニングを導入するよう指示しても、不慣れな教員にとっては難しい場合もありますので、年次ごとにアクティブラーニングを取り入れる目的を定め、それに沿った形で授業をしてくださいとお願いしました。

本学での1年次は教養教育が中心になっており、本コースに入学した学生とはいえ、改革以前には本コースの教員が直接教えられる機会がありませんでした。そこで、前述したように初年次のうちに教育環境を整えるため、本コース独自で「基礎ゼミナール」という初年次科目を設置し、本コースの教

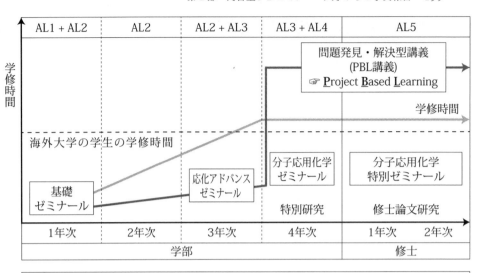

図表 2-2-1　アクティブラーニングのフェーズと学修時間の相関

員がコースに所属する1年生を直接指導できるようにしました。実はこれが重要な授業となっており、2年次以降の学修や社会に出てからも必要とされるジェネリックスキルの涵養を目的として実施しています。その後は各年次で目的に応じたアクティブラーニングを通した学びを実践しています。

本コースでは、従来のような知識を一方的に教えるだけの授業、知識を断片的に記憶させるだけの授業はやめましょうということを教員に伝えています。知識を単に鵜呑みにするだけでは、それを活用できるようにはなれません。知識の論理を構造的に学び、他の授業で学んだ知識と組み合わせて考えさせるような授業を行うということが重要です。そうすることで、知識間を結ぶネットワークが圧倒的に広がります。また、プレゼンテーションのような機会を与えれば、その内容の検討プロセスや発表時のコミュ

ニケーションを通じて、知識を一層深めることができます。こうしたアクティブラーニングを授業に取り入れることのメリットを、資料配付を通じて教員に伝え、その導入を推進しています。

　ホームページでもアクティブラーニングを取り入れた教育に取り組んでいるということを、本コースの決意表明として掲載しています（http://www.ues.tmu.ac.jp/apchem/）。表明した以上は、教員も授業にアクティブラーニングを取り入れざるを得ないということになります。

## 3．カリキュラム改革の内容

　本カリキュラム改革では、応用化学分野での学士課程から修士課程までの6年間の学びを分野別に7つの系統に分けました。河合塾からの報告において「逆向き設計」という話が出ましたが、本コースでのカリキュラムも、修士課程での目指すべき修了後の状態から遡って検討しました。最終的に学生にどういった能力を身に付けさせるかということを決めて、そこから必要な科目を遡って配置したということです（**図表2-2-2**）。換言すれば、ここに掲げたのは、最終目標を実現するための教育ということになります。

　本カリキュラムを構成する特徴的な科目としてゼミ科目があり、学士課程2年次を除けば修士課程までのすべての年次に設置されています。例えば学士課程には、一つが先ほど紹介した1年次の通年科目「基礎ゼミナール」、もう一つは3年次の「アドバンスゼミナール」があります。「アドバンスゼミナール」は、優秀な学生をさらに伸ばすことを目的に実施される定員20名の夏期集中講座で、ここでは高度な内容のアクティブラーニングに取り組みます。本学を含め、近年の日本の大学が抱えている問題の一つとして、博士課程に進学する学生がかつてに比べて減ってしまったということがあります。そこで本ゼミ科目で優秀な学生に刺激を与え、博士課程まで進学する動機づけをしてもらいたいと考えています。本コースの修士課程のカリキュラムは、英語だけで学び進め、修了できるよう設計されています。留学生にとっては日本語を必ずしも必要としないため、学びやすい環境となっています。逆に、日本人学生が修士課程の授業についていくためには英語が欠かせないため、

| | 学部 | | | | 修士 | | |
|---|---|---|---|---|---|---|---|
| | 1年次 | 2年次 | 3年次 | 4年次 | | 英語講義 | 日本語講義 |
| 物理化学系 | 物質量子化学 | 材料熱力学1<br>基礎物理化学<br>材料物理化学 | 材料熱力学2<br>界面物理化学 | | 物理化学系 | 物理化学系<br>英語講義 | 物理化学系<br>日本語講義 |
| 無機化学・ナノテク系 | 推奨する教養科目群<br>先端材料化学入門 | 無機物質化学1<br>無機物質化学2 | 無機材料化学<br>電子材料化学<br>ナノマテリアル化学 | | 無機ナノテク系 | 無機ナノテク系<br>英語講義 | 無機ナノテク系<br>日本語講義 |
| 有機化学系 | 先端生命化学入門 | 有機物質化学1<br>有機物質化学2 | 物理有機化学<br>構造有機化学<br>有機マテリアル化学 | 分子応用化学特別研究 | 有機化学系 | 有機化学系<br>英語講義 | 有機化学系<br>日本語講義 |
| 高分子・生命化学系 | | 生命化学1<br>生命化学2 | 高分子マテリアル化学<br>バイオマテリアル化学 | | 高分子・生命系 | 高分子・生命系<br>英語講義 | 高分子・生命系<br>日本語講義 |
| エネルギー化学系 | エネルギー化学入門 | エネルギー環境化学<br>環境化学 | エネルギー材料化学<br>グリーンケミストリー | | エネルギー化学系 | エネルギー化学系<br>英語講義 | エネルギー化学系<br>日本語講義 |
| 環境分析化学系 | 環境調和化学入門 | 環境分析化学1<br>環境分析化学2 | 機器分析化学1<br>機器分析化学2 | | 環境分析系 | 環境分析系<br>英語講義 | 環境分析系<br>日本語講義 |
| 化学工学系 | | 化学システム工学 | 材料プロセス工学<br>コンピュータケミストリー | | 化学工学系 | 化学工学系<br>英語講義 | 化学工学系<br>日本語講義 |
| | | | | | 英語選択必修<br>機器演習　安全化学 | | |
| 応化独自のゼミ | 基礎ゼミ | | アドバンスゼミ | 分子応用化学ゼミ | 分子応用化学特別セミナー | | |

環境／エネルギー／ライフサイエンス／材料

**図表2-2-2　学士・修士課程6年間の分野別学習プロセス**

前述のように学士課程1年次から授業を通して英語のレベルを上げていくことが必須となります（**図表2-2-3**）。

また、英語で学ぶということは物事を論理的に考える上でも重要です。英語は主語が中心の文化であるのに対し、日本語は述語が中心の文化です。述語が中心になると、主語が分かりにくく曖昧な文章になってしまいます。ところが国際社会は自分を主張する社会です。つまり徹底的に主語と主語の相違を議論するところです。このことはサイエンスの分野でも同じです。やはり主語を明確にしながら、文章を書いていかなければなりませんし、議論もしなければなりません。したがって、1年次からこういう言語の違いを学ぶということは、将来社会に出たときに、国際社会でも自分の主張をしっかりできるようになるということにもつながります。その意味においても、本コー

162　事例2：首都大学東京　都市環境学部　分子応用化学コース

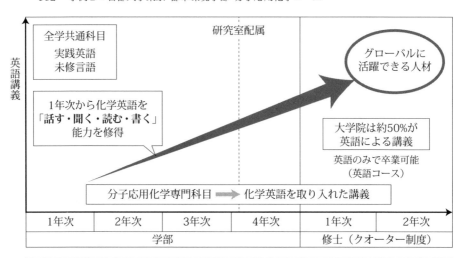

図表 2-2-3　学士・修士課程6年間での英語教育

スでは1年次から英語教育にかなり力を入れた授業を行っています。

　本コースのカリキュラムは、アクティブラーニングの授業への導入という観点からも、2011年度から2015年度の間に大きく進化してきました。

　カリキュラム検討委員会が設置された当時、改革前の2011年度のカリキュラムでは、課題解決を目的としたアクティブラーニング科目はさほど設置されていませんでした。しかし、現在の2015年度カリキュラムでは、課題解決を目的としたアクティブラーニング科目は6科目あり、かつこれらは各年次に散りばめられています。

　最終的には全ての科目をアクティブラーニング型授業にしたいと考えていますが、一方カリキュラムを運営する中で、アクティブラーニング型授業によって学生の負担が非常に大きくなったという問題も起きています。今後は、アクティブラーニング型授業と講義型授業とをいかにバランスよく配していくかということも考えながら、カリキュラム設計を検討していく必要もありそうです。

ここからは取り組みの具体的な事例を紹介します。

まず本コースが一番重要視している1年次通年科目「基礎ゼミナール」です。

【「基礎ゼミナール」の目的とそこでの取り組み】

能動的学習姿勢を身に付けるため、与えられたテーマに対して自ら課題を発見し、その調査を行い、グループ内で結果を整理して発表と質疑を行います。特に、グループ活動を通じた協調性とコミュニケーション能力、課題をまとめ伝える文章力、プレゼンテーションの技能と能力を身に付けることに主眼を置いています。今後、大学で勉強を行う上で必要となる基礎的なスキルの習得も目的としています。さらに、キャリア教育(学生時の教育、研究への取り組み方、卒業後の進路を考える)、化学実験を安全に行うための知識や技術、科学に関連したテクニカルライティング(日本語教育)、グローバル化に関連した化学英語(4技能の修得)を通して、国内外の応用化学、材料化学に関する知識と理解を深めるとともに、専門的な化学に関するPBL講義を通じて問題発見と解決のための能力を養います。

本科目のポイントとしては、(1)1年次に通年で授業を行う：コース全教員で学生を見守り、成績不振者対策を施す、(2)予習の習慣を身に付けさせる：予習をして授業を受ける習慣を付ける、(3)授業はチュートリアル形式：学習から学修への切り替えを意識し、議論を中心とした授業を行う、(4) TAの教育的効果：大学院生への教育も意識してTAにもオフィスアワーを適用、という4つが挙げられます。(4)については、院生がTAを務めており、彼ら／彼女らへの教育的効果も期待しています。人に教えることは院生にとっても良い経験であり、かつ院生の能力向上にも繋がるため、TAをしながら、彼ら／彼女ら自身も教育しようと考えています。

「基礎ゼミナール」の授業は次のような内容で構成されています。

前期の(1)キャリア教育(短期：大学、大学院での過ごし方)では、まず身近なロールモデルを学生に示します。上級生(学部4年生、修士2年生、博士2年生など)に大学時代・大学院時代をどうやって過ごすかということを話してもらい、「こう勉強していくと、こう進学できて、こうなるんだ」という話をしてもらいます。それから専門が化学なので(2)安全教育では安全講習を受

けて安全な実験のやり方を学び、(3)日本語講義で実験レポートの書き方を実際に書いてみることを通して学びます。最後に(4)化学基礎実験(PBL)がありますが、(2)と(3)で学んだことをこの(4)で実践するという構成になっています。

後期の(1)キャリア教育(長期：卒業後、人生設計)においては、OB・OGによる大学・大学院以降のさらに先を見据えた長期のキャリア設計について学びます。人生設計に対して、どういう学修が大学から大学院時代に必要なのかがわかります。そして(2)専門分野(日本語)のPBL、(3)英語講義(Listening & Speaking)と学び進めた上で、これらで学んだ知識を活用して(4)専門分野(英語：Reading & Writing)で、英語でのPBLおよびプレゼンテーションに取り組みます。このように後期でも、知識を得た上でそれを活用して実践するという形をとっています。

次は評価についてです。学生にとって「何を学んだか」という振り返りをすることは重要な学修活動です。これに関してはいくつかのシートを使っています(**図表2-2-4**)。私たちは、これを紙媒体で実施しています。最近では

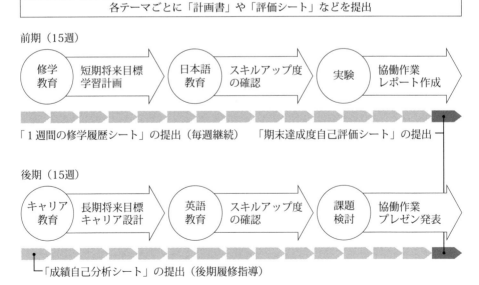

図表 2-2-4　1 年次での振り返りツールの活用

電子化されている大学が多いとは思いますが、実は紙で実施することはとても重要だと考えています。

　紙媒体で振り返りを行う目的は2つあります。第1に、文章を書く習慣をつけさせるということがあります。紙に書かなければならないので、コピーandペーストが簡単にはできず、文字数指定で何文字以上とすれば学生は必ず文章を書かなければなりません。今の子どもは文章を書く機会が少なくなっているので、その良い機会となります。第2に、まずは強制的にでも振り返りをさせるということです。紙に文章を書くためには、嫌でも振り返らざるを得ません。このように、本コースでは振り返りをすべて紙媒体で運営しています。

　なお、本コースでの振り返りの内容を以下に紹介しておきます。

【振り返りの内容】
・前期および後期の初回テーマ（3週分）は、「将来目標の設定」に充てる。
・毎週（前後期15週分）「1週間の修学履歴」の提出を義務づける。
・各テーマで「スキルアップ度」を確認する。
・前期末および後期末には、「学期末達成度自己評価シート」の作成を義務づける。
・後期冒頭では、前期の成績の「自己分析」に基づいた履修指導（面接）を行う。

　ここまではコース全体にかかわる事例でしたが、私が担当する「生命化学Ⅰ」を例に、そこでのアクティブラーニング型授業の進め方をご紹介します。「生命化学Ⅰ」は2年次前期の必修科目でコースの学生60名が履修します。実際には再履修の学生もいるので65～70名が履修します。初回の授業の冒頭では、授業を通して身に付けるべき能力と、それは授業のどこで獲得できるのかということを、授業の目的として次のように示します。

【授業の目的】
(1) セントラルドグマ（タンパク質の生合成）と合成高分子の専門的知識を身に付ける（レポート、講義）

(2) 自ら課題を発見し、その課題を解決する能力とエビデンスベースで思考する習慣 (PBL)
(3) 能動的な学習習慣を身に付け、専門的知識を使い、課題の調査、解析、解決案を立案できる能力 (講義、PBL)
(4) グループ活動を通じた協調性とコミュニケーション能力 (PBL)
(5) 課題をまとめ伝える文章力、プレゼンテーションの技能と能力 (PBL)
(6) 化学英語を身に付ける (レポート)
(7) 社会的倫理観を身に付ける (PBL)
　　※身に付けることの後に続くカッコ（　）内が、それをどこで身に付けるのかを示す

　学生はこれを見て、授業、レポート、PBL で、それぞれこういう能力を付けるということを確認します。
　「生命化学Ⅰ」の成績評価は、予習レポート、中間試験・期末試験、発表とその発表レポートによって行います。予習レポートは日本語と英語で解答するレポートを 8 回課し、それらの内容をもとに評価します。課題を日本語で出して、まずそれに日本語で解答し、次いでそれを英語で解答するという形態のレポートです。中間試験は 4 コマの授業が終わるごとに 1 回実施します（全 2 回実施）。発表とその発表レポートは、PBL 授業での取り組みでこれを評価します。PBL は、知識を定着のための第 1 講〜第 10 講の授業の後、第 11 講〜第 15 講、全授業の 3 分の 1 を使って行います。成績評価の視点は、予習レポートと中間試験については、知識がどれだけ定着したのかという視点で評価をし、発表と発表レポートについては、プレゼンテーション能力やレポートの表現力の視点から評価します。このように単純に試験の成績だけでの評価にはならないように工夫しています。また、大変ではありますが、レポートが提出されたらその日のうちに採点して、次回の授業で必ず返すようにしています。遅れて返却して学生のモチベーションを落としてしまってはなりませんので、「すぐ出す、すぐ見る、次の授業で必ず返す」ということを大事にしています。
　学生の学修を促すために、レポート課題、試験問題（定期試験、アドバンス

試験）、PBLでの課題発表の例題の3点は、学生に予め公開しています。レポート課題は、第1講の授業で8回分の課題をすべて示します。試験問題は試験範囲を示す形ではありますが、それもすべて示します。また、本コースにはアドバンス試験という試験があります。これは中間試験がよくできた学生に、期末試験に代えて用意するもので、期末試験よりも高度な内容の試験です。中間試験での知識の定着が十分ではなかった学生には期末試験を、知識定着が十分な学生にはアドバンス試験を受けさせています。PBLでの課題発表の例題も第1講の授業で全て示しています。ただし、これは取り組む課題のあくまで例なので、従う必要はありません。3分の2以上の学生は自分たちで課題を見つけてそれを発表しています。このように「生命化学Ⅰ」の授業は第1講が重要で、第1講が終わればあとは公開された情報を参照しながら、授業や予習の予定を立てて学び進めればよいという形になっています。

## 4．授業評価と成績にみる改革の成果

「生命化学Ⅰ」の授業評価アンケートの結果の一部を紹介します。本カリキュラム改革では、学生の授業外学習時間をいかに増やすかということを意識しながら取り組んできました。2014年度での本科目に関する授業外学習時間は、授業1回につき2時間という回答が約40％を占めましたが、2015年度では約50％に増加しました。このことから、本科目の授業の方式が学生の授業外学習時間の増加に寄与しているということが分かります。また自由記述回答では、「予習を必須とする授業なので、予習で分からなかったところを授業で確認でき、非常に理解しやすい」「勉強すればそれだけ成績もついてくる」「試験の出題範囲が全て公開されているので、過去問を持っている、持っていないという意味での不利益がない」と学生が評価しています。一方、毎年5～6名が「課題が多すぎる」という回答を寄せています。「生命化学Ⅰ」の学生の成績は、他科目と比較して良好な成績の学生が多くなっています。本科目では、厳しくも多面的に学生を評価し、また頑張って勉強すれば成績にも反映されるので、学生も懸命に取り組んでくれた結果であると考えています。またこうした各科目の授業評価アンケートの結果や成績は、

次年度以降の授業に反映させ、コースの授業やカリキュラム改善のための重要な情報となっています。

本コース全体での学生の1週間あたりの予習時間は増加する兆しが見えつつあります。2014年度までの調査では平均7時間程度まで増加しましたが、2015年度ではさらに増加し7.8時間となりました。ちなみに、アメリカの学生では11時間以上が6割、日本の学生は1〜5時間が55%、0時間が16%となっています（出所：国立教育政策研究所, 2014,「大学生の学習状況に関する調査について（概要）」）。

最後に、2016年3月の卒業生では、成績の良好な学生が増え、冒頭で紹介したM字分布が初めて完全に消えました。このことは2011年度から取り組んできたカリキュラム改革の成果を示すものとして、今後さらに教育と研究のバランスをとりながら教育改革に邁進していく本コースを勇気づける情報になると考えています。

## 5. 今後の取り組み

単位の実質化に取り組んでいくことを考えると、いかに学生に予習をやらせるかということを検討していかなければなりません。学生に課題を多く与えると、彼らの負担もまた多くなりますが、一方で文部科学省の大学改革の方針の一つとして、学生の授業時間外学習を増やすよう指導していく必要があります。これをいかに有効かつ効率的に実現するかということで、現在はICTを取り入れた予習の仕組みの開発にコースとして取り組んでおり、効率的に学生が予習ができるようなシステムをつくろうとしています。そしてこのような仕組みが、アクティブラーニング型授業の効果をより一層高めるものとして期待しています。

**質疑応答**

> 今回のカリキュラムがどういった層に有効ですか。

入試区分の層ととらえ、その観点から回答します。現在のカリキュラムは2013年度の入学生から実施しているので、2015年度現在ではその

学生はまだ3年次であり完成年度を迎えていません。したがって、まだ正確なことは言えませんが、本学での今までの経験からすると、いわゆる推薦や指定校推薦で入学した学生に最も有効なのではないかと思います。

本学の推薦入試では、学習活動のみならず、部活動の部長や生徒会長としての活動経験なども高く評価し、そのような学生が多く入学しています。前述したように、本コースのではアクティブラーニング型授業を重視した教育を行っていますので、推薦で入学した学生のそうした活動面での素養を、より一層伸ばせるのではないかと思います。完成年度を迎えた時には、実際の成績データをもとにそれを検証したいと思います。

> 通常の期末試験とアドバンス試験をやっているとのことですが、これはどういうことですか。

「通常の期末試験」は中間試験の成績が一定のレベルに達することができなかった学生が対象になります。つまり、「通常の期末試験」は、知識がまだ十分身についていない学生に、知識の定着を確認するために改めて受けてもらう試験ということになります。本学では再試験をやらないので、「通常の期末試験」で救っているとも言えます。

一方、中間試験の内容を十分クリアした学生には、ワンランク上のレベルの試験を通して、さらに伸びてもらうことを目的に、アドバンス試験を課しています。

> 教員のコマ数を担保していますか。

国公立大学は教員負担という意味では恵まれており、私学の先生方からすると、驚かれるかもしれません。学士課程のカリキュラムでは、教員1人当たりの年間の担当コマ数は2～3コマです。先ほど紹介した本コースの改革で、学士課程・修士課程でのそれを1コマずつ減らした結果です。なお、修士課程では、2コマ前後です。ただし、これらのコマ数には実験科目やゼミ科目を含んでおらず、これらの負担はそれなりにあります。

> ポートフォリオについて、毎週いろんなシートを学生に出させていますが、それを読んでいますか。

実は全部を詳細には読んでいません。全1年次生が毎週提出するので、さすがに読み切れません。しかし、ざっと目は通していて、問題があるような学生は呼び出すようにしています。むしろこれは、学校に来なくなるということがないように、学修へのモチベーションを大きく失ってしまうことがないようにと、そういった学生からのシグナルを読み取るために使っています。シートの中身を細かく読んでコメントを返すということはしていません。

| 英語でALをやっていますか。 |
| --- |

　3年次の夏期集中講座「アドバンスゼミ」と「化学英語」が該当します。これらの科目では、外国人の教員と日本人の教員とが協働しており、それらの取り組みの中で英語によるアクティブラーニングも取り入れられています。

## 事例3：國學院大學 法学部 法律学科

國學院大學法学部(法律専攻)における
法学教育改善のボトムアップ・
マネジメント

國學院大學 法学部 法律学科 教授　中川孝博

## 1. 全国法学部の伝統的なカリキュラムとそこへの批判

　國學院大學法学部には法律専攻、法律専門職専攻、政治専攻の3つの専攻がありますが、本日は、そのうち最も規模が大きい入学定員400人の法律専攻における、法学教育改善のボトムアップ・マネジメントについてご報告します。
　私は2012年度以降、法学部における自称「影の法学部FD委員」として、FD活動のプランニング等を手伝う立場にありました。本学に所属して8年目ですが、これまで正式に教務関係の職に就いたことは一度もありません。そのような私がここに登壇し、なぜか報告をしているという事実自体が、このボトムアップ・マネジメントの一つの象徴になるかと思います。
　まずは前提となる話からです。
　日本全国の法学部が設けているカリキュラムは、伝統的にほとんどの授業が一方通行型の授業で、最後に演習(ゼミ)があるというものでした。そして2012年、「大教室での講義による知識の伝達ばかりのカリキュラムに固執し、アクティブラーニング型科目を導入しようとしない」と、まさにこのFDセミナーの場で河合塾から強く批判されました。今回のセミナー前半の河合塾からの報告でも、ここかしこに法学部に対する冷たい発言がちりばめられていたような気がします。

法学教育界でも「これはいかん」ということで、2012年に日本学術会議で法学分野の参照基準というものを公表しました。

**・日本学術会議による法学分野の参照基準（2012）**
　　（講義の具体的方法は）大いに検討される必要があり、教員の側からの一方的な教授の方法は、必ずしも学生の集中力を一定時間持続させることができず、また聴講する学生たちがその内容を理解し得ているかの検証も十分とはいえない。双方向的な授業による検証などを十分に取り込んで、聴講する学生の能力に合わせてそれを向上させるための方法を開発することが不可欠である。

　ここでは一方的な教授方法の限界を指摘し、「別の方法を開発することが不可欠である」としています。ただ、参照基準というわりには文末が「方法を開発することが不可欠である」という表現で終わっていて、どんな方法がいいのかというモデルが示されていません。つまり、「これからがんばっていこう」というのが、当時の法学部の現状だったのです。
　これらの指摘は、どちらも2012年になされています。私たち國學院大學法学部の改革も2012年度に本格スタートしました。

## 2. 國學院大學内の事情2012年度〜

　2012年当時、「一方通行のマスプロの講義では授業効果は上がらない」という共通認識は法学部の教授団にもあったと思います。そのような中で、全学から教学の改革が徐々に行われるようになり、学部に対しても実効的なFDを行うように要請がありました。そして新たに予算もつきました。予算上の基盤が与えられて、改革のスタートを切ることができるようになりました（**図表2-3-1**）。
　ただ、大問題が横たわっていました。私たちには、一方通行型講義ではないアクティブラーニング型授業の経験の蓄積が、圧倒的に足りないのです。経験の蓄積が不十分なところで、頭の中で考えた改革を急激に進めてもうま

```
・授業効果が十分に上がっていないという共通認識は教授団にあり
・全学的教学改革の動き
    ・シラバスの充実要請
    ・授業アンケートの実施・分析
    ・多方面の学生動向調査実施
        →（プチ）ビッグデータ分析が可能に
    ・各種FD講演会・セミナー（全学）
    ・カリキュラムマップ・カリキュラムポリシーの作成要請（全学が学部に要請）
・各学部がFDに使う予算の創設（2012年度～）
    ＊学部が独自にFD活動を行う可能性拡大
```

**図表2-3-1　國學院大學内の事情（2012年度～）**

くいかないというのは目に見えています。

そこで、非公式に、なんとなくですが、2つの基本方針を掲げて改革を進めてきました。

まず第1に「通常の講義をアクティブラーニング型授業に転換する」というものです。全国の大学では、講義科目はそのままにしておいて、PBL科目など、新たにアクティブラーニング科目を増設するという方策を取っているところも多いのですが、私たちは採用しません、というか、できませんでした。法律学や政治学というのは、社会に日々生起する紛争の解決策を探ったり、予防策を探ったりという実践的な学問です。つまり、講義で扱ってきた内容は、そもそもPBLに適しているはずなのです。講義科目とは別のアクティブラーニング科目を全く新たに設けるために労力を割くよりも、講義科目をアクティブラーニング型授業に転換してしまう方が、効率的で合理的であると考えたわけです。

第2に、「情報・経験は共有しつつも、各自、自主的に改革を試みる」という方針を立てました。これもさまざまな大学では「同一内容・同一方法のアクティブラーニング科目を複数教員で一斉に開講する」という改革を進めているところが多いですよね。しかしながら、アクティブラーニング型授業のイメージすら明確に持てていない私たちが寄り集まって、無い知恵を絞りだそうとしても時間の無駄です。急速に改革を進めるのであれば、各自が勉強して、各自が走り出して、自分が担当する授業で自由に試行錯誤した方が、

かえって効率的だと考えました。もちろん後に説明しますように、教員間の情報共有・経験共有は行います。

　幸い、現行のカリキュラムでは専門科目に必修科目が全くありませんので、学生の科目選択の自由がかなりあります。改革する側から見れば、自分の授業と他の先生方の授業との連動があまりありませんから、自分の授業を好き放題に改革しても他の授業にあまり迷惑をかけないで済みます。ですから、各自好き放題に改革を進めることができるのです。

　以上のような國學院大學法学部の改革の基本的方針は、端から見ると「ぬるい」と思われるかもしれませんが、少数の急進派がどんどん話を進めていって、他のメンバーがルサンチマンを溜めてしまい、結局、面従腹背組が優勢になって改革が崩壊するというのは怖いのです。でも、このようなぬるい改革は、そのような状況にはなりにくいと思うのです。確実に歩みを進めることができるものになっていると感じています。これが「ボトムアップ・マネジメント」と名付けられた所以なのだと思います。

## 3．國學院大學法学部内の改革の流れ

　以上の基本方針のもと、次のような流れで改革を進めてきました（**図表 2-3-2**）。

---

1．高等教育に求められているものに関する情報収集（2012年度〜）
2．各教員の授業を、ティーチング・ポートフォリオ（& facebook）により「見える化」
　　（2012〜2013年度）
3．ティーチング・ポートフォリオから、教員間で共通する教育目標を抽出し、DPを具体化
　　（2014年度）
　　　→アクティブラーニング化によって何を達成しようとするのか、明確に意識
　　　→抽出された教育目標を各科目にひもつけ、暫定的カリキュラムマップ、カリキュラムツリー作成
4．各自研鑽
5．FD会議を多数回設け、情報・経験を共有＆ふりかえり
6．FDの成果と照らし合わせ、カリキュラム等改訂の準備
　　＊2014年度　法律専攻のあり方に関するワーキング・グループ立ち上げ＆答申
　　＊2015年度　学部FD委員会を新設。カリキュラム等改訂の準備（←今ココ）

---

**図表 2-3-2　國學院大學法学部内改革の流れ**

## (1) 高等教育に求められているものに関する情報収集

第1にアクティブラーニング型授業の方法論も含めて、現在の高等教育に求められているものについての情報収集に努めました。私たちはアクティブラーニング型授業をやっていませんから、他の分野の方々が開発してきた技法やその背後にある基礎理論、そういったことをまず学ぶことが重要だと思いました。そこで文献の収集とあいなったわけです。特に高等教育に関する文献を収集し、教員各自の研鑽をアシストしました。

## (2) 各教員の授業をティーチング・ポートフォリオにより「見える化」

第2に、各教員の「教育目標」や「教育方法」「目標達成の評価方法」「教育成果」「見えてきた課題」などを詳細に記したティーチング・ポートフォリオを作成しました。私たちは同僚がどのような授業をしているのかを意外に知らないので、それでは何が共通の土台なのかが分からないまま改革を始めることになってしまいます。まずは何よりも、各教員が「どのような目標を立てて」「どのような授業を実践していて」「どのような問題を感じているのか」を、お互いによく知り合わないといけないと考えました。そこでティーチング・ポートフォリオの作成となりました。

例として、私が2013年に書いたものをご覧ください。**図表2-3-3、図表2-3-4、図表2-3-5** は、ティーチング・ポートフォリオの各要素です。

図表2-3-3では「裁判法A」という科目の教育目標を、表内に具体的に示しています（他の科目については省略）。表の上の方に横に並んで、「DP」という単語がありますが、これはその科目の教育目標が法学部のディプロマポリシーのどの部分に関連しているのかを自己評価して示しています。以下は、本学法学部のディプロマポリシーを4つの要素に分解して番号をつけたものです。この番号を各自のティーチング・ポートフォリオにつけていきます。

①建学の精神を理解し、本学部の教育課程を通じて
②法的または政治的思考力を身につける（法学は②a、政治学は②bと記入）
　ことにより、価値観の多様化する現代社会において、
③寛容さと謙虚さを維持しつつ、対立する利益を調整し、もしくは問題を

| 科目名 | 科目の属性 | 教育目標 | | | |
|---|---|---|---|---|---|
| | | 知識・理解 | 思考・判断 | 関心・意欲 | 技能・表現 |
| | | DPになし | DPの②a、③ | DPの④ | DPの②a、③、④ |
| 裁判法A | ・1〜2年後期<br>・1年次履修推奨<br>・2単位<br>・カテゴリ8<br>・任意 | ・条文（見出し、項、柱書、号、段）の構造を説明できる。<br>・基本的な法解釈の技法（文理・拡大・縮小・反対・類推）を説明できる。<br>・書かれた法・生きた法・あるべき法を区別できる。<br>・刑事法の学問領域全般と、それらがどの科目に対応しているかを一通り理解する。<br>・刑事手続の重要部分について、書かれた法・生きた法・あるべき法のいくつかを説明できる。 | ・1つの論点が問題になる紛争解決にあたり、「何が解決のポイントになるか」を的確に発見し、大前提たる法規範を解釈によって具体化しつつ、法的三段論法により解決する、という法的思考の基本様式に沿った思考を、大量のヒントの助けを借りて、できるようになる。<br>・法解釈にあたっては、自説と他説のメリットとデメリットを冷静に検討し、自説が妥当であることを説得的に論証できる。 | ・法律学に積極的関心と意欲を持つ。<br>・刑事法学に積極的関心と意欲を持つ。<br>・刑事訴訟法学に積極的関心と意欲を持つ。<br>・授業に出席し続けられる。<br>・授業に集中し続けられる。<br>・単位制度の趣旨に関して自習ができる。<br>・法律学の学習に関して自己効力感のある程度を持つ。 | ・授業中に、必要なメモを正確にとることができる。<br>・大量のヒントの助けを借りて、法話文献を収集することができる。<br>・法的意見表明の論述ができる。<br>・グループワークを継続して行うことにより、大学における居場所（学びの共同体）を確保する。 |

図表2-3-3 ティーチング・ポートフォリオ例①

担当科目とCPとの関連

裁判法Aは、1〜2年次配当の任意履修科目である（カテゴリ8）。同じく1年次配当の実定法科目である憲法・民法とは異なり、法律専攻3コースいずれの選択必修科目でもない私はこの自由度の高さを活かして、本科目の受講生が法律学で始めたばかりの学生であることを念頭におくことを、①条文の構造や法解釈の知識など基本的な知識の確認を行うこと、法律学入門的な役割をも担うべき科目、そして、②知識の教授が中心となりがちになりかねない法解釈学の実践的意義を体得できる法解釈学の意欲を強化するべき科目（実際に学生が基本型に沿った意見表明に慣れることによって法的意見表明の力を実感させること）べき科目、そしてそれにより③実定法解釈学の学習への意欲を強化するべき科目——本科目は（刑事訴訟法の基本型に関する知識の教授をするだけではなく）そのような科目としてデザインしている。したがって、理解・記憶しなければならない刑事訴訟法の知識は最低限に止めている。

|  |  | 知識・理解 | 思考・判断 | 関心・意欲 | 技能・表現 |
|---|---|---|---|---|---|
| 裁判法A | 検証方法 | ・教授した全範囲から出題する多肢選択式問題（三択問題）を期間内試験で10問出題し、その正答率によって検証する。 | ・ヒントを多数つけた事例問題（論点1つ）1つを期間内試験で出題し、その正答率により検証する。 | ・出席率、課題提出率、自習時間、関心・意欲に関する学生の意識および学習時間および関心・意欲に関する意識については、授業アンケートを分析することにより検証する。 | ・メモ力については、期間内試験の成績から間接的に推察する。<br>・文献収集力については、授業内の文献収集課題の達成度により評価する。<br>・法的意見表明の「基本型」については、論述型「思考・判断」と同じ。<br>・グループワークについては、チーム除名者の数、解散チーム数、授業アンケート結果により検証する。 |
|  | 成績評価の対象と比率 | 期間内試験短答問題 50%（知識と思考はどちらも平等に重要であるためこの比率にしている） | 期間内試験論述問題 50%（知識と思考はどちらも平等に重要であるためこの比率にしている） |  | ・期末試験論述問題 50%（「思考・判断」と同じもの） |
|  | サンクション等 |  |  | ・欠席4回でチーム除名<br>・チーム課題3回未提出でチーム解散 | ・欠席4回でチーム除名<br>・チーム課題3回未提出でチーム解散 |

**図表2-3-4 ティーチング・ポートフォリオ例②**

目標を達成するための教育方法

裁判法A、刑事訴訟法、刑事実務法2の3科目では、オーソドックスな講義形式を採用している。基本的な知識や物の見方を自習のみで効率良く習得することは非常に困難であり、講義形式を基本とすることは避けられないと考えている。筆記の労を軽減するためのレジュメを配布し、それを使用してレクチャーしている。ただし、授業に集中し、重要事項を正確に理解し、筋の良い思考を行うことを促進するため、かつ、困難な学習を途中でドロップアウトさせず、意欲と関心を持って学習し続けられ、技能・表現の円滑な習熟を図るため、いくつかの仕掛けを用意している。

第一に、（以下省略）

| | 知識・理解 | 思考・判断 | 関心・意欲 | 技能・表現 |
|---|---|---|---|---|
| 裁判法 A 【後期】 | ・期末試験の短答問題の平均点は34.4点(50点満点/68.8％)で、ピークは35点台にあり、正規分布に近い状況にある。全体として知識・理解の定着度は標準である。 | ・期末試験の論述問題の平均点は44.4点(50点満点/88.8％)で、ピークは40点台にあり、全体として思考・判断の定着度は良好である。 | ・以下の8点より、法学、刑事訴訟法学に対する関心、課題をこなす力、意欲を喚起し、自己効力感を高めている者も多いが、課題は少なからず存在すると考える。①出席率が87.9％であり、良好である。11年度の数値(86.7％)にほぼ近い状況であった。②欠席率が4回に達ームを除外した者は15名(4.6％)であり、数としては多くない。③添削を行うチーム課題の提出率は92.0％という高い数値を示した。④個人単位で提出する課題の提出率は、中間試験後のふりかえり課題が77.4％、判決書作成課題が62.5％である。これらの数値は高いとはいえない。ピア・プレッシャーがないとやる気が起きなくなる(または課題遂行途中で挫折する)者が相当数存在していることになる。⑤授業アンケート(回答率は75.3-82.2％。以下の数字はいずれも、3限クラス・4限クラスの順に並べてである)によると、自習時間の平均は2.26-2.50(全体平均1.87)で、④(3時間以上)9.0-16.7％、③(2時間以上3時間未満)28.8-32.3％、②(1時間以上2時間未満)41.4-35.4％、①(1時間未満)20.7-15.6％であり、全体平均よりも高い数値ではあるが、2時間以上の自習率が6.5割程度にとどまり、単位制度の趣旨からは問題ありと考える。⑥授業アンケートによると、意欲的に取り組みましたかという設問に対する平均は、3.33-3.34(全体平均2.85)であり、④43.9-45.0％、③46.2-44.2％、②9.1-10.8％、①0.8-0.0％となった者)と回答した者(すなわち、単位制度の通信をみたす自習時間を確保している者)が9.0-16.7％にすぎないにもかかわらず、本授業ではポジティブ回答(④+③)が89.2％-90.1％であるというギャップが存在することから、「普段は積極的に勉強しようとはしない学生本人をベースにして自己評価している」の学生群が多いと推測できる。したがって、結局がんばったと自己評価しても、普段より勉強したことを誉めてあげられる学生は多いが、学生本人をベースにしている基準に依然到達していないという設問に対する平均は、3.39-3.54(全体平均3.18)であり、④47.0-59.2％、③45.5-35.8％、②6.8-5.0％、①0.8-0.0％となっている。ポジティブ回答が92.5-95.0％であり、良好である。⑧知識の関心が増大したと思うかという設問に対する平均は、3.54-3.55(全体平均3.18)であり、④58.2-58.2％、③38.2-38.5％、②2.7-3.3％、①0.9-0.0％となっていることが示唆される。 | ・メモ力について。期末試験の結果、知識・理解の定着度が標準であり、正規分布に近い状況であったことから、メモ力についてはそれと類似する状況であると推測する。文献収集力については、判決書入手のための課題の達成度確認を忘れていたため、検証できない。・法的意見表明の「基本型」に沿った論述ができているかについて。期末試験の論述問題の平均点は44.4点(50点満点/88.8％)で、ピークは40点台にあり、法的意見表明の「型」の習得度は極めて良好である。・グループワークについて。添削を行うチーム課題の提出率が92.0％であったこと、チーム各者の割合が4.6％にすぎないこと、強制解散となったチームは1つにすぎないこと、独自にとった授業アンケートにより、チーム制のおかげで授業に積極的に参加できた、理解を進んだとの記述が極めて多数であったことから、学生の共同体をうまく(または、なんとか)構築できたところが多いと評価できる。もっとも、普段の様子を観察する限りにおいては、グループ作業に対する貢献度が低い学生はそれなりにいる。 |

・期末試験の受験率は92.0％という高い数値を示している。期末試験の合計点の平均点は78.9点(100点満点/78.9％)で、ピークは80点台にある。成績の内訳は、A＋15.2％、A38.7％、B29.6％、C12.5％、D4.0％となった。合格率は96.0％である。試験結果は良好であるかぎり、目標達成度は良好であるといえる。もっとも、学生のマジョリティにおける自習時間の少なさと個人単位での意欲の低さが不安要素として残った。
・もちろん、意欲が高く、極めて良好な学修状況にある学生群も存在する。彼らについては、現時点では全く問題がない。

図表 2-3-5 ティーチング・ポートフォリオ例(3)

的確に解決する力をもって社会に貢献できると思われる学生、また、
④社会の構成員であることを自覚し、主体的にそこに参画する意欲と能力とを持つ学生を育成する。

　図表2-3-3の下段に「担当科目とCP（カリキュラムポリシー）との関連」という見出しがあります。ここでは担当する科目がカリキュラム上でどのような位置を占めているのかについて、自己評価して記しています。
　図表2-3-4には、「学習成果の検証方法（達成度評価方法）(1)検証方法一覧」があります。これは先ほどの教育目標を、どのような形で検証するかを記したものです。さらに最下段には、「目標を達成するための教育方法」ということで、実際に目標達成のためにどういう教育方法を取っているかということを書きます。
　さらに、図表2-3-5の「学習成果の検証」ですが、ここで実際の検証について書いています。
　このように詳細なティーチング・ポートフォリオを、全科目について作成しました。まず、フォーマットを作るのに時間をかけ、皆に書いてもらうよう説明することに時間をかけ、記述内容が不十分な先生に書き直してもらうのに時間をかけ、なだめたり、時に愚痴を聞いたりしながら、3〜4カ月ぐらいかけて作成しました。「中川は鬼だ」と言われましたが、それでも皆が協力してくれました。
　これで、各教員が「どのような考えに基づいて、どのような実践を行っているのか」を、お互いに知ることができるようになります。

## (3) 教員間で共通する授業目標を抽出し、ディプロマポリシーを具体化

　このティーチング・ポートフォリオを主たる拠り所として、学部全体で共通して目的とすべき点を抽出していきました。
　**図表2-3-6**は、ティーチング・ポートフォリオから抽出した具体的な教育目標の9つの要素です。各教員が目標に掲げたものから最大公約数を抽出したものです。これらの目標を達成していくことで、ディプロマポリシーを達成できるという意味で、この9つの要素はディプロマポリ

事例3：國學院大學 法学部 法律学科

| 知識・理解 | ① | 条文の読み方や基本的法解釈技術など、法律学に共通する一般的・基礎的な知識を習得する。 |
| --- | --- | --- |
| | ② | 主要な法領域の特色及びそれら法領域で扱われる制度や概念を説明できる。 |
| 思考・判断 | ③ | 法による紛争解決が求められる事案につき、法的問題点を発見し、法的三段論法により解決を図るという思考をとることができる。 |
| | ④ | ③の思考をする際に、制度趣旨や基本原理に則った利益調整を行ったり、問題解決に必要な事実とそうでない事実をより分けて考えるといった、規範的思考を行うことができる。 |
| | ⑤ | 対立する考え方を理解したうえで、自分が正当であると考える見解を説得的かつ論理的に論証することができる。 |
| 関心・意欲 | ⑥ | 法学一般および各法領域に関心を持ち、授業に積極的に参加することができる。 |
| 技能・表現 | ⑦ | 基本的なアカデミックスキルを修得する。 |
| | ⑧ | ③④⑤に記した思考の過程・結果を、文書で的確に表現し、考えの異なる他者と意見交換できる。 |
| | ⑨ | ③④⑤に記した思考の過程・結果を、口頭で的確に表現し、考えの異なる他者と意見交換できる。 |

**図表 2-3-6　法律専攻科目の具体的教育目標**

シーを具体化するものです。実体験に基づかない空想上の教育目標、あるいは上から降りてきた教育目標ではなく、実際に教員が現場で共通に目標としているものを括り出してきたというわけです。これらの目標を各自の授業において十分に達成することが重要だということです。

**図表 2-3-7** は、各科目において、これらの共通目標のうち、どの要素に重点を置いているかを明示するカリキュラムマップです。それぞれの科目で、先ほど挙げた9つの教育目標のうち重視しているというところに「◎」をつけています。暫定的なものですが、これによって学部のディプロマポリシーと各授業との紐づけが行われたことになります。

| 学年 | 科目名 | 時期 | 知識・理解 ① 条文の読み方や基本的法解釈技術など、法律学に共通する一般的・基礎的な知識を習得する。 | 知識・理解 ② 主要な法領域の特色及びそれら法領域で扱われる制度や概念を各法領域の一般的度や概念を説明できる。 | 思考・判断 ③ 法による紛争解決が求められる事案につき、事案につき、法的問題点を発見し、法的三段論法により解決を図るという思考をとることができる。 | 思考・判断 ④ ③の思考をする際に、制度趣旨や基本原理に則った利益調整を行ったり、問題解決に必要な事実をそうでない事実とより分けて考えるといった、規範的思考を行うことができる。 | 思考・判断 ⑤ 対立する考え方を理解したうえで、自分が正当であると考える見解を説得力かつ論理的に論証することができる。 | 関心・意欲 ⑥ 法学一般および各法領域に関心を持ち、授業に積極的に参加することができる。 | ⑦ 基本的なアカデミックスキルを修得する。 | 技能・表現 ⑧ ③④⑤に記した思考の過程・結果を、文書で的確に表現し、考えの異なる他者と意見交換できる。 | 技能・表現 ⑨ ③④⑤に記した思考の過程・結果を、口頭で的確に表現し、考えの異なる他者と意見交換できる。 |
|---|---|---|---|---|---|---|---|---|---|---|---|
| 1 | 基礎演習 | 後期 | ◎ | | | | | | ◎ | | |
| 2 | 判例演習 | 前期 | | ◎ | ◎ | ◎ | | ◎ | | ◎ | |
| 3.4 | 法哲学A | 前期 | | ◎ | | | | ◎ | | ◎ | |
| 3.4 | 法哲学B | 後期 | | ◎ | | | | ◎ | | ◎ | |
| 3.4 | 法制史A | 前期 | | ◎ | | | | ◎ | | ◎ | |
| 3.4 | 法制史B | 後期 | | ◎ | | | | ◎ | | ◎ | |
| 3.4 | 外国法A | 前期 | | ◎ | | | | ◎ | | | |

図表 2-3-7 法律専攻の暫定的カリキュラムマップ(一部抜粋)

## (4) 授業の質向上の取り組み

### ①授業例

　以上を踏まえて、各自で研鑽をすることになります。「アクティブラーニング」という言葉自体が新鮮に感じられた時代はもう過ぎ去っており、現在はアクティブラーニング型授業の質向上が問題になっています。学生は楽しく議論しているけれども中身がスカスカという授業にしてはいけません。アクティブラーニングの手法を用いた授業の質を向上させる指標というのは、やはり教育目標だと思います。この教育目標を達成する手段として、アクティブラーニングの手法をどのように用いるのかということを意識しながら授業を構築していくことが肝心です。そして意図した効果が上がったかどうかをしっかり検証し、改善につなげていく。そのあたりを私自身が担当している講義を例にとって説明いたします。

**授業例**：聞き取りゲームでノートをとるスキルを育成

　先ほど紹介した法律専攻科目の教育目標（図表2-3-6）の⑦は、基本的なアカデミックスキルを修得するというものです。その中のごく基礎的なスキルの一つに「ノートがとれる」ということがあります。私が担当しているのは刑事訴訟法ですが、初級講義という1年生用の授業があります。そこでは「Note-Taking Pair」という手法を応用した聞き取りゲームで、このスキルを養成します。まず、同じ机のAさんとBさんがペアになります。Bさんには全ての感覚を遮断するように指示していて、Bさんは私の話は聞いていません。私が話したことは、後からAさんがBさんに伝えます。BさんはAさんを通して私の話を理解するわけです。Aさんは、Bさんに伝えないといけませんので、私が語っている間、一生懸命にメモをとっています。そして途中で、AさんとBさんの役割を交代します。このようにしていきますと、私の話を最初から最後まで通して聞く学生はいないことになります。そこで各自が残したメモを後からつなげて、抜けや漏れのない筋が通った物語をいかに再現できるかということを競うゲームです。このゲームでは、ほとんどのグループが高得点を取ります。できないというチームはありません。そこで「今のゲームで実感してもらったように、人の話を聞いて、正確にメモをと

ることに関しては、君たちは潜在的な力を持っている」と学生たちに自信をつけさせて、その能力を普段の授業で発揮すればいいだけなのだと鼓舞します。実際にこのゲームを始めてから、「板書をしろ」という要望は一切無くなりました。私はほとんど板書をしない教員なのですが、板書がなくても大丈夫な学生に育つように、まず1年生の段階で成長させます。

**授業例：ロールプレイングでイメージを喚起**

　次に教育目標②「主要な法領域の知識の修得」という項目があります。法律論の場合、学生にとっては身近ではない領域がたくさんあります。それらを学修する際には、扱う領域の実態をよくイメージできない危険が生じます。イメージできないまま学修を続けても意欲が湧きませんから、教育目標⑥の「関心を持つ」の達成も危うくなってしまいます。そこで、イメージの喚起のためにロールプレイングの技法を用います。

　刑事訴訟法の初級授業では、犯罪に関する法律を扱いますが、実際に犯罪に出遭った経験のある学生はあまりいません。そこで、教室内で予告することなく、不意打ちで犯罪を発生させ、学生に目撃者となってもらいます。私が教室を出ていたわずかな時間に、女性2人組が教室に入り込んで、私のぬいぐるみを白昼堂々、実に軽いノリで盗んでいきます。その後、グループ内で、警察官役2人、取調官役、目撃者役、記録役と役割を分担して、取り調べを行います。この取り調べの結果は、実際の警察官がやっているように供述調書にまとめます。各チームが作成した供述調書を元に、次は模擬裁判を行います。学生が弁護士になり、この調書に書かれている供述内容がいかに信用できないかということを、反対尋問のシナリオを作って審議します。

　この模擬裁判が終了した後、受講生全員が裁判官になり、判決書を書きます。供述以外に証拠がありませんので、この証人が信用できたら有罪、信用できなければ無罪となります。この「信用できる、できない」の理由を考えるということです。犯行を目撃して、取り調べて、裁判をするという刑事訴訟法の主要領域をひと通りシミュレーションして、充分にイメージ喚起をした上で意欲を持って学び続けるということです。

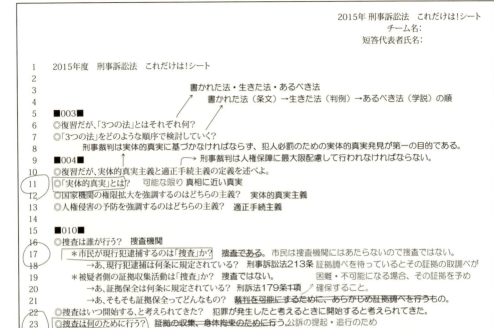

**図表 2-3-8　2015 年度　刑事訴訟法　これだけは！シート　質問集**
（一部を抜粋して再現）

授業例：個人ワークとグループでの協働との組み合わせ

　次に、教育目標②「主要な法領域の知識の修得」と、教育目標の③から⑤をまとめた「法的な思考力と判断力の養成」、教育目標⑧・⑨「他者と書面または口頭で意見をやりとりするコミュニケーション能力」は同時並行で追求していきます。

　まずはツールを紹介します。専門知識は確実に修得しないといけないので「これだけはシート」を学生に提供します。図表 2-3-8 のサンプルは、修得してもらいたい知識を網羅的に問う「質問集」です。そして「思考力・判断力」を伸ばすために専門知識を使って解決を求める「論述課題」も提供します。例えば、「刑事訴訟法 197 条 1 項但書の『強制の処分』をどのように解釈すべ

きか。法的に意見表明（法解釈の部分のみ）してみよう」といった課題です。きわめて初期の段階の問題ですから、それほど難しくはありません。

　この2種類をまず個人で解いた後に、授業時間外にグループで集まって、グループメンバーがそれぞれ書いてきたものを全員でチェックします。議論の末に修正をほどこして、より良いものに仕上げていきます。これは協同学習の技法である Peer-Editing とか Collaborative Writing というものです。まず個人で書いたものに対して、グループメンバーがコメントを書いて修正した状態で提出させます。そうするとグループでどんな議論をしたのかがよく見えますので添削しやすくなります。これを添削して次回の授業でフィードバックします。

　私の授業では、「まず個人で課題を解いて、授業時間外にチームで集まって皆で議論し、修正をかけて、提出する。それを私が授業でフィードバックする。そして定期的に振り返る」というサイクルを頻繁に繰り返します。2単位の初級授業で10回、4単位の中級授業で20回、さらに2単位の上級授業で13回繰り返します。したがって、私の授業8単位分を全部履修する学生は、合計43回、このサイクルをこなすことになります。そうすると、議論することなどは、たやすいものになります。

②効果検証
　a 2015年度と2009年度の期末試験結果

　次は、効果検証です。

　**図表2-3-9**は、私が担当する3つの講義の期末試験の結果です。上段の初級授業の合格率をご覧ください。カッコ内はアクティブラーニング型授業にしていなかった2009年度の数字です。当時、合格率は61.5％でしたが、2015年度は受講生225人全員が合格しました。まるで楽勝科目のような様相を呈していますね。ここは非常にドラマティックな転換と言えます。

　論述式期末試験では「実際に世の中で起きた紛争を、あなたはどう解決するか」という課題について書かせました（**図表2-3-10**）。1年生の初級授業でも、①紛争解決のために検討すべき論点の指摘、②自説とは異なる考え方の紹介と批判的分析、③自説の紹介と正当化、④自説を適用して本件事案を解決、

| 科目名 | 学年 | 短答(知識)得点率 | 論述(思考・表現)得点率 | 合計得点率 | 合格率 | A・A+の割合 |
|---|---|---|---|---|---|---|
| 初級授業 | 1〜2年 | 70.4%<br>(64.0%) | 91.7%<br>(60.2%) | 81.5%<br>(62.1%) | 100%<br>(61.5%) | 73.3%<br>(9.6%) |
| 中級授業 | 2〜4年 | 73.8%<br>(54.2%) | 93.9%<br>(59.1%) | 83.9%<br>(56.3%) | 97.5%<br>(50.8%) | 77.5%<br>(14.7%) |
| 上級授業 | 3〜4年 | 77.5% | 83.3% | 80.4% | 87.5% | 50.0% |

図表 2-3-9　2015年度と2009年度の期末試験結果比較

という法律論文の基本的な流れを踏まえた論述が出来ています。初級授業では90.3％の学生がこのようなレベル以上の回答を書いています。中級授業では100％、上級授業では4年生の就職活動の事情もあって64.3％に落ちますが、普通の一方通行型講義だと、おそらく5％くらいでしょう。圧倒的です。

> BさんはA君のことを脅迫をして、A君は実際に制圧されていなかったが、Bさんに10万円を渡した。刑法236条に「脅迫を用いて、他人の財物を強取した者は、強盗の罪とし、五年以上の有期懲役に処する。」とあるが、これにあたるかが問題である。そこで、「強取」という文言の解釈が論点となる。 ── 紛争解決のために検討すべき論点の指摘
>
> 「強取」とは、「犯人の脅迫があり、その後に被害者が財物を交付したことだけを意味する」とする説がある。つまり、被害者が実際に制圧されていなくてもよいということである。判例もこの考え方を採っている。このように解釈すると、被害者がどう思っていようと、一般人からみて脅迫だと思われる行為を強盗罪にすることができ、社会秩序を維持することができる。また、被害者の精神の強さによって、同じ犯罪行為が既遂になったり未遂になったりすることがないというメリットがある。
> しかし、そのことはそれほど重要ではない。未遂罪にしたからといって必ず刑を軽くしなければならないわけではないからである。既遂であるときと同じ量刑にすることもできる。そのため、社会秩序も維持できるはずである。また、この説を採用すると被害者の気持ちとしては制圧されていないのに、全て既遂罪となってしまい、罪が不当に重くなってしまう。よって、この説を採用すべきではない。 ── 自説とは異なる考え方の紹介と批判的分析
>
> そこで、「強取」とは、「犯人の脅迫によって、犯行しようという被害者の気持ちを実際に制圧して財物を交付させる」と解釈する。このように解釈することで、脅迫によって被害者の生命・身体・自由を害するために強盗罪の法定刑が高いという側面を考慮し、未遂罪として罪に処すことができる。
> 同じ行為であるのに被害者の気持ちによって処罰が変わるのはおかしいという意見もあるだろう。しかし、繰り返しになるが、法定刑が高いのは、被害者の生命・身体・自由を害するという側面があるからである。そのため、被害者自身が害されたと思っていないのであれば、未遂罪に処すべきである。また、必ず刑が軽くなるわけではないので、不当に軽い処罰となることもないだろう。よって、この説を採用すべきである。 ── 自説の紹介と正当化
>
> したがって、実際に制圧されていなかったA君から10万円を取ったBさんの行為は、刑法236条の「強取」とは言えない。　以上 ── 自説を適用して本件事案を解決

図表 2-3-10　初級授業の論述式期末試験の解答例（再現）

b 2014年度授業アンケート結果

**図表 2-3-11** から**図表 2-3-13** は、2014 年度の授業アンケート結果です。いずれも、一番左が全学平均で、順に初級授業、中級授業、上級授業です。圧倒的な高さです。

国立教育政策研究所の調査によりますと、1 週間の予習時間の合計が 5 時間以下という大学生の数が 7 割を越えているということですが、私の授業をとっている学生については、「日本の大学生はぜんぜん勉強をしない」とは絶対に言わせません。自習時間については、中級授業になると、私も課題の出し方などが板についてきて、平均的に週 2 〜 3 時間ずつになっています。それが上級授業になりますと、中級授業をちょっと下回ります。これは 4 年生の就活の影響があって、思うように自習時間がとれないという学生がいるためです。3 年生だけの自習時間を取り上げますと、週平均自習時間は 6 時間になります。これはこれで、他の授業の勉強を圧迫しているという感もありますので、どうしようかと困っているところです。

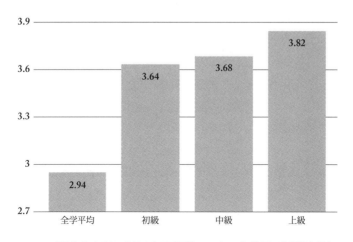

図表 2-3-11　2014 年度授業アンケート結果（授業意欲）

188 事例 3：國學院大學 法学部 法律学科

この授業を受けて、知識や能力が増大したと思いますか（自己効力感）

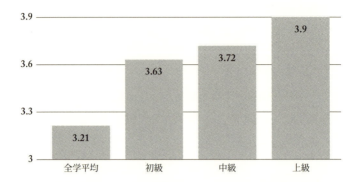

**図表 2-3-12　2014 年度授業アンケート結果（自己効力感）**

この授業について、授業時間外に週平均でどのくらい勉強しましたか（自習時間）
（④ 3H 以上、③ 2H 以上 3H 未満、② 1H 以上 2H 未満、① 1H 未満）

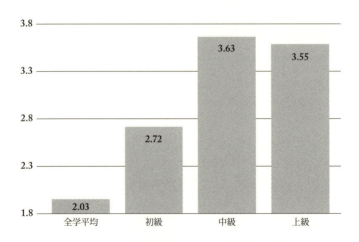

**図表 2-3-13　2014 年度授業アンケート結果（自習時間）**

c その他の効果検証

　講義をアクティブラーニング型に転換したことで、次のような効果も出てきています。

　司法試験の合格率が高い法科大学院を「上位ロー」と呼んでいますが、本学からこの上位ローに合格した人、あるいは、法科大学院では多くの場合、法学未修者（3年修了予定者）を対象とした「3年コース」（未修者コース）と、法学既修者（2年修了希望者）を対象とした「2年コース」（既修者コース）が併設されていますが、この2年コースに進学するために必要とされる既修者認定試験で90％以上の得点率（全国レベルでおよそ上位3％以内）を出した人、それから司法試験に一発合格した人たち、これらの全てが先ほどの刑事訴訟法の初級・中級・上級の授業を修得した人たちなのです。彼らのキャリアを上手くサポートできていると考えられます。

　また、演習の質も向上しました。1年生のときから、これまで紹介してきたような講義で鍛えてきた学生だけがゼミに来ていますので、演習のレベルが一気に上がっています。ゼミの論文については、学内の論文コンテストで入賞者多数と言いますか、過半数を占めてしまい、半独占状態です。実は3年連続で半独占状態なので、論文審査の公正さが疑われるくらいです。いや、大丈夫です（笑）。もちろん、4年間で卒業できる率、就職率、進学率などは正真正銘の100％です。

## (5) ＦＤ会議による情報・経験の共有と振り返り

　さて、法学部改革の第5ステップになります。

　FD会議を多数開催し、情報や経験を共有する機会を設けています。FD会議では、例えば、学生アンケートで自習時間が長かった授業を担当している教員が、どんな仕掛け・工夫を施しているかを報告して、参加者で共有するといった実効的な取り組みを行っています。

　こういった継続的な改革の結果を振り返るために、2015年5月13日にアクティブラーニング型授業の実施状況を調査しました。演習等を除いて、通常の講義科目でアクティブラーニングの要素を取り入れている教授会メン

バーは28人中24人、85.7％に至っております。その中でもさらにグループワークを通常の講義で採用している教員は39.3％（11人）、来年はこの数字はもっと増えるでしょう。

　誰かが特定の流儀を押し付けたりすることなく、自主的に改革を進めても、ここまで進むということです。ゆるい教育改革は一応順調にまわっていると評価しています。

## 4．まとめ

　ここまでは、アクティブラーニングの手法をただなんとなく導入すればいいというものではなく、学部全体の教育目標に照らし合わせて、最適のものを採用しなければならず、本学法学部の教員はそれを意識した改革を行っており、教育改革の効果が上がり始めている途中である、ということをご報告してまいりました。また、法律学科の教育目標は現場の声から抽出した、変哲もないオーソドックスなものばかりですが、それらの目標を達成するために、効果が最大限上がるように授業を行えば、進学・就職率100％や、司法試験一発合格といった成果につながることも分かってきました。こうしたデータを蓄積し、学生を社会の役に立つ人間に育てることができそうだという検証も行っています。私たちは、トリッキーなカリキュラムをつくらなくても、自信を持って法学が培ってきた学問のありようを維持して、オーソドックスな目標を共有し、オーソドックスな授業をアクティブラーニング型に転換して教育改革を図れば、それでいいのだという自信を深めてきております。

　以上のような改革は順調に進んでいると思います。基本路線を踏襲しながらがんばっていく。そうすると、これまでの器ではどうしても、物足りないところが出てくるので、現場でアクティブラーニング型授業を実践してみて、「こういうカリキュラムだったら本当にこういうことができるのに」というように、実践の場から具体的ニーズが増えてきたところで、いよいよ、そのニーズに合わせたカリキュラム改革をしようという話になりました。今、その段階にきておりますが、1～2年ぐらいは必要だと感じています。京都大学の溝上慎一先生が著書で書かれていますが、アクティブラーニング型授業

を取り入れると、結局カリキュラムデザインの変更に至っていくわけですね。まさに私たちはその道を今歩んでいるところです。

さて、このように私たちは特定の権限を持つ人が音頭をとって上から改革するのではなく、各教員が相互に刺激しあい、努力しあって、教育改革を行ってきました。このボトムアップ・マネジメントが通用した要因を、私は以下のように、自己評価しています。

第1に、「改革が必要」と大声で叫び続け動き回る者の存在ですね。私みたいな人のことです。そのような存在がいて、他のメンバーもそれに巻き込まれる力を持っていたということです。

第2に、巻き込まれるには一定の条件があると思います。それは「自分の授業がうまくいっていない、なんとかしなくちゃいかん」という内在的事情からくる危機感と、法学部が批判されていたり、あるいは実際に志願者が減ってきたり、法学部の人気が落ちてきたりという外在的事情からくる危機感。これらの危機感を共有しているという前提がまずあったということです。

第3に、学部の改革に大学当局が横からあまり口を挟まなかったということです。金は出すが口は出さない。ここは非常に重要です。自立的に改革を進めようとしている人たちのモチベーションを下げさせない大事な要素です。國學院大學の当局は「こいつらは命令しないと重い腰を上げない」とは考えない、要するに性善説に立っているのです。その期待に、私たちは存分に応えたいと思います。

第4に、自分の授業を改善することに大きな負荷をかけないということです。これも重要です。

第5に、カリキュラム上、各科目間の関係性がゆるいということです。だからこそ各自が自由に実験を進めることができました。

今回の報告は雑駁なもので教育改革の詳細にまでは立ち入ってご説明できませんでしたが、この教育改革の様子を書籍『法学部は甦る！（上）』（2014年、現代人文社）で紹介しています。また、國學院大學法学部のfacebookページ（https://www.facebook.com/kokugakuinlaw）には、他の教員のさまざまな授業の様

子も載っていて、解説付きで動画が流れるようになっています。ロールプレイやミニッツペーパー、コメントペーパー、グループ学習など、アクティブラーニングの基本を使っている授業が満載です。ぜひご覧いただければと思います。どうもありがとうございました。

**質疑応答**

> 大教室のグループワークで、次の3点でどのような工夫をしていますか。
> ①話し合いが活発になる工夫
> ②フリーライダー防止の工夫
> ③チーム分けの工夫

　私の授業は初級・中級・上級に分かれていて、中級と上級に参加する学生は、初級をクリアした意欲満々な学生しか来ないので、フリーライダーは一切考慮する必要がありません。問題はやはり初級ですので、初級を中心にお答えしします。

　まず①の話し合いが活発になる工夫です。エリック・マズールのピアインストラクションにありますように、いきなりグループワークをさせないで、まずは個人で考える時間を必ずつくるということです。何かしら意見を持った状態でグループワークに入ると活発になります。その後、必ずシェアする。他のグループが何を考えたのかを互いに公表し、フィードバックする。それが緊張感を生んで、「他者に語れるようなものをつくらなくてはいけない」という活力を生み出します。さらに、実際に学生ができるという課題にしなければならなくて、その課題づくり、発問の仕方が、一番の工夫のしどころだと思います。そこは恐らく経験と勘です。毎年毎年の学生の反応を見ながら徐々につくり替えて次年度に試すということをしています。あとは、役割分担です。5人のグループですが「適当に議論して適当に発表しろ」ではダメで、5人に役割を振り、事細かに指示を出します。例えば、今回はAが司会、Bがまず発言し、最終的にシェアするために発表するのはDだと割り振ります。そして、この役割を毎回どんどん変えていき、順繰りにやって、一定の役

割を果たせるよう訓練します。人間は役割を与えられるとその役割を演じようとがんばるという性質があります。これを繰り返していくうちに、だんだん慣れてくるので、こちらの指示を次第に少なくしていく。そうやって自主性を高めていくようにしています。

このような形でやっていくと②のフリーライダー防止にもなりますので、フリーライダーはほとんど出ないのですが、学生には「授業を4回欠席したら、チームから除名」だとか、そういう措置はあります。残念ながら、毎年これに引っかかる学生が5％ぐらいいます。

あとは「チーム日誌」というものがあります。授業時間外にもグループ学習をさせるので、そこでの活動を、それぞれがどんな課題に、どのように取り組んで、どのような役割を果たしたかを記録しています。そして、毎回分担を変えて、その時間外学習でのグループ作業について、学生がメンバー一人ひとりに対してコメントする、ということをやっています。例えば「今日は○○さん、課題がすごかったね」「うまく切り盛り、司会をやってくれたね」といった励ましの言葉を書かせます。そして次の授業の最初に、書いたものを口頭で直接皆に語らせます。そうすると学生は顔を赤らめながら、照れつつも「自分はこのチームで承認されている」という「ここに居ていいんだ」という居場所を得た感覚になるので、そう簡単にはフリーライダーにはなれないという状況になります。これが私のやっている工夫です。

③チーム分けの工夫ですが、私の授業は後期開講なので、前期の専門科目の成績を全部取り寄せます。その成績の状況が一つの材料になります。それから「なぜこの授業に参加したいのか」と動機を聞く事前アンケートがあります。そこに書かれている内容と日本語力、それらを総合的に勘案しながら、いろいろなタイプの学生を各チームに散りばめます。そうするとやる気のない学生ばかりのチーム、逆にやる気満々の学生だらけで他を馬鹿にするチームとか、そういうのが出なくなって、各チームがバラエティに富んで、いい状態になると思います。以上が私の工夫です。

> 消極的な先生方への対応策などがありましたら教えて下さい。

　本学はボトムアップでやってきましたので、教員間の衝突はあまりありませんでした。そのような相克を避けるために、まず個人でがんばろうという方策にしたとも言えます。

　皆に協力してもらうための私の仕掛けをご紹介します。当時入試委員だったので、入試関係のデータ収集と分析を私がほとんど一手にやっていました。2012年から2015年度までの入試は、全国の法学部が弩級の不人気でした。隔年現象が起きずに右肩下がりにドンドンと下がっていく。そこで「関東の私学の法学部全ての入試データ、2011年度と今年度の差、倍率の差」といったものをグラフに示して皆に配って、「潰れますよ」と危機感を煽りました。

　それから、「18歳人口の推移グラフ」の横軸の年度の部分にカッコをつけて「ここにみんなの年齢を入れてみろ」と。18歳人口は2021年以降に特にドーンと下がります。そこで「2021年頃あなたは何歳なのかを書いて」と。若い世代の教員たちには「僕たちは働き盛りの壮年期も、依然として大学の生き残りのために働かなくちゃいけないんだな」と覚悟と諦めを決めてもらうのです。上の世代に対しては、「僕たちと時代が違うのだから、自分の経験だけを根拠にして、いろいろと若手に説教してはいけない。見守っておこう」、そういう気持ちになってもらいました。全員に、同じように動いてもらおうというのは、諦めた方がいいと私は思っています。それよりも、静かに、温かく見守ってもらうということが、すごく重要だと思います。

# 第3部

## 河合塾FDセミナー　ラップアップ

# アクティブラーニングと組織的改革

京都大学 高等教育研究開発推進センター 教授　溝上慎一

## はじめに

　京都大学の溝上です。本日のセミナーに参加して、アクティブラーニングもずいぶんと組織的取り組みが進んできたと強く感じております。基本的にはいい感じで進んできていると思います。でも、「よかった、よかった」だけでは皆さんも勉強にならないと思いますので、私なりの観点を2、3お話しさせていただきます。

## 1．今日の学校教育改革の背景を確認する

### (1) 教育界をめぐる状況

　ご存知の方もいらっしゃるでしょうが、2010年頃、河合塾の「大学のアクティブラーニング調査」が始まり、私もそこに関わりました。その河合塾の全国調査から、多くのことがスタートしています。全国のさまざまな動向が見えてくる、という時期を経て、今はかなり現場の把握が進んでいます。それを踏まえて私たちは大学の中身をしっかりと改革するというフェーズに入っています。

　本当はこういった全国調査やアクティブラーニングの取り組みは、大学や文部科学省で取りまとめて行い、その中でいろいろと概念化が図られてしか

るべきですが、人材不足というか労力が足りないという状況で、河合塾が短い期間で全国調査をされてきました。私もこの調査を通じて多くの事実に新しく気付くことができ、振り返ると、協働しながらこの事業がうまく進んできたと思っています。

　皆さんもご存知のように2012年に質的転換答申(『新たな未来を築くための大学教育の質的転換に向けて―生涯学び続け,主体的に考える力を育成する大学へ―』中央教育審議会)でアクティブラーニングが施策の中に入りましたが、そうなる手前の時期に、やはり河合塾のさまざまなイベント、あるいは今日のような事例紹介による全国へのフィードバックなどが文部科学省の目に留まり、影響を与えたのではないかと思います。

　私も学者として学術的・草の根運動的に取り組んでいたのですが、それが一気に全国の施策につながり、本日の話でも最後に付け加えますが、これが小・中・高に下りています。つまり国全体の流れ、動きになっています。アクティブラーニングだけですべての問題が解決するというような、そんな単純な話ではありませんが、ただこの言葉に込められた時代の大きな転換というものは確かにあります。このあたりが今日の3大学の事例報告に関連しますので、確認を含めて私なりにお話ししていきたいと思います。

### (2) 組織的取り組みの類型

　本日は「組織的取り組み」が大きなテーマとなっています。トップダウン型、ボトムアップ型、ミドルアップ・ダウン型という類型で事例が報告されています(**図表3-1**)。

　もちろん最終的には「組織的取り組み」ですから、どこからスタートしてもいいと私は思っています。「組織的取り組み」とはガバナンスの問題でもありますから、トップダウンがいいか悪いかではなく、それなりに組織の上の方でしっかりと取り組みへの権限を持つ、責任を持って見渡していく部署の人々が全学の動きを取りまとめて、PDCAサイクルを回していくということが重要です。

　だから初発はいろいろあっていいと思います。なかなかボトムアップ型で進む大学は多くはないと思うのですが、それでも最終的に同じところへ向か

| ①トップダウン型 | 学長・理事長など大学のトップマネジメント層の明確な意思決定と実行力により、アクティブラーニングの導入が推進される類型 |
|---|---|
| ②ボトムアップ型 | アクティブラーニング導入やカリキュラムマネジメントに関して権限を持たない前線の教員の活動が、徐々に正当性を獲得しながら組織内に浸透していくような類型 |
| ③ミドル・アップダウン型 | 学部長や学科長、教務委員長などの限定された権限を持つミドル層が、トップが示すビジョンを具体化しながら、前線の教員との合意形成をとって実行に移すような類型 |
| ④学系的な特性によりアクティブラーニングという概念が普及する以前から導入している類型 ||

**図表 3-1 アクティブラーニング導入の組織的取り組みの類型**

えばいいのではないかと思います。

　今日のテーマの構造は実はなかなか面白いもので、アクティブラーニングの組織化とカリキュラムマネジメントがテーマです。河合塾としては、アクティブラーニングの効果を実現するためにはカリキュラムマネジメントが必要だということだと思いますが、私と少し理解の仕方が違うところもあります。そこを話させていただきます。

　まず前提として、アクティブラーニングとカリキュラムマネジメントは別物です。アクティブラーニングが絡まなくても、カリキュラムマネジメントは求められています。

　大学は自分たちの教育のグランドデザインを描かなければなりません。そしてディプロマポリシー（DP）を実現するためのカリキュラム、ひいてはアクティブラーニングが必要だ、とならなければなりません。

　だから私たちは、アクティブラーニングからスタートしてそれをカリキュラム化していくという発想ではなく、まずグランドデザインからスタートして、それに合わせてカリキュラムや授業の仕方を変える、その中にアクティブラーニングがあるということです。大きいところからつなげていって、授業と授業との横のつながり、つまり科目編成やカリキュラムをもう一度DPにつなげていくということです。そして本日の事例の中にもありましたが、学修成果を可視化し、それで成果を検証していくという話になるわけです。

　こうした構造で考えたうえで、今日のテーマと関連して、やはりアクティブラーニングの意義についてもう一度確認しておきたいと思います。

## (3) 改革の流れの整理

### ①将来の職の変化へ対応する人を育てる

　大学のグランドデザインにつながる話ですが、今年も政府から何回も出ている定番の話として、「職業」というものが将来的に今と大きく変わるということがあります。オックスフォード大学のある研究者は、今後20年間ですべての仕事の47％が自動化される可能性があると予測しています。またニューヨークのデューク大学の研究者は、2011年度に小学校入学した子供たちの65％は、大学卒業時に今は存在していない職業に就くだろうと予測しています。さらに2045年に人工知能が人間の知能を超えるという問題もあります。大学に限らず、学校教育関係者であればこの話は知っておかなければなりません。そういう時代に対応して学生を育てるわけですから、当然踏まえておく必要があります。

　教育とは、基礎的な知識、専門的な知識、あるいは技能、実験・統計などを包括的に理解して、それらをテストやレポートなどで測って、「知識」をしっかりと習得していく、ということだとよく言われていました。しかし現在では、ただ知識を持っているだけではだめで、それをいかに使えるかも問われています。コンピュータや人工知能が非常に精度を上げて私たち「人」の仕事に置き換わりつつあるからです。

　そうした中で、教育でどうやって力を付けていくかという問題です。人だからこそできることは何かといったら、人と人がぶつかって議論して、同じ課題を共有し、そこで新しいアイデア、ものをつくり上げていくということです。これがときにはイノベーションを引き起こします。

　そこでは基礎的な知識・技能は当然必要ですが、それを前提としながらもいろいろな人と協働作業をして創造していく。ここがコンピュータではできないところです。ここをターゲットにして教育をしていくという流れが一つあります。

　このときに、さまざまな個性的な能力を育てないといけないのですが、ただ学んで「分かった」「分かっていない」という話でなく、そこからいろいろなものにつないで興味を引き出して関心を持たせるように学習を拡張して

いく、「ああ、面白い」と思わせるような工夫が必要です。こうしたことは、場合によってはテストには出なかったりしますが、だから無意味だというような功利的態度ではないものを育てる必要があります。

　ここがたぶん今日のテーマにもつながるところですが、大学でいう「演習」「プロジェクト」だけでなく、あらゆる授業、あらゆる学習の時間の中でそうした態度を育てていくことを、教育者としては常に頭に置いておかないといけないと思います。もちろん、あまり多くなりすぎない、適切な割合があるとは思いますが。

　ですから、これは講義だから知識を習得する時間だとか、これは演習だから知識を活用する時間だというような発想が、アクティブラーニングに取り組む大学でも少なからずあると思うのですが、この辺りをひっくり返していくことが、たぶんアクティブラーニングの改革を見ていくポイントになるのだと思います。

②学習の捉え方の変化

　「学習」についての考え方が大きく変わっていることを理解すべきだと思います。その人独自の能力や個性をつくるものとして、**図表3-2**のように「知識の観点から」、「対人関係の観点から」、「人格の観点から」に分けて考えることができます。

　まず1つ目の知識の観点からです。「入れたら出す」、「インプットしたらアウトプットする」という「出す」「アウトプットする」ところに、「他者」あるいは「集団」での活動に「発表」を入れていくところにアクティブラーニングの強調点があります。そういう中で、「正解」とか「こういうふうに理解する」ということだけでなく、同じ課題についても人それぞれの考え方や見方があります。「ああ、そういうところを見ていくのか」というように、いろいろな人の感性がそこに表れます。それは授業者のものもあれば、学生同士のものもあります。そういったところに気付かせて、精一杯興味関心を育てていく。これは多角的な見方の涵養を通して新しいものをつくっていくということです。

　次に対人関係の点からです。人と作業をすることを嫌がる学生がいます。

> **① 知識の観点から**
> ・即座に必要とされない知識に興味を持つ（＝教養）
> ・多角的な見方
> ・創造性
>
> **② 対人関係の点から**
> ・人に興味を持つ
> ・多様な人、立場や考えの違う人と関わる
> ・傾聴力・思いやり
> ・人の良いところをほめる
> ・リーダーシップ
>
> **③ 人格の点から**
> ・何にでもおもしろがる
> ・口だけでなく行動力
> ・弱いところは標準程度に改善し、できるところを伸ばす
> ・問題解決を楽しむ
> ・将来の見通し

**図表 3-2　その人独自の能力や個性をつくるもの**

それで将来大丈夫なのか、と思ったりします。知識を学ぶ科目で、知識の習得を目指して一般的アクティブラーニングに取り組むというような場合でも、知識をただ習得するだけのためと考えるなら、人によってはアクティブラーニングをやらなくてもしっかりと習得していけるという話にもなります。しかし話はそんなに単純ではなくて、いろいろな人の同じテーマを基にした考えやアイデアを受けながら、自分はこんな風に考える、理解するということが、知識を学ぶ科目でも求められていて、その過程にどうしても好き嫌いや、人と一緒にやるのが嫌である、面倒くさいというのがあります。そういうことが職場でも非常に問題になっているようです。そこで私たちは「個としてしっかりやる学習」と「他者あるいは集団で一緒にやっていく学習」の両方を、さまざまな学習プロセスの中に取り入れていっています。このときにポイントになるのは、「人に興味を持つという感覚を学生がしっかり持ってくれているのか」ということです。

京都大学の学生の中にも、コミュニケーションが下手だとか、他者と全く距離をとった独りぼっちが大好きだとか、そういう学生を探すと3割くらい

いるかと思います。でも7割は大丈夫です。ただ、その7割の内部もさらに分かれていて、ふだん人間関係がよくて対人関係がよい学生でも、よく知らない公共圏他者の人と協働していくとなると、好き嫌いがかなり明確に分かれます。でも、ここをクリアしていかないと将来社会で苦労します。ここは現在、データを取っている最中ですが、やはり他者との協働を忌避すると将来の仕事の質は下がっていくと考えられます。いくら個人の頭脳や能力が高くても、そこが弱いというか、そこを嫌がるというか、面倒くさがるばかりにトーンダウンせざるを得ないというケースがあります。ここでは「人に興味を持つ」ということが課題になってくる。そして多様な人や立場の違う人と一緒にやるのはしんどいけれども、協働を楽しむくらいの力や感覚がほしいと思います。

　人の話を聞かない京大生が多いので、「ホントにできる人は聞き上手」と強く言い聞かせています。「将来いい仕事や社会で大きいことをやりたかったら、人の話を聞きなさい」と言います。「スマイルだ」とも言います。しかめっ面して議論をする学生がいます。「そんな顔をしていたら将来大物になれない」と。「スマイルして5秒に1回くらいでいいから相手の話に頷きなさい」と。これはテクニカルなことですが、ホントにいい仕事をしていって、いろいろな人たちとかかわって、新しいことをしていこうという気持ちになってもらうには、これくらい言わないとわからないという現状があります。

　3つ目の人格の点からについてです。一方で何でも面白がって、行動力だけはある学生や、口だけの学生などもいっぱいいます。人というのは、そんなに万能なものではありません。学生の長所や短所をレーダーチャートなどで可視化して、それを見せながら学生を指導することもあります。その際、長所は伸ばしますが、短所は平均よりも少し上になるくらいでいいと思っています。そういう努力を重ねていけば、コンピュータや人工知能では解決できない問題を解決できる人になっていけるのだと話しています。

　今日のテーマの一つになっている「問題解決」あるいは「問題発見」ですね。これも「できる」「できない」という問題以外に、「問題解決を嫌がる」という問題もあります。面倒くさいわけです。新しいものを生み出すにはかなりのエネルギーが必要です。しかも一緒にやる相手がよく知った人でなければ、

いろいろ擦り合わせなければならないことも多い。そういう学生を育ていこうというのはかなり骨折りな作業ですが、でも将来的にはそれを厭わないというところにまで育てていかなければなりません。それらをすべてできる学生がいたらとても素晴らしいのですが、ないものねだりでしょう。

あともう一つ、私が強調したいのは「習得」のことです。大学全体の方向性として、例えば「ここさえできていたらOKだよ」というのは、教育者、あるいは公教育に携わる人間の立場としては乱暴な考え方だと私はよく言っています。何年か前のこの河合塾FDセミナーでも、企業からとある大学に就職した先生で、「会社に入るためには大学でPBLだけやっていればOKだ」と極端なことをおっしゃる方が参加していました。私が「そういうのは違う」と言ったら腹を立てておられましたが、しかし「一つだけやっていればいい」というのは乱暴で、いろいろな基礎知識や基礎的な学習の過程で、将来の発展につながる芽のようなものがあると理解したいです。

今日はどちらかと言うと、「問題解決」や、河合塾でいう「高次のアクティブラーニング」の方に話の重点があるようですが、私としてはそこの重要性については異論はないので、ラップアップでは「習得」のためのアクティブラーニングを含めた総合的理解を深める時間にしたいと考えたのです。

## (4) 今の教育改革は変化した出口への対応のため

「なぜアクティブラーニングか」「なぜ今これだけの大学教育改革を進めているのか」、という話をするとき、特にグローバルスタンダードに合わせていく形式的作業や、GPAあるいは3つのポリシーなどに焦点を当てがちです。しかし、学生を育てるための最も重要なフレームワークになってくるのは学校から仕事・社会へのトランジションだと私は思います。

仕事・社会で必要とされる能力・ジェネリックスキル等を大学で育てるわけですが、一番の問題は大学の出口がかなり複雑になっているということです。大学教育、小・中・高をふくめた学校教育は、仕事への出口だけを目指してやっているものではありません。大人としての社会的役割を育てることも課題です。教養教育などの科目を見ても、地域や家族の役割、あるいは将来自分はどうやって生きていきたいのか、という社会的役割を担う大人とし

て育っていくことが課題となっています。そしてその社会的役割の非常に大きな一つとして「仕事」があるわけです。このように理解していって、「学校から仕事、社会へのトランジション」、これを一言で「トランジション」と言いますが、ここが従来とは違って複雑になっているというか、新しい課題となって私たちに迫っています。

　人工知能の問題、職が大きく変化している、仕事の仕方が変わっていっているなどの問題があります。従来は一方通行だった医者と患者の関係がパートナーシップとして捉えられるように変化することなどが分かりやすい例ですが、こういう関係性をとらえ直すという動きがいくつもの専門分野で見られます。職場の中にさまざまな人たちとの協働の作業があって、それも今までだったら、つながらなかったような人たちと簡単につながる機会が山ほど増えています。大学の出口である社会も大きく変容しつつあり、その意味では将来の対人関係の中でいかに力を発揮していけるのかということ踏まえて、教育の中に落とし込んでいくことが、私たちの教育改革の本質であると考えています。

　「社会が変わっているので、育てる能力も変えなきゃいかん」というのはもう戦後から今に至るまでに何回となく言われています。でも、かつては私たちが今こんなふうに改革を進めているような事態には至りませんでした。その理由は簡単で、出口がそれなりに安定して機能していたからです。だから学生も就職してからがんばれば、それで済んでいました。あるいは、がんばらなくても、終身雇用制度などの日本独特の雇用システムは強大で、個人のちょっと怠けた結果などはどこかで吸収されたり、挽回されたりする機会を含んだシステムだったわけですが、そのシステムが現在は崩れているということです。

　現在はこれが学校教育に下ろされてきています。そう理解したら、私たちが今なぜこんなに多様な取り組みをやらなければいけなくなっているのかが分かります。その一番大きな基本は、トランジションの機能改善が求められているということです。

　なぜ多くの学生が勉強するかというと、将来いい大人になりたいから、いい仕事をしたいからです。勉強が大好きという人も当然いますが、多くの人

は、例えば京都大学の学生でも勉強が大好きな人は1割半程度しかいませんから、やはり与えなかったら勉強はしません。与えなかったらしない、というのは京都大学では問題になるわけですが、全国的にはやりたい者だけにやらせる、トップ層だけ育てていればいいという状況ではありません。そこをしっかりと見据えながら、教育していくことになります。

## (5) 教授パラダイムから学習パラダイムへの転換

　学校から社会へのトランジションだけでなく、社会のさまざまなつながり方、あるいは関係の持ち方も変わってきています。例えば医者と患者のパートナーシップについては先ほど触れましたが、医療関係者同士の連携もそうです。医者同士の協働はもちろん、看護師や理学療法士や検査技師などとのチーム医療も含めて、さまざまな協働が新しく求められています。そういうところでは、単に知っている、分かった、つまり知識を習得して使うという個人の能力だけでは済まないわけです。そこから「学習成果の個性化」が求められるという話につながります。結局は、私たちは教授学習観のパラダイム転換を、この大きな社会の変化に対応した教育改革のポイントとして見ているわけです。

　それを簡単に言うと、「教授パラダイムから学習パラダイムへの転換」ということになります。「教授パラダイム」というのは、知識が教育者、あるいは大学などの中にあって、それを学生に伝達していくというものです。ゼミなどでは教師の想定をかなり超えて知識を活用していく活動もなされていますが、特に講義などを考えたときには知識は伝達されていき、そこで「分かった」「分かっていない」をチェックしていく。これまでは、そういう教育観が主流でした。このような、知識をしっかり理解するということが、今の新しい時代には必要ではなくなったということではありません。基礎・基本というものは今もしっかり求められています。ただ先ほどの人工知能にできない仕事を担える人間になるという例は分かりやすいと思いますが、やはり「教えられたことが分かった」というだけでは、これからの時代、なかなか新しいところに向かえないということがあります。そこで、**図表3-3**のような学習パラダイムでは、「これだけはしっかり学んでほしい」という枠はあるも

のの、そこを踏まえつつ超えていくために、「学習成果の個性化」が求められているわけです。

つまり、みんなが共通して「こうだ」と理解しなければならないところは、やはり評価の対象にもなるし、そこはテストなどいろいろな形で押さえていかなければなりません。しかし、将来いろいろなアイデアを、さまざまな人たちと議論やグループワークなどを通してつくっていくということを踏まえれば、共通して求められる基礎・基本の学習の枠を超えていろいろなものに個性的につなげるということを、極端に言えば全ての授業で行わなければいけません。

私たちは「意味」という言葉を、何かと何かがつながったときに「ああ、そういうことだったのか」というときに使います。つながっていなかったもの

教授パラダイムと学習パラダイムの特徴

| 教授パラダイム | 学習パラダイム |
| --- | --- |
| 教員から学生へ | 学習は学生中心 |
| 知識は教員から伝達されるもの | 学習を産み出すこと |
|  | 知識は構成され、創造され、獲得されるもの |

※Barr & Tagg（1995）より筆者がまとめて作成

**図表3-3　教授パラダイムと学習パラダイムの特徴**

学習と成長パラダイムが導く2つの個性化　　(1) 学習成果の個性化
　　　　　　　　　　　　　　　　　　　　(2) 成長指標の個性化

組織的・個性的指標
　医療人、地域人材、女性など

**図表3-4　学習と成長パラダイムが導く2つの個性化**

がつながったときに「意味を感じる」と言います。それが学生の学習の中にもあるわけで、ここからディープラーニング＝「深い学び」の、授業の中で得た知識が既有の知識や経験と結びついて新しい認識が構成される、という基本的な定義がきています。単に「こういう概念を正しく理解する」とか、いわゆる「丸暗記」ではなくて、今まで学んできた既有知識、経験、あるいは日常素朴に思っている疑問や信念、そういったことを精一杯つなげながら、今、学んでいることを個人の中に取り込んで構造化していく。そしてそれを個性的な構造にしていくということです（**図表 3-4**）。

こうしている今もそうですよね。私の話を聞いていらっしゃる先生方は、ただただ頭に入れているのではなく、これまでに理解していることと擦り合わせながら、理解を更新しているはずです。そういうことが学生にも求められます。学生の中には作業化しなくてもできている学生もいますが、作業化しないとやらない学生やできない学生もたくさんいるので、皆で共通して学ぶ最低のところから始める必要があります。その上で、個人的にいくらでも理解を深めていくこともできます。これがディープラーニングの構造です。そしてそのときに、他者・集団が入ってきます。ペアワークやグループワークが入ってきます、プレゼンテーションもそうですよね。同じ課題をやって、発表して聞いて、「ああ、そうか。この課題をこう考えたり、解決したりする人やグループがいるんだ」ということに気付きながら、ある一つのテーマの理解を深めていく。こういうところに「学習パラダイム」の基本的エッセンスがあります。

「成長指標の個性化」というのは、大学では取り立てて言うこともありません。例えば「知識の習得」があって、そして能力やジェネリックスキルの育成があります。でも医療系の大学であれば、患者とのパートナーシップをしっかり持つような医療人を育てるとか、あるいは地域と関わる人を育てるのであれば、地域の特性を理解した人材育成などは必ずしもすべての大学に必要なことではないけれども、ある特定の大学にはとても大事なテーマです。だから、4年や6年のカリキュラムの中に学生たちを放り込んでそうした能力を育てていくわけです（図表 3-4）。

「教授パラダイムから学習パラダイムへ」というのは、一つの大きな枠の

中に「みんな入ってこい」という時代から、そういった枠を与えながらも「飛び出ていけ」というパラダイムへの変化とも言えます。でも皆が共通してこれだけは踏まえないといけないものがあります。やはり人が社会で生きていくには、正しい理解があって、正しい思考というものがあって、当然この部分がなくなるなんてことは決してありません。だから講義とか知識の習得とかを基礎にして、それをどれだけ、例えば河合塾でいうなら、「高次のアクティブラーニング」につなげていくかということが課題となります。

　この正しい理解、知識の習得がゆるゆるになってしまうと、大学教育はたぶん無茶苦茶になります。大学教育の大事なところが、崩れてしまいます。その点をしっかり押さえてください。

## ２．アクティブラーニングの基本的考え方を確認する

### (1) 講義型授業をアクティブラーニング型授業へ転換することがターゲット

　アクティブラーニング改革の喫緊の課題は講義の変革です。日本の大学では、演習や卒業研究なども伝統的にありますが、ここ20年ぐらいの中では文科省による特色GPに予算をつける制度もあって、ずいぶんとプロジェクト的な、あるいはPBL的な授業が豊かになってきました。特に河合塾の言う「高次のアクティブラーニング科目」は、とても豊かになったと思います。卒業研究は日本の大学が大事に残していかないといけないところです。アメリカには日本のような卒業研究はありません。そうした中で、研究室単位、あるいはゼミという形で、単なる授業の1科目という以上に、先生たちの専門性、専門研究を踏まえて卒業研究を丁寧に行ってきたことは、いくら確認してもしきれないくらい大事なところです。絶対無くしてはいけません。

　しかし講義のやり方を振り返ってみると、ここには非常に問題があったわけです。アクティブラーニングという用語を通して、4年間の学士課程全体を変換していかないといけないのですが、基本的にターゲットとなるのは講義というラベルが貼られた科目のアクティブラーニング型授業への転換です。

　ハーバード大学などのアメリカの研究大学のシステムでは、講義をやった後に大学院生が、ハーバード大学ではティーチング・フェローと呼びますが、

学生20人ぐらいに1人ずつ付いてセミナーをやります。こうしてインプットする時間と、アウトプットする時間をセットでつくっています。この大学院生に対する研修もしっかりやります。最近では、この講義の60分間の中に先生がアクティブラーニングを少し取り入れていくという動きも出てきています。アメリカ全体でアクティブラーニングが盛り上がっている、というような状況ではないのですが、ただ、こういうアメリカの基本形態に私たちはアクティブラーニングのモデルを見てきました。

　先日、アメリカの先生が日本にいらしたときに面白いことをおっしゃっていました。「今、世界でアクティブラーニングが一番進んでいるのはたぶん日本じゃないか」と。研究者個人や、個別の大学での取り組みでは、私たちはアメリカの例をけっこう見ているのですが、全体で見たときにアメリカは国の施策にはなっていません。そこは日本と温度差があります。だから私たちはアメリカの大学を見たときに、「なんだ昔のままじゃないか」という事例もたくさん目にしますが、もう一方でガンガンやっているところも当然見せられたりして、その結果、全体として「？」ということにもなります。これは国全体の施策としてどれほど進んでいるのか、という話です。今、日本は質的転換答申をはじめ、国全体として取り組みを進めていて、小・中・高に下りてきていますし、特に高校がアクティブラーニングを取り入れ始めたということは、大きな意味があります。

　2017～2018年あたりになると、高校時代にアクティブラーニングをやってきた生徒が大学に入学してきます。そのときに、私たちは大学として彼らをしっかりと受け止められるのか、ということが大きなテーマになります。

　とにかく、「入れたら出す」「インプットしたらアウトプットする」という機会を講義の科目の中でどれだけつくるか、ということがアクティブラーニング改革の課題だと思います。

　アクティブラーニングの定義自体に「受動的学習を乗り越える」という言葉があります。ここを何度も何度も確認したい。だから、ゼミやプロジェクト型の授業がすごく豊かになって、大学としてやっていますという話は一方ですごくいい話なのですが、他方で、本当に学習をしっかりと定着させて基礎をつくっていく部分が旧来型から脱しないことには、アクティブラーニン

グを標榜する上で問題になるのだということを確認しておきたいと思います。

## (2) アクティブラーニング型授業という言葉には躊躇があった

「アクティブラーニング型授業」という言葉をつくるときには私も非常に苦労して、「こんな言葉をつくっていいのかな」などと苦悩したことをよく覚えています。まず英語で"active learning"と書かれているものを、2007年か2010年頃には、「能動的な学習」と使ったりしていました。日本には「主体的な学び」「積極的な学習」など、いろいろと似たような言葉があります。新しい時代の思想を込めたものとして新しく定義しようとすると、漢字ではたぶんもう響かないだろう、カタカナにしようと思ったのが2010年頃で、ちょうど河合塾と一緒に調査・研究を始めた頃です。

講義の中で一生懸命にノートを取って、そのとき頭を使っていて、ペアワークやグループワークが全然なくてもアクティブな学習の姿というのはあります。私たち教員から見てもそれは非常にいいと思います。しかし、アクティブラーニングという言葉に込められている意味はそう単純ではありません。将来のトランジションをにらんで、もっと社会につながる協働や、学習の社会化と呼んでいますが、そういったところの意味を入れているのです。これは字面以上のものであって、アクティブラーニングについて勉強していかないと、こういうところは分かりません。そして、先生方にもアクティブラーニングについてもっと勉強してほしいというメッセージでもあります。

そして、もう一つ「アクティブラーニング型授業」という言葉をつくりました。この言葉の導入にはためらいがありました。その理由はこういう言葉が当時世界にはあまり存在していなかったからです（最近はちらほら見かけるようになりました）。一度だけ、学会発表で"Active-learning based instruction"というものを見ました。その言葉を日本語にして使っているのです。

これまで、今日のような河合塾のセミナーに何度も登壇させてもらいましたが、その中でアクティブラーニングの定義とともにアクティブラーニング型授業という言葉をセットにして話をしてきました。だけど、これまでは言ってみればまだアイデアの段階で、まだ本にもしていなかったし、いろいろと試しながら、世に発信しつつ考えている段階のものでした。アクティブラー

> ◆ 一方向的な知識伝達型講義を聴くという（受動的）学習を乗り越える意味での、あらゆる**能動的な学習**のこと。能動的な学習には、書く・話す・発表する等の活動への関与と、そこで生じる認知プロセス（*）の外化を伴う。
> ◆ 主として知識習得を目指す伝統的な教授学習観の転換を目指す文脈で用いられ、その授業においては「**アクティブラーニング型授業**」として使用されるべきである。
>
> (*) 認知プロセスとは
> 「知覚・記憶・言語・思考といった心的表象としての情報処理プロセス」
> （論理的/批判的/創造的思考、推論、判断、意思決定、問題解決など）
>
> Reference：溝上慎一(2014).アクティブラーニングと教授学習パラダイムの転換　東信堂

**図表 3-5　アクティブラーニングとは（定義）**

ニングをめぐる動きも早くて、皆さんが私のためらいも知らずにどんどん使うようになり、もう後戻りができなくなっています(笑)。ですから、私ももう「これで行くぞ！」と思って使っています(**図表 3-5**)。

　しかしここに込めた意図は大事で、つまり講義一辺倒の授業を脱却したところにアクティブラーニングの定義があるのは説明してきたとおりですが、でも他方で講義がないがしろにされてはいけません。講義で教えていることを全部アクティブラーニングのスタイルに変えていく名人のような先生もいらして、私も面白いと思って見ていますが、ただ、全国でそのように展開をしていこうと叫ぶのは乱暴なことです。また、短い時間で必要な知識を伝える、講義の上手な先生なら、講義の方が学生の知識理解をより促せる、社会に出て「聴く」という活動は依然とある、そういう理由もあります。だから講義はしっかりと継承していかなければならないのです。それにプラスしてアクティブラーニングをその中に、一定の割合で入れていくことが必要です。

　だから、アクティブラーニング型授業というのは、「講義＋アクティブラーニング」です(**図表 3-6**)。講義の中に例えば 2 割くらいのアクティブラーニングを入れて、8 対 2 の割合で講義科目をアクティブラーニング型にしていく。このように理解してもらえればいいわけです。

　カリキュラム設計上は、専門科目の演習などは特にそうですが、講義型で

| 授業の形態・類型 | | 授業の特徴 |
|---|---|---|
| 伝統的授業 | 講義型 | 教師から学生への一方向的な知識伝達型講義。教師主導 |
| | 講義中心型 | 話す・発表するといった活動はなく、コメントシート等を用いた教師―学生の双方向性を実現する講義中心の授業。教師主導 |
| アクティブラーニング型授業 | **講義＋ＡＬ型** | **教師主導であるが、講義だけでなく、学生の書く・話す・発表する等の活動もある授業** |
| | ＡＬ中心型 | 徹底的に学習パラダイムに基づいた学生主導の授業 |

図表3-6　アクティブラーニング型授業

　知識を習得していることを前提にして、その上で知識の活用としての演習という位置になっていると思いますが、実際にその演習の中身を見ていくと、全てが講義で扱われているものを前提としているとは限りません。そのような演習の授業でも講義や知識をしっかりと提供し習得する時間の割合が2割や3割程度あって演習が7割や8割だと考えていけば、全ての授業がなんらかの形でインプットとアウトプットのバランスを持っていると言えます。これがアクティブラーニング型授業の基本的な見方です。

　図表3-6の太枠で囲っているのは、いわゆる講義科目の中に2割くらいペアワークやグループディスカッション、プレゼンテーションを入れていく「講義＋AL型」の形態で、ここが改革の主要なターゲットです。

　「高次のアクティブラーニング」や卒業研究、演習などは「AL中心型」です。創価大学の事例で紹介されていた「LTD (Learning Through Discussion、話し合い学習法)」などは通常の知識習得型の授業ですが、グループワークなどのアクティブラーニングを入れて、単なる講義だけをするのではないアクティブラーニングを含んだ授業を実現しています。この知識習得型授業における「AL中心型」は難易度が高いと思いますが、しかし反転授業も含めて、実際には、この種のアクティブラーニング型授業改革も展開しています。

## (3) 200人の学生相手の講義授業で取り入れるＡＬの例

　私は200人規模の授業の中で、90分のうち60分は講義をし、30分は学生

がグループワークや前に出てきての発表をします。これは普通の知識習得型の授業の中でのことです。知識が求められ、その上で活用問題をやったり、あるいは問題発見とまでは言いませんが、いろいろなものにつないでいって、「ああ、こういうことがあるんだったら、こういうところはどうだろう」と考えるプロセスを入れるのです。そのような課題設定のあと、ワークシートなどの作業に取り組ませます。この規模だとどれぐらいできるかなと、この7～8年取り組んでいる授業ですが、なかなか大変です。春の段階は学生の気合が入っていますが、ゴールデンウイークの後には気がぬけて、教室の後ろの方は段々しんどくなるのはどこの大学でも一緒ですね。そういう学生たちをしっかりと講義の中で学習させて、質をきっちりと担保していくというのは、私一人がいくらがんばって準備をし、講義をしてもとても無理です。そういう状況で私が取り入れている技法は、作業をさせたら3回に1～2回ぐらいは乱数ソフトを使って学生番号から学生2人～4人を選んで前で発表してもらうという方法です。その発表の前に議論をするのですが、誰に当たるかわからないという状況で議論するので真剣になります。学生は、私たち教師にはいろいろと反発しますが、前に立った学生の発表を聞くときはとても真剣です。このように講義の中でアクティブラーニングを取り入れてくことが求められているのではないかと思います。

## 3.3 大学の事例報告を踏まえて

　話を今日のテーマに戻しましょう。
　「カリキュラムマネジメント」と言うときに、アクティブラーニングであろうとなかろうと、ディプロマポリシー（DP）を見せてもらわないと議論はできません。カリキュラムに話が行くと同時にDPの話になります。DPの中にアクティブラーニングにかかわるような文章がないのであれば、その大学ではアクティブラーニングとカリキュラムはつながりません。だから私たちはDPに何を掲げているか、というところに注目しなければなりません。その点で創価大学の事例はしっかり構造化されていて、DPを踏まえて、学習成果を具体的に明示しています。これを基に、各授業をカリキュラム化して

いく。非常にいい構造で進んでいると思います。

　次に「一般的アクティブラーニング」の話において、「定着」というものをどのように捉えるかです。その捉え方をもう少し開かないといけないと思います。今はトランジションを基に学校教育、小学校から大学まで含めて大転換しています。そのときに「知識の定着」は大事ですが、その「定着」にもう少し広がりを持たせる必要があります。課題解決はプロジェクトで、講義は定着だけで、というのはちょっとしんどい。だからあらゆる学習の中で、講義を中心とする授業の中でも、問題解決をしていくということもあると思います。確かに問題をガンガン発見して、さまざまなプロジェクトに取り組んでというのは、普通の講義型の授業では無理だし、そうなってもいけません。でも、初等・中等教育でよく使われている「習得・活用・探究の学習プロセス」の中の「活用」という辺りは、大学でももっとあっていいと思います。一教科の中では習得と、その知識を使っていろいろな問題を解いていく活用という学習があります。それから教科横断型や総合型などと言ったりしますが、プロジェクト学習と同じもので「探究」があります。これはテーマを世の中や社会の人々の問題・関心からスタートさせて、「これは物理の問題」「これは地理の問題」というようには区別せず、課題を解決するために知識を総動員していくという学習です。しかし、よくよく見ていったら、活用の中にも、一教科の中にもかなり社会的、あるいは自然科学的問題を多く含んだ応用問題があります。ここでは習得を助けるような、学習パラダイムの枠を越えていくようなものを先生方にイメージしてほしいのですが、せめて**図表3-7**の太線で囲まれた「活用Ⅰ」の領域までを、「定着」や「一般的アクティブラーニング」と呼んでいく中に含めてほしいと思います。ここがなかったら、非常に極端な講義型、演習型、プロジェクト型に分かれてしまいます。だからここは、拡張して考えていきたいわけです。

　それから「深い学び」と「高次のアクティブラーニング」は分けて考えたい。これが一緒になる瞬間というのは、やっていくと感覚で分かるのですが、深い学びというのは知識習得型の授業の中でもあります。「深い」というのは基本的に何かと何かがつながっていくときに使う言葉です。だから私たちが学んでいることを、先ほど申し上げたような、例えば、これまで学んでき

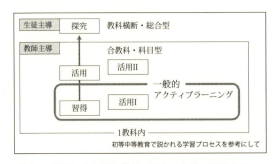

活用Ⅰ：習得した知識を教科の既存の文脈で活用する
活用Ⅱ：習得した知識を子どもには新しい文脈で活用する

**図表 3-7　一般的アクティブラーニングの「定着」とは？**

た既有の知識や経験、素朴な疑問や信念とつなげて、「こういう状態になったらこういう問題はどうなるのか」と発想を広げていくことが望ましい。課題によってはいろいろつなげることができますし、プロジェクトや課題発見などのように大きな取り組みでなくても、普通に講義の中で取り扱っているテーマの中でも小さい「つながり」をたくさんつくることができます。ですから、「深い学び」は、講義であろうと演習であろうと、高次のアクティブラーニングであろうと、あらゆるところで求められるものだというふうに考えたい。そして、そういうものだけを取り出したところに、高次のアクティブラーニングや問題解決のPBLなどがあっていい。先ほどの図表3-6の分類では「AL中心型」ですね。こういう概念の重なりを整理しておきたいと思います。

　首都大学東京も非常によくやっていて敬意を表します。アクティブラーニングの改革の眼目になるのは、講義型がどれぐらい変わっているかという点だと思います。日本の大学は、演習、プロジェクト、卒業研究、そして実験などをしっかりやってきたという認識がありますので、講義の部分がどれだけ変わったのかということも、もっと見てみたいと感じました。私としては、喫緊の、しかも相当ハードルの高い課題として、ここにすべての焦点を当てていると言っても言い過ぎではありません。高校では、総合的な学習の時間を、どこも一所懸命にやっていて、そこを見てアクティブラーニングを頑張っ

ているとこれまでは言ってきました。でも今はそうではなくて、主要教科の英数国理社の中にもアクティブラーニングを入れていくという改革が進んでいるわけです。これは大学なら講義科目に相当します。ですので、理想的にはすべての科目でアクティブラーニングを取り入れているというのが望ましい姿だと思います。ここがアクティブラーニング改革の一番重要なポイントだと思います。

　首都大学東京の「生命化学Ⅰ」はすばらしいです。もしこの科目だけでなく、首都大学東京のコースのすべての授業がこういう形になっていくと、これはかなりすごいことですが……。こういう授業が他の講義科目でもたくさん出てくるという話になったら、また教えてください。

　それから、大学教育再生加速プログラム（AP）に採択された大学にも私は申し上げていますが、アクティブラーニング化の指標を「何パーセントがアクティブラーニングの授業になっています」という形で出すべきです。そのときに、大学としては一応4年間全ての科目の中でアクティブラーニングの授業は何科目あり、何％だと載せていくのが筋だと思うのですが、アクティブラーニング改革のターゲットから考えると、講義科目がどのぐらい変わっているかを知りたいわけです。だから分母は講義科目にしてほしいと思います。

　もう一つはアクティブラーニングのレベルの問題です。その点で國學院大學法学部では、アクティブラーニングを導入している先生の割合が85.7％と

(1) セントラルドグマ（タンパク質の生合成）と合成高分子の専門的知識を身につける（**レポート、講義**）
(2) 自ら課題を発見し、その課題を解決する能力とエビデンスベースで思考する習慣（**PBL**）
(3) 能動的な学習習慣を身につけ、専門的知識を使い、課題の調査、解析、解決案を立案できる能力（**講義、PBL**）
(4) グループ活動を通じた協調性とコミュニケーション能力（**PBL**）
(5) 課題をまとめ伝える文章力、プレゼンテーションの技能と能力（**PBL**）
(6) 化学英語を身につける（**レポート**）
(7) 社会的倫理観を身につける（**PBL**）

**図表3-8　首都大学東京「生命化学Ⅰ」での授業目的**

なっていますが、アクティブラーニングの手法別に見てみると、講義の中にペアワーク・グループワーク等を入れている先生の割合は39.3％ですね。これは、法学部ということを考えると相当高いと思います。アクティブラーニングの内容がどのレベルまで行っているかが重要です。

　実はある大学のAPの報告会で私は言ったことがあります。90年代半ばから「参加型授業」というのがけっこうありましたが、ワークシートやミニッツペーパーなどをやっていればそれで双方向性授業、アクティブラーニングだということになるというのは、現在では通用しないのではないかということです。私も2013年ぐらいまではそういったところからまずは始めて、そしてペアワーク、グループワークへと広げていきましょうという話をしてきました。

　しかし、ワークシートやミニッツペーパー程度なら、京都大学でもけっこうな割合の先生が実現していて、京都大学もアクティブラーニングに関しては何の問題もないくらい取り組んでいる、という話になってしまいます。でもそれは違うんじゃないかと皆さんおっしゃるのではないか。すでに今はもう質的転換答申を経て施策化され、そして小・中・高での教育改革や高大接続改革が進んでいるので、ワークシートやミニッツペーパーあたりで線を引いてアクティブラーニングだと言っていたのでは、先に進みません。もっと上のレベルの取り組みが、アクティブラーニング化の指標の基準とならなければなりません。

## 4．今後の課題

### (1) 対人関係が苦手な学生への対応

　最後に、今後アクティブラーニングを組織的に進めていく上で、課題になってくるであろうこととして、2点お話して終わります。

　一つは発達障害、あるいは対人関係の苦手な学生への対応の問題です。おそらく大学に来る学生の中でアスペルガー症候群を持つ学生も含めて、そのような学生は非常に見分けにくいという現実があります。支援の専門家には情報が集中しているようなので、そういう専門家に大学としても支援を積極

的に求める方向でいかなければなりません。ただ授業の中で見たときに、私にはこの学生には障害があるとは思えなくて、「もっとやらんかい」と言いたくなる学生がいます。そういうときに、大学としてどう取り組めるか、あるいは取り組んでいるのかを示していくことが直近で問題になると思います。

　多くの大学では担任制度がありません。卒業研究などの段階になって指導教員が気付いて、専門の部署に相談したりするという話を聞いたりしますが、小・中・高では担任がいるので、この子はどうなのかということが分かっています。それでも全体としてアクティブラーニングをやらないといけないという施策の中で、今お話ししたことはもうすでに問題になっています。

　私が教育顧問として指導している神奈川県私立の桐蔭学園は、全教科にアクティブラーニングを導入するという全面改革をしているのですが、この話は最初から大きな問題になりました。人前で声が出せない、皆の前に立つことを嫌がる、障害の認定を受けている生徒もいます。本人は障害があることに気づいていないが診断を受けたら認定されるかもしれない、そういった生徒もいます。

　こういう問題について、大学で組織的支援というと簡単ですが、実はけっこう難しい。ここから先は、大学としてはどうしたらいいかという結論を私は持っていませんが、中・高で解決してきている問題として一つ私がお伝えできるのは、この件を特別支援学校とか発達障害の専門家に聞いて回ったときの話です。彼らの何人かが私に言ったのは、「普通の学校に通ってきているということを、重く受け止めてほしい」ということでした。「通常の授業に出られないほどの重度な障害を持っていたら特別支援学校に行っていることでしょう。でもそこに行かないで、普通の学校に行っているのは、その生徒にとって社会適応に向けてのチャレンジがあるからなんです」と。派手なグループワークや人前に出て発表するなどなかなかできないと思いますが、そういう生徒が将来働くようになったときに、その生徒なりにできることを見出していかないといけないと思います。それは「できる人」の基準から見たら、全然ダメだったり落差があるとは思いますが、その人が社会で生きていくときに、「できるところはここ」といったような支援をすることがこれから求められるようになるのではないかということです。

そのためにはガイドラインづくりなどの組織的検討から始める、ということになるでしょう。そして専門部署が支援に関わるとなると思います。

## (2)「学力の4観点」と「学力の三要素」

　もう一つ言って終わります。**図表3-9**は國學院大學法学部のカリキュラムマップですが、このようなものを使われていることに敬意を表します。これは本当に大事な取り組みだと思います。

　表に使われている4つの言葉を次の図の右側に抜き出しています。初等中等教育はこの4観点を基に学習を構造化して今に至るわけです。特に小学校・中学校はそうです。

　ところが今は高大接続改革が進んでいて、学習指導要領が変わろうとしていて、その途中の生徒が大学に入ってくるようになります。そういう学生たちが小・中・高の頃に受けた指導では、近未来、4観点ではなくて「学力の三要素」が使われていることと思います。

　これが意味するものは非常に単純で、「知識・技能」つまり基礎的知識・理論はやはり大事でしょうということです。これはいわゆる従来から「学力」と言われているものですね。

　それから「思考力・判断力・表現力」。さらに、これらに加えて「協働」というのが大事でしょうとなっています。これはアクティブラーニングが大学から小・中・高に下りていってつけ加えられた言葉です。そこで、「主体性をもって多様な人びとと協働して学ぶ態度」が加わっています。（注：最近この部分は「学びに向かう力・人間性」と表現されています）

　こういう言葉を小・中・高では使いながら、生徒たちを上の学校へ送り出してきます。それを、大学のアドミッションポリシーが受けていないのは問題だという議論があったりします。私たちは高等教育の中ではこの言葉を使っていません。だからこれを使っていくか否かというのは、今後、高校以下の教育とつないでいくときの一つのポイントになるところだと思います。高校までの学校教育で育った生徒を受け入れる大学の側としては、こういう言葉を入れながらアドミッションポリシーをつくっていってもいいのではないかと思います。

図表 3-9　國學院大學法学部での4観点からの学力の三要素

4観点（別評価）
(1) 知識・理解
(2) 思考・判断
(3) 関心・意欲
(4) 技能・表現

⇒学力の三要素
(1) 知識・技能
(2) 思考力・判断力・表現力
(3) 主体性をもって多様な人びとと協働して学ぶ態度

『高大接続システム改革会議「中間まとめ」（案）』(2015年8月5日)

| 学年 | 科目名 | 時期 | 知識・理解 ① | 知識・理解 ② | 知識・理解 ③ | 思考・判断 ① | 思考・判断 ② | 思考・判断 ③ | 関心・意欲 | 技能・表現 ① | 技能・表現 ② | 技能・表現 ③ |
|---|---|---|---|---|---|---|---|---|---|---|---|---|
| 1 | 基礎演習 | 後期 | ○ | | | | | | | | | |
| 2 | 判例演習 | 前期 | | ○ | | | ○ | | | | | |
| 3,4 | 法哲学A | 前期 | | ○ | | | | | | | | |
| 3,4 | 法哲学B | 後期 | | ○ | | | | | ○ | | ○ | |
| 3,4 | 法制史A | 前期 | | ○ | | | | | | | ○ | |
| 3,4 | 法制史B | 後期 | | ○ | | | | | | | ○ | |
| 3,4 | 外国法A | 前期 | | ○ | | | | | | | ○ | |

具体的目標（知識・理解）
① 条文の読み方や基本的法解釈技術など、法律学に共通する一般的・基礎的な知識を習得する。
② 主要な法領域の特色及びその領域で扱われる制度や概念を説明できる。
③ 法による紛争解決が求められる事案につき、法的問題点を発見し、法的三段階によって解決を図るという思考をとることができる。

具体的目標（思考・判断）
③ の思考をする際に、制度趣旨や基本原理に遡った法律論を行ったり、問題解決に必要な理解をそうでない事実をより分けて考えるといった、規範的思考を行うことができる。

具体的目標（関心・意欲）
法学一般および各法領域に関心を持ち、授業に積極的に参加することができる。

具体的目標（技能・表現）
①③に記した思考の過程・結果を、文書で的確に表現し、考えの異なる他者と意見交換できる。
②③に記した思考の過程・結果を、口頭で的確に表現し、考えの異なる他者と意見交換できる。
基本的なアカデミックスキルを修得する。

國學院大学

私は、桐蔭学園の中・高でアクティブラーニングを全教科に取り入れていくという試みに全面的に協力しています。YouTubeで「桐蔭学園」「アクティブラーニング」で検索すると、授業の様子などをご覧いただけます。この生徒たちが、2年後、3年後に大学に入学してくることを想定して、そこに間に合わせて大学が変わっていくといったことも私の眼中にはあります。桐蔭学園の先生たちと議論していてよく出てくるのですが、「これだけ高校でアクティブラーニングをやっているのに、大学に入ってもしアクティブラーニングがなかったりしたら生徒たちはガクッとなるよね」と釘を刺されています。そうならないように私たちはやっていかなければならないし、そうなることで最後にはトランジションを見据えた改革が完成していくのだろうと考えていることをお伝えして終わりたいと思います。ご清聴ありがとうございました。

# 第4部

# 2015年度実地調査による大学個別レポート

掲載大学・学部・学科

| 系 | 大学 | 学部 | 学科・コース |
|---|---|---|---|
| 理系 | 首都大学東京 | 都市環境学部 | 分子応用化学コース |
| | 東邦大学 | 理学部 | 生命圏環境科学科 |
| | 神奈川工科大学 | 理工学部 | 電気電子情報工学科 |
| | 関東学院大学 | 建築・環境学部 | 建築・環境学科 |
| | 山梨大学 | 工学部 | 応用化学科 |
| | 近畿大学 | 理工学部 | 電気電子工学科 |
| | 九州工業大学 | 工学部 | 機械知能工学科 |
| 文系 | 國學院大學 | 法学部 | 法律学科 |
| | 昭和女子大学 | 人間社会学部 | 心理学科 |
| | 創価大学 | 経営学部 | 経営学科 |
| | 産業能率大学 | 経営学部 | 現代ビジネス学科 |
| | 愛知県立大学 | 外国語学部 | 国際関係学科 |
| | 関西国際大学 | 人間科学部 | 経営学科 |

# 実地調査による大学・学科別レポート

## 1. 首都大学東京 都市環境学部 分子応用化学コース（2015年度定員60名）

※ 2018年度より「都市環境学部 環境応用化学科」に改称

### (1) この4年間のアクティブラーニング導入の進展について

- カリキュラム改革に取り掛かったのは、2018年問題（2018年を境に18歳人口が急激に減少する問題）に対応し、かつ大学間の競争に生き残るためには、特色ある教育プログラムを作り上げ、教育に力を入れている大学、学部、コース（学科）となる必要があると考えたからである。この取り組みにあたって対応すべき問題点、特に、①改革前のカリキュラムが幅広く浅い学びで構成され、実験科目以外の授業の多くが一方通行型の受身の講義形式となっていること、②学生が大学以外ではほとんど学習（予習・復習）をしないこと、への対策としてアクティブラーニングの導入が検討された。

- 一般に公立大学は規模が小さいので大学改革は進めやすいと思われているかもしれないが、学部によっては保守的な学部も存在するため、全学での改革はなかなか進まないというのが現状である。しかし同コースではそのような全学での改革を待っていては、教育改革に取り組む機会を逸してしまいかねないと考え、同コースの教授である大学教育センター副センター長（現学長補佐）を委員長として、同コースだけでもやれることから着手していこうと、まずはカリキュラム改革に取り掛かった。同コースでのこの試みに対しては、同学の経営陣や大学教育センターからの賛同も得られ、図書館施設の充実、学習支援設備の拡充、TA制度の導入など、設備面や制度面からのバックアップを得ることができた。

- 同コースでのカリキュラム改革は、先の大学教育副センター長が中心と

なり、中長期的な視点で教育改革を進めてきた成果である。まず 2010 年度にこの取り掛かりとして、学生全員の成績を追跡調査し、入学から卒業までの成績の推移や、授業時間外学習の状況を調べた。ここでわかったことは、学生の自発的な学習時間は教員たちが考えていたほど多くはなかったことと、多くの学生は入学時の成績は良好であるが、入学後の成績推移については時間外学習時間の多寡によって 1 年次後期で差が出始め、2 年次には成績の良い学生と悪い学生とで二極化することである。

- そこで 2011 年度、新しいカリキュラム開発を担う中心組織としてカリキュラム委員会が発足し、カリキュラム改革を推進するのに必要な権限が付与された。委員会は、入試担当、教務担当、推薦入学担当、広報担当、国際センター、学生実験の担当教員など、組織横断的なメンバーで構成され、新しいカリキュラム案が検討された。同委員会の機能は、カリキュラム開発だけに留まるものではなく、入試や、留学生、広報に関することなど多岐にわたる内容を一括して検討し、改革を行った。その理由は、カリキュラム改革が、入試、留学、広報などと深く関係しており、同時に議論することが必要であると考えたからである。
- 2013 年 4 月より開始した現在の新カリキュラムのコンセプトは、同コースの特長を明確にすると同時に、自発的な修学姿勢の学生を育てるということである。このため、ディプロマポリシーの達成に向けて、各年次でのコア科目（学部・修士ともに各期で 7 科目を選定）を決めて科目数を絞り込み、かつそれらの授業にはアクティブラーニングを積極的に取り入れ、学部から大学院までの教育を一貫して段階的に進めていける構造を作り上げた。また同時に教員への科目負担を 1 教員当たり平均 3 科目に減らす代わりに、各授業にアクティブラーニングを取り入れる工夫を行って、1 回の授業の質を上げるようにした。全体の授業科目数を減らしたのは、アクティブラーニングを授業に取り入れることで教員への負担が増えることを考慮したためだけでなく、コースの特長をより明確にし（かなり専門性が高い内容は大学院講義に移行）、さらにそのカリキュラムで教育したい学生を再確認する意味もあった（入試や広報に反映させるため）。
- 授業へのアクティブラーニングのとり入れ方については、同コースでの授

業の進め方を記したプリントを各教員に配付、教員全員で共通意識を持って取り組めるようにしたほか、ホームページ上にもカリキュラムの意義や内容を公開することによって見える化を実施した。その中で各年次のコア科目ではアクティブラーニングを取り入れることを必須化することを明記している。また、目的を持ってアクティブラーニング型授業を進めてもらえるように、学年進行に応じてそこで取り組まれるべきアクティブラーニングの目的を5つのフェーズに分類して明確化し、担当する教員にはそれらを共有してもらうようにした。なお、アクティブラーニング(AL)の分類は、AL1(1年次)：ジェネリックスキルの定着を目的としたAL、AL2(1・2・3年次)：知識定着を目的とした『専門分野のAL』、AL3(3・4年次)：知識を活用し、課題解決を目的とした『専門分野のAL』、AL4(4年次)：知識を活用し、問題発見・課題解決を目的とした『専門分野のAL』、AL5(M1・2)：知識を活用し、問題発見・課題解決を目的とした『高次な専門分野のAL』としている。

- カリキュラムおよび各科目の内容についてはカリキュラム委員会で決めているが、各授業の進め方については担当の教員に基本的には任せている。ただし例え講義形式の科目であっても一方向的な授業にはせず、演習などのアクティブラーニングの要素を入れてもらえるよう各教員にお願いしている。また、新カリキュラムでは英語教育にも力を入れており、修士を英語講義のみで卒業できるようなカリキュラムの設計としたため、学部の授業でも講義内に英語を含めるようにしている。英語の割合は学年毎に傾斜をかけ、例えば、2年次では授業時間のうちの10～20%、3年次では20～30%という具合で進めてもらっている。

- アクティブラーニングを積極的に授業に取り入れていこうとしたもう1つの意図は、学生に対象テーマについて授業前に予め自主的に調べさせることで、自ら調べた知識を記憶に残りやすくさせ、また自主的に学ぶ習慣を身に付けさせることにある。これにより授業時間外での学生の学習時間は自ずと増え、また授業ではアクティブラーニングを通して考える力も鍛えることで、一方向的講義で知識を記憶するだけの授業から、理解する授業へと転換することができた。

- 今後の課題としては、科目数を絞り込み個々の科目の内容を圧縮したの

で、当面は最適化を目指して科目間のすり合わせを行っていくことが常に必要である。また、どの科目にもアクティブラーニングを取り入れていくことが重要であるとはいえ、時間外学習が学生にとって過度の負担とならないよう注意を払いながら取り入れていく必要がある。さらに、予習を効果的に行えるようにICTを活用したe-ラーニングをコース全体で導入する検討を始め、2014年度から開始した。

## (2) 教育目標について

・ディプロマポリシーで、「獲得すべき学習成果」として(A)～(I)の9つの知識・能力を学習・教育目標として設定している。そしてこれらの学習・教育目標の各項目と科目との対応関係をカリキュラムマップとして示している。
・ディプロマポリシーは、2008年に文科省が中教審で明示した「学士課程教育の構築に向けて」にしたがって作成したもので、2010年に作成し、2011年から公表してきた。
・カリキュラムマップは、1年次冒頭にあるオリエンテーションで、全コース生に配付して説明することで周知を図っている。
・カリキュラムマップにおける目標と科目の対応、整合性については、シラバスも参考にしながら、毎年度末に科目にかかわる全教員で再検討し、必要に応じて改定している。

| | 獲得すべき学習成果 |
|---|---|
| | 分子応用化学コースを修了して「学士(工学)」を授与される学生は、以下のような知識や能力を有します。 |
| (A) | 人文・社会・自然科学等の幅広い知識を身につけ、社会で起こる問題を理解し、総合的な視野に立って物事を考えることができる。 |
| (B) | 科学や技術が自然環境・生活環境に及ぼす影響を理解し、研究者・技術者として高い倫理観を持って公正な立場で発言し行動することができる。 |
| (C) | 自然科学全般および情報技術に関する基礎的専門知識を身に付け、それらの知識や技術を正しく使うことができる。 |
| (D) | 応用化学、材料化学の基礎的知識および専門的知識を修得し、研究者・技術者としてそれらを問題解決に活用することができる。 |
| (E) | 人類が直面している環境、エネルギー、材料、ライフサイエンス等に関する問題を理解し、解決に向けて自らの考えを論理的に組み立てることができる。 |
| (F) | 人類の発展に役立つ新材料や新物質、新しい方法論等を開発するための研究に工学的な視点を持って自ら取り組むことができる。 |
| (G) | 研究内容を日本語で論理的に記述して論文やレポートをまとめる文章力、自分の考えを分かり易く伝えるプレゼンテーション力、他者との議論を円滑に行えるコミュニケーション力を有する。 |
| (H) | 自分の考えを英語で伝えることができる基礎的なプレゼンテーション力およびコミュニケーション力を有する。 |
| (I) | 自ら解決すべき問題・課題を見つけ、それに取り組む姿勢を備えている。 |

**図表 4-1　首都大学東京都市環境学部分子応用化学コースのディプロマポリシーの「獲得すべき学習成果」**

| 必修 | | 科目名 | 年次 | 学習・教育目標 ◎：強く関連、○：関連、▲：やや関連 | | | | | | | | |
|---|---|---|---|---|---|---|---|---|---|---|---|---|
| | | | | (A) | (B) | (C) | (D) | (E) | (F) | (G) | (H) | (I) |
| 基礎科目群 | 必修（講義・演習） | | | | | | | | | | | |
| | 必修 | 基礎ゼミナール | 1前 | | | | | ▲ | ▲ | ○ | ○ | ▲ |
| | 必修 | 実践英語Ⅰa～d | 1前・後 | | | | | | | | ◎ | |
| | 必修 | 実践英語Ⅱa～d | 2前・後 | | | | | | | | ◎ | |
| | 必修 | 情報リテラシー実践Ⅰ | 1前 | | | ◎ | | | | | | |
| | 必修 | 線形代数Ⅰ・Ⅱ | 1前・後 | ○ | ▲ | ◎ | | | | | | |
| | 必修 | 微分積分Ⅰ・Ⅱ | 1前・後 | ○ | ▲ | ◎ | | | | | | |
| | 選択必修（講義・演習） | | | | | | | | | | | |
| | 選必 | 一般化学Ⅰ・Ⅱ | 1前・後 | ○ | ▲ | ○ | ▲ | | | | | |
| | 選必 | 物理通論Ⅰ・Ⅱ | 1前・後 | ○ | ▲ | ○ | | | | | | |
| | 選必 | 初等物理Ⅰ・Ⅱ | 1前・後 | ○ | ▲ | ○ | | | | | | |
| | 選必 | 物理学実験第一 | 1後 | ○ | | ◎ | | | | ○ | | |

**図表 4-2　首都大学東京都市環境学部分子応用化学コースのカリキュラムマップ**

## (3) アクティブラーニング科目の設計と導入

■カリキュラムの全体設計

【アクティブラーニング科目の4年間の流れ】

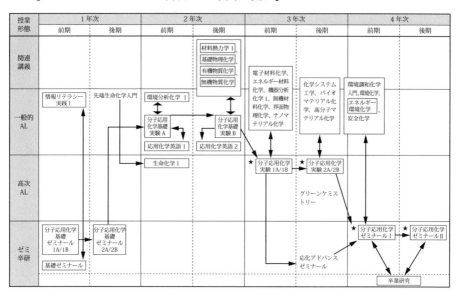

注1）高次AL　：専門知識を活用し、課題解決を目的としたアクティブラーニングのこと。
　　　一般的AL：知識定着を目的としたアクティブラーニングのこと。
注2）☐ 囲みは必修科目。
注3）★は教員の協働による高次のアクティブラーニング科目（ハブ科目）。

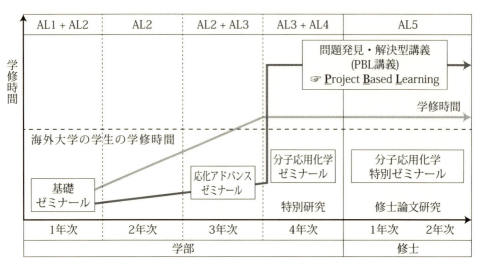

分子応用化学コースではアクティブラーニング（AL）を5段階に分類し、各学年ごとにそれに即した教育を行っています。
AL1：ジェネリックスキルの定着を目的としたAL
AL2：知識定着を目的とした専門分野のAL
AL3：知識を活用し、課題解決を目的とした専門分野のAL
AL4：知識を活用し、問題発見・課題解決を目的とした専門分野のAL
AL5：知識を活用し、問題発見・課題解決を目的とした高次な専門分野のAL

出典：首都大学東京都市環境学部分子応用化学コース提供資料

**図表4-3　首都大学東京都市環境学部分子応用化学コースのアクティブラーニングのフェーズと学修時間の相関**

・同コースのカリキュラムは学部から修士までの課程を一貫した設計となっており、学年進行によってそこで取り組まれるべきアクティブラーニングの目的を5つのフェーズに分類し、学年進行に応じてその目的がより高度なものとなるように、かつそれらの取り組みを通して学生の学習時間が増えていくように設計されている。また、教育のグローバル化を目指し（修士では英語の授業の履修のみで卒業できるようなカリキュラム設計）、学部1年次から講義内に化学英語を含めた授業を行っている。英語の割合は学年毎に傾斜をかけ、例えば、2年次では授業時間のうちの10〜20％、3年次では20〜30％となっている。さらに、大学院では、

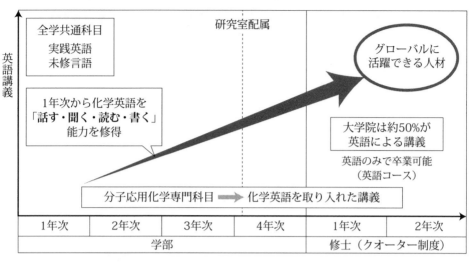

出典：首都大学東京都市環境学部分子応用化学コース提供資料

**図表 4-4　首都大学東京都市環境学部分子応用化学コースの学士・修士課程 6 年間での英語教育**

　学生が留学しやすい制度とするためクォーター制を導入している（大学内では分子応用化学域のみ）。

・必修のコア科目として、1 年次には初年次教育科目である前期「分子応用化学基礎ゼミナール 1A ／ 1B」、後期「分子応用化学基礎ゼミナール 2A ／ 2B」、2 年次には一般的アクティブラーニング科目である前期「分子応用化学基礎実験 A」、後期「分子応用化学基礎実験 B」、3 年次には高次のアクティブラーニング科目である前期「分子応用化学実験 1A ／ 1B」、後期「分子応用化学実験 2A ／ 2B」、4 年次にはゼミ科目である前期「分子応用化学ゼミナールⅠ」、後期「分子応用化学ゼミナールⅡ」が配置されている。これらの科目は、同時期に開講されている講義科目や一般的アクティブラーニング科目の内容と密接に関連付けられた内容となっている。

- 学び進めていく上で必要な基礎的なスキルだけでなく学習の習慣を、1年次のうちに身につけさせることを重視しているため、初年次ゼミ科目がいずれも必修あり、前期の全学必修科目「基礎ゼミナール」、前期「分子応用化学基礎ゼミナール1A／1B」、後期「分子応用化学基礎ゼミナール2A／2B」と手厚く開設されている。

■初年次ゼミ科目
- 全学共通科目である「基礎ゼミナール」（1年次前期・必修）は、自己の表現力やプレゼンテーション能力を高めるために、全学部の1年生が1クラス22名程度に分かれて実施されている。他学部の学生と協働しながら、都市にかかわるさまざまな課題について解決策を探る授業である。
- 一方、もう1つの初年次ゼミ科目はコース独自の科目であり、1年次前期必修の「分子応用化学基礎ゼミナール1A／1B」と後期必修の「分子応用化学基礎ゼミナール2A／2B」である。カリキュラム改革を行った2013年以前は1年次前期のみで、そこでは導入教育として今後の学修の動機づけとなるようにあえて難しい先端化学を題材にした内容の実験を中心に行っていた。しかし、学生の自発的な学修につながらなかったため、学生が1年次に身につけるべき内容を精査し、それに沿ったカリキュラムを再設計した。具体的な内容は、まずは能動的学習姿勢を身に付けるため、PBLの要素も取り入れて、与えられたテーマに対して自ら課題を発見し、その調査を行い、グループ内で結果を整理して発表と質疑を行うことに主眼を置いた。特に、グループ活動を通じた協調性とコミュニケーション能力、課題をまとめ伝える文章力、プレゼンテーションの技能と能力を身に付けることに重点を置いた。つまり、今後大学で学修を行う上で必要となる基礎的なスキルの習得も目的としている。さらに、キャリア教育（学生時の教育、研究への取り組み方、卒業後の進路を考える）、化学実験を安全に行うための知識や技術、科学に関連したテクニカルライティング（日本語教育）、グローバル化に関連した化学英語（4技能の修得）を通して、国内外の応用化学、材料化学に関する知識と理解を深めるとともに、専門的な化学に関するPBLを通じて問題発見と解決のための

能力を養えるような内容とした。
- また同時期に開講されている全学必修科目「情報リテラシー実践Ⅰ」で学ぶ内容と連携させている（Microsoft の Word、Excel、PowerPoint の使い方を 4 回は全学共通の内容で、残りの回はコース独自のプログラムで指導している科目である）。理系のレポートやプレゼンテーション作法、文献調査の方法、英文作成などの内容の他、分子構造の作画や分子軌道計算など化学に関連した ICT スキルの内容も加え、独自で制作したテキストを使って実施している。夏休みには課題を課し、「情報リテラシー実践Ⅰ」での学びも活用させて、「分子応用化学基礎ゼミナール 1A ／ 1B」で作成した手書きの実験レポートを改めて Microsoft Word で作成させている。

■高次のアクティブラーニング科目
- 2 年次前期の必修科目「生命化学 1」は、PBL の形式を取り入れた科目である。授業の 1 講～ 12 講までは、日本語と英語で毎回レポートを提出（8 回程度）させ、予習を前提とした講義が行われる。13 講～ 15 講では講義で得た知識を使って、ライフサイエンス分野で問題となっている課題の発見とその解決を目指す。自ら調査して成果をプレゼンテーションする。知識の活用の仕方を学ぶが、コミュニケーション力、課題をまとめ伝える文章力、プレゼンテーションの技能と能力を身に付けることも目標としている。
- 3 年次の必修科目である前期「分子応用化学実験 1A ／ 1B」、後期「分子応用化学実験 2A ／ 2B」は、いずれも学生実験の中に高次のアクティブラーニングを取り入れた科目である。週 2 回開講される 2 コマ連続の授業である。2 年次後期の「分子応用化学基礎実験 A ／ B」では、学生は実験を決められた手順にしたがって行い、データの分析・解析の仕方も教員が示す形で取り組ませる。しかし同科目では、学生を 2 ～ 3 人のグループに分けて、実験そのものは決められた手順にしたがって行わせるが、そこで得られたデータをどう分析・解析すればいいのかということについては、各グループで考えさせる。データの分析・解析方法には唯一解はないので、提出されるレポートの内容は同じ実験を行った学生同

士でも随分異なる。
- 3年次後期の選択必修科目「高分子マテリアル化学」では、それまでに学んだ専門知識を活用させながらも、解のない課題に取り組ませている。与える課題には、教科書には出ていない、インターネットなどで調べても答えが出てこないようなテーマを選んでいる。テーマの例としては、「はさみで切れない高分子繊維を考えよ」といったものがある。
- 3年次後期の選択必修科目「グリーンケミストリー」では、講義で学んだ環境や資源に関する知識をもとにした環境問題や持続的な化学産業のあり方をテーマにディベートに取り組む。

■専門ゼミ・卒業研究
- 3年次の夏期集中講座として定員20名の「応化アドバンスゼミナール」がある。PBL型授業、研究室体験、大学院博士後期課程とのディスカッション、英語論文の読解などに取り組むゼミで、「分子応用化学基礎ゼミナール」の発展系ゼミとして位置付けられているが、かなり高度な内容である。成績上位層の学生の能力をさらに延ばすことが1つの目的で、さらに、博士課程まで進学する動機付けも目的としている。
- 研究室に配属された後のゼミとしては、4年次必修の前期に「応用化学ゼミナールⅠ」が、後期に「応用化学ゼミナールⅡ」がある。
- 卒業研究の履修は必修となっている。卒業研究として単位化しているのではなく、研究室に分かれて指導する4年前期・後期の必修科目「分子応用化学特別研究Ⅰ・Ⅱ」の単位がこれに該当する。1月には卒業研究発表会を開催し、コースの全教員・全学生が一堂に会して、全学生の口頭発表が行なわれる。口頭発表の内容は全教員による投票によって評価され、最も優れた研究発表者にはMost Impressive賞が授与される。なお、当該科目の成績評価は指導教員が単独で行う。

(4) アセスメントおよび 学生の振り返り
- 金沢工業大学での取り組みや学修手帳を参考にして、1年次に、手書きで書き込むシート「一週間の学修履歴」を毎週書かせている。1年生のう

ちに、学生が自身の学修状況を把握し、授業外学修を含め能動的に学ぶ習慣をつけさせることを目的としており、毎週、記入したもののコピーを提出することになっている。

　シートはAタイプ・Bタイプ2つの形式を用意しており、学生は自身の好みでこれらのうちの1つのタイプを選択して使用する。Aタイプは1週間のカレンダー型で、毎日、遅刻・欠席した科目名とその理由、予習・復習・課題を行った科目名、自習時間を記入する形式である。Bタイプはスケジュール帳型で、毎日、1日のタイムテーブル(出席した授業名、予習、復習、課題など)を記入するタイプのものである。そして両タイプ共通して、週の自習時間の合計、学修達成度、この一週間で特に努力した点・反省すべき点(その対策)、次週の学習目標を週の終わりに記入することになっている。

　この「一週間の学習履歴」の記入は1年次では義務化しており、1年次のうちにこの運用を通してPDCAを機能させ主体的に学ぶ習慣をつけるよう促している。アンケート調査の結果、2年次以降でも2割の学生はこの「一週間の学習履歴」の記入を自主的に継続している。

・1年生には、その他にも、「分子応用化学基礎ゼミナール」の1テーマ終了ごとに「達成度確認シート」と半期終了ごとに「期末達成度自己評価シート」を作成して提出させている。また、前期終了時には「成績自己分析シート」を記入して提出し、問題のある学生は後期に向けて修学指導を行う。

　1回目の授業で、学生一人ひとりにポートフォリオ用のファイルを渡しており、課題やワークシートなどの提出物はコピーをとって提出し、原本は学生が手元に持つそのファイルに綴じ、学修履歴をいつでも振り返られるようにしている。これらの振り返りのツールにより、学生自身で自分の状況をチェックする習慣を身に付けさせる。

・1年次後期「分子応用化学基礎ゼミナール2A／2B」では、クラスを担当する教員によっては、自己評価だけでなく相互評価もさせている。一例を挙げると、同科目では2つのPBLに取り組む。ここではグループのメンバーだけでPBLに取り組むのではなく、TAとして大学院生も混じり彼らにアドバイスを送っている。ここで自己評価と相互評価をさせる

意義は、グループのメンバー、教員、TA といった多様なメンバーとの活動における自身への評価が、自己と他者でいかに差異があるのかということを学生に知らしめることにある。相互評価の観点は、貢献度、リーダーシップ、議論の仕方の3つである。学生には、自己評価と相互評価を比較させてそのギャップを知らしめることで、自己認知のメタ化を促す。PBL に合わせて2回の自己評価と相互評価を行うので、2回目の評価では1回目よりも、正確な自己認識を通してそのギャップが小さくなるよう指導している。
- 学部4年間の学びのアセスメントは、既に実施している卒業時のアンケート調査を改良した自己評価シートを記入させることで行っていく方針である。到達目標に対して自身のスキルをどれだけ高めることができたかという観点で測定する予定である。

## (5) 教員の協働による「学びの質保証」
- 例えば、「分子応用化学基礎ゼミナール 1A ／ 1B」「分子応用化学基礎ゼミナール 2A ／ 2B」では、学期の終わりにはその授業内容の見直しを担当教員全員で行い、PDCA を機能させている。これにあたっては、学生の授業評価アンケート、教員の自己評価を参照して行っている。担当教員同士の見直しの場を設けているのは、学生の授業評価アンケートの結果をベースに個々の教員に対して個別に改善案を提示しても、実行に移さない可能性もあるためである。
- 科目数を絞り込み、個々の科目の授業の質を上げるため、1科目を複数の教員で担当する科目が 2013 年度のカリキュラム改革以前よりも増えた。このような科目のシラバス作成にあたっては、担当する全教員が一箇所に集まってその内容を検討・決定している。このやり方でシラバスは毎年改訂を重ねてきた。

## (6) その他
動画を使った反転授業については、2年次後期の「分子応用化学基礎実験 A」で実施しているが、効果の検証などは行っていない。

## 2．東邦大学 理学部 生命圏環境科学科（2015 年度学科定員 60 名）

### (1) この 4 年間のアクティブラーニング導入の進展について

・本学科は、"地球科学"、"環境生態学"、"環境化学"、"環境管理・創成科学"の 4 コース制で 2005 年に開設された。応用科学的側面を持った学科であることから、学生には学問的に広い視野を持つことを求められることと、社会に出ても、研究のためにも、多様な人々と接する中で社会的合意形成を得る訓練が必要であるという判断から、当初からアクティブラーニングを実践していた。

・2011 年度入学生から環境科学の体系的な理解を深めることを狙いとして新カリキュラムへと改革したが、そこでさらにアクティブラーニング型授業を積極的に導入した。それは上記の理由に加えて、学生の学力と興味関心の多様化により、まんべんなく基礎科目を学ぶモチベーションを維持する必要性が以前より高まったことと、それぞれの学習プログラムの具体化（目標設定、手段、評価方法）が求められたことからである。

・以前から、共同研究・事業の進展、および地域課題解決のために、近隣の企業・自治体等との連携が課題であった。そこで、課題発見・課題解決型授業において、近隣の方々に授業に参加していただき、協働でアクティブラーニングをデザインした。特に 2014 年度初めから周囲の自治体との包括協定を結んだことが多くのステークホルダーを包括する起爆剤となった。教員個人のつながりも深まり、連携は良い方向に向かっている。

・理学部全体で毎年（2 年に 1 度は合宿）FD を実施しており、さらにこの学科では教員の中で月一回のペースで"学科将来構想ワークショップ"を実施している。それはこの学科が応用系ということから学生の多様性が他より際立っているために、教育への意識的取り組みが他学科に比べて必要だという認識からである。

・全学で FD を通して、カリキュラムの明確化を目的にマップを作成しアクティブラーニング型授業と講義型授業との連携を整理した。

- これも含め、学部として4、5年前から横断的に教育開発センターを立ち上げ、全学的に共通教育をどうするかを情報交換から始めていることに見られるように、教育内容を検討する体制と取り組みがある。
- 教員間でアクティブラーニングのノウハウが共有されていないことも課題であった。しかし、講義資料やワークブックの作成方法や、学生の評価の高い授業の参観などを、FDを通して共有することで、教員の質の維持・向上に努めている。
- 施設としては2015年度、教育改革GP（学内競争資金）の支援を受け、低学年次のPBL導入とピアサポートを目的としたフューチャーセンターを設置した。今後アクティブラーニングの基地としていく。

## (2) 教育目標について

- ウェブサイトには教育目標が提示されており、カリキュラムマップには学科の学習・教育目標が記載されている。また、ディプロマ・ポリシーはカリキュラム・ポリシーとともに明示され、学生にも共有されている。
- 必修科目は「卒業研究」と、この学科の中心的科目で3年次に設置されている「ユニット科目」のみ。その他は選択必修であるため、学生の履修の自由度は高い。そのため学生にカリキュラム体系を理解させることが大切であり、その目的で学生に明示している。カリキュラムマップは学部で揃えて2014年度に作成し、2015年度から学生に公開するようにした。

---

教育目標　理学センスを持った頭脳と、環境問題を解決する熱い心を育みます。
　　　　　少人数制で実践のバランスの取れた教育をモットーとします。
　　　　　日本語・英語によるコミュニケーション能力を鍛えます。

【生命圏環境科学科のディプロマ・ポリシー】
1．生命圏環境科学の知識と技術を習得し、それら問題解決に応用することができる。
2．生命圏環境科学と関連する科学の分野についても、概括的な知識を持っている。
3．コンピュータを科学の問題解決や情報発信のための道具として活用できる。
4．社会の中での科学の役割を理解し、科学技術が社会や自然に及ぼす影響や効果、および科学者・技術者の社会的責任に関しても理解している。
5．生命圏環境科学分野の英語の基礎的文献を読むことができる。
6．科学における問題解決の過程と結果を、論理的に文章として記述することができ、それらを他人に分かりやすく説明し、議論することができる。

**図表4-5　東邦大学理学部生命圏環境科学科の教育目標とディプロマポリシー**

必要な科目をセットで履修することや、安易な科目選択に流れないようになったという変化が見られる。
・カリキュラムマップでは、人文社会系、自然数理系など7つに分類された教養科目群と、4つのコースに分類された専門科目に分かれて提示されており、計11の科目群それぞれについて身につける能力が明示されている。
・各科目のシラバスを見ると、(1) 授業の目的と学習成果〔教育目標・期待される学習成果〕には〔教育目標〕として"基礎学力"、"科学的素養"、"問題発見・解決力"、"社会人力"の最大4項目に分かれて記載され、それに続いて、〔期待される学習効果〕そして、(2) 到達目標については、各科目の内容に応じて具体的に明記されている。

---

(1) 授業の目的と学習効果〔教育目標・期待される学習効果〕
各人が実際に器具や試薬を扱い実験を行うことにより、基礎化学で学ぶ内容を確認する。これらの実験を通じて、化学実験の基本的技術、結果の解析法、レポート作成法、コンピューターを用いたデータ処理法などを習得し、さらにパワーポイントを用いて自らの実験内容を分かりやすくプレゼンテーションする。
〔教育目標〕
・基礎学力：自然科学の専門分野における基礎学力やスキルの習得
・社会人力：一般教養、人間性、倫理観、コミュニケーション能力などの涵養
〔期待される学習効果〕
・専門分野の知識と技術を習得し、それらを問題解決に応用することができる。
・科学における課題解決の過程と結果を、論理的に文章として記述することができ、それらを他人に分かりやすく説明し、議論することができる。

(2) 到達目標
化学実験の基本的技術、レポート作成法、コンピューターを用いたデータ処理法などを習得し、得られた数値を分子やイオンなどの諸量を用いて解釈でき、さらにパワーポイントを用いて自らの実験内容を分かりやすくプレゼンテーションできることを目指す。
(後略)

---

**図表4-6　東邦大学理学部生命圏環境科学科「基礎化学実験」のシラバス**

・上述のようにウェブサイト上の"教育目標"、カリキュラムマップ上の"学習・教育目標"、"科目群で身につける能力"、シラバスに記載された科目毎の"教育目標"、"期待される学習効果"などの明記はあるものの、現時点ではそれらの有機的な結びつきは明示されておらず、それぞれの

目標に対する達成度は測定されていない。2017年度に導入予定されている新々カリキュラムにてこの点の改善を図ることを検討している。

## (3) アクティブラーニング科目の設計と導入
■カリキュラムの全体設計
【アクティブラーニング科目の4年間の流れ】

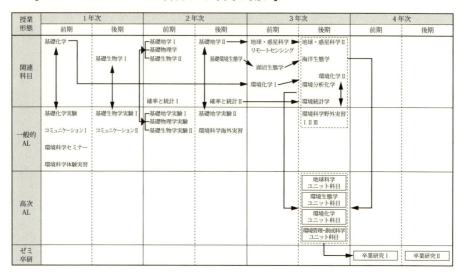

注1) 高次AL　：専門知識を活用し、課題解決を目的としたアクティブラーニングのこと。
　　　一般的AL：知識定着を目的としたアクティブラーニングのこと。
注2)　□囲みは必修科目。

・学生は、1、2年次には基礎分野のコア科目を中心に環境科学の基礎を学ぶという目的で共通科目を履修する。2年次後半からコースを意識した科目を履修し、3年次より一つのコースを選択して、本格的な専門科目である「ユニット科目」を軸に実験・実習を中心とするコース科目を学ぶ。
・高次のアクティブラーニングを実践する科目は限定されているが、1学年の学生60人に対して教員12名という指導体制と、3年次の「ユニット科目」を軸とする理論と実践のバランスを重視したカリキュラム体系の設計とにより、学生の学びに関する量的・質的な保証はされている。

■初年次科目
・「環境科学セミナー」では教員全員の協働の下、「環境科学体験実習」と連携して学生は科学の方法論（仮説の設定⇒検証）の基礎および学びの体系を理解する。具体的には調べ学習を元にした仮説（ここまでが環境科学セミナー）を実習地で実験・検証を行う設計になっている。後半では、この科目内で自らのキャリア形成を意識して学習目標を設定することで、4年間の学習モデルを設計する。
・4月の第3週に実施する「環境科学体験実習」では、基本的な生活態度や人間関係形成を行うとともに、環境科学は複合領域であることを意識させるために、実習は"地学"、"生態"、"社会科学"を横断的に行わせる。

■一般的アクティブラーニング科目
・「コミュニケーションⅠ」では「環境科学体験実習」で学んだ学習内容を、個人で特定の対象に伝えることを意識してポスターを作成する。
　「コミュニケーションⅡ」では、"温暖化問題理解"をテーマにグループで個別テーマを決定し、調べ、教員インタビューを行い、第三者に温暖化理解を促す素材（教材、ウェブ、チラシ等）としてまとめる。
・選択科目であるがほぼ全員が履修する1、2年次の「基礎化学実験」「基礎生物学実験Ⅰ・Ⅱ」「基礎物理学実験」「基礎地学実験Ⅰ・Ⅱ」はそれぞれ「基礎化学」「基礎生物学Ⅰ・Ⅱ」「基礎物理学」「基礎地学Ⅰ・Ⅱ」とセットで受講する科目となっており、実験と講義により、それぞれの学問を統合的に理解し、研究手法を体験的に学ぶことが可能になる。

■高次のアクティブラーニング科目
・3年次の「地球科学ユニット科目」「環境化学ユニット科目」「環境生態学ユニット科目」「環境管理・創成科学ユニット科目」は各コースに分かれて実施される、この学科の中心となる科目である。4つのユニット科目に共通なのは、"講義""セミナー""実験・実習"を一つのユニットとして、毎週丸1日を使って集中的に学ぶことである。課題発表を通じて、自分

の専門分野の内容を人に伝えるためのコミュニケーション能力を向上させる。各ユニット科目には、ミニ卒業研究的な意味合いがあるが、必ずしも全員が自らの選択したコース内で卒業研究をするわけではない。
- 4つのユニット科目にはそれぞれ特徴があり、PBLということを前面に打ち出しているのは、「環境管理・創成科学ユニット科目」である。例えば2015年度は習志野市における課題発見・解決型PBLを行うことを実践し、後半では4年生の「卒業研究」に対するインターンシップを通じ、研究を社会ニーズに結びつけるソーシャルビジネスプランを作成する。これらの発表や評価には習志野市の担当者や千葉県内の経営者らを中心にした"社会人サポーター"が参加して、社会人の視点からの評価を行う。

■専門ゼミ・卒業論文
- 卒業研究は全員必須であり、第一稿を提出して、ポスターセッションの形で学生は指導教員外の教員2名に説明をする。学生はその際の指摘を受けて書き直し、ほぼ2週間後に最終稿を提出し、最後は担当教員が評価する。
- ポスターセッションは、ほかの学生の発表を聞くことを意図して時間割が作られており、他分野の発表に触れることで、学生が環境科学を幅広く学ぶことを企図している。
- 「卒業研究Ⅰ」「卒業研究Ⅱ」の評価のブレをなくすために、ルーブリックが作成され、一部の教員が試行的に使用している。

## (4) アセスメントおよび学生の振り返り
- 1年次の「環境科学セミナー」の最終レポートで、自分の課題・疑問そしてこれから力を入れたい科目名、さらには将来の希望進路を明記して提出させている。このレポートのコピーが3年次の最初のユニット科目でフィードバックされ、これまでとこれからの学びを確認する仕組みとなっている。
- 振り返りとしては、各授業の終了時に学生による授業評価アンケートを実施している。その中で学生の自己評価として"この授業を受けてシラ

バスに記載されている到達目標を達成することができた"という項目を確認している。

### (5) 教員の協働による「学びの質保証」
- 各ユニット科目は複数の教員が担当するが、それぞれの科目毎にルーブリックが作成されており、科目内での評価基準の統一を図っている。「環境管理・創成科学ユニット科目」では、二つのPBLに従事するため、前半・後半それぞれで作成している。
- シラバスのフォーマットは学部共通であるが、内容は毎年作り変えることにしており、そのことによる教員の意識改革を狙っている。

## 3. 神奈川工科大学 工学部 電気電子情報工学科(2015年度学科定員70人)

### (1) この4年間のアクティブラーニング導入の進展について
- 神奈川工科大学工学部電気電子情報工学科には、「実践的エンジニアコース(EA)」「グローバルエンジニアコース(EB)」「電気工事・施工管理エキスパートコース(EC)」の3コースがあり、2年次にコース選択を行う。3コースのうち「グローバルエンジニアコース(EB)」はJABEE(日本技術者教育認定機構)の認定基準に対応したコースとなっている(2004年度入学生から開始)。
- 全学の取り組みとして、2012年から新教育体制がスタートした。考えて行動する人材の育成を目標に、"学生に何を教えるか"より、"学生が何を学べたか"を主眼としている。この改革は主に教養科目を充実させるものだったが、併せて専門分野にユニットプログラムができた。これは従来別々だったPBLに取り組む高次のアクティブラーニングと座学を組み合わせて学習成果を上げようというもので、同学科では1年～3年次に必修で設置し、基礎→応用→発展と課題の難易度を上げて「卒業研究」へとつなげている。
- JABEEが2012年度から新基準となり、チームで仕事をする力やエンジニアリング・デザイン力が強調され、その評価法にルーブリックが推奨

された。これを機に同学科では、JABEE の講習会で学びながら教員が協働でルーブリックをつくり、ユニット科目や「卒業研究」で使用するようになった。ルーブリックの項目・文言・配点・スレッショルド（閾値）などについては常に議論し、改良を重ねている。

- 同学科では新教育体制以前から PBL のような高次のアクティブラーニング導入に力を入れてきたが、この実現には 11 人の専任教員のうち 5 人が企業出身者であったということが大きい。企業出身の教員には、企業で通用する学生は座学だけでは育たないし、結果が自明の実験だけやっていても育たないという認識があった。同時に研究者教員たちも学生の受け身の姿勢を目にしながら同じような意識を持っており、教員全体で前向きに取り組む空気が形成されていた。
- 最初は教員の理解にも差があり、"アクティブラーニング""PBL""エンジニアリング・デザイン"などの言葉の定義もばらばらだったが、JABEE の講習会などで得た知識を持ち寄ることで擦り合わせてきた。
- ファシリティ面では、2008 年に KAIT 工房を開設した。これは授業で使用する工房とは別に、学生が機材を自由に使って物をつくるための施設で、常駐する技術スタッフにアドバイスを受けることもできる。学生は卒業研究のための実験ツールをつくったり、課外活動として自分の興味のあるものを試作している。年々稼働率が上がってきており、学生の自主性を育む上での大きな存在となっている。
- 今後の課題としては、アクティブラーニングの成果の検証がある。同学科でアクティブラーニングを本格的に導入してからまだ 10 年程度で、現時点では卒業生が社会で表立って活躍する年代ではない。長いスパンで卒業生の動向を追ったり、卒業生を送り込んだ企業の声を収集していく必要があると考えている。

## (2) 教育目標について

- 学科の教育目的は「基礎学力の修得を重視し、体験型授業によりコミュニケーション能力、問題解決（デザイン）能力、情報活用力を養い、社会的要請に応えられる能力を備えた技術者を養成する。特に、学生の個性

を生かした有為な技術者を養成すること」である。
・学科のディプロマポリシーは、「技能・表現」「思考・判断」「知識・理解」「関心・意欲・態度」という4つの観点で全11項目設定されている。

---

■技能・表現
1. 電気電子情報工学の基礎・専門技術を身に付け、それらを実際に応用することができる。
2. 個々の適性に応じた専門分野の基礎を身に付け、それらを応用し、社会に貢献できる。
3. 日本語の論述力、研究発表やグループ討論等でのコミュニケーション能力を身につけ、自己の考え方を表現・発表ができる。
4. 電気電子情報工学科に関連した種々の課題を解決できる。
■思考・判断
5. 技術者として、科学・技術・社会・環境の連携を認識し、柔軟な技術の展開と同時にその社会的な影響と責任を自覚できる。
6. 時間的効率と期限を考えて、計画を進めることができる。
■知識・理解
7. 技術者として必要な数学、自然科学および情報技術の基礎が理解できる。
8. 電気電子情報工学科の専門技術に関する知識を有する。
9. 電気電子情報工学科に関連した種々の課題を理解できる。
■関心・意欲・態度
10. 探求心を持ち、向上意欲のある技術者を目指し、自主的・継続的に学習できる。
11. 国際性を含めた幅広い視野と教養を持ち、技術者としての責任と倫理観を身につけ、社会に対応できる。

**図表4-7　神奈川工科大学工学部電気電子情報工学科のディプロマポリシー**

---

・EBコース向けに、JABEEの基準に対応した学習・教育到達目標が設けられており、各科目の学修成果と対応する到達目標の項目の記号（A-1、A-2など）をシラバスに記している。
・コースに分かれる前の1年次に、全員に『JABEEのしおり』を配付し、目標とすべき技術者像や学習・教育到達目標を意識させている。

---

A. 国際性を含めた幅広い視野と教養を身につける。
　　　（A-1 社会人としての教養　　A-2 政治経済、国際協調）
B. 技術者としての社会的責任と倫理観を養う。
　　　（B-1 技術者の役割と責任　　B-2 技術者としての倫理観）
C. 技術者として必要な自然科学・情報技術の学力を身につける。
　　　（C-1 自然科学の基礎　　C-2 情報技術（IT））
D. 専門分野の基礎科目について十分な学力を身につける。
　　　（D-1 専門基礎の理解　　D-2 専門基礎の総合的な理解・応用　　D-3 演習・実験による具体的な理解）
E. 専門分野についての知識を身につけ、総合的に活用して社会の要求を解決するためのエンジニアリング・デザイン能力を養う。
　　　（E-1 各専門分野の基本原理　　E-2 応用力の素養　　E-3 エンジニアリング・デザイン能力）
F. 自己の考え方を発表・表現し他人とのコミュニケーション能力を養う。
　　　（F-1 国際的なコミュニケーション能力　　F-2 プレゼンテーション能力　　F-3 柔軟な思考力・討論能力）
G. チームワーク力と計画的実行力を養い、技術者としての探究心と向上意欲を培う。
　　　（G-1 継続的努力と研鑽　　G-2 問題解決力　　G-3 チームワーク力・計画的実行力）

**図表4-8　神奈川工科大学工学部電気電子情報工学科EBコースのJABEE基準の学習・教育到達目標**

```
学修成果
(1) 実際の回路や機器に触れることにより、講義等で学修した内容をより具体的に理解し、説明できる。
    D-3(演習・実験による具体的な理解:10%)
(2) 電気・電子工学の専門分野について、基本原理を学び基礎学力を身につける。
    E-1(各専門分野の基本原理:20%)
(3) 自分達で製作する作品の目標を設定し、電気電子工学の基礎知識を応用して、限定された条件の下で目標を実
    現するために複数の解を検討し、作品を製作する。
    E-2(応用力の素養:10%), E-3(エンジニアリング・デザイン能力:20%)
(4) 自分達の考えや成果を相手に明確に伝えるためのプレゼンテーション能力を身につけ、相手の質問や考えを理
    解し、より良い結論を導き出せるような柔軟な思考力・討論能力を身につける。
    F-2(プレゼンテーション能力:10%), F-3(柔軟な思考力・討論能力:10%)
(5) 設計・製作・検討・改良を繰り返しながら、課題点を明らかにし、目標とする作品を製作する。
    G-2(問題解決力:10%)
(6) チームを組んで協力・協調しながら、作品を製作するために与えられた制約条件の下で計画的に仕事を進め、
    まとめる能力を身につける。
    G-3(チームワーク力・計画実行力:10%)
```

**図表4-9　神奈川工科大学工学部電気電子情報工学科「電気電子応用ユニット」のシラバス**

・また、カリキュラムツリーをコースごとに作成して学生にも提示している。科目群ごとの学習・教育目標も記載して、科目間のつながりとともに学生に意識させている。カリキュラムツリーを作る段階で、教育目標と各科目の整合性は念入りに点検した。

## (3) アクティブラーニング科目の設計と導入

■カリキュラムの全体設計

【アクティブラーニング科目の4年間の流れ】

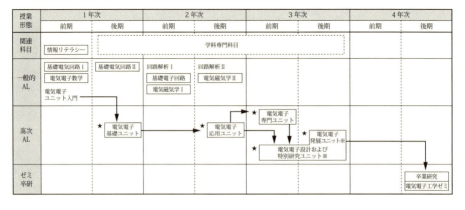

注1)　高次 AL　：専門知識を活用し、課題解決を目的としたアクティブラーニングのこと。
　　　　一般的 AL：知識定着を目的としたアクティブラーニングのこと。
注2)　☐ 囲みは必修科目。
注3)　★は教員の協働による高次のアクティブラーニング科目（ハブ科目）。
※　「電気電子発展ユニット」「電気電子設計および特別研究ユニット」…EB コースは「電気電子設計および特別研究ユニット」を必修で履修する必要があるが、EA・EC コースはどちらを選んでもよい。

・学科全体で JABEE に対応していない科目は3つしかなく、基本的に JABEE 基準でカリキュラムを設計している。
・中心的な高次のアクティブラーニング科目として、1年次に「電気電子基礎ユニット」、2年次に「電気電子応用ユニット」、3年次に「電気電子発展ユニット」または「電気電子設計および特別研究ユニット」（コースによってどちらかを履修）がある。講義で得た専門知識を統合して、エンジニアリング・デザインに取り組ませる高次のアクティブラーニング科目を3年間連続して置き、最後に卒業研究につなげるという流れが、カリキュラムの核となっている。
・カリキュラムツリーをつくる際に、講義科目で得た知識をユニット科目に活かせるように配置時期を工夫した。シラバスには他科目との関連を明記し、学生に意識させている。

■初年次ゼミ科目
・1年次前期に「電気電子ユニット入門」がある。入学したばかりの学生に電気工学、電子工学、情報工学を学ぶ楽しさや意義を体験してもらうための科目で、各研究室に学生をランダムに配属し、後期から本格的に始まるユニット科目に備えて先行体験させる。初めに全員で座学（電力・デバイス・通信）を受けた後、7～8人ずつ研究室に分かれて電子工作や調査研究を実施し、最終回には2～3の研究室合同で発表会を行う。

■一般的アクティブラーニング科目
・1年次前期「基礎電気回路Ⅰ」「電気電子数学」、後期「基礎電気回路Ⅱ」、

2年次前期「回路解析Ⅰ」「基礎電子回路」「電気磁気学Ⅰ」、後期「回路解析Ⅱ」「電気磁気学Ⅱ」は、講義で学んだ知識をドリル形式の演習を通して定着させるもので、演習には教員2人とTAが入る。個人ワークが中心だが、早くできた学生が自然に周囲を教えている。

■高次のアクティブラーニング科目
・1年次後期必修の「電気電子基礎ユニット」では、電気電子の基礎回路について、1グループ3人で目的を実現するための仕様の設定、設計、回路製作、測定を学び、最後に発表を行う。「基礎電気回路Ⅰ・Ⅱ」の知識を使うので、実験と講義のタイミングを分野別検討委員会（後述）で調整してシラバスを組んでいる。また、グラフの作成などは1年次前期必修の「情報リテラシー」で学んだことを活用させている。
・2年次後期必修の「電気電子応用ユニット」では、5つのテーマ（1.LEDの光をコントロールしよう／2.音声信号を増幅しよう／3.スピーカをつくろう／4.モータを制御しよう／5.デジタル回路をつくろう）から1つを選択し、1グループ2～4人で作業を進める。例えば"モータを制御しよう"を選んだ場合は、前半3回の授業で原理から制御までを学び、その後は実際にモータを使って制御するもの（扇風機や掃除機など）を製作する。計画・分担・予算（4,000円～5,000円）の管理・仕様書作成、進捗管理をグループごとに進めていく。最後に報告会を行い、プレゼンテーションやディスカッションの手法も学ぶ。計画の立て方やデザインが上手くいかなかった時の対処の仕方についての座学もある。日々の作業報告書・中間発表・中間報告書・完成作品・最終発表・最終報告書のそれぞれをルーブリックで評価し、合計点で最終成績をつけている。
・3年次後期「電気電子発展ユニット」（EA・EC選択必修）、通期「電気電子設計および特別研究ユニット」（EB必修、EA・EC選択必修）は、プレ卒業研究という位置づけの科目で、より専門性の高い課題に対して、設計・試作・評価および成果発表を行う。JABEEに対応したEBコースは通期の「電気電子設計および特別研究ユニット」が必修だが、EA・ECコースはどちらを選択してもよい。学生は10名程度に分かれて各教員のもと

指導を受ける。既修事項だけでは対応できない場合もあり、KAIT 工房を活用し自分から調べるという姿勢を身に付けさせている。
- 3 年前期必修の「電気電子専門ユニット」は、他のユニット科目とは少し性質が異なった科目である。PBL では取り組む課題が学生任せになるので、知識として知っておくべきことが抜けてしまう可能性がある。それを防ぐ目的で、旧来の実験のように教員がやることを指定し、予想される答えを導き出す実験を 9 テーマ、3 〜 4 人の班に分かれて行う。講義で得た知識を基に工夫を加えて実験に取り組み、報告書を作成し、成果を発表する。以前は実験だけで終わっていたが、新カリキュラムから計測の講義を組み合わせるようになった。

■卒業研究・ゼミ
- 「卒業研究」は必修で全員が口頭発表を行う。
- 最終発表は、指導教員のほか、2 名の教員が副査となり審査する。また学内に対して公開しているため、1 〜 3 年生の聴講者も多い。
- 審査には共通のルーブリックを使用しており、分野別検討委員会で審査結果を確認しながら、ルーブリックの整合性をチェックし、改善につなげている。
- 卒業研究と並行して設置されている「電気電子工学ゼミ」は必修で、卒業研究に関連のある学問領域の学修を行いながら、専門書を講読し討論をすることで、技術者としての表現力やコミュニケーション力を養っている。

## (4) アセスメントおよび学生の振り返り
- EB コースには、JABEE 基準の学習・教育到達目標をいかに達成したかを測る指標の一つに、JABEE の達成度一覧表がある。取得した各講座の単位を入力すると、対応する目標の項目に数字が加算されていき、項目ごとの達成度がわかる表である。学生が表に数値を入力し e ポートフォリオを使用して提出する仕組みで、入力しながら自らの学修成果を振り返り、今後の見通しを立てることができる。教員は結果を見ながら、学

生に対してアドバイスを行い、その後の履修計画に反映させることもある。
- 「電気電子応用ユニット」では、毎回作業報告書に、その日にグループで取り組んだこと、自分がグループで果たした役割、反省点、今後の課題などを書かせ、自分で PDCA を回せるようにしている。
- 担任制をとっており、成績を渡す時に担任の教員が学生と面談を行い、出席状況や成績について振り返りを行っている。

## (5) 教員の協働による「学びの質保証」
- カリキュラム改善については、JABEE の基準に則って PDCA を回す必要があり、〔Plan〕カリキュラム委員会→〔Do〕教室会議・各教員→〔Check〕分野別検討委員会・電気系教員会議・外部評価委員会・企業や卒業生からの声→〔Action〕JABEE 委員会というように役割分担をしている。
- JABEE 基準での運用が始まった 2004 年に JABEE 委員会や分野別検討委員会ができたが、それ以前から PDCA を意識した組織は存在していた。何度かの改編を経て 2013 年度から現行の形になっている。
- 各役割の詳細は以下。

〔Plan〕カリキュラム委員会では、JABEE 委員会から上がってきた改善案を踏まえながら、次年度のカリキュラム案を少人数で検討している。

〔Do〕教室会議は、学科の教員全員が所属する最終決定機関であり、カリキュラム委員会が提出したカリキュラム案は教室会議で承認された後、各教員により実行される。

〔Check〕分野別検討委員会では、教員が 6 分野(専門基礎導入系・専門基礎系・電力系・デバイス系・情報通信系・実験卒論系)に分かれて、各科目の試験問題、解答、成績、授業アンケート結果、シラバスを持ち寄り、講座のレベル設定は正しいか、科目間で内容に抜けや重複はないか、シラバス通りの運営がされているかなどをチェックしている。ここではお互いの授業内容を開示しあい、さまざまなアイディアが交換される。実験卒論系では、ここ数年ルーブリックの点検に力を入れてきた。

その他にも、ホームエレクトロニクス学科と合同で行う電気系教員会議、

外部評価委員会、さらには企業や卒業生からの声も Check の役割を果たしている。

〔Action〕JABEE 委員会は、JABEE の審査の年には審査資料の整備があるが、通常は分野別検討委員会や電気系教員会議から上がってきた検討結果、外部評価委員からの指摘、企業や卒業生へ実施したアンケート結果などから改善案をまとめ、カリキュラム委員会に上げている。

## (6) その他 ―ルーブリックの活用―

- JABEE でルーブリックが推奨された 2012 年から本格的に作成に取り組み、現在、ユニット科目および「卒業研究」で導入している。JABEE の講習会に参加して得た知識を共有しながら、項目・文言・配点・スレッショルドの見直しを重ねてきた。
- ルーブリックの各項目には、対応する JABEE 基準の学習・教育到達目標の項目の記号（A-1, A-2 など）を記している。
- もともと採点基準をオープンにする風土があり、ルーブリックと似たようなものは存在していた。実験系の科目では学科試験の点では単純に測れない創作の技術やセンスを測定する必要があり、公平な評価方法として、色々な要素を分解してそれぞれの点数を出すようにしていた。専任教員が 11 人で風通しがよいこともルーブリックの導入が進んだ要因である。

## 4．関東学院大学 建築・環境学部 建築・環境学科(2015年度学科定員130人)

### (1) この4年間のアクティブラーニング導入の進展について

- 2012 年度に工学部建築学科から、建築・環境学部に改組された。その際に、カリキュラム等が大きく見直された。その大きな特徴は、以下のようにまとめられる。
    - ⅰ．学科内をコース制にして「建築デザインコース」「建築・都市再生デザインコース」「すまいデザインコース」「環境共生デザインコース」

「建築エンジニアリングコース」の5コースとし、3年進学時にコース選択できるようにした。コースは基本的に本人の希望によるものとし、最大45人定員、最小で25人定員という緩やかな枠を設けている。

ⅱ．コース制導入に伴い、3年前期～4年前期まで連続して配置される課題解決を目的とした高次のアクティブラーニングとしての「デザインスタジオ」が必修化され、ここで各コースに応じた設計デザインに全学生が何度もレベルアップしつつ取り組むようにカリキュラムが変更された。また、このことにより、1・2年次に全員必修で配置されている「建築設計製図Ⅰ・Ⅱ・Ⅲ・Ⅳ」との接続が、学生にとり明確に意識されるようになり、4年前期の「ゼミナール」および4年後期の「卒業研究」も含めて、1年次から4年次まで専門知識を統合するハブ科目としての高次のアクティブラーニング科目が切れ目なく連続して配置される設計となった（ただし、後述するように1年次配当の「建築設計製図Ⅰ・Ⅱ」では訓練的な一般的アクティブラーニング的な要素が多く、2年次になると次第に高次のアクティブラーニング的な要素が多く含まれるようになる）。

ⅲ．このカリキュラムは、2016年度に完成年度を迎えるが、現時点でも、ハブ科目「デザインスタジオ」を必修化したことによって、そのハブ科目で活用する専門知識を得る講義科目との関連性を意識する学生が以前よりも増えてきている。

ⅳ．この改組に際して、学部棟（建築・環境棟）が新築され、1学年全員が「建築設計製図」に取り組める製図室や、ラーニングコモンズとして使える学生ラウンジなども設置され、授業時間外における自習での利用も含めて、アクティブラーニング型授業が実施しやすい環境が整えられている。

・また、関東学院大学として、現在、全学的にカリキュラムマップの作成が推進されているが、建築・環境学部ではそれに先行して2014年にはカリキュラムマップが作成され、そのことを通じて、科目の教育内容の検証やレベルアップが行われるようになった。

・総じて言えば、新学部・学科への改組によって、以下に見る教育目標の

明確化と並行しつつ、整合性のある教育プログラムの整備が進んでいる。
・建築・環境学科では、専門知識と教養的な知識を統合しつつ建築物を設計するという課題解決に取り組むため、高次のアクティブラーニングが伝統的に行われてきた。ただし、同学科では「アクティブラーニングを意識的に導入してきた」という意識は持っておらず、建築学として必要な教育を実施してきたら、それがアクティブラーニングだったという認識である。

## (2) 教育目標について
・アドミッションポリシー、カリキュラムポリシー、ディプロマポリシーが整備されているが、同学科ではカリキュラムポリシーとディプロマポリシーについて、前記した5コースへのブレークダウンが行われている。

---

**知識・理解**
1. 自己理解と他者理解につながる幅広い教養（※）を身につけている。（幅広い教養）
   （※）総合大学の利点を活かした全学共通教養教育と学部独自の教養教育が含まれる。
2. 建築の意匠、歴史、構造、材料、環境・設備に関する基礎的知識を理解している。建築物を設計する知識に基づいて、図面を描くことができる。（専門分野に関する知識・理解）
3. 建築・環境学の観点から、「神奈川」の歴史・文化・風土等の特性を理解している。（地域に関する知識・理解）

**技能**
4. 建築の基礎的知識に基づいて、建築物を設計するプロセスを自ら実行する技術を持つ。（問題発見・解決力）
5. 国際社会において協働できるコミュニケーション力を有している。（国際協働力）

**思考・判断・表現**
6. 他者がもつ社会的・文化的背景を理解したうえで、自己を客観化して思考することができる。（多文化での共生）
7. 倫理観と公平・公正の精神を持った事象の判断力を有するとともに、建築の基礎知識に基づいて、建築物を設計するプロセスを理解している。（倫理観、公平・公正な判断）
8. 他者の意見に耳を傾けるとともに、自らの意見を適切な表現手段を用いて発信する能力を身につけるとともに、建築の基礎的知識に基づいて、建築物を設計するプロセスを理解している。（傾聴と発信）

**関心・意欲・態度**
9. 生涯にわたり、進んで知識・教養・技能を高めようとする意欲を持って、社会から見た建築の有意性と現在の問題点を追跡できる能力を有している。（生涯学び続ける意欲）
10. 社会・地域・組織の一員としての役割を果たそうとする主体性を身につけ、社会から見た建築の有意性と現在の問題点を追跡できる能力を有している。（社会参加への主体性）
11. 建築物の設計プロセスにおいて、豊富な知識と広い視野のもとに、様々な背景をもった他者を尊重して協働できる。（チームワーク、他者との協働）
12. 問題に対して誠実に向き合おうとする実践的態度を身につけている。社会から見た建築の有意性と現在の問題点を追跡できる能力を有している。（建学の精神の実践、奉仕動機）

**図表4-10　関東学院大学建築・環境学部建築・環境学科のディプロマポリシー**

例えば、建築デザインコースのディプロマポリシーは「建築に対する幅広い基礎的な素養を身につけると共に、構造、材料、環境・設備等の分野も総合的に考え、建築の計画・デザイン（設計）を実践できる感性と能力を身につけている」とされ、カリキュラムポリシーはそれに対応して「計画・設計に必要な幅広い基礎的な素養を身につけ、デザイン、構造、材料・施工、環境・設備等の4分野を総合的・統合的にとらえる能力を培う。社会、地域や建物を実感すること、体験することを通じ、自身でそれらを分析し、望ましい建築空間として提案する力を育む」となっている。これを意識したコースのカリキュラム設計となっている。

## (3) アクティブラーニング科目の設計と導入

■カリキュラムの全体設計

【アクティブラーニング科目の4年間の流れ】

| 授業形態 | 1年次 | | 2年次 | | 3年次 | | 4年次 | |
|---|---|---|---|---|---|---|---|---|
| | 前期 | 後期 | 前期 | 後期 | 前期 | 後期 | 前期 | 後期 |
| 関連科目 | 建築計画・デザイン基礎 | フレームの力学基礎<br>建築生産・材料基礎<br>フレームの力学基礎<br>建築環境・設備基礎<br>建築計画及び演習I | 建築計画及び演習II<br>フレームの力学I<br>建築材料学I<br>建築構法I<br>建築熱環境 | 建築デザイン論<br>家族論<br>西洋建築史<br>フレームの力学II<br>建築構造計画<br>建築材料学II<br>建築構法II<br>建築水環境<br>建築空気環境 | 各コースの専門科目 | 各コースの専門科目 | 各コースの専門科目 | |
| 一般的AL | ★建築設計製図I<br>ドローイングワークショップ | 建築設計製図II<br>モデリングワークショップ | | 住宅ケーススタディ演習 | | | | |
| 高次AL | | | ★建築設計製図III | 建築設計製図IV<br>エリアサーベイ演習 | ★コース別デザインスタジオ | ★コース別デザインスタジオ | ★コース別デザインスタジオ | |
| ゼミ卒研 | | | | | | | ★ゼミナール | ★卒業研究 |

注1） 高次AL　：専門知識を活用し、課題解決を目的としたアクティブラーニングのこと。
　　　 一般的AL：知識定着を目的としたアクティブラーニングのこと。
注2） □ 囲みは必修科目。
注3） ★は教員の協働による高次のアクティブラーニング科目（ハブ科目）。

・同学科のアクティブラーニング科目の全体設計は、1～2年次に全員必修の「建築設計製図Ⅰ・Ⅱ・Ⅲ・Ⅳ」が置かれ、ここで製図の技法を学び実際に2年次の専門知識レベルで2級建築士レベルの木造住宅設計（建築設計製図Ⅲ）、1級建築士レベルのオフィスビル設計（建築設計製図Ⅳ）にまで取り組ませる。そして、3年次から5コースに分かれ、それぞれのコースで「デザインスタジオ」に分類される科目が4年前期まで連続して置かれている。「デザインスタジオ」では、各コースの専門性に沿ったテーマで事例調査などを行うとともに、より高度な設計に取り組む。そして全員必修の4年前期「ゼミナール」および4年後期「卒業研究」によって、4年間一貫して連続した、専門知識を統合する高次のアクティブラーニングを含むハブ科目を履修する設計となっている。
・「建築設計製図」は高次のアクティブラーニングを含む科目であるが、1年次配当のⅠ・Ⅱは、手描きでのエスキス・設計図の作成手法の修得に比重が置かれている。2年次配当のⅢ・Ⅳで設計に取り組み、高次のアクティブラーニングの比重が増える。大学の位置付けとしては、他科目で学んだ専門知識の定着と確認を図る一般的アクティブラーニング的要素も含んでいるが、本調査では、Ⅰ・Ⅱを一般的アクティブラーニング科目、Ⅲ・Ⅳを高次のアクティブラーニング科目として分類する。

■一般的アクティブラーニング科目
・一般的アクティブラーニング科目としては、「建築設計製図Ⅰ・Ⅱ」以外に、1年次前期配当の「ドローイングワークショップ」、1年次後期配当の「モデリングワークショップ」が置かれ、「ドローイングワークショップ」で学んだ空間表現の基本的な技法が「建築設計製図Ⅰ・Ⅱ」で活かされる。2年次の「住宅ケーススタディ演習」（選択）では「建築デザイン論」「建築計画及び演習Ⅰ・Ⅱ」「家族論」などの専門知識が活用される。

■高次のアクティブラーニング科目
・高次のアクティブラーニング科目としては2年次配当の「建築設計製図Ⅲ・Ⅳ」、3年次～4年次前期まで各コース別の「デザインスタジオ」がハブ科

目として合計で19科目配置されている。「デザインスタジオ」では、「建築設計製図」や他の講義科目で学んだ専門知識を活用して、各コースの専門性に沿った課題解決型の高次のアクティブラーニングに取り組む。
・それ以外に2年次「エリアサーベイ演習」（選択）では、街のフィールドワークを通じて解決すべき問題点を発見し、課題解決を地域に向けて提案する高次のアクティブラーニングが行われている。

■専門ゼミ・卒業研究
・全員必修で4年前期「ゼミナール」、4年後期「卒業研究」が配置され、卒業論文・卒業研究に取り組ませている。コースごとに全教員の参加で、全学生が成果発表を行う。

### （4）教員の協働による「学びの質保証」
・「建築設計製図」「デザインスタジオ」などで使用する教科書は、学科の教員が共同執筆で作成した。2015年11月現在4冊まで完成して5冊目を作成中である（鹿島出版会より市販）。
・1年次から4年次まで各学期の最後に、非常勤教員まで含めた全教員が参加してバーティカルレビューが行われ、各科目を代表して各学年の学生が成果発表を行っている。これによって、教員間での教育内容の共有が図られている。
・「建築設計製図Ⅰ・Ⅱ・Ⅲ・Ⅳ」は1学年130人全員で一斉に取り組む授業だが、Ⅰは4人の教員、Ⅱは5人の教員、Ⅲは8人の教員、Ⅳは9人の教員が協働して担当する。Ⅳでは6班に分かれてグループワークが行われ、1つの班を2人の教員が担当する。それを1セメスターのうちに2度行い、1度目と2度目は異なる教員に指導を受けるように設計されている。
・また、作品評価などでは統一されたルーブリックが導入されている。
・これらにより、教員の協働による「学びの質保証」はかなりの程度、確保されている。

### （5）アセスメントおよび学生の振り返り

- 学生の振り返りについては、「建築設計製図」「デザインスタジオ」「卒業研究」で学んだプロセスと成果をすべてポートフォリオにして個々の学生が確認し、内容を振り返る仕組みがある。
- 4年間の学修成果をアセスメントし、教育改革のPDCAを回していく仕組みについては、改組に伴う完成年度前ということもあり、取材時点ではシステムとしては整備されていない。

### (6) その他　ールーブリック・反転授業等ー
- ルーブリックは作品評価等に際して作成され、活用されている。
- 反転授業については、多くの科目で事前にテキストベースの資料は配布されるが、それを前提として討議やグループワークを進行させる仕組みというよりも、従来型の予習となっている。

## 5．山梨大学 工学部 応用化学科（2015年度学科定員 55人）

### (1) この4年間のアクティブラーニング導入の進展について
- 山梨大学工学部応用化学科は、2003年度に前年度までの物質・生命工学科を当学科と生命化学科に分ける形で設置された学科である。現在のカリキュラムは当時から大きく変更していないが、授業内容などを毎年少しずつ、その時々で必要な形へと変えてきた。またアクティブラーニングという言葉こそ意識はしていなかったが、一部の志ある教員は、その当時よりアクティブラーニングにあたる活動を授業に取り入れていた。
- 2000年代半ばに当時の学長の問題意識から、教える内容の明確化、各科目における教育内容の精査、成績評価の厳密化などを図る改革を行った。またこれと同時に工学部では、各学生にクラス担任をつけて成績不振者を放置せずに退学勧告を出すことも含めて指導することを徹底した。この結果、全学および同学科での成績不振者も減り、近年での当学科の直行率は90%程度を維持している。
- 一方、将来的な学生数の減少に対し、教員間では危機感が共有されるよう

になった。地方国立大学は、学生を着実に育成し就職させなければ学生を確保できない。同学科の学生はまじめに授業に出席してはいるが、ただ講義を聴いているだけで、知識の定着率は決して高くないということに気付いた教員たちにより、授業の効果を高めるための模索が開始された。

- 同大学が全学を挙げて授業にアクティブラーニングを取り入れるべく動き出したのは 2012 年度からであり、それは反転授業の活用を中心にしたものであった。改革のきっかけになったのが、当時の企画担当理事の指示のもと 2012 年度より動き出した富士ゼロックス株式会社と山梨大学の共同研究「グローバル人材育成のための ICT を活用した新たな教育の方法と技術に関する研究」であり（2013 年 4 月共同研究契約締結）、この共同研究グループが大学教育センターを巻き込む形でアクティブラーニングの導入が進められていった。共同研究グループの山梨大学側は、工学部を中心に、大学教育研究開発センター（現 大学教育センター）、総合情報戦略機構、産学官連携・研究推進機構、教育人間科学部などの組織を横断したメンバー約 30 名で構成された。当初は、ICT を使って何か効果的な教育ができないかと広い視野でターゲットを捉えていたが、研究を推進する中で得られたアメリカでの反転授業に関する情報や富士ゼロックスの技術から、現在実施しているスクリーン／スライドキャスト（音声付スライドショー）を活用した反転授業という授業形態に行き着いた。そして 2012 年度後期の授業より反転授業を取り入れた授業が開始された。これと同時に反転授業におけるグループワークなどがしやすいよう、可動式の机・椅子を設置したアクティブラーニング室を整備し、2014 年 3 月に供用開始した。

- 反転授業を取り入れた授業形態は、当初の共同研究プロジェクトの中心であった電気電子工学科担当教員の授業から取り入れられ、2012 年度後期から 2014 年度前期にかけて、応用化学科を含め全学的にも少しずつ浸透しつつあった。しかし、仕組みができても、比較的に若手から中堅の教員は興味関心を持ってそれらを取り入れようとするが、必ずしもすべての教員の意識がその授業形態やアクティブラーニングそのものの導入に前向きなわけではなかった。実際、応用化学科でもアクティブラーニング

の導入や反転授業とアクティブラーニングとの組み合わせを検討したが、そのために教材や資料を制作する負担の重さを指摘する声も聞かれた。
- 2014年9月に、それまでの反転授業の効果を共同研究グループが示したことを受け、当時の執行部の強力な指導によって、全学的な反転授業の導入推進を目的として、大学教育企画評価委員会の傘下にアクティブラーニング導入プロジェクトチームが組織された。このリーダーには共同研究グループの主要メンバーが就き、メンバーは各学部・学科の教員で構成された。アクティブラーニング導入プロジェクトチームは、共同研究グループと協力し、授業でのアクティブラーニングや反転授業の導入ノウハウや事例を盛り込んだ"アクティブラーニングガイド（http://www.che.yamanashi.ac.jp/modules/activelearning/index.php?content_id=1 参照）"を制作して全教員に配付した。また2014年9月より、共同研究グループが中心となって大学教育センターを主催者としたFDを開催するようになり、啓発活動にも積極的に取り組んできた。こうした活動の結果、応用化学科の科目においても、アクティブラーニングや反転授業の導入が徐々に進んできた。

　2015年4月に共同研究グループの主要メンバーが大学教育センターのセンター長となったことで、アクティブラーニングや反転授業の導入推進活動の中心は、共同研究グループから、より全学に向けての発信力が強い大学教育センターへと移行しつつある。
- 同大学では2016年3月にアクティブラーニング室を、新たに工学部用と人間科学部用にそれぞれ2教室、合計4教室開設した。従来のアクティブラーニング室は会議室に開設されていたが、新たな教室は一般教室に可動式の机・椅子を配備した形態のものである。

## (2) 教育目標について
- 学科での教育目標として、次のような"養成する人材像"を設定している。

---
本学科では学部・修士課程の一貫教育を基本とし、6年間で次世代の新素材、エネルギー、環境関連分野などの将来における人類の発展と繁栄に欠くことのできない分野を学び、人類の福祉と持続的発展可能な社会の構築に貢献できる人材の養成を目的とします。

---

**図表 4-11　山梨大学工学部応用化学科の教育目標**

## (3) アクティブラーニング科目の設計と導入

■カリキュラムの全体設計

| 授業形態 | 1年次 前期 | 1年次 後期 | 2年次 前期 | 2年次 後期 | 3年次 前期 | 3年次 後期 | 4年次 前期 | 4年次 後期 |
|---|---|---|---|---|---|---|---|---|
| 関連講義 | 基礎有機化学Ⅰ | 基礎有機化学Ⅱ | 分析化学 | 高分子合成化学<br>基礎電気化学<br>材料物性 | 無機機器分析<br>化学工学<br>高分子物性 | | | |
| 一般的AL | | 基礎物理化学Ⅱ | 物理化学Ⅰ | 化学実験 | 応用化学実験Ⅰ<br>応用化学実験Ⅱ | 応用化学実験Ⅲ<br>応用化学実験Ⅳ | | |
| 高次AL | | | ★ものづくり発展ゼミⅠ | ★ものづくり発展ゼミⅡ | | | | |
| ゼミ卒研 | 応用化学基礎ゼミ | ものづくり基礎ゼミ | | | | | 物質工学研修Ⅰ | 物質工学研修Ⅱ<br>卒業研究 |

注1) 高次AL ：専門知識を活用し、課題解決を目的としたアクティブラーニングのこと。
　　 一般的AL：知識定着を目的としたアクティブラーニングのこと。
注2) ☐ 囲みは必修科目。
注3) ★は教員の協働による高次のアクティブラーニング科目（ハブ科目）。

・1年次前期から2年次後期にかけてゼミ科目が設けられ、各年次の後期では1年生と2年生混合のゼミ・チームに分かれて課題解決に取り組む高次のアクティブラーニング科目となっている。就職において、化学系では修士卒の学生が求められる傾向が強いことから、学士課程4年間と大学院修士課程2年間の6年一貫教育を志向したカリキュラム設計となっている。学士課程では専門知識の定着に重点を置き、修士課程で高次のアクティブラーニングに取り組むという流れである。
・専門知識を活用した実験科目は3年次に集約されている。

■初年次ゼミ科目
・1年次前期必修科目「応用化学基礎ゼミ」は初年次教育を施す科目である。授業の冒頭でプレイスメントテストを実施し、学生は3〜5人ずつ約20のゼミに機械的に振り分けられる。ここで決めた配属先となるゼミ（研究室）は、2年次後期まで続く必修のゼミ科目「発展ゼミⅡ」まで持ち上がる。配属先を機械的に決めているのは、学生各々が持つ関心だけでゼ

ミを選ばせると関心の対象が広がらないので、あえてこのような仕組みにしている。ゼミではものづくりセンターや研究室で簡単な実験に取り組み、その体験をゼミごとにまとめて、プレゼンテーションを行う。

- 1年次後期「ものづくり基礎ゼミ」は、専門分野の化学だけでなくサイエンス全般にわたる総合的なものづくり体験をテーマに、同級生および上級生とのグループワークを通して、コミュニケーション力と柔軟な思考力を身につけることを目的とした科目である。本科目の特徴は、2年次後期「ものづくり発展ゼミ」との合同で行い、ゼミごとに1・2年生混合のグループで高次のアクティブラーニングに取り組むことである。また時には、ゼミを担当する教員の研究室に所属する4年生や大学院修士課程の学生も1・2年生の取り組みに対して適宜アドバイスをすることもある。各ゼミで取り組むテーマは基本的には学生の自由であり、ロボットの組み立て、電気回路組み立て、化学実験、研究調査などさまざまである。アイディアの創出、作業プロセスなど2年生が主となるが、1年生は2年生の取り組む姿勢や考え方を、コミュニケーションを通して学び、その後の学びにつなげていく。

■一般的アクティブラーニング科目
- 3年次前期必修科目の「応用化学実験Ⅰ」は、同時期に学ぶ「無機機器分析」と2年次前期「分析化学」とで学ぶ内容を基礎とし、環境資料や工業材料などを例として、容量分析、重量分析及び機器分析の基本的操作を確認する実験科目である。学生を約15グループ(3〜4人/グループ)に分け、実験、ディスカッションなどを通して指導する。実験とディスカッションに時間が割けるよう、学生は予め教員が学内サイトに提示するマニュアルで予習をして授業に臨むことになっている。
- 3年次前期必修科目の「応用化学実験Ⅲ」は、「基礎有機化学Ⅰ、Ⅱ」、「高分子合成化学」、「材料物性」で学んだ内容を確認する実験科目である。学生を6グループ(9〜10人/グループ)に分け、3人の教員で指導する。また大学院生がTAとして授業運営を補佐する。
- 3年次後期必修科目の「応用化学実験Ⅳ」では、学生は配属される研究室

に分かれ、配属された研究室の教員から指導を受ける。「応用化学実験Ⅰ～Ⅲ」は研究に取り組む上で最低限必要とされるような内容である一方、本実験科目は配属された研究室での専門にかかわる基礎的な実験を行ったり、情報収集の仕方(論文検索、論文の読み方など)や研究報告の方法(プレゼンテーションの方法)を学んだりする。
・同大学の大学教育センターでは講義型科目への動画を使った反転授業の導入を推進しており、同学科では1年次後期必修科目「基礎物理化学Ⅱ」、2年次前期選択科目(履修率80%以上)「物理化学Ⅰ」、3年次後期必修科目「応用化学実験Ⅳ」の一部の授業で取り入れている。
・科目間の関連はシラバスで明記している。実験科目では、テーマによって各々の専門の教員がオムニバス形式で担当することになっている。すべての必修科目はクラス分けすることなく1クラス(学科55人)で授業を行い、また講義科目を教える教員が演習科目・実験科目いずれも同テーマの科目・部分を担当しているので、講義科目、演習科目および実験科目の間の擦り合わせをする必要はない。

■高次のアクティブラーニング科目
・2年次前期・後期の「ものづくり発展ゼミⅠ・Ⅱ」は、1年次後期「ものづくり基礎ゼミ」で取り組んだ内容を、継続あるいは発展させ、学生の考えに基づいて、ロボットの組み立て、電気回路組み立て、化学実験、研究調査などのテーマに取り組む高次のアクティブラーニング科目である。後期の「ものづくり発展ゼミⅡ」では、前述のように1年生もグループに加えて、後輩への指導も交えて高次のアクティブラーニングを進めて行く。授業の最後の2回を使って全ゼミ参加による発表会を行い、発表は各ゼミで代表者1名(2年生)を決めて、その学生が行う。それらの評価は学科の全1・2年生と教員によって行われ、評価の高いゼミが表彰される。学生に混じって、教員も競い合って自らが担当するゼミを応援する。ゼミで取り組まれた過去のテーマ例を挙げると、"LEGOブロックとプログラミングの作成""トランジスタを利用した回路実習""有機ガラスの合成""手作りエッセンシャルオイルの成分分析"などがある。

■専門研究・卒業研究
- 学科生は3年次後期より研究室に配属される。
- 卒業研究では、全員が口頭発表をし、すべての学生の評価を全教員が行う。口頭発表の時間構成は、1人10分が割り当てられ、発表7分、質疑応答3分である。評価は、プレゼンテーション、質疑応答、研究成果（研究内容そのものの評価）の3つの観点から行われ、優秀な発表は表彰される。なお卒業研究の成績評価には、プレゼンテーションと質疑応答は含まれず、指導教員が研究成果と研究プロセスの観点から成績評価をする。

## (4) アセスメントおよび 学生の振り返り
- 現在のところ学生が自己の成長や学びを振り返るような仕組みはないが、今後 e ポートフォリオ mahara® を導入し、それにより振り返りを取り入れていく方針である。

## (5) 教員の協働による「学びの質保証」
- ゼミ科目（「応用化学基礎ゼミ」「ものづくり基礎ゼミⅠ」「ものづくり発展ゼミⅠ・Ⅱ」）では、授業内容の企画・設計、シラバスの作成については教室会議を通して協働で行っている。
- 年次をまたいだ科目間のつながりについてはカリキュラムミーティングなどの場を活用して担保している。分析化学、高分子化学、有機化学、無機化学などの専門分野ごとにいる2～4人の教員で、それぞれの専門分野の中での科目間のつながりを詳細に検討している。
- カリキュラム上必要であるのに専門の教員がいない分野の科目の指導については、工学部内の学科間で教員を互いに融通して、カリキュラム構成を保てるようにしている。

## (6) その他－反転授業の実際－
- 同大学では全学的に、学生自身の自主的で協調的な学びを引き出し、学習意欲の向上を図ることを目的として、講義科目への反転授業の導入を

進めている。反転授業を取り入れるにあたってのコンセプトは、従来の授業の大半を占めていた一斉講義部分を動画として事前提供することで、貴重な対面授業を、学生にとって一方的・受動的な知識伝達から、学生自身の主体的・協調的な学び合いの時間に転換するということである。

- 同学科では、例えば1年次後期必修科目「基礎物理化学Ⅱ」では、2014年度の授業よりこの反転授業を取り入れてきた。知識の定着という点では1年目より成果は明確に現れ、期末試験の平均得点は通常授業で実施していた2013年度の65.7点から、反転授業を取り入れた2014年度では80.5点へと約15点も上昇した。また低得点の学生数も大きく減少したり、欠席者も減少したりという効果もあった。
- 「基礎物理化学Ⅱ」での反転授業の進め方は次のとおりである。

　授業前に学生は自分で、①学内サイトより当該回の講義ノートのPDFをダウンロードしてプリントアウトする、②同じく学内サイトにアップロードされている約15分の講義ビデオを視聴し授業の内容を理解する、③講義ノートの中で抜けている部分に言葉や数式を書き込んで講義ノートを完成させる。

　授業の流れは、①講義ノートを持参して3～4名のグループに分かれる、②授業冒頭でワークシートを配付し、各個人で講義ビデオのポイントを簡潔な文章、数式、図などで記述する、③講義ビデオでわからなかったポイントを各個人で書き出して教員に質問する、④確認問題・演習問題を各グループでディスカッションしながらホワイトボードにまとめる、⑤教員に指名されたグループはクラス全体に向けてその内容を発表する、⑥各自で正解をワークシートにまとめて、授業の最後に提出する（成績評価の対象とする）、となっている。

　この授業を支える副次的な仕組みとして、③の質問では1回の質問につき成績への1点加点や、TAを参加させてディスカッションの時に、教員とともに各グループを巡回してアドバイスを与えるなど、ファシリテーションの役割を担わせていることなどがある。

## 6. 近畿大学 理工学部 電気電子工学科（2015年度学科定員170人）

### (1) この4年間のアクティブラーニング導入の進展について

- 理工学部では、2013年度に1セメスターあたりの修得単位数を24単位までにするというCAP制の全学導入に伴い、各学科においてカリキュラム変更を行った。電気電子工学科では、就職先において情報系とエレクトロニクス系の領域が重なってきていることから、情報コース、総合エレクトロニクスコース、エネルギー・環境コースの3コース体制から、エレクトロニクス・情報通信コースとエネルギー・環境コースの2コース体制へのコース再編も行った。

- カリキュラム変更とコース再編の主なねらいは、カリキュラムをスリム化することで各教員の教育負担の軽減をはかり、総合エレクトロニクスコースのみで導入されていたアクティブラーニングを全コースに導入することにあった。

- もともと旧カリキュラムのときから、JABEEの認定基準に合致するようなカリキュラムが運用されていたこともあり、ほとんどの教員が導入には前向きであった。しかし、当時はまだ実践経験のある教員も少なく、全コース導入となると教員の負担も大きく授業の質にばらつきが生じる恐れもあったため、まずは3コースのうち、総合エレクトロニクスコースのみでPBLを主体としたアクティブラーニング型授業を行うことから始めた。

- 2012年度には、改革の目玉となる「エンジニアリングデザイン実験」を試行的に立ち上げ、授業後には毎回反省会を行い、さらに月に1回のペースで学科全体の会議で進捗を報告するといったことを重ね、1年かけて授業手法のノウハウを共有していった。また、JABEE講習会への教員の参加や、カリキュラム改訂前後におけるFD研修（学部で年2回、学科で年2回、大学院で年1回実施）を通してアクティブラーニング型授業の事例やその効果を報告し合い広めていった。

- 一方で、組織的な取り組みも見逃せない。アクティブラーニングを教育現場に取り入れる動きが広まっているという世の中の流れを個々の教員

が捉えているというだけでなく、5つの分野(回路・制御系、電磁気・計測・材料系、数学・物理系、エレクトロニクス・情報通信、エネルギー・環境)からなる授業内容検討会やコース・カリキュラムの検討やものつくり支援を考えるなどの8つの小委員会からなる教育改善委員会が設けられ、教員全員でエビデンスを取りながら継続的な改善活動を行っている。
・こうした個の力と組織的な力がうまく機能することにより、現在では全コースで全教員がそれぞれ工夫を凝らしてアクティブラーニングを取り入れた授業を行うに至っている。

### (2) 教育目標について

・2002年度からJABEE認定基準に基づいた教育プログラムを実施している。このJABEE基準の学習・教育到達目標と、電気電子工学科の教育プログラムGEEP (General Electronics Education Program) の定める学習・教育到達目標に、各科目がどのように位置づけられているかを一覧表にまとめている。さらに、全学共通のディプロマポリシーの4つの観点(1関心・意欲・態度、2思考・判断、3技能・表現、4知識・理解)と上記2つの学習・教育到達目標との関係を科目フロー図にまとめている。
・各科目のシラバスには、上記の学習・教育目標で必要とされる項目と成績評価法が明記されている。
・学生には、『カリキュラムガイドブック』を年度初めに配付し、第1回目の授業で必ず各科目の学習・教育目標と位置づけを口頭で伝えている。

| エレクトロニクス・情報通信コース 学習・教育到達目標 | | | (a) 地球的視点から多面的に物事を考える能力とその要素 | JABEE 基準1:学習・教育到達目標の設定と公開 |||
|---|---|---|---|---|---|---|
| | | | | (c) 数学及び自然科学に関する知識とそれらを応用する能力 | 当該分野において必要とされる専門 ||
| | | | | | (d-1) 専門に関する基礎能力:プログラムの学習・教育目標達成に必要な基礎となる数理法則や物理原理に関する理論的知識 ||
| A | 電気電子工学全般の基礎知識とその対応力 | A1 | ・自然科学で扱う現象を図や数式を用いてモデル化することができる。<br>・数学における諸問題を公式を用いて計算することができる。<br>・パーソナルコンピュータ等、基本情報処理機器を用いて表や文書、プレゼンテーション資料の作成を行うことができる。 | | 基礎物理学および演習<br>物理学および演習<br>物理学概論および演習Ⅰ<br>物理学概論および演習Ⅱ<br>基礎化学および演習<br>化学<br>基礎生物学<br>生物学<br>資源とエネルギー<br>科学的問題解決法<br>線形代数学Ⅰ、Ⅱ<br>微分積分学Ⅰ、Ⅱ<br>微分方程式<br>複素関数論<br>ベクトル解析<br>フーリエ・ラプラス変換論<br>確率統計 | 基礎物理学および演習<br>物理学および演習<br>物理学概論および演習Ⅰ<br>物理学概論および演習Ⅱ<br>線形代数学Ⅰ、Ⅱ<br>微分積分学Ⅰ、Ⅱ<br>情報処理基礎<br>情報処理実習Ⅰ、Ⅱ<br>情報処理演習<br>情報システム基礎<br>情報システム応用<br>微分方程式<br>複素関数論<br>ベクトル解析<br>フーリエ・ラプラス変換論<br>確率統計 |
| | | A2 | ・電気回路や電磁界における現象を図や式を用いて表現することができる。また、それらに関する諸量を各種法則に基づいて導出することができる。 | | | 情報処理基礎<br>コンピュータ概論<br>電気回路Ⅰ、Ⅱ、Ⅲ、Ⅳ<br>電磁気学Ⅰ、Ⅱ、Ⅲ<br>電気計測<br>電気物性概論<br>基礎電子回路<br>制御工学基礎<br>アナログ電子回路 |
| | | A3 | ・システム制御、論理回路、電力の発生・伝送、電気機器、情報通信、組込みシステム、光・半導体デバイス等の応用分野を適切な電気電子工学理論と関係付けることができるとともに、これらの応用分野で実現させようとしている内容を説明することができる。 | | | 論理回路<br>電気電子材料<br>組込みシステム<br>通信方式<br>順序回路理論<br>ディジタル電子回路<br>アルゴリズムとデータ構造<br>光・レーザー工学<br>制御工学<br>ネットワーク工学<br>半導体工学<br>エレクトロニクス関連機器<br>光通信工学<br>情報理論<br>移動体通信工学<br>シミュレーション工学<br>電磁波工学<br>電波関係法規<br>画像・映像工学 |

図表4-12 近畿大学理工学部電気電子工学科エレクトロニクス・情報通信コースの学習・教育到達目標とJABEE基準1との対応(抜粋)

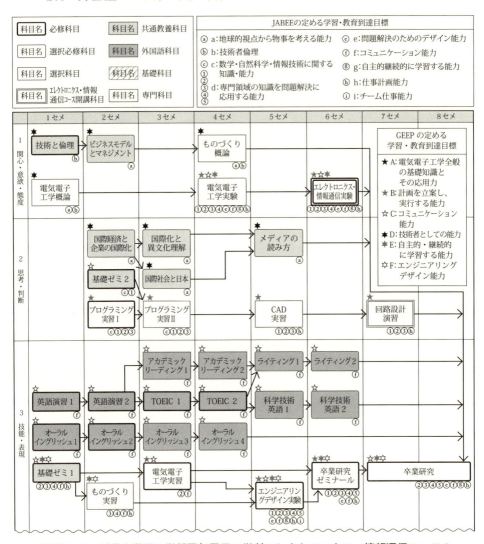

図表4-13 近畿大学理工学部電気電子工学科エレクトロニクス・情報通信コースの科目フロー図

## (3) アクティブラーニング科目の設計と導入

■カリキュラムの全体設計

【アクティブラーニング科目の4年間の流れ】

| 授業形態 | 1年次 前期 | 1年次 後期 | 2年次 前期 | 2年次 後期 | 3年次 前期 | 3年次 後期 | 4年次 前期 | 4年次 後期 |
|---|---|---|---|---|---|---|---|---|
| 関連講義 | 基礎物理学および演習<br>物理学概論および演習I<br>電気電子工学概論<br>電気回路I<br>コンピュータ概論<br>電気物性概論 | 物理学概論および演習II<br>電気回路II<br>プログラミング実習I | 電気計測<br>電磁気学<br>基礎電子回路<br>プログラミング実習II<br>電気回路III | 論理回路<br>アナログ電子回路 | 順序回路理論<br>デジタル電子回路<br>通信方式<br>組み込みシステム<br>熱力学<br>量子線工学<br>原子核工学 | 環境分析化学<br>原子エネルギー工学<br>エネルギー変換工学 | 太陽エネルギー工学 | |
| 一般的AL | 基礎ゼミI | 基礎ゼミII<br>ものづくり実習 | 電気電子工学実習 | | 電気電子工学実験 | エレクトロニクス・情報通信実験<br>エネルギー・環境実験 | | |
| 高次AL | | | | | ★エンジニアリングデザイン実験 | | | |
| ゼミ卒研 | | | | | | 卒業研究ゼミナール | 卒業研究 | |

注1) 高次AL　：専門知識を活用し、課題解決を目的としたアクティブラーニングのこと。
　　　一般的AL：知識定着を目的としたアクティブラーニングのこと。
注2)　☐囲みは必修科目。
注3)　★は教員の協働による高次のアクティブラーニング科目（ハブ科目）。

- 1・2年次では、学科共通のカリキュラムでエレクトロニクス分野、情報・通信分野、エネルギー・環境分野など、さまざまな分野について共通する基礎知識を学び、3年次からは、各コースに分かれてそれぞれの専門性を高めていく。そして、4年次から各研究室で卒業研究に取り組む。
- 講義と実験の連携については、必ず講義で必要な知識を獲得した上で実験を受けさせるという流れになっている。また、専門の講義科目は伝統的な一方向講義が中心だが、「電磁気学」や「論理回路」など、それぞれの分野で基礎的な科目については必ず演習がセットになっている。

■初年次ゼミ科目

- 1年次必修の「基礎ゼミI・II」では、10人以下の少人数でグループを作り、1人の教員が専属で各グループを担当する。前期の「基礎ゼミI」ではプレゼンテーションスキルを学び、後期の「基礎ゼミII」では、レポートの作成・表現方法を学んだ上で、学生主体で自ら自由に課題を提案し、

学生自らの力で課題を解決するための調査・実験・実習を行う。実験科目については、事故を未然に防ぐために実験内容を確認させ予習レポートを書かせている。実験内容の具体的な確認・指導はTAが行っている。

■一般的アクティブラーニング科目
・1年次後期選択の「ものづくり実習」では、道具・工具機械の使い方を学んだうえで、個人で考えながら電子回路（オペアンプ）を製作する。
・2年次前期必修の「電気電子工学実習」では、1・2年次で履修する「基礎ゼミⅡ」や「基礎電気回路」「電気回路Ⅰ・Ⅱ」「電気電子工学実験Ⅰ」の知識定着をはかりつつ、電気電子計測器の使用方法やレポートの記述方法について学ぶ。
・2年次後期必修の「電気電子工学実験」では、1年次で学んだ物理や「電磁気学」「電気回路」「電気計測」「電気電子工学概論」の知識定着をはかりながら、実験の計画、データ処理や評価の方法を学び、技術者としての基礎的な能力を身に付ける。

■高次のアクティブラーニング科目
・3年次前期必修の「エンジニアリングデザイン実験」では、初回にガイダンスを行い、第2～7回に第1テーマ、第9～14回に第2テーマ、第8回と15回に発表会を実施している。学生は20の実験テーマから2つ選ぶ。ラジオを受信するアンテナを作成するなどのテーマについて、グループで考え、個人で作業し、グループでレポートをまとめて発表を行う。作成物の評価は個人ごとに行うが、その他は個人のかかわり方如何によらずグループ単位で評価する。他者評価や自己評価は口頭で行っている。共通ルーブリックはあるが、個人であるいはグループでどのように進めていくのかは、教員が決める。

■卒業研究
・成績評価は、学生の研究時間が基準値に達成しているという前提のもとに、卒業研究の取り組みに対して「研究態度」「研究の成果」「卒業論文と

発表会」ごとに学科共通の評価基準を設定して行っている。
- 学生1人に対して1人の担当教員が指導を行う。口頭発表は全員が行い、複数の教員により審査され、その平均点より評価される。

## (4) アセスメントおよび学生の振り返り

- エレクトロニクス・情報通信コースでは、4年間、半期ごとに"学習・教育到達目標リフレクションシート"を学生に作らせている。具体的には、GPAと科目修得率から現在の達成度状況に対する自己評価と今後の対応を書かせ、希望者には主に基礎ゼミを担当する教員が面談も行っている。

## (5) 教員の協働による「学びの質保証」

- 5つの分野(回路・制御系、電磁気・計測・材料系、数学・物理系、エレクトロニクス・情報通信、エネルギー・環境)からなる授業内容検討会が設けられ、1年2～3回、学習・教育到達目標リフレクションシート、各科目の合格率、さらに授業アンケートなどから学生の学びの状況を確認したり、科目間の連携や同一科目の内容についてすり合わせを行っている。
- また、コース・カリキュラムの検討やものつくり支援を考えるなどの8つの小委員会からなる教育改善委員会が設けられ、学科全体の改善を

| 大項目 | 大項目の説明 | 中項目 | 中項目の説明 | レベル4 |
|---|---|---|---|---|
| 遂行計画に従って実行する能力 | 工学的基礎課題を理解し、計画に従って実行・解析する能力を養う。 | 実験・実習課題解決法の立案 | 与えられた課題に対して、適切な解決法を立案することができる。 | 次の条件で与えられた課題に対して、適切な解決法を立案することができる。(1) 多様な背景を持つグループメンバーとの意見交換を非常によく法を立案している (2) 制約条件をすべて満足している (3) 実現可能な解決法を自ら考案している |
| | | 実験・実習課題の実施 | 立案した計画に従って、チームにおいてグループ作業の利点を活かしながら工夫して実験、シミュレーションできる。使用する装置、器具の操作法を習得し、安全に使用することができる。 | 次の条件で立案した計画に従い、装置、器具を使いこなしながら実〜ことができる。(1) 立案した計画通り実験をしている。(2) 使用する装置・器具の操作をすべて習得している。(3) 自分が担当する以外のすべての分野について理解し、役割を分 |
| | | 実験・実習結果の解析・考察 | 得られたデータを解析・考察することができる。理論との誤差等、実験の持つ不確定さを認識できる。 | 次の条件で得られたデータを解析・考察することができる。(1) 多様な背景を持ったグループメンバーと意見交換を非常によくれたデータを解析・考察している。(2) 実験で得られたすべてのデータについて必要な解析・考察をし(3) 実験で発生した不確かさの原因をすべて把握し、その解決を |
| コミュニケーション能力 | 情報をまとめ、正しい日本語で報告書を作成 | 報告書作成、口頭報告 | 第三者が理解できる日本語で文書・報告書を作成することができる。自分の考えあるいはグループの考えをまと | 次の条件で報告書または発表(プレゼンテーション)資料の表現に(1) 結果に対するグループの考えをすべてわかりやすくまとめてい(2) 論理的な文章構造(導入、本文、結論やつなぎ)によりすべて |

図表4-14 近畿大学理工学部電気電子工学科エレクトロニクス・情報通信コース「エンジニアリングデザイン実験」の評価項目(抜粋)

行っている。

### (6) その他－ルーブリックの活用－
「基礎ゼミⅠ・Ⅱ」と「エンジニアリングデザイン実験」では、各クラスで異なるテーマを扱うが、共通ルーブリックを使って評価を行っている。

## 7．九州工業大学 工学部 機械知能工学科(2015年度学科定員140人)

### (1) この4年間のアクティブラーニング導入の進展について
- 同学科には機械工学コース、宇宙工学コース、知能制御コースの3コースが設置されている。以下、主に機械工学コースを例にレポートする。
- 同学科では、かつては宇宙工学コースのみで2009年から「宇宙工学PBL」を行っていたが、現在ではすべてのコースでPBLに取り組む高次のアクティブラーニング科目を導入している。機械工学コースでは、コースでの専門知識を統合するハブ科目として「機械工学PBL」を実質的に必修科目としてすでにスタートさせているが、科目名は2015年度では「設計製図Ⅲ」となっており、2015年度入学者が3年次に履修する段階から科目名としても「機械工学PBL」としてカリキュラム化される。「機械工学PBL」の必修化により、従来からの「設計製図Ⅲ」で学ぶ内容については、優先度と重要性およびマンパワーを考慮し廃止することとした。
- 高次のアクティブラーニングとしてのPBL科目必修化の理由は、学んでいることの重要性を実感できない学生が増えてきたためである。講義等で学んだ専門知識をPBLで活かすことによって、学生は専門知識の重要性が実感できるようになり、学び直しもするようになった。そうした学生の変化を教員もまた実感することで、今日までアクティブラーニング導入が進展してきた。
- 組織的には工学部PBL教育運営会議が2010年に設置され、年4回会合を持っている。各学科でどのようなPBLが行われているか、どのようなPBLを進めていくかなどを検討し推進の施策を決定している。各学科のPBLの情報共有にも注力しており、PBL発表会がいつどこで開か

れるかなどの一覧を作成し、全教員にMLで配信している。
- 学科内のPBL発表会で優勝したチームは、熊本高専および北九州高専と九州工大で共催する九州P-1グランプリに出場して優勝を競う。こうした取り組みに学生は積極的であり、その積極性を教員が後押しする形でこの4年間PBL科目の導入が進んできた。
- 学長裁量経費や学内戦略経費もPBLに取り組む高次のアクティブラーニング科目の運営やP-1グランプリ実施などのために投入され、学内での合意形成もなされてきた。
- 2015年4月には未来型インタラクティブ教育棟の中にデザイン工房が設置され、「機械工学PBL」をはじめとするPBL科目の時間外の取り組みとして、学生が自由に使えるようになった。
- このアクティブラーニング導入の進展には教員のマインドの変革が不可欠だったが、その役割をFD活動が担っている。FDは全学で年4回行われ、"エンジニアリング・デザイン"や"パフォーマンス評価"など、アクティブラーニングに関連するテーマが取り上げられることが多い。出席が取られ、教員の教育に関する実績評価につながる仕組みが導入されている。
- 専門知識の積み上げとそれを用いた課題解決としての"ものづくり"という工学部の特性もあり、年齢の高い教員も高次のアクティブラーニング導入には積極的であり、今後は実習や演習などのアクティブラーニング科目を増やそうとしている。
- 今後の課題は、アクティブラーニングを通した教育の成果をどう評価するか、であり、そのためにルーブリックを試験的に導入している。
- また同学科は7割程度が大学院に進学することから、6年一貫教育に移行しつつある。2016年度から、成績優秀者は3年後期から研究室配属して卒業研究に先行して取り組むようにする。PBLは学部教育で取り組み、専門性の高い科目は大学院に移していく方向である。

## (2) 教育目標

- もともと学部・学科・コースで教育目標は明確に設定されていたが、JABEEを2014年に全学科で取得したため、JABEEの目標と自学科の目

機械知能工学科の学習・到達目標
(A) 国際的に通用する教養・倫理を修得する。
(B) 自然現象を科学的に理解するための能力を修得する。
(C) 問題発見能力や問題解決能力を修得する。

機械工学コースの学習・到達目標
(A) 自然・人文科学と機械工学の知識を応用することで問題を発見し解決することができる。
(B) 機械システムを創造することができる。
(C) 機械工学の社会への貢献を考えることができる。
(D) 機械工学の実践が社会に及ぼす影響を理解することができる。
(E) 「ものづくり」に必要な協働作業をすることができる。
(F) グローバルな展開・応用のための国際的な視点を持つことができる。

図表4-15 九州工業大学工学部機械知能工学科・機械工学コースの学習・到達目標

| 身につけておくべき知識・能力 | 学習・教育到達目標 | | | | | |
|---|---|---|---|---|---|---|
| | (A) 自然・人文科学と機械工学の知識を応用することで問題を発見し解決することができる。 | (B) 機械システムを創造することができる。 | (C) 機械工学の社会への貢献を考えることができる。 | (D) 機械工学の実践が社会に及ぼす影響を理解することができる。 | (E) 「ものづくり」に必要な協働作業をすることができる。 | (F) グローバルな展開・応用のための国際的な視点を持つことができる。 |
| (a) 地球的視点から多面的に物事を考える能力とその素養 | ◎ | | | ○ | | ○ |
| (b) 技術が社会や自然に及ぼす影響や効果、及び技術者が社会に対して負っている責任に関する理解 | | | | ◎ | | |
| (c) 数学及び自然科学に関する知識とそれらを応用する能力 | ◎ | ○ | | | | |
| (d) 当該分野において必要とされる専門知識とそれらを応用する能力 | ◎ | | ○ | | ○ | |
| (e) 種々の科学、技術及び情報を活用して社会の要求を解決するためのデザイン能力 | | ◎ | ○ | ○ | ○ | |
| (f) 論理的な記述力、口頭発表力、討議等のコミュニケーション能力 | | | | | ◎ | ◎ |
| (g) 自主的、継続的に学習する能力 | | | ◎ | | ○ | ○ |
| (h) 与えられた制約の下で計画的に仕事を進め、まとめる能力 | | ◎ | | | ◎ | |
| (i) チームで仕事をするための能力 | | | | | ◎ | |

図表4-16 九州工業大学工学部機械知能工学科機械工学コースの身につけておくべき知識・能力と学習・教育到達目標との相関

標との関連も整理し学生に提示している。JABEE は教育目標明確化に関して各学科の足並みを揃える上でも有効であった。

- 機械知能工学科・機械工学コースの学習・到達目標は以下の通り。
- 同学科では後述するように、学生の自己評価ポートフォリオシステムを導入し、この目標に対する達成度の検証にも取り組んでいる。
- JABEE 導入に際しては、学科で教育目標と各科目との対応関係を検証し、その結果をシラバスにも反映している。

| 機械知能工学科 ||
|---|---|
| 機械工学 PBL<br>Mechanical Engineering PBL(Project Based Learning) | 宇宙工学 PBL<br>Space Engineering PBL(Project Based Learning) |
| 学年：3年次　学期：後期<br>単位区分：必修（機械工学コース）　単位数：1単位<br>担当教員名　宮崎 康次・坪井 伸幸・鶴田 隆治・<br>　　　　　　長由 暁子・谷川 洋文・河部 徹 | 学年：3年次　学期：後期<br>単位区分：必修（宇宙工学コース）　単位数：1単位<br>担当教員名　米本 浩一 |
| ❶ 概要<br>機械工学 PBL とは、与えられた課題に対して機器を設計、性能評価を通して、工学に必要な基本的な設計、解析能力の習得と共に、自ら目標設定をして具体的に課題解決をしていく PBL(Project Based Learning) である。履修方法は、複数の学生を一組としたグループワークとする。履修期間中に設計結果や製作した機器について、さらに性能評価後に報告会を実施し、学生同士で相互評価や意見交換を行う。<br>• 授業の位置づけ<br>関連する学習・教育目標：B, C, D, E（機械工学コース）、C-2, C-3（知能制御工学コース）<br>❷ キーワード<br>設計、製図、加工、測定<br>❸ 到達目標<br>1. 与えられた課題を満たす機器を設計できる。<br>2. 設計した機器を製作できる。<br>3. 製作した機器の性能を評価できる。<br>4. プレゼンテーションを通して、他者に成果を伝えることができる。<br>❹ 授業計画<br>1. 授業の概要説明、班分け、課題設定<br>2. 課題解決のための文献調査 | ❶ 概要<br>宇宙工学 PBL とは、実際に小型ロケットを設計製作し、打ち上げ実験と性能評価を通じて、工学に必要な基本的な設計、解析能力の習得と共に、自ら目標設定をして具体的に課題解決をしていく PBL(Project Based Learning) である。履修方法は、複数の学生を一組としたグループワークとする。履修期間中に設計結果や製作したロケットについて、また打ち上げ実験後には飛行結果の報告会を実施し、学生同士で相互評価や意見交換を行う。<br>• 授業の位置づけ<br>関連する学習・教育目標：B, C, D, E（宇宙工学コース）、C-2, C-3（知能制御工学コース）<br>❷ キーワード<br>ロケット、固体モータ、重量と重心、抵抗、空力中心、安定性、飛行性能、マイコン、プログラム<br>❸ 到達目標<br>1. ロケットに関する基本的な専門用語が理解できる。<br>2. 目標性能に対する各種要素の感度解析や設計ステップの組み立て方を学ぶ。<br>3. 汎用の計算ソフトウエアを用いて、性能解析に必要な数値計算方法を習得する。<br>4. マイコンの動作原理とプログラミングの基礎を学ぶ。<br>5. センサの種類、原理と解析方法を学ぶ。 |

**図表 4-17　九州工業大学工学部機械知能工学科「機械工学 PBL」のシラバス**

## (3) アクティブラーニング科目の設計と導入

■カリキュラムの全体設計

【アクティブラーニング科目の4年間の流れ】(機械工学コースの例)

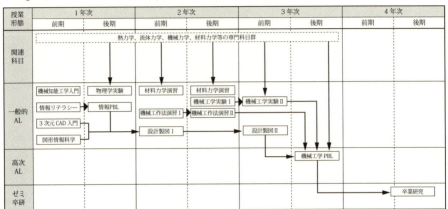

注1) 高次AL　：専門知識を活用し、課題解決を目的としたアクティブラーニングのこと。
　　　一般的AL：知識定着を目的としたアクティブラーニングのこと。
注2) ☐ 囲みは必修科目。

- 同学科でのアクティブラーニング科目は全科目の3割程度。各専門科目で学んだ知識を一般的アクティブラーニング科目としての「材料力学演習」「物理学実験」「機械工学実験Ⅰ・Ⅱ」「設計製図Ⅰ・Ⅱ」等の実習・演習・実験科目で確認し、さらに3年次後期に配当された必修科目である「機械工学PBL」によって、それらの専門知識を活用した課題解決に取り組む。そして、4年次の卒業研究へと連続していく設計となっている(他のコースでも同様に「宇宙工学PBL」「知能制御PBL」が置かれている)。

■初年次ゼミ科目

「機械知能工学入門」と「機械構造の力学入門」が入門科目となっており、初年次ゼミ的な役割を果たしている。

- 「情報PBL」も1年次後期必修科目で、1年次前期必修の「情報リテラシー」を引き継ぎ、与えられたテーマから1つを学生が選んでチームで課題解

決に取り組みプレゼンテーションする。

■一般的アクティブラーニング科目
・機械工学コースでは「流体力学」「熱力学」「機械力学」「材料力学」のいわゆる四力学は講義中心の科目だが、これらは一般的アクティブラーニング科目の「物理学実験」や「機械工学実験Ⅰ・Ⅱ」などの実験科目と紐づけられている。他のコースでもそれぞれの専門に合わせて同様の流れとなっている。
・「機械工学実験」は学生10～15人のグループが7～8班形成され、教員2名とTA4名が担当する。まず授業で実験を行い、各人がレポートを授業外で作成するが、次の授業でそのレポートが教員とTAから質問攻めに合うというスタイルで、学生が鍛えられている。
・同コースでは「力学」→「実験」の流れとは別に、「情報リテラシー」「図形情報科学」「3次元CAD入門」→「情報PBL」→「設計製図Ⅰ」→「設計製図Ⅱ」(→「機械工学PBL」)という流れが形作られている。

■高次のアクティブラーニング科目
・「機械工学PBL」では、①風力発電の風車の作成、②スターリングエンジンの作成、③コマ大戦(直径20㎜の金属製コマを手回しして行う喧嘩ゴマのこと)用のコマの作成の3つのテーマに分かれてグループで取り組んでいる。この科目は主として「流体力学」「熱力学」「機械工作」の3科目の専門知識の活用が意図されている。具体的には、風車については、サイズ、予算1万円以内等の条件が与えられ発電量を競う。コマについては、素材選びから始めてコマ大戦で勝利できるコマづくりに取り組む。コマ作製後、中小企業が参加する大会に出場し、学生の"ものづくり"の意識を高めるよう取り組んでいる。各テーマに1人ずつの教員、2人ずつのTA、加えて助手や技術職員が指導する体制が整えられ、学生は授業時間外に「デザイン工房」を利用して自由にテーマに取り組む。手順としては、まず設計して実際に作成し、中間発表と最終発表を行い、最後は班で報告書を作成する。評価にはルーブリックを導入している。

■卒業研究
- 「卒業研究」は学科共通の評価指標を設けている。口頭発表は3コースに分かれて全員が行い、教員が深くつっこんだ質問をすることになっている。

(4) アセスメントおよび学生の振り返り
- 学生は自己学習ポートフォリオを半期に一度作成する。図表4-15の機械工学コースの学習・到達目標A～Fの項目について、各項目に対応した必修科目を全部取得すると100になるように設計されており、さらに選択科目についても各項目と対応した履修の進捗を自己評価できる。学生は自由記述により自己の目標も設定することになっている。
- 「機械工学PBL」の中で自由記述での振り返りがあり、教員がコメントを付けて返している。

(5) 教員の協働による「学び」の質保証
- 複数クラス開講の科目「材料力学Ⅰ・Ⅱ」「生産工学基礎」などは、コースごとに習熟度の差があるので、内容は統一されているものの、習熟度に合わせて内容レベルを決めている。
- FD活動を通じて、ルーブリックの導入やエンジニアリング・デザインの導入などが進められている。

その他　－ルーブリックの活用－
- 「機械工学PBL」では2015年度からルーブリックによる相互評価を導入している。学生は、相互評価によって、自分たちのグループの取り組みが不十分であったこと等も自覚する効果が生まれている。ただ、ルーブリックでは、極端に「良い悪い」の差は明確に出るが、中間の層をどう評価するかが課題となっている。

| 学生番号 | | | | | | |
|---|---|---|---|---|---|---|
| 氏　名 | | | | | | |
| 教育目標 | 教育目的 | | | masterly | advanced | basic |
| 機械システムを創造できる | 基礎知識 | 1 | 機械工学の分野の学術的な知識・技術を得るために自主的に学習することができる | 自ら分野を設定し学習できる | 指示された分野の学習ができる | 指示された学習機会に参加できる |
| | エンジニアリングデザイン | | 目的とする機械の開発について科学的根拠に基づいて考えることができる。 | 自ら理解に必要な科目を設定し、考えることができる | 指示された科目を設計に利用できる | 指示された科目を理解できる |
| 機械工学の社会への貢献を考えることができる | 知識応用 | 1 | 機械工学の応用について原理を理解し必要な知識を得るために自主的に学習することができる | 自ら分野を設定し学習できる | 指示された分野の学習ができる | 指示された学習機会に参加できる |
| | (社会の)要求を満たすデザイン能力 | 2 | 社会の要求を満たす機械を設計できる | 要求を満たすため、オリジナリティーにあふれる設計ができる | 一般的な機械工学の運用による設計で要求を満たすことができる | 指示された設計手法を理解できる |
| 機械工学の実践が社会に及ぼす影響を理解できる | 情報収集 | 1 | 自らメディア・文献を用いて情報収集判断し課題解決のために調査分析することできる | 課題解決に必要な情報を整理し他者と共有できる | 自分で考えて調査対象を広げることができる | 与えられた課題を調べることができる |
| | 評価能力 | 2 | 作製した機械の性能を評価し、社会の要求に応えているか評価できる | 機械の性能を客観的に評価し、改善点を見いだせる | 機械の性能を客観的に評価できる | 機械の求められている性能を理解できる |
| ものづくりに必要な協働作業をすることができる | 協働ワーク | 1 | 班のメンバーとともに共通の課題に協働して取り組むことができる | 課題解決に向けた最適な方法を全員で見出すことができる | 共通課題の解決について意見を出し合うことができる | 共通課題を共有できる |
| | 合意形成 | 2 | 自分の意見と、他者の意見を出し合い最適な合意に導くことができる | 異なる意見を整理し妥協点や共通の解決法を提示することができる | 多様な意見の共通点・違いを整理することができる | 相手の意見を聞き自分の意見が言える |

**図表4-18　九州工業大学工学部機械知能工学科「機械工学PBL」のルーブリック**

## 8．國學院大學 法学部 法律学科
（2015年度学科定員500人[法律専攻400人、法律専門職専攻50人、政治専攻50人]）

### (1) この4年間のアクティブラーニング導入の進展について

- 2008年度に法学部の改組が行われ、法律学科が法律専攻、法律専門職専攻、政治専攻の3つの専攻に分けられた。当時は、学生の興味関心の度合いや学びの姿勢、学習時間、志向などの個人差が大きくなり、一つの授業で同じ成果を上げていくことが困難になりつつあった。そのため、従来の典型的な流れを汲む法律専攻の他に、学生の志向性に応じて、専門職（弁護士・検察官・裁判官など）を志望する学生は法律専門職専攻で、政治を明確に学びたい学生は政治専攻で効果的に学べるようにした。
- アクティブラーニング導入は法律専門職専攻と政治専攻で先行した。両専攻は、定員を50人に絞り、少人数制・双方向型で学生と教員とのや

り取りを密にし、徹底的に学生を鍛えるというコンセプト（アクティブラーニングを通じた、学生の育成を狙った形）でスタートした。法律専門職専攻では、1・2年次のほとんどの科目で、まずは法科大学院で実践されていたソクラテスメソッド（一方向講義ではなく、教員と学生との対話を通して進められる授業形式）を取り入れてみたがなかなか成果が出なかった。そもそも法学部には講義科目でのアクティブラーニングの事例がなかったため、導入に前向きな教員を中心に他の学問分野で行われていた事例を地道に研究し、それを応用実践し、専門科目を担当する教員で構成されるスタッフ会議で実践例や効果を共有してきた。一方、法律専攻では、定員400人という大人数ゆえになかなか動きが取りにくく、学生の学力、やる気の低下が顕著になってきた。

- このような状況の中で、中央教育審議会から2008年12月答申「学士課程教育の構築に向けて」で学士力が提示され、2012年8月答申「新たな未来を築くための大学教育の質的転換に向けて」で学生が主体的に問題を発見して解を見いだしていく能動的学修（アクティブラーニング）への転換が求められるなどの社会的ニーズと、法律専攻の学生から能動的な学びをどうしたら引き出すことができるかという現場の教員の思いや危機感が重なり、個々の教員による様々な試みが行われるようになった。一方、全学規模の組織として2012年にFDを統括する教育開発推進機構が創設された。

- こうした全学的な動きも背景として、法律専攻でもアクティブラーニング導入の取り組みが進むが、それは"ティーチング・ポートフォリオ"の作成という少し迂回した道程を通してであった。各学部にFD活動をするための特別予算枠が設けられ、法律学科では今まで出来なかった各教員の授業の実態調査（各教員がどういう意図をもって授業をやっているか）やリアルな学生の動向調査を実施した。

- 具体的には、"ティーチング・ポートフォリオ"を作成し、現場で教員が考えていることを言語化した。一人一人の教員が科目ごとに具体化した目標を達成するためにどのような授業方法をとり、どのように検証し、その結果どの程度目標を達成することができたのか、これらの詳細を数

百ページにもおよぶ冊子にまとめ、実際に使っている教材・試験のサンプルも集めた。
- このようなボトムアップのムーブメントにより、各教員の持っている教育観や方法の違いが見えてきて、ほとんどの教員が自身の授業手法に目を向けるようになり、成果が上がらなければ自発的に試行錯誤しながら授業改善に取り組むようになった。
- このような歩みから、講義科目で何らかのアクティブラーニングの手法を取り入れた授業を実践する教員が2015年度には85.7％になった（2012年度については、正確な統計が存在しないために推測となるが、アクティブラーニングを取り入れていた教員はごく一部にとどまっていた）。また、他の学部と比べて学生の授業外学習時間数も多くなり、法律専門職専攻での司法試験の結果は、カリキュラム改革1期生が初めて受験した2014年では3人、2015年も2人が合格するなど、目に見える成果を上げることができている。
- 現在は、最も学生数の多い法律専攻に重点的にアクティブラーニングの導入を進めながら、科目間の連携をはかり、知識の階層に基づくナンバリングを導入し、基礎から応用までの段階を踏みながら学べる仕組みをつくり、アクティブラーニングが有機的に機能するようなカリキュラム改訂の検討を行っているところである。

**(2) 教育目標について**
- ディプロマポリシー（2008年作成）には、"法的または政治的思考力を身につける""寛容さと謙虚さを維持しつつ、対立する利益を調整し、もしくは問題を的確に解決する力をもつ""社会に貢献できると思われる学生、また、社会の構成員であることを自覚し、主体的にそこに参画する意欲と能力とをもつ"と記されている。
- これらの要素を、各教員のティーチング・ポートフォリオを検証することで、専攻ごとに【知識・理解】【思考・判断】【関心・意欲】【技能・表現】の4項目の中に9つの具体的な目標を落とし込んでいる（**図表4-19**参照、2013年度公表）。この具体的な目標は、学生の成長発達を意識して項目ごとに番号が上がるにつれてレベルが上がるよう表されている。

## 図表4-19 國學院大学法学部法律学科法律専攻の暫定的カリキュラムマップ

| | | | 知識・理解 | | 思考・判断 | | | 関心・意欲 | | 技能・表現 | | |
|---|---|---|---|---|---|---|---|---|---|---|---|---|
| | | | ① | ② | ③ | ④ | ⑤ | ⑥ | ⑦ | ⑧ | ⑨ |
| | 具体的目標 | | 条文の読み方や基本的法解釈技術など、法律学に共通する一般的・基礎的な知識を習得する。 | 主要な法領域の特色及びそれぞれの法領域で扱われる制度や概念を説明できる。 | 法による紛争解決が求められる事案につき、法の基本原理に則った問題点を発見し、法的三段論法により解決を図るという思考をとることができる。 | ③の思考をする際に、制度趣旨や基本原理に則った利益調整を行ったり、問題解決に必要な事実とそうでない事実をより分けて考えるといった、規範的思考を行うことができる。 | 対立する考え方を理解したうえで、自分が正当であると考える見解を説得的かつ論理的に論証することができる。 | 法学一般および各法領域に関心を持ち、授業に積極的に参加することができる。 | 基本的なアカデミックスキルを修得する。 | ③④⑤に記した思考の過程・結果を、文書で的確に表現し、考えの異なる他者と意見交換できる。 | ③④⑤に記した思考の過程・結果を、口頭で的確に表現し、考えの異なる他者と意見交換できる。 |
| 学年 | 科目名 | 時期 | | | | | | | | | |
| 1 | 基礎演習 | 後期 | ◎ | | ◎ | | | ◎ | ◎ | | |
| 2 | 判例演習 | 前期 | | ◎ | | ◎ | | ◎ | | ◎ | |
| 3・4 | 法哲学A | 前期 | | ◎ | | | ◎ | ◎ | | ◎ | |
| 3・4 | 法哲学B | 後期 | | ◎ | | | ◎ | ◎ | | ◎ | |
| 3・4 | 法制史A | 前期 | | ◎ | | | | ◎ | | ◎ | |
| 3・4 | 法制史B | 後期 | | ◎ | | | | ◎ | | ◎ | |
| 3・4 | 外国法A | 前期 | | ◎ | | | | ◎ | | ◎ | |

・学生に対しては、ホームページで教育目標やカリキュラムマップを公開し、ガイドブック『法学部攻略マニュアル』を配付している。法律専攻では、1年次前期必修の「キャリア・プランニング」でカリキュラムマップや演習の一覧表などを配付し、法学部の学びについて考え理解させる機会を設けている。法律専門職専攻や政治専攻では、1年次前期必修の「基礎演習」で説明をしている。

　※なお、ディプロマポリシーとカリキュラムマップについては、全学レベルでの改訂の計画が進んでおり、法学部でも、2017年度から新ポリシーと新マップに改訂される予定である。

### (3) アクティブラーニング科目の設計と導入

■カリキュラムの全体設計

【アクティブラーニング科目の4年間の流れ】法律専攻

| 授業形態 | 1年次 | | 2年次 | | 3・4年次 | |
|---|---|---|---|---|---|---|
| | 前期 | 後期 | 前期 | 後期 | 前期 | 後期 |
| 関連講義 | | | | | | |
| 一般的AL | キャリア・プランニング | 基礎演習<br>民法・債権各論 | 西洋政治思想A | 西洋政治思想B | 行政法ⅡA<br>行政法ⅢA<br>商事決済法A<br>政治哲学A | 行政法ⅡB<br>行政法ⅢB<br>商事決済法B |
| | | | | 行政法Ⅰ<br>会社法 | | |
| 高次AL | | 裁判法A | 国際法の基礎 | 判例演習 | 刑事政策A<br>倒産法 | 国際紛争処理法 |
| | | | | 刑法総論 | | 刑事訴訟法 |
| ゼミ卒研 | | | | | | |

## 【アクティブラーニング科目の4年間の流れ】法律専門職専攻

| 授業形態 | 1年次 前期 | 1年次 後期 | 2年次 前期 | 2年次 後期 | 3年次 前期 | 3年次 後期 | 4年次 前期 | 4年次 後期 |
|---|---|---|---|---|---|---|---|---|
| 関連講義 | | | | | | | | |
| 一般的AL | 基礎演習 / 憲法Ⅰ | 民法・債権各論 | 民法・物権 / 憲法Ⅱ / 行政法Ⅰ / 会社法 | | 行政法応用演習 | | | |
| 高次AL | 民法・総則 | 刑事手続法概論 | 刑法各論 / 刑事訴訟法 | | 憲法応用演習 / 会社法応用演習 | | | |
| ゼミ卒研 | | | | | | | | |

## 【アクティブラーニング科目の4年間の流れ】政治専攻

| 授業形態 | 1年次 前期 | 1年次 後期 | 2年次 前期 | 2年次 後期 | 3年次 前期 | 3年次 後期 | 4年次 前期 | 4年次 後期 |
|---|---|---|---|---|---|---|---|---|
| 関連講義 | | | | | | | | |
| 一般的AL | 基礎演習A | 基礎演習B | 演習Ⅰ / 西洋政治思想史A・B / オムニバス・セミナー | フィールド・ワーク 政治インターシップ（短期・長期） | スタディ・ペーパー / 演習Ⅱ / 政治哲学A | | | |
| 高次AL | | 現代社会論 | | | | | | |
| ゼミ卒研 | | | | | | | | |

注1) 高次AL：専門知識を活用し、課題解決を目的としたアクティブラーニングのこと。
　　　一般的AL：知識定着を目的としたアクティブラーニングのこと。
注2) 　□　囲みは必修科目。

〈法律専攻〉
・法律専攻では、1年次に全員、大学で学ぶことの意義と将来の目標について考えるための「キャリア・プランニング」を履修するが、他はコースごとに設定された科目群のなかからある程度の数の科目を履修すれば、あとは学生の選択により柔軟に決められる。一定程度学んだうえで将来の方向を見つけてもらおうというねらいがある。

〈法律専門職専攻〉
・法律専門職専攻では、早い段階で法律学の基礎を徹底して学び、基礎から応用へと学年ごとに積み上げ式で学べるようにカリキュラムが設計さ

れている。具体的には、1年次前期必修の「基礎演習」で法学スキルを身につけ、2年次までの「憲法Ⅰ・Ⅱ」や「刑事訴訟法」などの講義科目で基本的な知識を身につけ、3・4年次の各応用演習での問題解決型の深い学びにつなげている。また、法律家になるためのいわゆる六法科目はほぼすべて必修科目とし、一方向講義ではなく、事前に課題を与え、一問一答で確認したり、授業でグループディスカッションをさせたり、フィードバックを多数行うなどの手法を取り入れている。

〈政治専攻〉

- 政治専攻は、学問としての政治学を学ぶというよりも、大学の4年間に実際に政治が行われている現場を見たり、聴いたり、体験することをカリキュラムの柱にしている。まず、1年次の「基礎演習A」で議論するスキル、「基礎演習B」で毎週1,000〜1,500字のレポート課題を課し、徹底的に書くスキルを身につけさせる。「現代社会論」では問題解決の作法を学ぶ。政治学と現場をつなぐ重要な科目となっているのが「フィールド・ワーク」「政治インターンシップ（短期・長期）」「スタディ・ペーパー」という3つの実習・演習科目である。「政治インターシップ」では、政治家の事務所など、政治や行政に関する機関でボランティアスタッフとして実習を行い、政治への理解を深めていく。実習後には、単なる社会経験ではなく講義で学んだ政治学と関連付けてレポートを書かせる。また、次の学期のインターシップの説明会では、1年に2回、必ず経験した学生を1〜2名呼んで話をさせている。カリキュラム上では1年次から4年次まで履修できるが、長期だと4週間程度の期間が必要なため、1・2年次の履修をすすめている。このような学びを経た上で、2年の「演習Ⅰ」、3・4年次の「演習Ⅱ」につないでいる。
- 3専攻とも、講義科目と演習科目は完全にはリンクしていない。名称は講義・演習となっているが、すべての科目で得た知識を総動員して課題を解決する授業を展開していこうとの考えで進めている。それゆえハブ科目は現在のカリキュラムでは置かれていない。

■一般的アクティブラーニング科目

〈法律専攻〉
・2年次選択の「行政法Ⅰ」では、基礎知識を講義したうえで個人やグループで応用的事例問題に取り組み、解答・説明をさせている。

〈法律専門職専攻〉
・1・2年次必修の「憲法Ⅰ・Ⅱ」では、事前に出題範囲を明示したうえで授業開始時に重要判例に関する四択式の小テスト（合計4問）を実施。授業時には、それらの問題について各自の見解を発言させることで基本的な知識の定着を図っている。

〈政治専攻〉
・2・3年次選択の「オムニバス・セミナー『国際情勢を読み解く』」では、毎回500字程度のコメントペーパーを提出させている。次回授業時に疑問点の説明や発展的な解説を加えている。

■高次のアクティブラーニング科目
〈法律専攻〉
・3・4年次選択の「国際紛争処理法」では、国際紛争や安全保障などの事例を取り上げ、個人で考え、グループで議論しながら処理手段や対応方法について学ぶ。

〈法律専門職専攻〉
・3・4年次選択の各種「応用演習」では1,500字程度の文章を頻繁に書かせている。また、「刑事訴訟法」では、例えば、検察官の起訴状を取り上げてそれが違法か違法でないかといったような課題を毎回与え、1チーム5人で必要な知識を使って解決策をレポートさせて、他の学生にもコメントさせ全体で共有する。

〈政治専攻〉
・1年次必修の「現代社会論」では、現代の政治問題についての基礎的な知識を教授した後、関連する問題に対して各自の見解を小レポートにまとめるなどして問題解決の作法を学ぶ。

■卒業研究
- 卒論は課してはいないが、卒論に近いものとして、政治専攻では、必修の「演習Ⅰ・Ⅱ」で4,000字以上のゼミ論文を全員に書かせる。また「スタディ・ペーパー」という科目を履修して本格的な論文を執筆する学生が1割程度である。論文は複数の教員の指導を受ける。また、ゼミ生には学内法学会の懸賞論文に応募し、ゼミ以外の教員にも評価してもらうよう指導している。

(4) アセスメントおよび学生の振り返り
- 決まったフォーマットはない。個々の教員がグループディスカッションの様子や論点を一覧表にして相互評価をさせ、チームとしても個人としても最終的に振り返りをさせているといったような工夫を重ねている。

(5) 教員の協働による「学びの質保証」
〈法律専攻・法律専門職専攻〉
- 法律専攻の「基礎演習」では8クラスを8人で、法律専門職専攻の「基礎演習」では3クラスを3人で担当。共通シラバスはあるが、学生の多様なニーズにあわせて教員がそれぞれコンセプトを考え、共通の目標を達成する。授業の内容については事前に会議体で確認を行っている。学生には『基礎演習募集要項』を配付して選択させている。

〈政治専攻〉
- 政治専攻の「基礎演習A・B」では、共通のシラバスで4クラスを4人で担当。A・Bの教員を入れ替えて毎月1回担当者会議を行い、学生の把握指導に努めている。テキストも時事問題を扱うので毎年作成している。評価は担当者会議で成績の素案を持ち寄り、出席状況や提出物などとあわせて行っている。専門科目については、専門スタッフ会議で、科目間で教える内容が重ならないよう調整している。

## 9．昭和女子大学 人間社会学部 心理学科(2015年度学科定員75人)

### (1) この4年間のアクティブラーニング導入の進展について

・心理学分野は、グループでの実習・実験が不可欠であるため、今日アクティブラーニングと呼ばれているような学習形態が、以前からとられていた。2007年頃より大学全体で授業改善の機運が高まり、FD推進委員会によって、研修会(年4回)、教員へのアクティブラーニングに関する授業調査、アクティブラーニングに取り組む教員の授業紹介などが行われ、これまで心理学科で自然に取り組まれてきた教育活動を、改めてアクティブラーニングとして意識するようになった。

・現在のカリキュラムは、2008年度にスタートし、2011年度に完成年度を迎え、その後もブラッシュアップが続けられてきたものである。このカリキュラム改訂では、アクティブラーニングという視点で、大きなカギとなる2つの科目が新たに導入された。1つは、2年次の必修科目「心理学入門演習」、もう1つが半数程度の学生が履修する「心理支援コミュニティ・サービスラーニング」である。

### (2) 教育目標について

・2010年頃に、全学的にアドミッションポリシー、ディプロマポリシー、カリキュラムポリシーの策定が進められた。これに合わせて、心理学科では、カリキュラムマップを作成した。心理学科の設置科目を、『方法論』『発達心理学分野』『社会心理学分野』『認知心理学分野』『臨床心理学分野』『ゼミ・卒論』『教科専門科目(高等学校公民の教職科目)』『社会調査士科目』の8つ(＋心理支援コミュニティ・サービスラーニング)に分類し、それぞれの分類ごとに身につけるべき能力を明示している。このカリキュラムマップは学生にも公開されており、年度初めのガイダンスなどで配付し、説明している。授業担当者は、このカリキュラムマップに基づき、シラバスに各科目での到達目標およびテーマを記述する。

所定の単位を修め、次の能力を備えた学生に卒業を認定して学位を授与する。
1. 心理学の科学的で幅広い視点と基礎的知識を有している。
2. 人と社会を取り巻く現実の諸問題に関心を持ち、心理学的アプローチにより対処するための基礎的素養を有している。
3. 自ら問いを立て他者と協調して合理的に解決していく総合的な能力を有している。

**図表 4-20　昭和女子大学人間社会学部心理学科のディプロマポリシー**

| | 方法論 | 発達心理学分野 | 社会心理学分野 | 認知心理学分野 | 臨床心理学分野 | ゼミ・卒論 |
|---|---|---|---|---|---|---|
| どんな力がつくことを目指すのかキーワード | ・実証的研究力<br>・分析力<br>・論理的思考力<br>・実践力<br>・問題解決力<br>・数量的スキル<br>・情報リテラシー | ・自己理解力<br>・社会理解力<br>・人間理解力<br>・教育・養育力 | ・社会理解力<br>・対人関係(行動)理解力<br>・社会で自分を活かす力<br>・人々を繋ぎ社会を活性化する力 | ・人間理解力<br>・批判的思考能力 | ・自己理解力<br>・共感性<br>・対人関係力<br>・個別性の理解<br>・社会(制度)の理解 | ・コミュニケーション力<br>・企画力<br>・分析力<br>・ファシリテート力<br>・論理的思考力<br>・批判力<br>・問題解決力<br>・自主性 |
| どんな力がつくことを目指すのか | 実証的に研究する力とともに、データに基づいて分析・解釈する力を身につける。また、パソコンのスキルも身につける。 | 生涯発達の視点から人間を理解するとともに、人の発達と社会との関わりを理解したうえで、教育・養育力を身につける。 | 社会的状況が認知や行動に与える影響の重要性を理解するなど、社会を理解する力を身につける。また、多様な視点の存在を理解する。 | 人間の認知・行動の特性・限界について理解する。また、適応の基礎となる行動変化の基本的原理を知る。 | 自己を理解するとともに人間の個別性を理解する力のほか、臨床心理学的な見方を身につける。また、マイノリティや弱者に対する社会制度も理解する。 | 自分が何に興味を持っているのかを明確化した上で、研究課題にしていくための力のほか自主性やコミュニケーション力を身につける。 |
| 4年次 | | 発達心理学演習 | 社会心理学演習 | 認知心理学演習 | 臨床心理学演習 | 卒業論文 |
| 3年次 | 質問紙調査法実習<br>心理実験法実習<br>心理学外書講読 | アメリカ心理事情 | 観光心理学<br>犯罪心理学<br>健康心理学<br>アメリカ心理事情 | アメリカ心理事情 | 臨床心理面接<br>臨床心理地域援助<br>心理査定法実習<br>心理臨床面接実習<br>心理アセスメント<br>精神分析理論<br>犯罪心理学<br>アメリカ心理事情 | 心理学基礎演習 |
| 2年次 | データ解析実習Ⅰ<br>データ解析実習Ⅱ<br>心理学研究法 | 教育心理学<br>発達臨床心理学<br>生理心理学<br>家族心理学<br>感情心理学 | 集団の社会心理学<br>マスコミュニケーションの社会心理学<br>産業組織心理学<br>対人関係論 | 認知心理学<br>学習心理学<br>思考心理学<br>感情心理学<br>生理心理学 | 臨床心理学<br>非行臨床心理学<br>精神医学<br>発達臨床心理学<br>家族葛藤の心理学 | 心理学入門演習 |

**図表 4-21　昭和女子大学人間社会学部心理学科のカリキュラムマップ（一部抜粋）**

## (3) アクティブラーニング科目の設計と導入

■カリキュラムの全体設計

【アクティブラーニング科目の4年間の流れ】

| 授業形態 | 1年次 前期 | 1年次 後期 | 2年次 前期 | 2年次 後期 | 3年次 前期 | 3年次 後期 | 4年次 前期 | 4年次 後期 |
|---|---|---|---|---|---|---|---|---|
| 関連科目 | 心理学概説Ⅰ | 心理統計法 / 心理学概説Ⅱ | 心理学研究法 | 臨床心理面接 | 心理アセスメント | | | |
| 一般的AL | 心理基礎実験 | | データ解析実習Ⅰ | データ解析実習Ⅱ | 心理臨床面接法実習 / 心理学外書講読 | 心理査定法実習 | | |
| 高次AL | | | | 心理学入門演習 | 心理実験法実習 | 質問紙調査法実習 | | |
| | | | 心理支援コミュニティ・サービスラーニング※ | | | | | |
| ゼミ卒研 | | | | | 心理学基礎演習 | | 演習（発達心理学・社会心理学・認知心理学・臨床心理学） | 卒業論文 |

注1) 高次AL ：専門知識を活用し、課題解決を目的としたアクティブラーニングのこと。
　　一般的AL：知識定着を目的としたアクティブラーニングのこと。
注2) □ 囲みは必修科目。
注3) ★は教員の協働による高次のアクティブラーニング科目（ハブ科目）。
※ 「心理支援コミュニティ・サービスラーニング」は履修学年の制限はないが、多くの場合、2年次あるいは3年次に履修する

・コース制はとっておらず、発達・社会・認知・臨床の各領域の基礎科目を、1・2年次の必修で偏りなく履修する。一方で、方法論としては、1年次の「心理基礎実験」で基礎的な実験・検査手法を、「心理学統計法」でデータ処理の方法を学び、その手法を使って、2年次前期の「心理学研究法」では心理学の仮説をどのように実証するかの研究計画の立て方を学び、同じく2年次の「データ解析実習Ⅰ・Ⅱ」では実際にSPSS（統計解析ソフト）などを使って統計分析を行う（いずれも必修）。それらを統合する形で2年次必修の「心理学入門演習」で心理学の実証研究のプロセスを体験的に理解する。並行して「心理支援コミュニティ・サービスラーニング」（選択）で心理支援の現場を知り、自分の専門性を深め、3年次「心理学基礎演習」・4年次の各領域の「演習」で卒業論文に取り組む。

■一般的アクティブラーニング科目
・1年次前期必修の「心理学基礎実験」は、10種類の心理学の基礎的な実

験・検査手法をグループ活動で体験的に習得する科目である。毎週レポートを課しており、教員が添削して翌週にフィードバックすることにより、卒業論文まで続く科学的なレポートの書き方の習得を徹底している。心理学分野は、高校までの教育ではほとんど触れられることがないため、漠然とカウンセラーといったイメージしかない新入生が、心理学という学問をまず理解する機会にもなっており、他大学における初年次ゼミの役割も担っている。

- 3年次の「心理学外書講読」は、卒業論文などの場面で英語文献を読解する力をつける科目で、3分の1程度の学生が履修する。4～5人でのグループ活動が基本となっており、課題として予習してきた日本語訳を持ち寄り、グループ内で議論しながら、グループとして1つの訳にまとめる。学生は、自分の英語の読み方をメタ認知し、読み方を工夫するようになる。前半は、テキストの逐語訳であるが、後半は心理学の知識を使って内容を理解することに重点が置かれ、英語論文を日本語レジュメにまとめる。

- 実験・実習科目はもちろん、一般に講義科目とされている科目においても、1コマの中で10～15分間ディスカッション・意見交換を入れたり、15コマの中で1コマは発表・討議を行ったりするなど、アクティブラーニング型の授業が広く展開されている。

- 履修科目ではないが、1～3年生全員が、6月下旬に千葉県館山市の大学施設において3泊4日の研修を行う「学寮研修」も、研修の計画や当日の運営などは全て学生の手で行われ、心理学の手法を使ったワークショップによって異学年の交流を図るなど、アクティブラーニングの場となっている。この研修への参加は卒業要件にもなっている。

■高次のアクティブラーニング科目

- 2年次後期必修の「心理学入門演習」は、3・4年次の専門ゼミの入門として位置づけられており、1・2年次で学習した心理学の知識・手法を統合して、心理学の実証研究のプロセスを体験的に理解することを目的とした高次のアクティブラーニング科目である。4～5人のグループ活動が

基本となっており、グループごとに1つのことわざを取り上げ、その妥当性を心理学的に検証するための研究計画を立てる。立案した計画をプレゼンテーション用の資料にまとめ、第1回目の発表会を行い、そこでの議論を反映し、再度、最終的な発表を行う。

・「心理査定法実習」「心理臨床面接法実習」「質問紙調査法実習」「心理実験法実習」の4科目のうち2科目が選択必修となっている。「心理査定法実習」「心理臨床面接法実習」は技法の修得が主な目的だが、「質問紙調査法実習」「心理実験法実習」は、グループ単位で、仮説を立て、データをとり、分析して考察するといった専門知識を活用して課題解決に取り組む高次のアクティブラーニング科目となっている。卒業論文では、質問紙調査法により研究を行うことが多いため、ほとんどの学生は、「質問紙調査法実習」を履修している。

・「心理支援コミュニティ・サービスラーニング」は各地の教育委員会と連携し、教育現場での心理支援ボランティアを通して、心理学の学習を実践の場で深めるものである。教育委員会の指導主事などから講義を受けた後、小・中・高等学校において、学習に課題をもつ離席しがちな児童・生徒や、適応指導教室での支援など、配慮が必要な子どもたちに対する心理支援ボランティアに8コマ分（30時間以上）従事し、授業の中でそれぞれの体験を相互に報告する。また、ボランティア受け入れ先の先生方を招いての活動報告会も行われる。半数程度の学生が単位を取得し、単位取得後や大学院進学後も、受け入れ先との関係を継続する学生も多い。同大では大学全体として、学生が教室で学んだ知識や技術を、地域の課題解決のために応用しながら、理論と実践を融合して学ぶコミュニティ・サービスラーニングに力を入れており、2006年に開設した"コミュニティサービスラーニングセンター"において、自治体との連携や、国内外のボランティア活動の相談助言や情報提供、研修の実施などの支援を行っている。

■卒業論文
・卒業論文は必須である。時に選択化に関する議論はあるが、心理学科では、卒業論文を到達目標の達成度を確認する学習の集大成として位置づ

けているため、選択化は見送られている。
- 前・後期に1回ずつ全員の発表があり、2・3年生も聴講する。
- 最終的な卒業論文の合否については、学科教員全員の合意によって判定される。
- 特に優秀な論文は、指導担当教員が推薦し、全教員が査読した上で投票し、「秀」評価を受ける論文として認定される。全員の卒業論文を製本して保管しており、後輩が閲覧可能である。特に、「秀」評価論文は、モデル論文として閲覧されている。

## (4) アセスメントおよび学生の振り返り

- 全体的な学習状況の振り返りは行っていないが、個々の授業の中で、授業改善アンケートにおいて、学生自身がその科目での到達目標の達成度を自己評価する項目が設定されている。また、授業の感想や疑問点などを記入するリアクションペーパーを活用する教員が多く、毎回の授業で理解度を確認している。「心理学外書講読」でも、毎回の授業で自分の学びについての振り返りを書いて、教員から学生にフィードバックしているが、さらに学期の終わりに自分の目標に対して、どれぐらい達成できているかの自己評価を点数化して振り返らせている。ほとんどの場合は、教員がつける点数に近い自己評価が出ている。
- 4年間を通してクラス制度がある。1クラス40人前後で、各クラスにはクラスアドバイザーの教員が置かれている。自教室も設定されており、週に1回ホームルームの時間も設定されている。クラスアドバイザーは、担任している学生の出欠状況、成績をすべて把握することができ、指導の必要のある学生には、個別に対応している。学生との振り返りの面談の実施などは、各教員の裁量による。

## (5) 教員の協働による「学びの質保証」

- すべての教員が、研究室とは別に、学科事務室にあたる心理学科教授室にデスクを持っている。学生からの質問に対応したり、教員間で授業や教材の情報を交換するなど、高校までの職員室のような機能を持ってお

り、日常的に教員がコミュニケーションをとる場となっている。学生からのクラスアドバイザーの教員への質問なども、ここで行われる。
- 非常勤講師も含めて全教員が3年で1回担当するぐらいのペースで、相互授業公開が行われており、教員は必ずどこかの授業を参観することになっている。参観者はシートに授業に役立つコメントを記入することになっており、授業者にフィードバックが行われる。
- 2年次の「心理学入門演習」は、3クラスに分かれ、1クラス2名の教員が担当しているが、3クラスとも同じシラバスで、同じ授業進度で運営されている。
- 複数教員が担当する科目では、必ず共同でシラバスや成績評価基準を作成し、成績評価もクラスに関係なく全体として判定する。
- 実験・実習・ゼミなどの科目では、学生の成績を一冊のファイルにまとめ、すべての教員が閲覧な可能な状態にして、評価のバラツキがないかの確認作業を行う。

## 10. 創価大学 経営学部 経営学科（2015年度学科定員 200人）

### (1) この4年間のアクティブラーニング導入の進展について

- 経営学科では、2002年度から初年次ゼミの「経営基礎演習」において、全クラス一斉にラーニング・スルー・ディスカッション（LTD）の手法を統一的に導入してきた。2011年時点では、個々の教員は各授業でアクティブラーニングを行っていたが、組織化されてはいなかった。学部共通の科目としては「経営基礎演習」と2009年より開始した全員必修で課題解決を目的とするプロジェクト・ベースド・ラーニング（PBL）の手法を導入した「グループ演習」が中心に行われていた。しかし2014年度新カリキュラム開始とともに大学教育再生加速プログラム（AP）に採択され、形式を伴って整備されつつある。
- 2014年度からの新カリキュラムでは、1～4年次に演習科目が並ぶとともに、2年次前期に「グループ演習」を改編した「人間主義経営演習」を設置し、より手法を多様化した高次のアクティブラーニングを行うこ

ととした。
- 新カリキュラムでは、同時に3・4年次にクラスター科目が新設されている。これは各クラスターが複数科目で1つのテーマについて取り組む高次のアクティブラーニング科目で構成されており、すべての学生はいずれかのクラスターを選択する(複数クラスター選択可)。
- このような新カリキュラムのスタート直後に、2014年秋に"学習成果の可視化"と"アクティブラーニングの導入"をテーマとしてAPに採択されたことにより、組織的な整備が一挙に進んだ。
- APのテーマでもある"アクティブラーニングの導入"については、これまでの量的な拡大の上に質的向上を実現しようとするもので、学部・学科によるアクティブラーニング推進会議4人(APマスター)が任命されている他、「経営基礎演習」、「人間主義経営演習」の主担当教員4名程度が2015年度から学期末に"同僚会議"を"質問会議"方式(参加者が意見を言い合うのではなく、問題に関する質問とその応答のみでやりとりを進め、問題の解決策を探っていく会議術のこと。マーコードモデルによるアクションラーニングの手法)で行い、総括と改善を行っていく仕組みを確立している。この同僚会議をはじめ、2015年度から毎月1回の教授会の前後に全員参加のFDセミナーを開催し、アクティブラーニング手法の共有やルーブリック導入についての検討を重ねている。
- AP採択のもう一つのテーマである"学習成果の可視化"については、入学から卒業までに3つのアセスメントゲートを設けることで実現させる方針である。各アセスメントゲートは、1年次に"大学での学業の基礎となる技能や態度を可視化"するマイル・ストーン、2年次に"汎用的能力(ジェネリックスキル)の伸長を点検"するタッチ・ストーン、3・4年次に"専門知識・技能の習得状態の点検"をするキャップ・ストーンから構成されている。各アセスメントゲートで学習成果を可視化する対象は、各学科で重要と位置付けている特定の科目での取り組みとし、経営学科では、マイル・ストーンを「経営基礎演習」で、タッチ・ストーンを「人間主義経営演習」、キャップ・ストーンを「演習Ⅰ〜Ⅳ」で、それぞれ可視化を試みている。可視化のためのツールにはルーブリックを使うこととしている。

全学に先行して取り組んでいる経営学科では、例えば「経営基礎演習」での期初・期中・期末でのルーブリックによる学生の自己評価と相互評価が行われ、これを全学のセンターに集約してデータベース化している最中である(2015年11月段階ではそのフィードバックまでには至っていない)。また、教員が独自にルーブリックを作成して評価に活用している科目も多い。
- 同学科では、以前からLTDが学部全体で一斉に行われていることにより、アクティブラーニングの導入やその改善に教員がかかわっていく組織的風土が存在していたが、それがAP採択によって公的な組織として運営されるようになった。一例としては2015度2泊3日のFD合宿を全教員(学長、副学長・学士機構長も参加)で実施するとともに、同時期同場所で「経営基礎演習」のSA合宿を開催し、SAのファシリテーション能力向上などの研修を行った。このSAは2002年度にLTDが「経営基礎演習」に導入された時から各クラス1名配置され、ファシリテーション等を担ってきたが、そのレベルアップを図ろうとしている(シニアSA養成)。また2016年度3年生から開始する新カリキュラムでのクラスター科目については、クラスター担当教員による科目間連携の会議が行われることになっている。
- 同学科では、このような教員間の連携の組織化を、学生におけるラーニング・コミュニティの形成と対になったティーチング・コミュニティの形成として位置付けている。

## (2) 教育目標について
- 教育目標はディプロマポリシーが5点設定されている。さらにその5点が12点のラーニング・アウトカムズ項目に細分化された上で、科目との対応関係を明示したカリキュラムマップが作成され、学科での教育に漏れがないか等の点検に活用されている。現時点では、このカリキュラムマップは学生には公表されていないが、新カリキュラムへの移行に伴い、カリキュラムマップの更新を行い、2016年4月に公開予定である。
- 教育目標の達成度については、2015年段階では新カリキュラムの完成年度に達していないということもあって測定されておらず、したがってプログラム改善や学生指導に活用されるには至っていない。

1. 人間主義経営の理念を理解している。
2. 現代経営に必要な基礎的知識を有している。
3. 基礎的なビジネス英語を社会で活用することができる。
4. 社会や組織において何が問題になっているかに関心をもち、自らもそれを発見することができる。
5. 問題解決に必要な情報を自ら収集し、分析し、論理的に探究し、考えることができる。

**図表 4-21　創価大学経営学部経営学科のディプロマポリシー**

1. 現代経営に必要な学問分野の基礎を知っている。
2. 企業の経営の仕組みを理解している。
3. 経営の基礎的な知識や技術を活用できる。
4. ビジネス英語を活用するための基礎的な知識を持っている。
5. 英語で基本的なビジネス・コミュニケーションをとることができる。
6. 社会の中から経営分野に関する問題を発見することができる。
7. 発見した問題を他者に的確に伝えることができる。
8. 企業の社会的責任を理解している。
9. ICT などを活用してデータを収集・分析し、その結果を理解できる。
10. チームで能動的に活動し、ディスカッションできる。
11. 多面的・論理的に思考し、それを表現できる。
12. 人間主義経営について理解している。

**図表 4-22　創価大学経営学部経営学科のラーニング・アウトカムズ（細目）**

## (3) アクティブラーニング科目の設計と導入

■カリキュラムの全体設計

【アクティブラーニング科目の4年間の流れ】

| 授業形態 | 1年次 前期 | 1年次 後期 | 2年次 前期 | 2年次 後期 | 3年次 前期 | 3年次 後期 | 4年次 前期 | 4年次 後期 |
|---|---|---|---|---|---|---|---|---|
| 関連科目 | | | | | | | | |
| 一般的 AL | 経営基礎演習 | | | 「統計学」「証券市場」等のほぼすべての専門科目群 | | | | |
| 高次 AL | | | ★人間主義経営演習 | ビジネス&ローワークショップⅡ / Global Program Mission / Global Program Workshop | | クラスター科目群 / 入門ファイナンス統計 | | |
| ゼミ卒研 | | | | | 演習Ⅰ | 演習Ⅱ | 演習Ⅲ | 演習Ⅳ（卒論） |

注1) 高次 AL ：専門知識を活用し、課題解決を目的としたアクティブラーニングのこと。
　　 一般的 AL：知識定着を目的としたアクティブラーニングのこと。
注2) ☐ 囲みは必修科目。
注3) ★は教員の協働による高次のアクティブラーニング科目（ハブ科目）。

- 1年次前期の「経営基礎演習」において、全クラス一斉にラーニング・スルー・ディスカッション（LTD）の手法で経営学に関連する文献に取り組む。またこの科目の中で、自己評価と相互評価を繰り返し、自己を客観的に評価する視点を身につける。2年次前期では高次のアクティブラーニング科目「人間主義経営演習」で人間主義に基づいた経営のあり方について実務家の話を聞いた後に、他の経営学の専門科目で身につけた知見を活用しながら、グループワークで自分たちの人間主義経営のあり方を提案し、ポスターセッションで発表する。3年次～4年次では専門ゼミである「演習Ⅰ～Ⅳ」と並行して高次のアクティブラーニング科目である「クラスター科目群」が選択必修で設置され、1つのテーマについて複数の科目での異なる切り口で学ぶ。「演習Ⅰ～Ⅳ」が先述した第3のアセスメントゲートに指定されている。
- このように新カリキュラムから、1年次「経営基礎演習」→2年次「人間主義経営演習」→3・4年次「クラスター科目」＋「演習Ⅰ～Ⅳ」の流れが設計されている。また、「クラスター科目」は「演習Ⅰ～Ⅳ」が各教員のもとに「閉じられている」ことを、別のチャンネルで「開く」という意味も有している。学生は「演習Ⅰ～Ⅳ」担当の教員以外からも高次のアクティブラーニングの指導を受けるからである。

■初年次ゼミ科目
- 2004年度から開始された「経営基礎演習」でのLTDは、指定された書籍やテキストを事前に読み予習ノートを作成する。授業中は予習ノートだけを出して①ウォーミングアップした上で、グループでの討議により②用語の理解、③主張の理解、④話題の理解（自分の言葉でまとめる）、⑤既有の知識と関連付け、⑥自己との関連付け、⑦課題文を検討し、改善点・問題点を挙げる、⑧自己評価と相互評価による振り返り、の手順で行われる。このLTDが同学科のアクティブラーニングのベースとなっている。

■一般的アクティブラーニング科目
- 「証券市場論」では、講義のみでなく、例えば金融で解決する貧困問題等

をテーマにして、教員からの説明→ビデオを見る→ワークシートに記入→ディスカッションが行われている。
- 「統計学」では、事前に予習用テキストを学生が読んできて、授業では教員が20分ほどの説明の後に学生が課題を解く。終わると課題についてペアで相互にルーブリック評価を行って提出するという、反転授業を含んだ一般的アクティブラーニングを行っている。
- 「会計学」では、事前に課題を提出し、それをグループで取り組み授業にて発表する。また授業で学んだ知見を活かしたケーススタディをポスターセッションの形で発表する。これはグループ数名が他のグループを巡回しながら質問を行うものである。
- このほかの知識習得型の科目においても、ほぼすべての科目で、ペアワーク、グループワーク、討論、ミニッツペーパーなどのアクティブラーニングが行われている。

■高次のアクティブラーニング科目
- 「クラスター科目」では、複数科目が共通のテーマで課題解決に取り組む。例えば"近年、企業のM&A（合併・買収）が増加した理由は何か？"というテーマで「証券市場論」では"株式の観点から見たM&A"を学び、「経営戦略論」では"PPM（経営資源の最適配分）と事業部戦略のあり方"、「専門演習Ⅳ（会計学）」では"M&A会計"について取り組み、それぞれの科目において高次のアクティブラーニングが行われるという仕組みである。
- 「人間主義経営演習」「クラスター科目群」の他のアクティブラーニング科目としては以下のようなものがある。
- 産学連携PBLとして、2年次後期の選択科目である「ビジネス&ローワークショップⅡ」がある。これは、法学部と経営学部の合同の高次のアクティブラーニング科目で、法律学と経営学の知見から1つの問題の解決に取り組む。具体的には野村證券社員がメンターとして授業に張り付き、学生はグループワークで社会問題に対して問題解決をしたり、ビジネスプランを提案したりする。評価も野村證券社員がかかわる。
- 3年後期の「入門ファイナンス統計」では「証券市場論」と「統計学」の両

科目の知見を活用して投資ポートフォリオを作成する。
- 国際 PBL として、2 年次後期の海外研修授業の「Global Program Mission」と 2 年次通期の「Global Program Workshop」がある。これは、前者が海外の専門機関で研修を受けつつ世界的視野での問題解決に取り組み、後者では前者の研修内容をレポートにまとめつつ、グループワークで発展的な研究に取り組む。
- 2 年生後期の「人間主義経営と CSR」は、教員連携で行われるワークショップ科目である。これは、3 名の教員の連携のもとで、ビジネスの現場と倫理・哲学の関係についてケーススタディを学び、ペアワーク、グループディスカッションを行う。また SA がディスカッションの誘導などの役割を果たしている。

■専門ゼミ・卒業論文
- 専門ゼミである「演習Ⅰ～Ⅳ」では、多くの教員が PBL に取り組む。ただし、PBL が必須というわけではなく、輪読などを行うゼミもある。ただ、その場合でも初年次ゼミで LTD を全員が経験していることを前提とし、また教員も LTD の指導経験があるため、輪読も LTD で行う場合が多いのが特徴である。
- 3 年次の「演習Ⅰ～Ⅱ」では、日経ストックリーグや八王子大学コンソーシアムなどの学外コンテストへの取り組みも、積極的に行われている。例年、入選、入賞する例が数多く出ている。
- 卒業論文は単位化されておらず、「演習Ⅳ」の科目として単位化されている。ほぼ全員が執筆するので、実質的に必修とみなすことができる。審査は担当教員のみで行われるが、論文を評価するための基準が作成され共有化されている。

(4) アセスメントおよび学生の振り返り
- 教育目標達成を測るアセスメントについては、現在は新カリキュラムの 2 年目にあたり、完成年度に至っていないため、検討中である。
- 大きな枠組みとしては、アセスメントは自己評価と相互評価をリンクさ

せ、自己評価の精度を高めつつ、3回のアセスメントゲートでの自己評価を通じて行われる。
- こうしたアセスメントを実効的なものにするために、2011年当時より行われている1年次「経営基礎演習」や2年次「人間主義経営演習」での振り返りは、緻密に行われている。
- 「人間主義経営演習」での振り返りでは、ほぼ毎回の授業で行われ、「個人研究報告書」「対話ジャーナル（相互評価）」「MY MAP（目標設定など）」「プレゼンテーション振り返りシート」「ポスターセッション評価シート」「振り返りシート（15回目の授業において学習目標との関連で）」等が用意され、各自が記入するとともに学生相互、教員、SAなどが相互評価やコメントなどにかかわる。またこれらの振り返りは、成績評価に活かされる（明示されている）。

## (5) 教員の協働による「学びの質保証」
- 同学科では学生側のラーニング・コミュニティ形成と同様に、教員側のティーチング・コミュニティの形成に取り組んでいる。
- このティーチング・コミュニティに歴史的に大きな役割を果たしてきたのが、「経営基礎演習」でのLTDの導入であり、全クラス一斉に同期しての進行であるため、ここで担当者間の協働が強く求められ、それが「グループ演習」、「人間主義経営演習」と継続され、今日まで発展している。
- そうした土壌の上に2014年におけるAP採択以降、アクティブラーニング推進会議が正式に4名の教員で編成され、ルーブリックの導入をはじめとした取り組みを推進している。
- ルーブリックについては、全学統一的なルーブリックが作成され、3ゲートとともに各学部がそれに独自の項目を付加して活用する。経営学部では、他学部に先行してルーブリック導入に取り組んでおり、「経営基礎演習」や「人間主義経営演習」だけでなく、他の専門科目でも独自に導入している教員が多い。
- 2015年からはFD会議が全教員参加のもとに毎月開催され、アクティブラーニングの手法等の共有が図られている。

・アクティブラーニング教員研修では、教員が100%出席し、シラバス作成から多様なアクティブラーニング手法を協働して学び、活用できるシラバスの統一化や授業デザインに活かしている。

## 11. 産業能率大学 経営学部 現代ビジネス学科(2015年度学科定員300人)

### (1) この4年間のアクティブラーニング導入の進展について

・産業能率大学の大学改革の取り組みの先駆けとなったのは、2001年度に「教育中心大学としてのあり方を確立し、教育の質的向上を目指す」というビジョンを掲げたことである。このビジョンのもと、2002年度にFD委員会を設置した。これと同時に1995年度以来、一部で実施してきた「学生による授業評価」を全学実施へと拡大し、FD活動での参照すべき重要資料としてこれを位置付けた。

・経営学部現代ビジネス学科におけるアクティブラーニング型授業の導入は、アクティブラーニングという言葉が普及する以前から行われていた。2004年度入学生カリキュラム(実施2006年度)には既に、現在の同学科でのアクティブラーニング型授業を象徴するユニット専門科目が置かれていた。ユニット専門科目は、講義科目2科目と課題解決に取り組む高次のアクティブラーニング科目2科目との4科目がセットになった科目群で、テーマ別に5つのユニット専門科目群が3年次の選択必修科目として置かれている。ユニット専門科目は、講義科目と実践科目とを行き来しながら学び進められるよう設計されている。

・教育力の向上と教育の質の保証が社会的に求められていることを受け、2008年度に同大学では教育開発研究所(経営学部と情報マネジメント学部の教員7～8人で構成)を立ち上げた。ここで担う機能は授業改善策の検討と実施、学生調査の実施、IRなどである。ここが主催者となって教育方法の開発と改善を目的に、全教員を対象としてFD研修会を年6～9回の頻度で実施してきた。FD研修会への教員の参加率は徐々に高まってきており、最近では平均90%以上となっている。

・2010年度には、シラバスの中でディプロマポリシーを卒業時の到達目標

として提示し、シラバスには科目の到達目標も明示した。また教育開発研究所では、2012年度以来『到達目標を意識した授業運営に関する実態調査』を実施し、教員がそれぞれの科目の中でいかにディプロマポリシーを学生に意識させながら授業を運営しているかを調査してきた。これまでの結果では、2学部ともにほぼ全ての科目で、ディプロマポリシーが強く意識されていることが示されている。

・2012年より「基礎ゼミⅠ・Ⅱ」の内容が刷新され、単にスタディスキルだけでなく、汎用的能力（ジェネリックスキル）を身につけさせることを目的にした授業構成となった。また同時期より、その測定を目的として1年次と3年次を対象に"PROGテスト"（汎用的能力の測定テスト）が導入された。

・2014年度から2015年度にかけてのFD研修会で、学生から主体的に考える態度を引き出すことを目的として、ワークシートに頼らないアクティブラーニングの導入の推進、時間外学習を促進する授業設計の実践など、個々の科目の中での教育の質的向上を目指した取り組みを継続している。

・同学科のカリキュラムの大枠は2006年度から大きくは変えてはいない。2015年度までの7年間は、教育研究開発所の立ち上げによるFDの活性化や到達目標と科目との関係の明確化などを通した、カリキュラムを構成する個々の科目での取り組みの質的向上を図ってきた期間であった。

・2014年度に文部科学省の大学教育再生加速プログラム（AP）の"テーマⅠ（アクティブラーニング）・Ⅱ（学修成果の可視化）複合型"に採択された。取り組みのタイトルは、"授業内スタッフデータおよび学生の学習行動データに基づく深い学びと学修成果を伴った教育の実現"である。この取り組みは、学生と教員のアクティビティ、学習行動及び学修成果のデータを分析することで、教育改善の方策を開発しようという、アクティブラーニングの質向上に向けた科学的アプローチである。

・APの取り組みの中で、施設面では2015年度にアクティブラーニングに適した机・椅子、全壁面のホワイトボード、プレゼンテーションシステムなどを取り入れたアクティブラーニング型教室を3教室新設した。

・同大学が他の大学に比べて改革のスピードが早かった1つの要因として、

学長が議長となり教授会が2学部合同で開催されてきたため、意思決定から実行までの期間が短いという点が挙げられる。加えて、教育の質的向上に向けた改革を加速させるために、2学部それぞれに教学委員会が常設されている。教学委員会では、学長が提示する教学全般にかかわる事項を審議して学長に答申する機能を担う。なお、教学委員会の委員長は学部長が務め、メンバーは教員と職員で構成されている。

## (2) 教育目標について

【ディプロマポリシー　到達目標】

| 知識・理解 | ビジネスパーソンとしての基礎となる知識・スキル・教養を身に付け、現代ビジネスの専門知識と実務を学び、実践の場に応用することができる |
|---|---|
| 思考・判断 | ビジネス社会で力を発揮するため、社会のなかで直面する課題を深く考え抜き、対策を立案し、行動することができる |
| 関心・意欲 | 自己のキャリア形成に対する意識を持ち、常に新しい知識や技能を学び続ける意欲を持っている |
| 技能・表現 | 自分の意見を述べることと人の意見を聴くことができ、協調・協働して活動することができる |
| 態度 | 21世紀の社会を支える一員として、多様な価値観や文化を尊重し、社会の変化に柔軟に対応して、社会の発展に積極的にかかわることができる |

**図表 4-24　産業能率大学経営学部現代ビジネス学科のディプロマポリシー　到達目標**

- ディプロマポリシーの学生への周知は、前期と後期の科目登録をする前、それぞれの時期に(4月と9月)、全学科生を集めて開催するオリエンテーションの場で行っている。
- シラバスでは、各科目で身に付ける内容がこれらの5つの到達目標のどの観点と関連しているかを明示している。そして5つの到達目標の観点との関連を踏まえて、その科目としての具体的な目標を"科目の到達目標"として示している。
- シラバスに記載された"科目の到達目標"と"ディプロマポリシー"との関連は、学期中に3回(初回、中盤、最終回)、担当教員が学生に説明している。
- 各科目での到達目標の達成度・理解度については、授業最終週に授業評

価（マークシート＋定性コメント記入）の中で学生が自己評価し、加えて各教員の取り組みとして、その理解度をレポートに書かせるなど確認している。

### (3) アクティブラーニング科目の設計と導入

■カリキュラムの全体設計

【アクティブラーニング科目の4年間の流れ】

| 授業形態 | 1年次 | | 2年次 | | 3年次 | | 4年次 | |
|---|---|---|---|---|---|---|---|---|
| | 前期 | 後期 | 前期 | 後期 | 前期 | 後期 | 前期 | 後期 |
| 関連講義 | | | | | | | | |
| 一般的AL | | | コース専門教育科目 経営理論科目 | | | | ビジネスリーダーコースの科目 | |
| 高次AL | | | 都市型ビジネス | | ★ ユニット専門教育科目 | | プロジェクトリーダーシップ実践 | |
| ゼミ卒研 | ★基礎ゼミⅠ | ★基礎ゼミⅡ | 2年次ゼミⅠ | 2年次ゼミⅡ | 3年次ゼミⅠ | 3年次ゼミⅡ | 4年次ゼミ | |

注1) 高次AL　：専門知識を活用し、課題解決を目的としたアクティブラーニングのこと。
　　一般的AL：知識定着を目的としたアクティブラーニングのこと。
注2) ▢囲みは必修科目。
注3) ★は教員の協働による高次のアクティブラーニング科目（ハブ科目）。

- 2年次から履修する専門教育科目は、①知識の獲得と定着を図るコース専門教育科目、②専門知識の活用を図るユニット専門科目、③経営理論科目とで構成される。経営理論科目は、コース専門教育科目だけでは経営理論知識の教育が十分ではないため、それをバックアップするための科目である。
- 2年次以降で履修するコース専門教育科目は、ビジネス経営コース（履修者：180名）、ビジネスリーダーコース（同100名）、ホスピタリティコース（同80名）の3コースから1コースを選択する。一方、3年次からのユニット専門科目では、ショップビジネス、自由が丘＆地域再生プロジェクト、心理コミュニケーション、メディアコミュニケーション、商品企画の5つのユニットから1つを選択して（選択必修）、そのユニットに配置された4科目すべてを履修しなければならない。このユニット専門科目は専

| | | | | |
|---|---|---|---|---|
| 基礎教育科目 | 基本プログラム | | コミュニケーションスキル | |
| | | | ジェネリックスキル開発プログラム | |
| | | | 語学力 | |
| | バックアッププログラム | | 現代社会の理解 | |
| | | | 国際社会の理解 | |
| | | | スポーツと健康づくり | |
| キャリアデザイン科目 | 基本プログラム | | キャリア設計 | 各種科目 |
| | バックアッププログラム | | キャリア支援 | |
| 実務教育科目 | 基本プログラム | | 資格取得科目 | |
| | | | ビジネス基本知識 | |
| | | | ビジネス文書 | |
| | | | ビジネスマナー | |
| | | | ＰＣ活用スキル | |
| | バックアッププログラム | | ビジネス実務 | |
| | | | 都市型ビジネス | |
| 専門教育科目 | 基本プログラム | コース専門教育科目 | 共通 | |
| | | | ビジネス経営 | |
| | | | ビジネスリーダー | |
| | | | ホスピタリティ | |
| | | ユニット専門科目 | ショップビジネス | |
| | | | 自由が丘&地域再生プロジェクト | |
| | | | 心理コミュニケーション | |
| | | | メディアコミュニケーション | |
| | | | 商品企画 | |
| | バックアッププログラム | 経営理論科目 | | |

**図表4-25　産業能率大学経営学部現代ビジネス学科の科目の分類**

門知識を活用して課題解決に取り組む高次のアクティブラーニング科目である。

・1〜4年次に配置されているゼミ科目は、キャリア設計のカテゴリーに含まれるキャリア科目として位置付けられており、同学科での高次のアクティブラーニングの中心は3年次のユニット専門科目である。

■初年次ゼミ科目

・1年次前期の「基礎ゼミⅠ」と後期の「基礎ゼミⅡ」では、社会で活躍する人材になるために必要な基礎力"ジェネリックスキル"をグループワークを交えて学び、企業や外部組織と連携して課題解決に取り組む高次のアクティブラーニングにも取り組む。初年次1年を通じて3つのテーマに取り組む。その1回目の成果を入学直後のオリエンテーションキャンプ、2回目を7月の「基礎ゼミⅠ」第12講、3回目を11月の学園祭でそれぞれプレゼンテーションする。例えば学園祭では、グループごとに

調査分析に取り組んだ成果をポスター発表する。そこでのポスター発表に向けた活動では、授業で学んだジェネリックスキルを活かすとともに、全員が分担して受け持つそれぞれの役割を責任をもって果たす場となっている。プレゼンテーションで発表する内容も、例えば7月の課題では店舗にいかに集客するか等の定性的な提案、11月の課題ではいかに収益をあげるか等の定量的な提案など、それぞれねらいとする焦点を絞って課されている。

■一般的アクティブラーニング科目
・"基礎教育科目""キャリアデザイン科目""実務教育科目""専門教育科目"の4つに分類された科目群は、それぞれ基本プログラムとバックアッププログラムにさらに二分されており、基本プログラムにはアクティブラーニング型の科目が多く、バックアッププログラムには理論科目が多い。例えば専門教育科目であればコース専門教育科目とユニット専門科目が基本プログラム、経営理論科目はバックアッププログラムという構成である。かつてはバックアッププログラムの科目は講義形式の授業が主流であったが、近年ではこれらの多くの科目で何らかのアクティブラーニングが取り入れられている。
・一般的アクティブラーニングを講義型の科目に取り入れている例として、専門教育科目のバックアッププログラムに分類されている「ケースで学ぶ経営分析」がある。科目の内容は、各種経営指標に関する知識の習得を通じて経営分析の手法を学び、企業評価の視点を身に付けるというものである。各回の授業で取り組む演習では、グループワークを取り入れてグループのメンバー間での教え合い、学び合いを促進し、これによって履修する全学生が必要な知識を習得できるよう工夫している。

■高次のアクティブラーニング科目
・中心的な高次のアクティブラーニング科目は3年次のユニット専門科目である。ユニット専門科目は1つのテーマで括った4科目からなるユニットで学ぶという仕組みになっており、ショップビジネス、自由が丘＆地

域再生プロジェクト、心理コミュニケーション、メディアコミュニケーション、商品企画の5つのユニットから1つを選択して（選択必修）、そのユニットに配置された4科目すべてを履修することになっている。5つのユニットのうち、心理コミュニケーション以外の4つのユニットは企業と連携して取り組む。

- 自由が丘&地域再生プロジェクトは、企業・団体との連携プロジェクトを通して学ぶユニット専門科目群である。最近では例えば、自由が丘の地域イベント"女神まつり"で、青森産のりんごをPRすべく自由が丘の洋菓子屋との連携により"青い森のりんごパイ"を販売したり、あるいは同イベントでプロサッカーチームの湘南ベルマーレとの連携によりカフェを運営したりという実績がある。単にイベントを企画して運営するのではなく、例えば3年次前期では「地域ブランドの成功事例を学ぶ」で地域ブランドの開発・育成事例について学び、同時期の「自由が丘リサーチ」では、その学びを活用して自由が丘地域の特性をリサーチする一方で、連携する地域や団体を探索・確定させ、自由が丘での地域・地方の情報発信、特産品の販売戦略、プロモーション企画案を策定する。イベントを媒介して知識を習得する講義科目と知識を活用する実習科目が組み合わせられている。

- ショップビジネスにおいても、4科目での学びを通じて知識の習得とそれを活用した高次のアクティブラーニングが交互に進んで行く内容になっている。例えば3年次前期の「ショップビジネス講座」では、さまざまな業種の小売・流通サービスでのビジネスの手法について学び、また同時期の「フィールドリサーチ　入りやすい店・売れる店」ではフィールドリサーチに必要な基礎知識を学び、前期の後半にこれら2科目で学んだことを活用して両科目の時間を使って実際にフィールドリサーチに取り組む。

- 2年次選択の都市型ビジネス科目には、例えば「ミュージック・エンターテインメント」「エディター養成プログラム」「自由が丘イベントコラボレーション」等の科目がある。これらでは、都市で発達しやすいビジネスをテーマに取り上げ、その科目で必要な専門知識を獲得しつつ、高次

のアクティブラーニングに取り組む内容となっている。
- 3、4年次後期の「プロジェクトリーダーシップ実践」は、ビジネスリーダーコースで提供する科目で学んだ知識を統合して取り組むPBL科目である。

■ゼミ科目・卒業論文
- 同大学では1年次から4年次前期までゼミが開設されている。1年次必修の「基礎ゼミⅠ・Ⅱ」はいわゆる初年次ゼミ、2年次必修の「2年次ゼミⅠ」はキャリア設計と自己開発がテーマ、「2年次ゼミⅡ」はキャリア設計と業界研究がテーマ、3年次選択（履修率：ほぼ100％）の「3年次ゼミⅠ・Ⅱ」と4年次選択（履修率：80～90％）の「4年次ゼミ」は進路支援ゼミとなっている。ゼミ科目のシラバスや授業の内容、使われる教材は全ゼミ共通である。
- 2年次前期「2年次ゼミⅠ」では、社会で必要とされる能力（社会人基礎力）とは何かということを理解した上で、社会にはどのような職種があるかを、調べ学習やグループ・ディスカッションを通して学んでいく。2年次後期「2年次ゼミⅡ」より、学生の希望に基づいたゼミに配属される。ここでは業界研究を主テーマとして、調べ学習やグループ・ディスカッション、グループ発表を通して学んでいく。
- 「3年次ゼミⅠ・Ⅱ」では、現代ビジネスの理解、優良企業・成長企業の研究、自己の能力開発、進路・就職対策、テーマ研究に関する活動をテーマにゼミ活動が進められる。授業でおさえるべき項目は各ゼミ共通であるが、授業の内容そのものは教員に任せられている。テーマ研究では、学生ごとに教員と相談しながら研究テーマを定めて課題を設定し、高次のアクティブラーニングに取り組んでいる。取り上げられるテーマの中には、教員が協力して企業から課題をもらって取り組むような産官学連携型のものもある。
- 各ゼミでは正課の時間以外に行なうサブゼミも設けており、テーマ研究はこうしたサブゼミの時間も活用して行なわれている。サブゼミは、ゼミ毎に2年次の夏ごろから始まり4年次前期まで行なわれている。1～4年次でのゼミの授業内容は全ゼミ共通であるが、サブゼミはゼミの教

員毎に専門領域などの特色を活かした内容で実施されている。サブゼミを行なっているのは、正課のゼミの内容はキャリア教育が中心となっており、多くの大学でみられるようなゼミでの専門教育が行なわれていないので、その学習時間を担保するためである。
・卒業論文そのものは単位化されていない。ただしゼミによっては、10,000字程度のゼミレポートを課しているゼミもある。

## (4) アセスメントおよび 学生の振り返り

・到達目標の5つの観点と表現は異なるが、同義であるジェネリックスキル(汎用的能力)を1年次、2年次および3年次にPROGテストで測定している。学生は、測定結果をもとに所属ゼミの担当教員と面接し、自身の優れている点と改善が必要な点を話し合い自己の成長に繋げている。また2016年度から1～4年次の全年次でPROGテストを実施し、各年次でジェネリックスキルの状態を測定し、またそれらの結果を教育改善にも活かしていく方針である。
・全学生が"振り返りシート""目標記入シート"を毎学期作成している。そこでは、まず期初に、前学期の自身の学修の振り返り、大学生活全般を通じての自己形成と進路に関する振り返り、ディプロマポリシー(到達目標)についての振り返りを振り返りシートに記入し、そして今学期時点の大学での学修の目標、大学生活全般を通じての自己形成と進路の目標、今学期の目標、今学期の具体的な取り組みを目標記入シートに記入する。そして期中(前期であれば5月下旬から6月上旬ごろ)に、所属ゼミの担当教員(アカデミックアドバイザー)と面接し(1人当たり30分以上)、目標に対する進捗報告をする。教員はこれを受けてアドバイスを与え、学生はその内容を記録簿として面談報告シートに記入する。また成績不振の学生は、期末の面接で目標記入シートを持参し、なぜ今学期成績が芳しくなかったか、学期末の成果と到達目標に対する達成度との差異を所属ゼミの担当教員に自己申告して振り返りを行なう。目標記入シートを活用することで学生が次にとるべきアクションが明確になるので、適切にこれを活用している学生の成績は顕著に向上している。また教員は、「2

年次ゼミ I」から「2年次ゼミ II」への移行の際のアカデミックアドバイザー変更のタイミングにおいて、これらの振り返りシートと目標記入シートを学生の特徴や状態を示す引継ぎ資料としても活用している。
- 1年次「基礎ゼミ I」では、すべてのゼミで振り返りシートを全14回のうちの10回で記入することになっている。教員はこれらの振り返りシートに対し、すべてコメントを付して返却している。

### (5) 教員の協働による「学びの質保証」

- アクティブラーニング型の科目（例えばユニット専門科目など）と知識を獲得する講義科目の連携内容は、シラバスを作成する時に、各科目の科目担当者同士で相談して決定している。また、コース専門教育科目の各コースにはコーディネーターを配置し、科目間連携の調整を行なっている。各科目の他科目との関係は、シラバスの中で前提となる履修科目として明示されている。
- 多くの科目には複数の担当教員がおり、それらの教員のうちの1名が科目主務者となって授業内容の企画や取りまとめを行う。企画は科目主務者が行うが、シラバス、各回の授業の内容（ティーチャーズガイド）、教材、試験問題とその採点基準、成績評価は全担当教員が議論した上で決定されている。同一科目を複数クラスに分かれて行う授業では、内容を均質化するように努めており、使用教材については80%から100%が共通教材である。例えば、1年次前期から2年次前期までのゼミ科目「基礎ゼミ I・II」および「2年次ゼミ I」では、すべて共通の教材を使って運営している。
- 成績評価方法はシラバスに明記しており、定期試験、課題提出、小テスト、授業出席、参画度・完成度などの項目に対して評価の配分を割合として示している。複数クラスに分かれて実施される科目は、このシラバスに示す評価方法より公平に評価されるほか、試験についても共通試験で実施し、その採点基準も統一されている。
- 各科目の授業改善のために授業参観を行っている。授業担当の教員は参観した教員からフィードバックを受けることで授業の質向上を図ってい

る。また科目主務者は、こうした授業参観の結果、試験結果、学生からの授業評価をもとに、担当教員を適切に指導するという責任を有している。
- 半期に1度、全教員にアクティブラーニングの導入状況についてアンケート調査を実施している。最近1年では、8割の教員は講義型の科目であっても何らかの形で取り入れていると回答している。

## 12. 愛知県立大学 外国語学部 国際関係学科(2015年度学科定員55人)

### (1) この4年間のアクティブラーニング導入の進展について
- 国際関係学科は2009年に新設された学科で、当初より学生の主体的な学びを促すカリキュラム作りには積極的だったが、2014年のカリキュラム改編によりさらにアクティブラーニングを推進することとなった。
- 大きくは、1年次後期「基礎演習Ⅰ」の通期化と、2年次後期「プロジェクト型演習」の新設である。この改編により、1〜2年次に切れ目なく演習科目が置かれ、3・4年次のゼミを合わせると、4年間を通して少人数制の演習ができることになった。
- 旧カリキュラムでは「基礎演習Ⅰ」は1年次後期のみに置かれ、文献の調べ方・レポートの書き方・フィールドワーク・発表の仕方の基本を教えてきたが、半期で行うには詰め込みすぎの感があり、結局3・4年次のゼミで文献の調べ方が身についていなかったり、文章力が弱い学生が多く見られた。そこで通期にすることで、前期で文献の調べ方やレポートの書き方を、後期でフィールドワークの手法と発表の仕方を丁寧に教えられるようにした。
- そして2年次前期「基礎演習Ⅱ」終了後、演習の空白期間だった後期に「プロジェクト型演習」を新設した。「プロジェクト型演習」はPBLに取り組む高次のアクティブラーニング科目で、それまで課外活動として学生の有志とフィールドワークに取り組んできた教員や、実習科目で外部機関との連携に力を入れてきた教員らが中心となって進めている。
- アクティブラーニングを推進するに至ったのは、学生の受け身の姿勢に

教員が危機感を覚えたからである。学生は良くも悪くも真面目で、言われたことはしっかりやるが、自ら考えて動く力が弱い。また、国際関係学科は研究の選択肢が多すぎて何をしたらよいかわからず、不安を抱きながら教員の指示をただ待っている学生も多く見られたことから、能動的に自分で研究テーマの種を見つけられるよう後押ししたいという考えがあった。

- ファシリティ面では、外国語学部として採択された文部科学省のグローバル人材育成推進事業の中で、外国語学部が2013年に「iCoToBa」という外国語学習支援センターを設置した。ここには英語やスペイン語などのネイティブ教員が6人おり、外国語学習や留学支援を行っている。学生がグループディスカッションやイベントを行うスペースもあり、自主研究活動の場として役立っている。また、図書館を改修して机が可動式になるアクティブ研修室が2つ用意された。ここでの活動は正課外ではあるが、学科としてこの施設の積極的活用を推奨している。
- 新カリキュラム初年度の学生が2015度年現在、2年生である。1・2年次で演習を強化したことが3・4年次のゼミ活動や卒業論文にどう活かされるのか、さらには社会に出た時にどう活かされるのか、ということを今後検証していく予定である。

## (2) 教育目標について

- 教育研究上の目的、ディプロマポリシーは**図表4-26**である。学生にはHP上で告知している。
- 教育研究上の目的に"グローバルかつローカルな多文化共生の実現"ディプロマポリシーに"地域社会に貢献"とあるように、同学科では、身近にある国際的な事柄から課題を発見する姿勢を身につけさせることに力を入れており、特に初年次教育やPBLで扱う素材には意識して取り入れるようにしている。
- ディプロマポリシーと各科目の対応関係を紐付けして明文化したものは特にないが、各教員が意識しながら授業内容を決めている。

【教育研究上の目的】
国際社会の諸問題や地域社会の「国際化」の問題を、国家を越えた関係的な枠組みで、あるいは比較文化的手法によって考察する能力を養う。国際関係と国際文化に関する専門的知識や問題解決の方法を身につけ、外国語運用能力を活かしながら、グローバルかつローカルな多文化共生の実現と、広い意味での国際協力に資する人材を育成する。

【ディプロマポリシー】
○国際関係に関する幅広い知識をもち、グローバル化が進む中で生じる様々な事態を、国家又は言語圏を越えた相互関連のある問題として捉えることができる能力を身につけていること
○英語などの外国語をコミュニケーションツールとして使う能力を身につけていること
○異文化理解をふまえながら地域社会に貢献できるような知見を身につけていること
○自分の選択した特定テーマについて日本語(もしくは専攻言語)で論文を作成し、専攻言語(もしくは日本語)で概要を作成する能力を身につけていること

**図表4-26 愛知県立大学外国語学部国際関係学科の教育研究上の目的とディプロマポリシー**

## (3) アクティブラーニング科目の設計と導入

■カリキュラムの全体設計

【アクティブラーニング科目の4年間の流れ】

| 授業形態 | 1年次 前期 | 1年次 後期 | 2年次 前期 | 2年次 後期 | 3年次 前期 | 3年次 後期 | 4年次 前期 | 4年次 後期 |
|---|---|---|---|---|---|---|---|---|
| 関連科目 | | | 学科の専門科目 | | | | | |
| 一般的AL | 研究概論 | | 研究各論(異文化コミュニケーション論)<br>共通各論(日本語教育教材論)<br>共通各論(日本語教授法) ※1 | 研究各論(NPO論) ※2 | | | | |
| | 基礎演習Ⅰ | | | | | | | |
| 高次AL | | | 基礎演習Ⅱ | プロジェクト型演習※3 | | | | |
| ゼミ卒研 | | | | | 研究演習 | | | |

注1) 高次AL ：専門知識を活用し、課題解決を目的としたアクティブラーニングのこと。
　　 一般的AL：知識定着を目的としたアクティブラーニングのこと。
注2) ☐ 囲みは必修科目。
※1「共通各論(日本語教育教材論)」「共通各論(日本語教授法)」は、2年次～4年次に選択可能な通期科目。
※2「研究各論(NPO論)」は、2年次後期選択の集中講義。
※3「プロジェクト型演習」は2年次後期、または3年次後期で履修するものだが、学科では2年次に履修することを薦めており、ほぼ全員が2年次に履修登録しているため、この表では2年次に置いている。

- アクティブラーニング型授業の大きな流れとしては、1年次通期に「基礎演習Ⅰ」、2年次前期に「基礎演習Ⅱ」、2年次後期に「プロジェクト型演習」があり、3・4年次の「研究演習」(ゼミ)につながっている。

■初年次ゼミ科目
- 1年次通期必修の「研究概論」は、学科専任教員のオムニバス授業で、各教員が2回ずつ自分の専門分野について入門となる講義を行っており、課題発見のためのフィールドワーク、授業内でのグループワークや討論、グループでの調査など、教員によって様々な授業形態がとられている。この講義では学生の読書量不足を補うため、各教員が課題図書を提示することになっており、学生は講読後にレポート提出をする。学期の最後に、読んだ本の中から1冊を決めて、ポスター発表で本の紹介をしている。本講座は、旧カリキュラムでは半期の講座で、"国際関係"と"国際文化"のいずれかの分野を選択していたが、1年生ではまだ選択が難しいため、通期にして全教員の専門分野の話を幅広く聞き、今後の専門の選択に活かせるような科目の位置付けにした。
- 1年次通期必修の「基礎演習Ⅰ」の前期は、ものの調べ方を身につけることがテーマで、教員から提示された題材についてグループで調べて、作成したレジュメに基づき授業時に発表する。半期に数回これをくりかえし、最後に個人でレポートをまとめる。その過程で図書館の利用の仕方、参考文献の探し方、参考図書の使い方等のスタディスキルを学んでいく。最終課題は、発表題材から一つ選んでのレポート作成である。教員は前期の授業で学んだことを、できるだけ活かすように指示をする。レポートは、教員がコメントを付して、後期の「基礎演習Ⅰ」の初回に全員に返却する。
- 「基礎演習Ⅰ」の後期では、前期で学んだことを踏まえながらフィールドワークを行い、様々な発表形式を学ぶことがテーマである。あいち国際プラザ、名古屋国際センター、JICA中部などの国際協力機関や、リトルワールド、名古屋国際会議場などの施設見学を3回行い、1回目は3分間スピーチ、2回目はポスター発表、3回目はレポート作成を行っている。スピーチに関しては共通の評価シートを使って、発声、内容・構成、

全体の印象などについてお互いに評価して本人にフィードバックしている。その後は、まずグループで振り返った後、各自で振り返り、スピーチ原稿の改稿を行う。レポートについては、第1稿をまず、3〜4人のグループで読み合って評価し合い、その上で、教員からの詳細なコメントが付された全員分のレポートを学生全員に配付する。客観的・批判的に文章を読む力を養うとともに、自分のレポートからだけではなく、他の学生のレポートの良い点や改善点を確認することで、改稿に役立ててもらう。その作業を経て、第1稿を改稿し分量を増やしたレポートを期末課題としている。
・「基礎演習Ⅰ」を半期から通期にしたことにより、最終レポートの出来が良くなったというのが、担当教員の共通の感想である。

■一般的アクティブラーニング科目
・「研究各論（異文化コミュニケーション論）」は、2年次通期の選択科目で、グループワークを通して自身のコミュニケーション観を内省し、効果的なコミュニケーションの実践方法の理解を深める講義である。
・「研究各論（NPO論）」は、2年次後期の選択科目で、3日間のワークショップである。午前中はNPOに関する基礎的な知識とNPOの取り組みをケーススタディとして学び、午後からグループワークを行う。1日目は「課題発見・問題解決」、2日目は「商品・サービス開発力」、3日目は「組織開発・ボランティアマネジメント」をテーマにしている。
・「共通各論（日本語教育教材論）」は2〜4年次に履修可能な通期の選択科目で、グループで授業案を作成して模擬授業を行う。また、2015年度から反転授業を取り入れ、授業前に課題を出して事前に調べたものを元に授業でディスカッションさせている。今後は映像を使った反転授業も展開していく予定である。
・「共通各論（日本語教授法）」は2〜4年次に履修可能な通期の選択科目で、グループワークに重点を置く。前期で定住外国人の日本語学習状況について学んだ後、後期にはさまざまな日本語の教授法を学ぶ。

■高次のアクティブラーニング科目
・2年次前期必修の「基礎演習Ⅱ」は、1年次必修だった「基礎演習Ⅰ」を発展させたもので、自らテーマを持ち、調べてまとめ、期間中に2度の発表を行う。テーマは自由だが、必ず"日本から見た外国"または"外国から見た日本"をいう視点を盛り込むよう指示している。発表(18分)+質疑応答(18分)の後、教員のコメント(5分)がある。発表者は前週までにレジュメを用意し、受講生はそのレジュメを読んで予習してから議論に臨まなくてはならない。発表は、発表者と場を取り仕切るコメンテータによって行われる。コメンテータは事前に発表者と議論の方向性を検討し、質疑応答では適切に結論を導くよう議論をとりまとめることが求められる。
・2年次(または3年次)後期必修の「プロジェクト型演習」では、初年度である2015年度は以下の5つのプロジェクトが設けられた。学生は希望により各プロジェクト10名程度に分かれた。

A『新聞スクラップ:アナログで情報の貯水池をつくる』
関心のあるテーマについて、手作りのスクラップ帳を作り、何が見えてきたかを発表する。

B『他文化を知る／自文化を知る:インドネシア人介護福祉士候補生との交流と発表』
旧HIDA中部研修センターで研修を受けているEPA(経済連携協定)に基づくインドネシア人の介護福祉士候補生と交流しながら、彼らの日本語の授業に参加し、お互いに文化紹介のプレゼンテーションをおこなう。

C『あいちAmbassadorプロジェクト:1day tripプランづくり』
外国人を対象に、愛知の良さを体験してもらうための一日旅行プランを作り、名古屋国際会議場館長の前でコンペを行う。

D『写真・映像による調査と表現』
写真や映像の撮影や編集技術を身に付け、フィールドワークの結果を自作の写真作品および映像作品にして発表する。

E『新聞にのっちゃうかも?岡崎の工場見学の情報発信』
愛知県岡崎市の工場を訪問して、岡崎の地元ポータルサイト「岡崎パ

ンチ」に特集記事として、岡崎の工場見学ツアーの記事を書く。
　最後に行った合同発表会は、担当以外の教員や他学年の学生なども広く招待した。今年度初の新規取り組みでもあり、理事長や地域連携センター長も参観した。

■卒業論文
・卒業論文は必修で、自分の選択したテーマについて日本語（もしくは英語）で論文を作成し、執筆言語とは異なる言語（英語（もしくは日本語））で概要を作成することになっている。
・卒業論文の指導教員のゼミには、3年次前期から配属される。3年次秋のテーマ発表（発表・質疑応答）、4年次10月の中間発表（発表・質疑応答）を経て、最終発表（概要説明・口頭試問）が行われる。
・3年次のテーマ発表会の後に、全員が卒論プロポーザルを作成し、学科教員が分担して閲覧し、そのプロポーザルに複数教員がコメントする体制をとっている。
・4年次の5月に「卒業論文仮題目」が提出された後、副査を決定し、卒論作成までのサポート体制を厚くしている。
・最終審査は学科共通の「卒業論文審査シート」を用い、主査・副査で合議のうえ評価した後、学科の教員全員で成績を報告しあい最終判定を下している。

## (4) アセスメントおよび学生の振り返り

・1年次通期必修の「研究概論」では、年度初めに自分の英語力に関しての現状と目標および目標到達までの学習計画を書かせ、年度終わりに達成度合いを自己評価し、今後に向けた課題を考えさせている。さらに、半期ごとにグループで行うグループブックレポートにおいても、それぞれが読書で何を学んだかを振り返る機会となっている。
・1年次通期必修の「基礎演習Ⅰ」の前期では、最終講にグループで活動を振り返り、今後へ向けた課題などを考えさせている。後期では、フィールドワーク後のスピーチで全員からもらう評価シートを元に、まずグ

ループで検討した後、各自で振り返る時間を設けている。
- 「共通各論（日本語教育教材論）」では、授業初回に受講者自身が成長目標と、それを達成するための具体的な行動目標を作成し、最終回にどこまで達成したか振り返らせる。
- 英語力の客観的な指標として、入学時にCASECを、その後は毎年TOEICを受けさせている。

### (5) 教員の協働による「学びの質保証」
- 1年次通期の「基礎演習Ⅰ」は3名で担当し、毎週授業後に集まって報告会を行い、翌週の配付プリントの内容を共に検討している。
- 2年次前期の「基礎演習Ⅱ」は5クラスの設置があり、教員は他クラスの発表のレジュメも受け取り、必要があれば他クラスの発表にコメントすることもある。
- 資格取得に必要な科目は、共通の到達目標に向けて、各自の教材や参考資料を共有して内容に差がつかないようにしている。

## 13. 関西国際大学 人間科学部 経営学科 （2015年度学科定員100人）

### (1) この4年間のアクティブラーニング導入の進展について
- 2011年度に人間科学部ビジネス行動学科の募集を停止し、経営学科に改組した。同学科では、教室で学ぶ専門知識と、現場で学ぶ経験を行き来するというコンセプトで、新たなカリキュラムを策定した。現在、ほぼすべての授業でアクティブラーニングが行われており、さらに学外での実習プログラムの活動を通して学ぶ"ハイ・インパクト・プラクティス"を特徴としている。
- 全学的に4学期制（春学期：4～7月、夏学期：8・9月、秋学期：10～翌1月、冬学期：2・3月）をとっており、春学期と秋学期（一般の大学でいう前期と後期）は教室での授業、夏学期と冬学期は学外のインターンシップやサービスラーニングにあて、4学期の中で、教室と現場を行き来するように設計

- 学長の強力なリーダーシップの下、徹底した FD 活動で、学科内から全学へアクティブラーニングを広げてきた。学科設立時に、まず1年次必修科目「総合マネジメント演習Ⅰ」を対象に、アクティブラーニングを専門とする外部コンサルタントを講師に招き、研修を実施した。同科目を担当する実務家教員 5 名に加え、研究者教員 5 名がそれぞれペアとなり、コンサルタントの指導の下、アクティブラーニング型授業の進め方を OJT (On the Job Training) で学んでいった。その後に学科会議において、他の科目でもアクティブラーニングを取り入れるように広げ、全学の FD 研修では、経営学科の教員がグループワークの中心になってワークショップを行い、全学に浸透させていった。また、大学間連携で他大学の教員も参加しての FD 活動も行っている。
- 同学科は尼崎と三木の 2 つのキャンパスを拠点としているが、2012 年に両キャンパスにラーニングコモンズを開設している。パソコンから無線でパワーポイントのスライドを投影し、それを中心にしてグループで議論したり、他グループの成果発表を聞くといった使い方をしている。
- これらの活動により、学生は課題解決型のグループワークに慣れてきており、他の大学の学生との交流の場面では、同大の学生がその場を仕切ることも多い。

## (2) 教育目標について

- 全学共通で、ディプロマポリシーとして『自律できる力』『社会に貢献できる力』『心豊かな世界市民としての資質』『問題解決能力』『コミュニケーション能力』『専門的知識・技術』が教育目標として掲げられている。その教育目標を達成するために、すべての学生が卒業までに身につけるべき能力を明示した〈KUIS 学修ベンチマーク（以下、ベンチマーク）〉を策定している。ベンチマークでは、教育目標を大項目として、さらに細分化された中項目にブレイクダウンし、それぞれについて 1 〜 4 の到達レベルを設定。4 年間の学習到達目標として学生に提示している。このベンチマークは 2006 年に策定され、2014 年に改訂されている。

| 大項目 | 大項目の説明 | 中項目 | 中項目の説明 | レベル4 | レベル1 |
|---|---|---|---|---|---|
| 自律できる人間になる | 自分の目標をもち、その実現のために、自ら考え、意欲的に行動するとともに、自らを律しつつ、自分の行動には責任が伴うことを自覚できる | 知的好奇心 | 新しい知識や技能、社会におけるさまざまな現象や問題を学ぶことに、自ら関心や意欲をもつことができる | 修得した知識・技能を社会でどのように活用できるかについて、主体的に関心や意欲を持つことができる | 社会の現象や授業で学ぶことに関心を持つことができる |
| | | 自律性 | 自分の行動には責任が伴うことを自覚し、自らを律しつつ設定した目標の実現に向けて積極的に取り組み、最後までやりとげることができる | 自分の行動には責任が伴うことを理解し、自分の目標の実現に向けて積極的・主体的に取り組み、やり遂げられるまで継続することができる | 与えられた課題の実現に向けて、自分の責任を理解して取り組むことができる |
| 社会に貢献できる人間になる | 社会の決まりごとを大切に考え、社会や他者のために勇気をもって行動し、貢献することができる | 規範遵守 | 複数の人々と暮らす社会の決まりごとを尊重し、その背景や意義を理解して、協調的に行動することができる | 社会のマナーや集団でのルールを尊重していくために、自ら率先して、社会から信頼される良識ある行動をとることができる | 社会のマナーや集団でのルールを守ることができる |
| | | 社会的能動性 | 自分の役割や責任を理解し、他者との積極的な協働や交流を通して、社会のために行動することができる | 社会が求めていることを理解し、他者との協働のもと、社会のために自ら活動を組織して行動することができる | 集団の中で、自分の果たすべき役割や責任を考えながら行動することができる |

**図表4-27　関西国際大学のKUIS学修ベンチマーク（一部抜粋）**

- ベンチマークに加えて、学科としても、卒業までに修得すべき専門基礎知識や技能について、教育達成目標を設定している。

| 目標 | レベル4 | レベル3 | レベル2 | レベル1 |
|---|---|---|---|---|
| 組織の運営方針や目標および経営の仕組みを理解し、組織のマネジメントについて現状と課題を説明することができる | 組織における利害関係を調整して合意形成を図り、組織経営の課題の解決策を提案できる | 組織経営の課題を発見し、その要因や背景について説明することができる | 組織経営のケーススタディを通じて、議論しながら成功と失敗の要因を理解できる | 組織経営におけるヒト・モノ・カネ・情報の重要性を理解する |
| 経営に関わる現象を、データを活用し科学的に分析して説明することができる | 収集したデータを分析し、考察を加え、経営の変化と今後の展望を説明することができる | 収集したデータを解析し、その中に潜む項目間の相関関係を把握し、特徴やパターンを説明できる | データの収集方法を理解し、収集したデータの処理（加工）・分析ができる | 経営分析に必要な指標を理解する |

**図表4-28　関西国際大学人間科学部経営学科の教育達成目標（一部抜粋）**

- 学生が使用する開講科目一覧表では、各科目の学修内容がベンチマーク及び学科の教育達成目標のどの項目と関連しているのかをカリキュラムマップとして提示。各科目のシラバスにも、その科目の学習目標が、ベンチマークのどの項目のどのレベルに対応しているかが明記されている。

## (3) アクティブラーニング科目の設計と導入

■カリキュラムの全体設計

【アクティブラーニング科目の4年間の流れ】

| 授業形態 | 1年次 | | 2年次 | | 3年次 | | 4年次 | |
|---|---|---|---|---|---|---|---|---|
| | 前期 | 後期 | 前期 | 後期 | 前期 | 後期 | 前期 | 後期 |
| 関連科目 | | | 各コースの専門科目 | | | | | |
| 一般的AL | 初年次セミナー → 基礎演習<br>学習技術 → 総合マネジメント演習Ⅰ → 業界研究実習 | | | | | | | |
| 高次AL | | | インターンシップⅠ | サービス企画論<br>★総合マネジメント演習Ⅱ | インターンシップⅡ | | | |
| ゼミ卒研 | | | | | 総合マネジメント演習Ⅲ | → マネジメント専門演習 | 卒業研究 | |

注1) 高次AL　：専門知識を活用し、課題解決を目的としたアクティブラーニングのこと。
　　 一般的AL：知識定着を目的としたアクティブラーニングのこと。
注2) ☐ 囲みは必修科目。
注3) ★は教員の協働による高次のアクティブラーニング科目（ハブ科目）。
※　同大は、4学期制（春学期：4～7月、夏学期：8・9月、秋学期：10～翌1月、冬学期：2・3月）であるが、本表では、一般的な大学の学期制にあわせて、春・夏学期を前期、秋・冬学期を後期として記述している。

- 経営学科の中に、フードビジネス、ホテル・ブライダル、地域マネジメント、スポーツマネジメントの4コースが置かれ、2年次からコースに分かれる。フードビジネスコースとホテル・ブライダルコースは尼崎キャンパス、地域マネジメントコースとスポーツマネジメントコースは三木キャンパスで学ぶが、4コースともカリキュラムは共通で、遠隔授業や合同合宿を実施したり、卒業研究についてはコースに関係なく専門領域を選べるなど、科目履修に関してコース間の壁は低い。
- 春・秋学期の教室における学びと、夏・冬学期の現場における学びを往還するようにカリキュラムが設計されており、その橋渡しをする科目として、1～3年次にそれぞれ、知識と実践を融合する科目である「総合マネジメント演習Ⅰ・Ⅱ・Ⅲ」が設置されている。「総合マネジメント演習Ⅰ・Ⅱ」は企業出身の実務家教員が担当し、「総合マネジメント演習Ⅲ」

「マネジメント専門演習」は研究者教員が担当しており、1・2学年次に実践で学んだことを理論的・学術的に捉え直し、「卒業研究」につなげる設計となっている。
・履修科目の分野やレベルが体系的に見通せるように、各科目には対応するコード＋番号が割り当てられている（＝科目ナンバリング）。

■一般的アクティブラーニング科目
・1年次春学期必修の「初年次セミナー」は、情報収集やディスカッション、発表などのワークを通して、大学での学びの中核となるクリティカルシンキングの基礎を学ぶとともに、キャリアデザインを描くプロセスを通して、大学生活の目標を設定する、キャリア教育の色彩が濃いゼミ科目である。
・1年次春学期必修の「学習技術」は、2,000字のレポートを作成することを最終課題として、共通テキスト『知へのステップ』のワークシートを用い、大学で授業を受けるにあたって必要となる9つの基礎的な能力（聴く・読む・書く・調べる・整理する・まとめる・表現する・伝える・考える）を身につける科目である。
・1年次秋学期必修の「基礎演習」は、2年次の学習に向けた基礎固めとして、春学期の講義科目の基礎知識と「初年次セミナー」「学習技術」で身につけて基礎的なアカデミックスキルを統合し、データ分析なども含んだ、より本格的なレポートの作成とプレゼンテーションを行う科目である。
・1年次秋学期必修の「総合マネジメント演習Ⅰ」は2年次からのコース選択に向けて、4つのコースについて、それぞれ教員と先輩学生から、そのコースの対象となっている業界について学びながら、その業界の課題をロジックツリーで整理・分析していく。また、冬学期の「業界研究実習」に向けて、自分の強みを分析し、人生計画を立て、その内容を織り込んだ自分の名刺を作成する。
・1年次冬学期必修の「業界研究実習」は、事前・事後の学習を含む5日間のミニインターンシップで、2年次からの各コースの対象となる業界の

企業での実習を通して、その企業・業界の課題をまとめるとともに、自分の適性を考える科目である。

■高次のアクティブラーニング科目
・2年次夏学期と冬学期に「インターンシップⅠ」と「海外インターンシップⅠ」または「グローバルスタディ」から選択必修となっており、すべての学生がインターンシップと海外体験学修を経験することになる。事前学習の後、実質10日間以上の現場実習を行い、事後学習では実習先の組織の役割分担をまとめ、その業務を分析し、報告会を行う。なお、3年次夏学期には選択科目として実質30日間以上の現場実習を課す「インターンシップⅡ」(4単位)が置かれており、毎年数名の学生が単位を取得する。インターンシップを推進する上で、研究者教員も業界のことを知っておくべきであるとの考えから、教員もホテル、旅館、フードビジネス、市役所等でインターンシップを経験する。
・2年次秋学期の「総合マネジメント演習Ⅱ」は、1年次の基礎科目、2年次からの各コースの専門科目、そしてインターンシップの成果を統合することを目的とした科目で、コースごとにクラスが置かれる。前半は、担当教員からコースにかかわる現場の問題提起がなされ、その問題の解決に向けてグループで情報・データを集め、分析し、その解決策をまとめ、合同で発表会を行う。後半は、企業等からのゲスト講師による講義等から学生自身が現場の経営課題を見出し、前半同様にその解決について研究し、最後に発表会を行う。解決策は具体的な行動計画に落とし込まれ、プロジェクトマネジメントとしてガントチャート※まで作成する。クラスごとに扱う業界やテーマが異なり、シラバスも別だが、基本的な進め方は共有されており、ルーブリックも共通である。

　　※ガントチャート：プロジェクトの工程管理で用いられる図。縦軸を各作業工程、横軸を時間として、横棒によって作業の順次性と進捗状況を視覚的に表す。

・2年次秋学期必修の「サービス企画論」では、学園祭での屋台運営を模擬株式会社方式で経営するカンパニープロジェクトを行っている。学生グループを社員数10人の企業に見立て、実際に出資者を募り資本金を集

め、材料を購入し商品を作って販売する。学園祭終了後は決算書を作り、株主総会も執り行う。後半は、500万円の仮想資金を元手に、投資ポートフォリオを作成し、投資運用シミュレーションを行いながら、金融・株式の仕組みについて学ぶ。
- 2年次に、必修でPBL型の高次のアクティブラーニング科目が集中しているが、3年次には、自分で自由応募のインターンシップに参加したり、海外に留学したりするなど、カリキュラムの自由度を確保したいという意図によるものである。

■専門ゼミ・卒業論文
- 3年次春学期必修の「総合マネジメント演習Ⅲ」は、3年次秋学期からの「マネジメント専門演習」「卒業研究」につなげる専門ゼミに近い科目である。学生は、それまでの授業と実践の繰り返しの中から、自らのテーマを設定し、コースに関係なく、担当教員を選択する。これまでの実務家教員ではなく、マーケティング、ファイナンス、会計、経営学、経済学の研究者教員が担当する。ほとんどの場合、「総合マネジメント演習Ⅲ」の担当教員が卒論指導の担当になる。
- 卒業論文は必修。共通のルーブリックがあり、必ず指導教員の他に2人の教員が評価する。また、全員の口頭発表も行っており、研究者教員だけでなく、実務家教員も参加する。

## (4) アセスメントおよび学生の振り返り
- 4年間、学生一人ずつに対して学科の教員がアドバイザーとして割り当てられている(3年次から4年次には同じアドバイザー教員が持ち上がる)。アドバイザーは担当学生の履修、学生生活、進路に関する助言・指導を行う。
- 3年進級時に、到達確認テストを実施。専門用語の意味などの基礎知識の確認や、論述型の問題などで構成されている。合格するまで何度も受験可能で、これに合格しないと卒業研究には進めない。
- 学期末の授業アンケートでは、ベンチマーク、教育目標の達成度を自己評価する項目を設けている。

・年に2回、学期が始まる直前に、ベンチマークの自己点検を行い、次学期の学びに活かすためリフレクション・デイを設けている。アドバイザー教員から成績表とともに各学期のテストやレポート等を返却し、その学期の学修を振り返り、次の学期の新たな目標設定につなげる。リフレクションのためのワークシートなども共有されている。また、この日にPROGテスト(ジェネリックスキル測定テスト)を受験し、能力の伸長を客観的にも測っている。これらは、すべてe-ポートフォリオに蓄積されていく。リフレクション・デイ1日だけですべての問題が解決されるわけでないので、その後半月ぐらいをかけて、面談(アカデミック・アドバイジング)を繰り返す。

## (5) 教員の協働による「学びの質保証」

・新学科開設前には、10人ほどの教員で何度も合宿を行い、擦り合わせを行っていた。また、開設直後は毎日ランチミーティングを開き試行錯誤を繰り返してきた。このような経緯から、日々PDCAを回す習慣が定着しており、ティーチング・コミュニティが出来上がっている。
・大学、学科として共通のルーブリックを策定し、各科目では教員が該当する共通ルーブリックの領域・レベルを参照しながらカスタマイズして使用している。
・学期ごとにトピックやテーマを決め、同じ学期に開講される科目で、それぞれ共通したトピックやテーマを取り上げることで、学習内容を関連づけて学ぶようにしている。また、2年次の「サービス企画論」で運営されている学園祭の店舗に、「マーケティング」の授業の一環で1年生がミステリーショッパー※として参加するなど、科目間の相互乗り入れが積極的に行われている。

　※ミステリーショッパー:一般客を装って店舗を利用し、その店舗のサービス内容や接客態度、店内環境を評価する覆面調査

・教員は担当外の科目についても、シラバスや教科書で内容を把握しており、また他の教員の教材もWeb上で自由に使えるため、「総合マネジメント演習」などのPBL型の高次のアクティブラーニング科目では、マー

ケティングやファイナンスなどの専門科目で使った教科書を持ってこさせて、授業の中で使うこともある。一方で、専門科目の担当教員も、現在学習している内容が次の科目のどこで使えるといったことを説明するようにしている。
・専門ゼミも含めて各科目については、ブラックボックス化することを防ぐために、授業を他の教員が参観するようになっている。

# 資料：質問紙調査回答学科一覧

| 大学名 | 学部名 | 学科名 | 専攻・コース・課程 |
|---|---|---|---|
| 北見工業大学 | 工学部 | 社会環境工学科 | |
| 北海道大学 | 理学部 | 地球惑星科学科 | |
| | 工学部 | 環境社会工学科 | 社会基盤学コース、国土政策学コース |
| | 工学部 | 環境社会工学科 | 建築都市コース |
| | 農学部 | 森林科学科 | |
| | 農学部 | 生物環境工学科 | |
| 岩手大学 | 工学部 | 電気電子・情報システム工学科 | |
| | 人文社会科学部 | | 環境科学課程 |
| 東北大学 | 理学部 | 地圏環境学科 | |
| 秋田大学 | 理工学部 | システムデザイン工学科 | 機械工学コース |
| 山形大学 | 工学部 | 機械システム工学科 | |
| 茨城大学 | 理学部 | 理学科 | 数学・情報数理コース |
| | 工学部 | 都市システム工学科 | |
| 筑波大学 | 理工学部 | 数学類 | |
| | 理工学群 | 物理学類 | |
| | 情報学群 | 情報科学類 | |
| | 理工学群 | 応用理工学類 | |
| | 生命環境学群 | 生物資源学類 | |
| 宇都宮大学 | 工学部 | 電気電子工学科 | |
| | 工学部 | 建設学科 | 建設工学コース |
| | 農学部 | 農業経済学科 | |
| 群馬大学 | 理工学部 | 電子情報理工学科 | 情報科学コース |
| | 理工学部 | 環境創生理工学科 | 社会基盤・防災コース |
| | 理工学部 | 化学・生物化学科 | |
| | 社会情報学部 | 情報行動学科 | |
| | 社会情報学部 | 情報社会科学科 | |
| 埼玉大学 | 理学部 | 数学科 | |
| | 理学部 | 分子生物学科 | |
| | 理学部 | 生体制御学科 | |
| | 工学部 | 機械工学科 | |
| | 工学部 | 機能材料工学科 | 物理機能系専攻機能材料工学コース |
| 千葉大学 | 理学部 | 化学科 | |
| | 理学部 | 地球科学科 | |
| | 園芸学部 | 園芸学科 | |
| 電気通信大学 | 情報理工学部 | 知能機械工学科 | |
| | 情報理工学部 | 先進理工学科 | |
| | 情報理工学部 | 総合情報学科 | |

| 大学名 | 学部名 | 学科名 | 専攻・コース・課程 |
|---|---|---|---|
| 東京大学 | 文学部 | 行動文化学科 | |
| | 理学部 | 情報科学科 | |
| | 工学部 | 電気電子工学科 | |
| 東京農工大学 | 工学部 | 生命工学科 | |
| | 農学部 | 生物生産学科 | |
| 一橋大学 | 社会学部 | | |
| | 法学部 | | |
| | 経済学部 | | |
| | 商学部 | 経営学科 | |
| | 商学部 | 商学科 | |
| 横浜国立大学 | 理工学部 | 数物・電子情報系学科 | 数理科学教育プログラム |
| | 理工学部 | 機械工学・材料系学科 | 機械工学教育プログラム |
| | 理工学部 | 数物電子・情報系学科 | 物理工学教育プログラム |
| | 理工学部 | 機械工学・材料系学科 | 材料工学教育プログラム |
| | 理工学部 | 建築都市・環境系学科 | 海洋空間のシステムデザイン教育プログラム |
| 新潟大学 | 人文学部 | 人文学科 | |
| | 経済学部 | 経営学科 | |
| | 理学部 | 数学科 | |
| | 工学部 | 機械システム工学科 | 材料生産システム専攻 |
| | 工学部 | 情報工学科 | |
| | 工学部 | 建設学科 | 社会基盤工学コース |
| | 工学部 | 福祉人間工学科 | |
| | 農学部 | 農業生産科学科 | |
| | 農学部 | 応用生物化学科 | 応用生物化学主専攻 |
| 富山大学 | 人文学部 | 人文学科 | |
| | 人間発達科学部 | 発達教育学科 | |
| | 経済学部 | 経営法学科 | |
| | 経済学部 | 経済学科 | |
| | 経済学部 | 経営学科 | |
| | 工学部 | 電気電子システム工学科 | |
| | 医学部 | 看護学科 | |
| 金沢大学 | 人間社会学域 | 人文学類 | |
| | 人間社会学域 | 国際学類 | |
| | 人間社会学域 | 法学類 | |
| | 理工学域 | 物質化学類 | 応用化学コース |
| | 理工学域 | 機械工学類 | |
| 山梨大学 | 工学部 | 機械工学科 | |
| | 工学部 | 電気電子工学科 | |
| | 工学部 | コンピュータ理工学科 | |
| | 工学部 | 情報メカトロニクス工学科 | |
| | 工学部 | 応用化学科 | |
| | 生命環境学部 | 地域食物科学科 | |
| | 生命環境学部 | 環境科学科 | |

資料：質問紙調査回答学科一覧　329

| 大学名 | 学部名 | 学科名 | 専攻・コース・課程 |
|---|---|---|---|
| 信州大学 | 人文学部 | 人文学科 | |
| | 経済学部 | 経済システム法学科 | |
| | 経済学部 | 経済学科 | |
| | 繊維学部 | 化学・材料系学科 | 機能高分子学コース |
| 静岡大学 | 人文社会科学部 | 経済学科 | 昼間コース |
| | 人文社会科学部 | 経済学科 | 夜間主コース |
| | 理学部 | 数学科 | |
| | 工学部 | 電気電子工学科 | 情報エレクトロニクスコース |
| | 工学部 | 電気電子工学科 | エネルギー・電子制御コース |
| | 情報学部 | 情報科学科 | |
| | 情報学部 | 情報社会学科 | |
| 豊橋技術科学大学 | 工学部 | | 電気・電子情報工学課程 |
| 名古屋大学 | 法学部 | 法律・政治学科 | |
| | 工学部 | 電気電子・情報工学科 | 電気・電子工学コース |
| | 工学部 | 環境土木・建築学科 | 建築学コース |
| | 農学部 | 応用生命科学科 | |
| | 農学部 | 資源生物科学科 | |
| | 農学部 | 生物環境科学科 | |
| | 情報文化学部 | 自然情報学科 | |
| | 情報文化学部 | 社会システム情報学科 | |
| 名古屋工業大学 | 工学部 | 建築・デザイン工学科 | |
| 岐阜大学 | 地域科学部 | 地域文化学科 | |
| | 地域科学部 | 地域政策学科 | |
| | 応用生物科学部 | 応用生命科学課程 | |
| | 応用生物科学部 | 生産環境科学課程 | |
| 三重大学 | 人文学部 | 文化学科 | |
| | 人文学部 | 法律経済学科 | |
| 京都大学 | 経済学部 | 経済経営学科 | |
| 大阪大学 | 外国語学部 | 外国語学科 | 朝鮮語専攻 |
| | 工学部 | 電子情報工学科 | |
| 神戸大学 | 経済学部 | 経済学科 | |
| | 理学部 | 惑星学科 | |
| | 海事科学部 | | |
| | 農学部 | 生命機能科学科 | 応用生命化学コース |
| 鳥取大学 | 地域学部 | 地域文化学科 | |
| | 地域学部 | 地域政策学科 | |
| | 医学部 | 生命科学科 | |
| | 地域学部 | 地域環境学科 | |
| 島根大学 | 法文学部 | 言語文化学科 | |
| | 総合理工学部 | 物質科学科 | 物理系コース |
| | 総合理工学部 | 機械・電気電子工学科 | |
| | 生物資源科学部 | 農林生産学科 | 農業生産学教育コース |
| 岡山大学 | 経済学部 | 経済学科 | |
| | 環境理工学部 | 環境数理学科 | |

| 大学名 | 学部名 | 学科名 | 専攻・コース・課程 |
|---|---|---|---|
| 広島大学 | 法学部 | 法学科 | 昼間コース |
|  | 工学部 | 第4類 | 社会基盤環境工学課程 |
| 山口大学 | 理学部 | 数理科学科 |  |
| 徳島大学 | 総合科学部 | 総合理数学科 |  |
|  | 工学部 | 電気電子工学科 |  |
|  | 工学部 | 知能情報工学科 |  |
|  | 総合科学部 | 社会創生学科 |  |
| 香川大学 | 経済学部 | 地域社会システム学科 |  |
|  | 法学部 | 法学科 |  |
|  | 経済学部 | 経済学科 |  |
|  | 経済学部 | 経営システム学科 |  |
| 愛媛大学 | 理学部 | 化学科 |  |
| 高知大学 | 理学部 | 理学科 |  |
|  | 理学部 | 応用理学科 |  |
|  | 農学部 | 農学科 |  |
| 九州大学 | 工学部 | エネルギー科学科 |  |
| 九州工業大学 | 工学部 | 機械知能工学科 |  |
|  | 情報工学部 | 機械情報工学科 |  |
|  | 工学部 | 電気電子工学科 |  |
|  | 情報工学部 | 生命情報工学科 |  |
| 佐賀大学 | 理工学部 | 電気電子工学科 |  |
|  | 理工学部 | 知能情報システム学科 |  |
|  | 理工学部 | 都市工学科 |  |
|  | 理工学部 | 機能物質化学科 |  |
|  | 農学部 | 生物環境科学科 |  |
| 長崎大学 | 経済学部 | 総合経済学科 |  |
|  | 工学部 | 工学科 | 電気電子工学コース |
|  | 水産学部 | 水産学科 |  |
|  | 環境科学部 | 環境科学科 | (【文系】環境政策・【理系】環境保全設計コース) |
| 熊本大学 | 工学部 | 機械システム工学科 |  |
| 大分大学 | 工学部 | 機械・エネルギーシステム工学科 | エネルギーコース |
|  | 工学部 | 福祉環境工学科 | 建築コース |
| 宮崎大学 | 工学部 | 情報システム工学科 |  |
| 鹿児島大学 | 工学部 | 電気電子工学科 |  |
| 琉球大学 | 工学部 | 電気電子工学科 |  |
| 札幌市立大学 | 看護学部 | 看護学科 |  |
| 公立はこだて未来大学 | システム情報科学部 | 複雑系知能学科 |  |
|  | システム情報科学部 | 情報アーキテクチャ学科 |  |
| 岩手県立大学 | 総合政策学部 | 総合政策学科 |  |
| 青森公立大学 | 経営経済学部 | 経済学科 |  |
|  | 経営経済学部 | 経営学科 |  |
|  | 経営経済学部 | 地域みらい学科 |  |
| 秋田県立大学 | システム科学技術学部 | 電子情報システム学科 |  |

資料：質問紙調査回答学科一覧　331

| 大学名 | 学部名 | 学科名 | 専攻・コース・課程 |
|---|---|---|---|
| 会津大学 | コンピュータ理工学部 | コンピュータ理工学科 | |
| 高崎経済大学 | 地域政策学部 | 地域づくり学科 | |
| | 地域政策学部 | 観光政策学科 | |
| | 地域政策学部 | 地域政策学科 | |
| | 経済学部 | 経済学科 | |
| | 経済学部 | 経営学科 | |
| 首都大学東京 | 都市教養学部 | 都市教養学科 | 法学系 |
| | システムデザイン学部 | システムデザイン学科 | 航空宇宙システム工学コース |
| | 都市環境学部 | 都市環境学科 | 分子応用化学コース |
| 新潟県立看護大学 | 看護学部 | 看護学科 | |
| 富山県立大学 | 工学部 | 情報システム工学科 | 情報システム専攻 |
| 愛知県立大学 | 外国語学部 | 国際関係学科 | |
| 名古屋市立大学 | 看護学部 | 看護学科 | |
| 滋賀県立大学 | 人間文化学部 | 地域文化学科 | |
| | 工学部 | 機械システム工学科 | |
| | 環境科学部 | 環境生態学科 | |
| 大阪市立大学 | 法学部 | | |
| | 経済学部 | 経済学科 | |
| | 理学部 | 化学科 | |
| | 工学部 | 機械工学科 | |
| | 工学部 | 電子・物理工学科 | |
| | 工学部 | 化学バイオ工学科 | |
| 大阪府立大学 | 現代システム科学域 | マネジメント学類 | |
| | 工学域 | 電気電子系学類 | 情報工学課程 |
| | 工学域 | 電気電子系学類 | 電子物理工学課程 |
| | 生命環境科学域 | 応用生命科学類 | |
| | 生命環境科学域 | 緑地環境科学類 | |
| | 現代システム科学域 | 環境システム学類 | |
| | 現代システム科学域 | 知識情報システム学類 | |
| 兵庫県立大学 | 経営学部 | 組織経営学科 | |
| | 経営学部 | 事業創造学科 | |
| | 環境人間学部 | 環境人間学科 | |
| 島根県立大学 | 総合政策学部 | 総合政策学科 | |
| 岡山県立大学 | 情報工学部 | 情報システム工学科 | |
| | 情報工学部 | 情報通信工学科 | |
| | 情報工学部 | 人間情報工学科 | |
| 尾道市立大学 | 芸術文化学部 | 日本文学科 | |
| | 経済情報学部 | 経済情報学科 | |
| 広島市立大学 | 情報科学部 | システム工学科 | |
| | 情報科学部 | 情報工学科 | |
| 下関市立大学 | 経済学部 | 国際商学科 | |
| | 経済学部 | 経済学科 | |
| | 経済学部 | 公共マネジメント学科 | |

| 大学名 | 学部名 | 学科名 | 専攻・コース・課程 |
|---|---|---|---|
| 札幌大学 | 地域共創学群 | | 英語専攻 |
| | 地域共創学群 | | ロシア語専攻 |
| | 地域共創学群 | | 歴史文化専攻 |
| | 地域共創学群 | | 中国語・中国文化専攻 |
| | 地域共創学群 | | 日本語・日本文化専攻 |
| | 地域共創学群 | | 異文化コミュニケーション専攻 |
| | 地域共創学群 | | 現代教養専攻 |
| | 地域共創学群 | | 地域創生専攻 |
| | 地域共創学群 | | 法学専攻 |
| | 地域共創学群 | | 現代政治専攻 |
| | 地域共創学群 | | 経済学専攻 |
| | 地域共創学群 | | 経営学専攻 |
| | 地域共創学群 | | スポーツ文化専攻 |
| 北星学園大学 | 文学部 | 英文学科 | |
| 北海道科学大学 | 未来デザイン学部 | 人間社会学科 | 心理学専攻 |
| | 未来デザイン学部 | 人間社会学科 | 経営学専攻 |
| | 工学部 | 機械工学科 | |
| | 工学部 | 電気電子工学科 | |
| | 工学部 | 情報工学科 | |
| | 工学部 | 建築学科 | |
| | 工学部 | 都市環境学科 | |
| | 保健医療学部 | 義肢装具学科 | |
| | 保健医療学部 | 臨床工学科 | |
| | 保健医療学部 | 看護学科 | |
| | 保健医療学部 | 診療放射線学科 | |
| | 保健医療学部 | 理学療法学科 | |
| | 未来デザイン学部 | 人間社会学科 | 健康・スポーツ専攻 |
| | 未来デザイン学部 | メディアデザイン学科 | |
| 酪農学園大学 | 農食環境学群 | 食と健康学類 | |
| 北海道医療大学 | 心理科学部 | 臨床心理学科 | |
| 北海道文教大学 | 外国語学部 | 国際言語学科 | |
| | 人間科学部 | こども発達学科 | |
| 仙台大学 | 体育学部 | スポーツ情報マスメディア学科 | |
| 東北学院大学 | 文学部 | 英文学科 | |
| | 教養学部 | 言語文化学科 | |
| | 文学部 | 総合人文学科 | |
| | 文学部 | 歴史学科 | |
| | 教養学部 | 地域構想学科 | |
| | 法学部 | 法律学科 | |
| | 経済学部 | 経済学科 | |
| | 経済学部 | 共生社会経済学科 | |
| | 経営学部 | 経営学科 | |
| | 工学部 | 機械知能工学科 | |
| | 工学部 | 電気情報工学科 | |

資料：質問紙調査回答学科一覧

| 大学名 | 学部名 | 学科名 | 専攻・コース・課程 |
|---|---|---|---|
| 東北学院大学 | 工学部 | 環境建設工学科 | |
| | 教養学部 | 情報科学科 | |
| 東北工業大学 | ライフデザイン学部 | 経営コミュニケーション学科 | |
| | 工学部 | 知能エレクトロニクス学科 | |
| | 工学部 | 情報通信工学科 | |
| | 工学部 | 建築学科 | |
| | 工学部 | 都市マネジメント学科 | |
| | 工学部 | 環境エネルギー学科 | |
| 東北福祉大学 | 総合福祉学部 | 社会福祉学科 | |
| | 総合福祉学部 | 福祉心理学科 | |
| | 総合マネジメント学部 | 産業福祉マネジメント学科 | |
| | 総合マネジメント学部 | 情報福祉マネジメント学科 | |
| | 健康科学部 | 医療経営管理学科 | |
| | 健康科学部 | 保健看護学科 | |
| 宮城学院女子大学 | 学芸学部 | 日本文学科 | |
| 東北文化学園大学 | 医療福祉学部 | 看護学科 | |
| | 医療福祉学部 | 保健福祉学科 | 保健福祉専攻 |
| | 医療福祉学部 | 保健福祉学科 | 生活福祉専攻 |
| | 総合政策学部 | 総合政策学科 | |
| 高崎健康福祉大学 | 人間発達学部 | 子ども教育学科 | |
| | 健康福祉学部 | 医療情報学科 | |
| | 健康福祉学部 | 社会福祉学科 | |
| | 保健医療学部 | 看護学科 | |
| 跡見学園女子大学 | 文学部 | 人文学科 | |
| | 文学部 | コミュニケーション文化学科 | |
| | 文学部 | 臨床心理学科 | |
| | 文学部 | 現代文化表現学科 | |
| 埼玉工業大学 | 人間社会学部 | 心理学科 | |
| 明海大学 | 外国語学部 | 日本語学科 | |
| | 外国語学部 | 英米語学科 | |
| | 外国語学部 | 中国語学科 | |
| | ホスピタリティ・ツーリズム学部 | ホスピタリティ・ツーリズム学科 | |
| | 経済学部 | 経済学科 | |
| | 不動産学部 | 不動産学科 | |
| 駿河台大学 | 心理学部 | 心理学科 | |
| | 現代文化学部 | 現代文化学科 | |
| | 法学部 | 法律学科 | |
| | 経済経営学部 | 経済経営学科 | |
| | メディア情報学部 | メディア情報学科 | |
| 聖学院大学 | 人間福祉学部 | 児童学科 | |
| | 人間福祉学部 | こども心理学科 | |
| | 人文学部 | 欧米文化学科 | |

| 大学名 | 学部名 | 学科名 | 専攻・コース・課程 |
|---|---|---|---|
| 聖学院大学 | 人文学部 | 日本文化学科 | |
| | 政治経済学部 | 政治経済学科 | |
| 獨協大学 | 外国語学部 | フランス語学科 | |
| | 外国語学部 | 交流文化学科 | |
| 日本工業大学 | 工学部 | 機械工学科 | |
| | 工学部 | 創造システム工学科 | |
| | 工学部 | 電気電子工学科 | |
| | 工学部 | 情報工学科 | |
| | 工学部 | 建築学科 | |
| | 工学部 | ものづくり環境学科 | |
| | 工学部 | 生活環境デザイン学科 | |
| 川村学園女子大学 | 文学部 | 国際英語学科 | |
| | 文学部 | 史学科 | |
| | 教育学部 | 幼児教育学科 | |
| | 教育学部 | 児童教育学科 | |
| | 文学部 | 心理学科 | |
| | 文学部 | 日本文化学科 | |
| | 生活創造学部 | 観光文化学科 | |
| 千葉商科大学 | 人間社会学部 | 人間社会学科 | |
| | 商経学部 | 経済学科 | |
| | 商経学部 | 経営学科 | |
| | 商経学部 | 商学科 | |
| | 政策情報学部 | 政策情報学科 | |
| 東京情報大学 | 総合情報学部 | 総合情報学科 | |
| 東洋学園大学 | グローバル・コミュニケーション学部 | 英語コミュニケーション学科 | |
| | グローバル・コミュニケーション学部 | グローバル・コミュニケーション学科 | |
| | 人間科学部 | 人間科学科 | |
| 麗澤大学 | 外国語学部 | 外国語学科 | 英語コミュニケーション専攻 |
| | 外国語学部 | 外国語学科 | 英語・英米文化専攻 |
| | 外国語学部 | 外国語学科 | ドイツ語・ドイツ文化専攻 |
| | 外国語学部 | 外国語学科 | 中国語専攻 |
| | 外国語学部 | 外国語学科 | 日本語・国際コミュニケーション専攻 |
| | 外国語学部 | 外国語学科 | 国際交流・国際協力専攻 |
| | 経済学部 | 経済学科 | |
| | 経済学部 | 経営学科 | |
| 和洋女子大学 | 人文学群 | 国際学類 | 国際社会専修 |
| 東京成徳大学 | 人文学部 | 国際言語文化学科 | |
| | 応用心理学部 | 福祉心理学科 | |
| | 応用心理学部 | 臨床心理学科 | |
| | 人文学部 | 日本伝統文化学科 | |
| | 経営学部 | 経営学科 | |
| 亜細亜大学 | 国際関係学部 | 多文化コミュニケーション学科 | |

資料：質問紙調査回答学科一覧　335

| 大学名 | 学部名 | 学科名 | 専攻・コース・課程 |
|---|---|---|---|
| 亜細亜大学 | 国際関係学部 | 国際関係学科 | |
| | 法学部 | 法律学科 | |
| | 経済学部 | 経済学科 | |
| | 経営学部 | 経営学科 | |
| | 経営学部 | ホスピタリティ・マネジメント学科 | |
| 青山学院大学 | 総合文化政策学部 | 総合文化政策学科 | |
| | 国際政治経済学部 | 国際政治学科 | |
| | 国際政治経済学部 | 国際コミュニケーション学科 | 国際コミュニケーション |
| | 経済学部 | 経済学科 | |
| | 経済学部 | 現代経済デザイン学科 | |
| | 経営学部 | 経営学科 | |
| | 経営学部 | マーケティング学科 | |
| | 社会情報学部 | 社会情報学科 | |
| 大妻女子大学 | 文学部 | 日本文学科 | |
| | 文学部 | 英文学科 | |
| | 人間関係学部 | 人間関係学科 | 社会・臨床心理学専攻 |
| | 文学部 | コミュニケーション文化学科 | |
| | 比較文化学部 | 比較文化学科 | |
| | 社会情報学部 | 社会情報学科 | 情報デザイン専攻 |
| 國學院大學 | 文学部 | 日本文学科 | |
| | 文学部 | 中国文学科 | |
| | 文学部 | 哲学科 | |
| | 神道文化学部 | 神道文化学科 | |
| | 文学部 | 史学科 | |
| | 人間開発学部 | 初等教育学科 | |
| | 人間開発学部 | 健康体育学科 | |
| | 文学部 | 外国語文化学科 | |
| | 文学部 | 外国語文化学科 | |
| | 法学部 | 法律学科 | 法律専攻・政治専攻・法律専門職専攻 |
| | 経済学部 | 経済学科 | |
| | 経済学部 | 経済ネットワーキング学科 | |
| | 経済学部 | 経営学科 | |
| 駒澤大学 | 文学部 | 国文学科 | |
| | 文学部 | 英米文学科 | |
| | グローバル・メディア・スタディーズ学部 | グローバル・メディア学科 | |
| | 仏教学部 | 禅学科 | |
| | 仏教学部 | 仏教学科 | |
| | 文学部 | 地理学科 | 地域文化研究専攻 |
| | 文学部 | 地理学科 | 地域環境研究専攻 |
| | 文学部 | 歴史学科 | 日本史学専攻 |
| | 文学部 | 歴史学科 | 外国史学専攻 |

| 大学名 | 学部名 | 学科名 | 専攻・コース・課程 |
|---|---|---|---|
| 駒澤大学 | 文学部 | 歴史学科 | 考古学専攻 |
| | 文学部 | 心理学科 | |
| | 文学部 | 社会学科 | 社会学専攻 |
| | 文学部 | 社会学科 | 社会福祉学専攻 |
| | 法学部 | 法律学科フレックスA | |
| | 法学部 | 法律学科フレックスB | |
| | 法学部 | 政治学科 | |
| | 経済学部 | 経済学科 | |
| | 経済学部 | 現代応用経済学科 | |
| | 経営学部 | 経営学科 | |
| | 経営学部 | 市場戦略学科 | |
| | 経済学部 | 商学科 | |
| 実践女子大学 | 文学部 | 国文学科 | |
| 上智大学 | 神学部 | 神学科 | |
| | 文学部 | 史学科 | |
| | 総合人間科学部 | 教育学科 | |
| | 国際教養学部 | 国際教養学科 | |
| | 文学部 | 新聞学科 | |
| | 法学部 | 国際関係法学科 | |
| | 総合グローバル学部 | 総合グローバル学科 | |
| | 法学部 | 法律学科 | |
| | 法学部 | 地球環境法学科 | |
| | 経済学部 | 経営学科 | |
| | 理工学部 | 機能創造理工学科 | |
| | 理工学部 | 情報理工学科 | |
| | 理工学部 | 物質生命理工学科 | |
| 昭和女子大学 | 人間文化学部 | 日本語日本文学科 | |
| | 人間文化学部 | 英語コミュニケーション学科 | |
| | 人間文化学部 | 歴史文化学科 | |
| | 人間社会学部 | 初等教育学科 | |
| | 人間社会学部 | 心理学科 | |
| | 人間文化学部 | 国際学科 | |
| | 人間社会学部 | 現代教養学科 | |
| | 人間社会学部 | 福祉社会学科 | |
| | グローバルビジネス学部 | ビジネスデザイン学科 | |
| 成蹊大学 | 文学部 | 日本文学科 | |
| | 文学部 | 英米文学科 | |
| | 文学部 | 現代社会学科 | |
| | 法学部 | 法律学科 | |
| | 経済学部 | 経済経営学科 | |
| | 理工学部 | 情報科学科 | |
| | 理工学部 | 物質生命理工学科 | |
| | 文芸学部 | 国文学科 | |
| | 文芸学部 | 英文学科 | |

資料：質問紙調査回答学科一覧　337

| 大学名 | 学部名 | 学科名 | 専攻・コース・課程 |
|---|---|---|---|
| 成城大学 | 文芸学部 | 文化史学科 | |
| | 文芸学部 | ヨーロッパ文化学科 | |
| | 文芸学部 | マスコミュニケーション学科 | |
| | 社会イノベーション学部 | 心理社会学科 | |
| | 法学部 | 法律学科 | |
| | 経済学部 | 経済学科 | |
| | 経済学部 | 経営学科 | |
| | 社会イノベーション学部 | 政策イノベーション学科 | |
| 専修大学 | 文学部 | 日本文学文化学科 | |
| | 文学部 | 英語英米文学科 | |
| | 文学部 | 日本語学科 | |
| | 文学部 | 哲学科 | |
| | 文学部 | 歴史学科 | |
| | 文学部 | 環境地理学科 | |
| | 人間科学部 | 心理学科 | |
| | 文学部 | 人文・ジャーナリズム学科 | |
| | 人間科学部 | 社会学科 | |
| | 経済学部 | 国際経済学科 | |
| | 法学部 | 法律学科 | |
| | 法学部 | 政治学科 | |
| | 経済学部 | 経済学科 | |
| | 経営学部 | 経営学科 | |
| | 商学部 | マーケティング学科 | |
| | 商学部 | 会計学科 | |
| | ネットワーク情報学部 | ネットワーク情報学科 | |
| 創価大学 | 文学部 | 人間学科 | |
| | 教育学部 | 教育学科 | |
| | 教育学部 | 児童教育学科 | |
| | 国際教養学部 | 国際教養学科 | |
| | 法学部 | 法律学科 | |
| | 経済学部 | 経済学科 | |
| | 経営学部 | 経営学科 | |
| | 理工学部 | 情報システム工学科 | |
| | 看護学部 | 看護学科 | |
| 大東文化大学 | 文学部 | 英米文学科 | |
| | 外国語学部 | 中国語学科 | |
| | 外国語学部 | 英語学科 | |
| | 外国語学部 | 日本語学科 | |
| | 文学部 | 教育学科 | |
| | 文学部 | 中国学科 | |
| | 国際関係学部 | 国際文化学科 | |
| | 国際関係学部 | 国際関係学科 | |

| 大学名 | 学部名 | 学科名 | 専攻・コース・課程 |
|---|---|---|---|
| 大東文化大学 | 法学部 | 法律学科 | |
| | 法学部 | 政治学科 | |
| | 経済学部 | 社会経済学科 | |
| | 経済学部 | 現代経済学科 | |
| | 経営学部 | 経営学科 | |
| | 経営学部 | 企業システム学科 | |
| | 環境創造学部 | 環境創造学科 | |
| 拓殖大学 | 外国語学部 | 英米語学科 | |
| | 外国語学部 | 中国語学科 | |
| | 外国語学部 | スペイン語学科 | |
| | 国際学部 | 国際学科 | |
| | 政経学部 | 法律政治学科 | |
| | 政経学部 | 経済学科 | |
| | 商学部 | 経営学科 | |
| | 商学部 | 国際ビジネス学科 | |
| | 商学部 | 会計学科 | |
| | 工学部 | 機械システム工学科 | |
| | 工学部 | 電子システム工学科 | |
| | 工学部 | 情報工学科 | |
| | 工学部 | デザイン学科 | |
| 中央大学 | 文学部 | 人文社会学科 | |
| | 法学部 | 国際企業関係法学科 | |
| | 総合政策学部 | 国際政策文化学科 | |
| | 経済学部 | 国際経済学科 | |
| | 法学部 | 法律学科 | 法曹コース |
| | 法学部 | 政治学科 | 公共政策コース |
| | 経済学部 | 経済学科 | |
| | 経済学部 | 経済情報システム学科 | |
| | 経済学部 | 公共・環境経済学科 | |
| | 商学部 | 経営学科 | |
| | 商学部 | 会計学科 | |
| | 商学部 | 商業・貿易学科 | |
| | 商学部 | 金融学科 | |
| | 理工学部 | 数学科 | |
| | 理工学部 | 電気電子情報通信工学科 | |
| | 理工学部 | 情報工学科 | |
| | 理工学部 | 都市環境学科 | |
| | 理工学部 | 経営システム工学科 | |
| | 総合政策学部 | 政策科学科 | |
| 津田塾大学 | 学芸学部 | 英文学科 | |
| | 学芸学部 | 国際関係学科 | |
| | 学芸学部 | 数学科 | |
| | 学芸学部 | 情報科学科 | |
| 東海大学 | 観光学部 | 観光学科 | |

資料：質問紙調査回答学科一覧　339

| 大学名 | 学部名 | 学科名 | 専攻・コース・課程 |
|---|---|---|---|
| 東海大学 | 健康科学部 | 社会福祉学科 | |
| | 教養学部 | 国際学科 | |
| | 法学部 | 法律学科 | |
| | 経営学部 | 経営学科 | |
| | 経営学部 | 観光ビジネス学科 | |
| | 工学部 | 精密工学科 | |
| | 工学部 | 機械工学科 | |
| | 工学部 | 動力機械工学科 | |
| | 工学部 | 航空宇宙学科 | 航空操縦学専攻 |
| | 工学部 | 航空宇宙学科 | 航空宇宙学専攻 |
| | 工学部 | 電気電子工学科 | |
| | 情報通信学部 | 組込みソフトウェア工学科 | |
| | 基盤工学部 | 電気電子情報工学科 | |
| | 工学部 | 光・画像工学科 | |
| | 情報通信学部 | 情報メディア学科 | |
| | 情報通信学部 | 通信ネットワーク工学科 | |
| | 工学部 | 建築学科 | |
| | 工学部 | 土木工学科 | |
| | 工学部 | 応用化学科 | |
| | 工学部 | 材料科学科 | |
| | 工学部 | 原子力工学科 | |
| | 工学部 | 生命化学科 | |
| | 情報通信学部 | 経営システム工学科 | |
| | 基盤工学部 | 医療福祉工学科 | |
| | 農学部 | 応用植物科学科 | |
| | 農学部 | バイオサイエンス学科 | |
| | 海洋学部 | 海洋地球科学科 | |
| | 海洋学部 | 水産学科 | 生物生産学専攻 |
| | 海洋学部 | 水産学科 | 食品科学専攻 |
| | 健康科学部 | 看護学科 | |
| | 教養学部 | 人間環境学科 | 自然環境課程 |
| | 教養学部 | 人間環境学科 | 社会環境課程 |
| 東京家政大学 | 人文学部 | 英語コミュニケーション学科 | |
| | 人文学部 | 心理カウンセリング学科 | |
| | 人文学部 | 教育福祉学科 | |
| 東京経済大学 | コミュニケーション学部 | コミュニケーション学科 | |
| | 経済学部 | 国際経済学科 | |
| | 現代法学部 | 現代法学科 | |
| | 経済学部 | 経済学科 | |
| | 経営学部 | 経営学科 | |
| | 経営学部 | 流通マーケティング学科 | |

| 大学名 | 学部名 | 学科名 | 専攻・コース・課程 |
|---|---|---|---|
| 東京工科大学 | コンピュータサイエンス学部 | コンピュータサイエンス学科 | |
| | 応用生物学部 | 応用生物学科 | |
| | メディア学部 | | |
| 東京女子大学 | 現代教養学部 | 人文学科 | 日本文学専攻 |
| | 現代教養学部 | 人文学科 | 英語文学文化専攻 |
| | 現代教養学部 | 人間科学科 | 言語科学専攻 |
| | 現代教養学部 | 人文学科 | 哲学専攻 |
| | 現代教養学部 | 人文学科 | 史学専攻 |
| | 現代教養学部 | 人間科学科 | 心理学専攻 |
| | 現代教養学部 | 人間科学科 | コミュニケーション専攻 |
| | 現代教養学部 | 国際社会学科 | 国際関係専攻 |
| | 現代教養学部 | 国際社会学科 | 経済学専攻 |
| | 現代教養学部 | 数理科学科 | 数学専攻 |
| | 現代教養学部 | 数理科学科 | 情報理学専攻 |
| 東京電機大学 | 理工学部 | 理工学科 | 理学系 |
| | 工学部 | 機械工学科 | 機械工学コース |
| | 工学部 | 機械工学科 | 先端機械コース |
| | 理工学部 | 理工学科 | 電子・機械工学系 |
| | 未来科学部 | ロボット・メカトロニクス学科 | |
| | 工学部 | 電気電子工学科 | 電気電子システムコース |
| | 工学部 | 電気電子工学科 | 電子光情報コース |
| | 工学部 | 情報通信工学科 | |
| | 理工学部 | 理工学科 | 情報システムデザイン学系 |
| | 未来科学部 | 情報メディア学科 | |
| | 理工学部 | 理工学科 | 建築・都市環境学系 |
| | 未来科学部 | 建築学科 | |
| | 工学部 | 環境化学科 | |
| | 理工学部 | 理工学科 | 生命理工学系 |
| | 情報環境学部 | 情報環境学科 | |
| 東京農業大学 | 応用生物科学部 | 生物応用化学科 | |
| | 農学部 | 農学科 | |
| | 応用生物科学部 | バイオサイエンス学科 | |
| | 応用生物科学部 | 醸造科学科 | |
| | 地域環境科学部 | 森林総合科学科 | |
| | 生物産業学部 | 地域産業経営学科 | |
| | 国際食料情報学部 | 国際農業開発学科 | |
| | 国際食料情報学部 | 食料環境経済学科 | |
| 東京薬科大学 | 生命科学部 | | |
| 東邦大学 | 理学部 | 情報科学科 | |
| | 理学部 | 物理学科 | |
| | 理学部 | 化学科 | |

資料：質問紙調査回答学科一覧　341

| 大学名 | 学部名 | 学科名 | 専攻・コース・課程 |
|---|---|---|---|
| 東邦大学 | 理学部 | 生物分子科学科 | |
| | 理学部 | 生命圏環境科学科 | |
| 東洋大学 | 文学部 | 日本文学文化学科 | |
| | 文学部 | 英米文学科 | |
| | 文学部 | 英語コミュニケーション学科 | |
| | 文学部 | 哲学科 | |
| | 文学部 | 東洋思想文化学科 | |
| | 文学部 | 史学科 | |
| | 文学部 | 教育学科 | 人間発達専攻、初等教育専攻 |
| | 国際地域学部 | 国際地域学科 | 国際地域専攻 |
| | 社会学部 | 社会学科 | |
| | 社会学部 | 社会文化システム学科 | |
| | 社会学部 | メディアコミュニケーション学科 | |
| | 社会学部 | 社会心理学科 | |
| | 社会学部 | 社会福祉学科 | |
| | 経済学部 | 国際経済学科 | |
| | 国際地域学部 | 国際観光学科 | |
| | 法学部 | 法律学科 | |
| | 法学部 | 企業法学科 | |
| | 経済学部 | 経済学科 | |
| | 経済学部 | 総合政策学科 | |
| | 経営学部 | 経営学科 | |
| | 経営学部 | マーケティング学科 | |
| | 経営学部 | 会計ファイナンス学科 | |
| | 生命科学部 | 生命科学科 | |
| | 生命科学部 | 応用生物科学科 | |
| | 理工学部 | 機械工学科 | |
| | 理工学部 | 電気電子情報工学科 | |
| | 理工学部 | 建築学科 | |
| | 理工学部 | 都市環境デザイン学科 | |
| | 理工学部 | 応用化学科 | |
| | 理工学部 | 生体医工学科 | |
| | 食環境科学部 | 健康栄養学科 | |
| | 食環境科学部 | 食環境科学科 | スポーツ・食品機能専攻 |
| | 食環境科学部 | 食環境科学科 | フードサイエンス専攻 |
| | ライフデザイン学部 | 生活支援学科 | 子ども支援学専攻 |
| | ライフデザイン学部 | 生活支援学科 | 生活支援学専攻 |
| | ライフデザイン学部 | 人間環境デザイン学科 | |
| | ライフデザイン学部 | 健康スポーツ学科 | |
| | 総合情報学部 | 総合情報学科 | |
| 日本大学 | 文理学部 | 国文学科 | |
| | 文理学部 | 英文学科 | |
| | 文理学部 | ドイツ文学科 | |
| | 文理学部 | 哲学科 | |

| 大学名 | 学部名 | 学科名 | 専攻・コース・課程 |
|---|---|---|---|
| 日本大学 | 文理学部 | 史学科 | |
| | 文理学部 | 地理学科 | |
| | 文理学部 | 教育学科 | |
| | 文理学部 | 心理学科 | |
| | 文理学部 | 中国語中国文化学科 | |
| | 法学部 | 新聞学科 | |
| | 文理学部 | 社会学科 | |
| | 文理学部 | 社会福祉学科 | |
| | 国際関係学部 | 国際総合政策学科 | |
| | 国際関係学部 | 国際教養学科 | |
| | 法学部 | 法律学科 | |
| | 法学部 | 経営法学科 | |
| | 法学部 | 政治経済学科 | |
| | 法学部 | 公共政策学科 | |
| | 経済学部 | 経済学科 | |
| | 経済学部 | 金融公共経済学科 | |
| | 経済学部 | 産業経営学科 | |
| | 商学部 | 経営学科 | |
| | 商学部 | 商業学科 | |
| | 商学部 | 会計学科 | |
| | 理工学部 | 数学科 | |
| | 文理学部 | 数学科 | |
| | 文理学部 | 情報科学科 | |
| | 理工学部 | 物理学科 | |
| | 文理学部 | 物理学科 | |
| | 文理学部 | 物理生命システム科学科 | |
| | 文理学部 | 化学科 | |
| | 文理学部 | 地球システム科学科 | |
| | 工学部 | 機械工学科 | |
| | 理工学部 | 機械工学科 | |
| | 理工学部 | 精密機械工学科 | |
| | 理工学部 | 航空宇宙工学科 | |
| | 生産工学部 | 機械工学科 | |
| | 工学部 | 電気電子工学科 | |
| | 理工学部 | 電気工学科 | |
| | 生産工学部 | 電気電子工学科 | |
| | 工学部 | 情報工学科 | |
| | 理工学部 | 電子工学科 | |
| | 理工学部 | 応用情報工学科 | |
| | 生産工学部 | 数理情報工学科 | |
| | 工学部 | 建築学科 | |
| | 理工学部 | 建築学科 | |
| | 理工学部 | 海洋建築工学科 | |
| | 生産工学部 | 建築工学科 | |
| | 工学部 | 土木工学科 | |

資料：質問紙調査回答学科一覧　343

| 大学名 | 学部名 | 学科名 | 専攻・コース・課程 |
|---|---|---|---|
| 日本大学 | 理工学部 | 土木工学科 | |
| | 理工学部 | 交通システム工学科 | |
| | 理工学部 | まちづくり工学科 | |
| | 生産工学部 | 土木工学科 | |
| | 生産工学部 | 環境安全工学科 | |
| | 工学部 | 生命応用化学科 | |
| | 生産工学部 | 応用分子化学科 | |
| | 理工学部 | 物質応用化学科 | |
| | 生産工学部 | マネジメント工学科 | |
| | 生産工学部 | 創生デザイン学科 | |
| | 生物資源科学部 | 生命農学科 | |
| | 生物資源科学部 | 生命化学科 | |
| | 生物資源科学部 | 食品生命学科 | |
| | 生物資源科学部 | 応用生物科学科 | |
| | 生物資源科学部 | 食品ビジネス学科 | |
| | 生物資源科学部 | 森林資源科学科 | |
| | 生物資源科学部 | 生物環境工学科 | |
| | 生物資源科学部 | 国際地域開発学科 | |
| | 生物資源科学部 | 海洋生物資源科学科 | |
| 日本女子大学 | 文学部 | 英文学科 | |
| | 文学部 | 史学科 | |
| | 人間社会学部 | 教育学科 | |
| | 人間社会学部 | 現代社会学科 | |
| | 理学部 | 数物科学科 | |
| | 理学部 | 物質生物科学科 | |
| 法政大学 | 文学部 | 日本文学科 | |
| | 文学部 | 英文学科 | |
| | 文学部 | 哲学科 | |
| | 文学部 | 史学科 | |
| | 文学部 | 地理学科 | |
| | 文学部 | 心理学科 | |
| | 現代福祉学部 | 臨床心理学科 | |
| | 国際文化学部 | 国際文化学科 | |
| | グローバル教養学部 | グローバル教養学科 | |
| | 社会学部 | 社会政策学科 | |
| | 社会学部 | 社会学科 | |
| | 社会学部 | メディア社会学科 | |
| | 現代福祉学部 | 福祉コミュニティ学科 | |
| | 法学部 | 国際政治学科 | |
| | 経済学部 | 国際経済学科 | |
| | 法学部 | 法律学科 | |
| | 法学部 | 政治学科 | |
| | 経済学部 | 経済学科 | |
| | 経済学部 | 現代ビジネス学科 | |
| | 経営学部 | 経営学科 | |

| 大学名 | 学部名 | 学科名 | 専攻・コース・課程 |
|---|---|---|---|
| 法政大学 | 経営学部 | 経営戦略学科 | |
| | 経営学部 | 市場経営学科 | |
| | 理工学部 | 創生科学科 | |
| | 理工学部 | 機械工学科 | |
| | 理工学部 | 電気電子工学科 | |
| | 理工学部 | 応用情報工学科 | |
| | 情報科学部 | コンピュータ科学科 | |
| | 情報科学部 | ディジタルメディア学科 | |
| | デザイン工学部 | 建築学科 | |
| | デザイン工学部 | 都市環境デザイン工学科 | |
| | 生命科学部 | 環境応用化学科 | |
| | 生命科学部 | 生命機能学科 | |
| | 理工学部 | 経営システム工学科 | |
| | デザイン工学部 | システムデザイン学科 | |
| | 生命科学部 | 応用植物科学科 | |
| | キャリアデザイン学部 | キャリアデザイン学科 | |
| | 人間環境学部 | 人間環境学科 | |
| 武蔵大学 | 人文学部 | 英語英米文化学科 | |
| | 人文学部 | 日本・東アジア文化学科 | |
| | 人文学部 | ヨーロッパ文化学科 | |
| | 社会学部 | 社会学科 | |
| | 社会学部 | メディア社会学科 | |
| | 経済学部 | 経済学科 | |
| | 経済学部 | 経営学科 | |
| | 経済学部 | 金融学科 | |
| 東京都市大学 | メディア情報学部 | 社会メディア学科 | |
| | 都市生活学部 | 都市生活学科 | |
| | 工学部 | 機械システム工学科 | |
| | 工学部 | 電気電子工学科 | |
| | 知識工学部 | 情報通信工学科 | |
| | メディア情報学部 | 情報システム学科 | |
| 武蔵野美術大学 | 造形学部 | 建築学科 | |
| 明治大学 | 文学部 | 文学科 | |
| | 文学部 | 史学地理学科 | |
| | 文学部 | 心理社会学科 | |
| | 国際日本学部 | 国際日本学科 | |
| | 情報コミュニケーション学部 | 情報コミュニケーション学科 | |
| | 経営学部 | 経営学科 | |
| | 経営学部 | 公共経営学科 | |
| | 経営学部 | 会計学科 | |
| | 商学部 | 商学科 | |
| | 理工学部 | 物理学科 | |
| | 理工学部 | 機械情報工学科 | |
| | 理工学部 | 建築学科 | 建築学専攻 |

資料：質問紙調査回答学科一覧　345

| 大学名 | 学部名 | 学科名 | 専攻・コース・課程 |
|---|---|---|---|
| 明治大学 | 農学部 | 農学科 | |
| | 農学部 | 農芸化学科 | |
| | 農学部 | 生命科学科 | |
| 立教大学 | 経済学部 | 会計ファイナンス学科 | |
| 立正大学 | 文学部 | 文学科 | 日本語日本文学専攻 |
| | 文学部 | 文学科 | 英語英米文学専攻コース |
| | 文学部 | 哲学科 | |
| | 仏教学部 | 宗学科 | |
| | 仏教学部 | 仏教学科 | 仏教思想歴史専攻コース |
| | 仏教学部 | 仏教学科 | 仏教文化専攻コース |
| | 文学部 | 史学科 | |
| | 地球環境科学部 | 地理学科 | |
| | 文学部 | 社会学科 | |
| | 社会福祉学部 | 社会福祉学科 | |
| | 社会福祉学部 | 子ども教育福祉学科（2012年名称変更） | |
| | 法学部 | 法学科 | |
| | 経済学部 | 経済学科 | |
| | 経営学部 | 経営学科 | |
| | 地球環境科学部 | 環境システム学科 | |
| 和光大学 | 現代人間学部 | 心理教育学科 | 心理学専修、子ども教育専修、子ども教育専修保育コース |
| | 表現学部 | 総合文化学科 | |
| | 経済経営学部 | 経済学科 | |
| | 経済経営学部 | 経営学科 | |
| 駒沢女子大学 | 人文学部 | 心理学科 | |
| | 人文学部 | 国際文化学科 | |
| | 人文学部 | 日本文化学科 | |
| | 人文学部 | 人間関係学科 | |
| 神奈川工科大学 | 創造工学部 | ロボットメカトロニクス学科 | |
| | 工学部 | 電気電子情報工学科 | |
| | 創造工学部 | ホームエレクトロニクス開発学科 | |
| | 工学部 | 応用化学科 | |
| 関東学院大学 | 国際文化学部 | 英語文化学科 | |
| | 人間環境学部 | 現代コミュニケーション学科 | |
| | 国際文化学部 | 比較文化学科 | |
| | 法学部 | 法学科 | |
| | 経済学部 | 経済学科 | |
| | 経済学部 | 経営学科 | |
| | 理工学部 | 理工学科 | 生命学系（生命科学コース） |
| | 理工学部 | 理工学科 | 数物学系（数理・物理コース） |
| | 理工学部 | 理工学科 | 機械学系（総合機械コース、自動車コース、ロボティクスコース） |
| | 理工学部 | 理工学科 | 電気学系（電気・電子コース、健康・スポーツ計測コース） |

| 大学名 | 学部名 | 学科名 | 専攻・コース・課程 |
|---|---|---|---|
| 関東学院大学 | 理工学部 | 理工学科 | 情報学系（情報ネット・メディアコース、映像クリエーションコース） |
| | 建築・環境学部 | 建築・環境学科 | |
| | 理工学部 | 理工学科 | 土木学系（土木・都市防災コース） |
| | 理工学部 | 理工学科 | 化学学系（応用化学コース） |
| | 看護学部 | 看護学科 | |
| 産業能率大学 | 経営学部 | 現代ビジネス学科 | |
| | 経営学部 | マーケティング学科 | |
| | 情報マネジメント学部 | 現代マネジメント学科 | |
| 新潟医療福祉大学 | 社会福祉学部 | 社会福祉学科 | |
| | 医療経営管理学部 | 医療情報管理学科 | |
| | 健康科学部 | 看護学科 | |
| 金沢工業大学 | バイオ・化学部 | 応用化学科 | |
| | バイオ・化学部 | 応用バイオ学科 | |
| | 工学部 | 機械工学科 | |
| | 工学部 | ロボティクス学科 | |
| | 工学部機械系 | 航空システム工学科 | |
| | 工学部 | 電気電子工学科 | |
| | 工学部 | 電子情報通信工学科 | |
| | 工学部　情報工学系 | 情報工学科 | |
| | 環境・建築学部 | 建築学科 | |
| | 環境・建築学部 | 建築デザイン学科 | |
| | 環境・建築学部 | 環境土木工学科 | |
| | 情報フロンティア学部 | メディア情報学科 | |
| | 情報フロンティア学部 | 心理情報学科 | |
| | 情報フロンティア学部 | 経営情報学科 | |
| 北陸大学 | 未来創造学部 | 国際教養学科 | |
| | 未来創造学部 | 国際マネジメント学科 | |
| 帝京科学大学 | 医療科学部 | 看護学科 | |
| 岐阜聖徳学園大学 | 外国語学部 | 外国語学科 | |
| | 教育学部 | 学校教育課程 | |
| | 経済情報学部 | 経済情報学科 | |
| 名古屋学芸大学 | ヒューマンケア学部 | 子どもケア学科 | |
| 愛知大学 | 国際コミュニケーション学部 | 英語学科 | |
| | 現代中国学部 | 現代中国学科 | |
| | 国際コミュニケーション学部 | 比較文化学科 | |
| | 文学部 | 人文社会学科 | |
| | 法学部 | 法学科 | |
| | 地域政策学部 | 地域政策学科 | |
| | 経済学部 | 経済学科 | |
| | 経営学部 | 経営学科 | |

資料：質問紙調査回答学科一覧　347

| 大学名 | 学部名 | 学科名 | 専攻・コース・課程 |
|---|---|---|---|
| 愛知大学 | 経営学部 | 会計ファイナンス学科 | |
| 愛知学院大学 | 文学部 | グローバル英語学科 | |
| | 文学部 | 英語英米文化学科 | |
| | 文学部 | 宗教文化学科 | |
| | 文学部 | 歴史学科 | |
| | 心身科学部 | 心理学科 | |
| | 文学部 | 日本文化学科 | |
| | 法学部 | 法律学科 | |
| | 法学部 | 現代社会法学科 | |
| | 経済学部 | 経済学科 | |
| | 経営学部 | 経営学科 | |
| | 商学部 | 商学科 | |
| | 総合政策学部 | 総合政策学科 | |
| 愛知工業大学 | 経営学部 | 経営学科 | |
| | 工学部 | 機械学科 | 機械工学専攻 |
| | 工学部 | 機械学科 | 機械創造工学専攻 |
| | 工学部 | 電気学科 | 電気工学専攻 |
| | 工学部 | 電気学科 | 電子情報工学専攻 |
| | 情報科学部 | 情報科学科 | コンピュータシステム専攻 |
| | 情報科学部 | 情報科学科 | メディア情報専攻 |
| 椙山女学園大学 | 国際コミュニケーション学部 | 国際言語コミュニケーション学科 | |
| | 教育学部 | 子ども発達学科 | 保育・初等教育専修 |
| | 教育学部 | 子ども発達学科 | 初等中等教育専修 |
| | 人間関係学部 | 心理学科 | |
| | 国際コミュニケーション学部 | 表現文化学科 | |
| | 文化情報学部 | 文化情報学科 | |
| | 現代マネジメント学部 | 現代マネジメント学科 | |
| | 看護学部 | 看護学科 | |
| | 人間関係学部 | 人間関係学科 | |
| | 文化情報学部 | メディア情報学科 | |
| 中部大学 | 国際関係学部 | 中国語中国関係学科 | |
| | 人文学部 | 歴史地理学科 | |
| | 現代教育学部 | 幼児教育学科 | |
| | 現代教育学部 | 児童教育学科 | |
| | 人文学部 | 心理学科 | |
| | 人文学部 | 英語英米文化学科 | |
| | 国際関係学部 | 国際文化学科 | |
| | 人文学部 | 日本語日本文化学科 | |
| | 国際関係学部 | 国際関係学科 | |
| | 経営情報学部 | 経営学科 | |
| | 経営情報学部 | 経営情報学科 | |
| | 応用生物学部 | 応用生物化学科 | |
| | 応用生物学部 | 環境生物科学科 | |

| 大学名 | 学部名 | 学科名 | 専攻・コース・課程 |
|---|---|---|---|
| 中部大学 | 応用生物学部 | 食品栄養科学科 | 食品栄養科学専攻 |
| | 工学部 | 機械工学科 | |
| | 工学部 | ロボット理工学科 | |
| | 工学部 | 電子情報工学科 | |
| | 工学部 | 電気システム工学科 | |
| | 工学部 | 情報工学科 | |
| | 工学部 | 建築学科 | |
| | 工学部 | 都市建設工学科 | |
| | 工学部 | 応用化学科 | |
| | 生命健康科学部 | 保健看護学科 | |
| | 応用生物学部 | 食品栄養科学科 | 管理栄養科学専攻 |
| 名古屋外国語大学 | 外国語学部 | 英米語学科 | |
| | 外国語学部 | フランス語学科 | |
| | 外国語学部 | 中国語学科 | |
| | 外国語学部 | 日本語学科 | |
| | 外国語学部 | 英語教育学科 | |
| | 現代国際学部 | 現代英語学科 | |
| | 現代国際学部 | 国際教養学科 | |
| | 外国語学部 | 世界教養学科 | |
| | 現代国際学部 | 国際ビジネス学科 | |
| 名古屋学院大学 | 外国語学部 | 英米語学科 | |
| | 法学部 | 法学科 | |
| | 経済学部 | 経済学科 | |
| 名古屋経済大学 | 人間生活科学部 | 教育保育学科 | |
| | 法学部 | ビジネス法学科 | |
| | 経済学部 | 現代経済学科 | |
| | 経営学部 | 経営学科 | |
| 名古屋女子大学 | 文学部 | 児童教育学科 | 児童教育学専攻 |
| | 文学部 | 児童教育学科 | 幼児保育学専攻 |
| 藤田保健衛生大学 | 医療科学部 | 医療経営情報学科 | |
| | 医療科学部 | 看護学科 | |
| 南山大学 | 外国語学部 | 英米学科 | |
| | 外国語学部 | スペイン・ラテンアメリカ学科 | |
| | 外国語学部 | フランス学科 | |
| | 外国語学部 | ドイツ学科 | |
| | 外国語学部 | アジア学科 | |
| | 人文学部 | キリスト教学科 | |
| | 人文学部 | 心理人間学科 | |
| | 人文学部 | 人類文化学科 | |
| | 人文学部 | 日本文化学科 | |
| | 法学部 | 法律学科 | |
| | 経済学部 | 経済学科 | |
| | 経営学部 | 経営学科 | |
| | 理工学部 | システム数理学科 | |

| 大学名 | 学部名 | 学科名 | 専攻・コース・課程 |
|---|---|---|---|
| 南山大学 | 理工学部 | 機械電子制御工学科 | |
| | 理工学部 | ソフトウェア工学科 | |
| | 総合政策学部 | 総合政策学科 | |
| 日本福祉大学 | 健康科学部 | リハビリテーション学科 | 介護学専攻 |
| 名城大学 | 経営学部 | 国際経営学科 | |
| | 法学部 | 法学科 | |
| | 法学部 | 応用実務法学科 | |
| | 経済学部 | 経済学科 | |
| | 経済学部 | 産業社会学科 | |
| | 経営学部 | 経営学科 | |
| | 理工学部 | 数学科 | |
| | 理工学部 | 機械工学科(機械システム工学科) | |
| | 理工学部 | 交通機械工学科 | |
| | 理工学部 | メカトロニクス工学科 | |
| | 理工学部 | 電気電子工学科 | |
| | 理工学部 | 情報工学科 | |
| | 理工学部 | 建築学科 | |
| | 理工学部 | 社会基盤デザイン工学科(建設システム工学科) | |
| | 理工学部 | 環境創造学科 | |
| | 理工学部 | 応用化学科 | |
| | 理工学部 | 材料機能工学科 | |
| | 農学部 | 生物資源学科 | |
| | 農学部 | 応用生物化学科 | |
| | 農学部 | 生物環境科学科 | |
| | 人間学部 | 人間学科 | |
| | 都市情報学部 | 都市情報学科 | |
| 皇學館大学 | 文学部 | 国文学科 | |
| | 文学部 | コミュニケーション学科 | |
| | 文学部 | 国史学科 | |
| | 教育学部 | 教育学科 | |
| | 現代日本社会学部 | 現代日本社会学科 | |
| 京都産業大学 | 外国語学部 | 英語学科 | |
| | 外国語学部 | ヨーロッパ言語学科 | ドイツ語専攻 |
| | 外国語学部 | ヨーロッパ言語学科 | フランス語専攻 |
| | 外国語学部 | ヨーロッパ言語学科 | スペイン語専攻 |
| | 外国語学部 | ヨーロッパ言語学科 | ロシア語専攻 |
| | 外国語学部 | ヨーロッパ言語学科 | メディア・コミュニケーション専攻 |
| | 外国語学部 | アジア言語学科 | 中国語専攻 |
| | 外国語学部 | アジア言語学科 | 韓国語専攻 |
| | 外国語学部 | アジア言語学科 | インドネシア語専攻 |
| | 外国語学部 | アジア言語学科 | 日本語・コミュニケーション専攻 |
| | 外国語学部 | ヨーロッパ言語学科 | イタリア語専攻 |
| | 文化学部 | 国際文化学科 | |
| | 文化学部 | 京都文化学科 | |

| 大学名 | 学部名 | 学科名 | 専攻・コース・課程 |
|---|---|---|---|
| 京都産業大学 | 外国語学部 | 国際関係学科 | |
| | 法学部 | 法律学科 | |
| | 法学部 | 法政策学科 | |
| | 経済学部 | 経済学科 | |
| | 経営学部 | 経営学科 | |
| | 経営学部 | ソーシャル・マネジメント学科 | |
| | 経営学部 | 会計ファイナンス学科 | |
| | 理学部 | 数理科学科 | |
| | 理学部 | 物理科学科 | |
| | 総合生命科学部 | 動物生命医科学科 | |
| | コンピュータ理工学部 | コンピュータサイエンス学科 | |
| | コンピュータ理工学部 | ネットワークメディア学科 | |
| | コンピュータ理工学部 | インテリジェントシステム学科 | |
| | 総合生命科学部 | 生命システム学科 | |
| | 総合生命科学部 | 生命資源環境学科 | |
| 京都学園大学 | バイオ環境学部 | バイオサイエンス学科 | |
| | バイオ環境学部 | バイオ環境デザイン学科 | |
| 京都光華女子大学 | 健康科学部 | 心理学科 | |
| | 健康科学部 | 医療福祉学科 | 社会福祉専攻 |
| | キャリア形成学部 | キャリア形成学科 | |
| 京都橘大学 | 文学部 | 日本語日本文学科 | 日本語日本文学コース |
| | 人間発達学部 | 英語コミュニケーション学科 | |
| | 文学部 | 歴史学科 | |
| | 文学部 | 歴史遺産学科 | |
| | 人間発達学部 | 児童教育学科 | |
| | 健康科学部 | 心理学科 | |
| | 文学部 | 日本語日本文学科 | 書道コース |
| | 現代ビジネス学部 | 都市環境デザイン学科 | |
| | 看護学部 | 看護学科 | |
| 同志社大学 | グローバル・コミュニケーション学部 | グローバル・コミュニケーション学科 | 英語コース |
| | グローバル・コミュニケーション学部 | グローバル・コミュニケーション学科 | 中国語コース |
| | グローバル・コミュニケーション学部 | グローバル・コミュニケーション学科 | 日本語コース |
| | 商学部 | 商学科 | |
| | 理工学部 | 数理システム学科 | |
| | 理工学部 | 電気工学科 | |
| | 理工学部 | 電子工学科 | |
| | 理工学部 | インテリジェント情報工学科 | |
| | 理工学部 | 情報システムデザイン学科 | |
| | 理工学部 | 化学システム創成工学科 | |

資料：質問紙調査回答学科一覧　351

| 大学名 | 学部名 | 学科名 | 専攻・コース・課程 |
|---|---|---|---|
| 同志社大学 | 理工学部 | 機能分子・生命化学科 | |
| | 政策学部 | 政策学科 | |
| 同志社女子大学 | 表象文化学部 | 日本語日本文学科 | |
| | 表象文化学部 | 英語英文学科 | |
| | 現代社会学部 | 現代こども学科 | |
| | 学芸学部 | 国際教養学科 | |
| | 現代社会学部 | 社会システム学科 | |
| | 学芸学部 | 情報メディア学科 | |
| 佛教大学 | 文学部 | 日本文学科 | |
| | 文学部 | 中国学科 | |
| | 文学部 | 英米学科 | |
| | 仏教学部 | 仏教学科 | 浄土・仏教、仏教文化コース |
| | 歴史学部 | 歴史学科 | |
| | 歴史学部 | 歴史文化学科 | |
| | 教育学部 | 教育学科 | |
| | 教育学部 | 臨床心理学科 | |
| | 社会学部 | 現代社会学科 | |
| | 社会福祉学部 | 社会福祉学科 | |
| | 社会学部 | 公共政策学科 | |
| | 保健医療技術学部 | 看護学科 | |
| 龍谷大学 | 文学部 | 日本語日本文学科 | |
| | 文学部 | 英語英米文学科 | |
| | 文学部 | 真宗学科 | |
| | 文学部 | 仏教学科 | |
| | 文学部 | 哲学科 | 哲学専攻 |
| | 文学部 | 歴史学科 | 日本史学専攻 |
| | 文学部 | 歴史学科 | 東洋史学専攻 |
| | 文学部 | 歴史学科 | 仏教史学専攻 |
| | 文学部 | 哲学科 | 教育学専攻 |
| | 文学部 | 臨床心理学科 | |
| | 社会学部 | 社会学科 | |
| | 社会学部 | コミュニティマネジメント学科 | |
| | 社会学部 | 地域福祉学科 | |
| | 社会学部 | 臨床福祉学科 | |
| | 経済学部 | 国際経済学科 | |
| | 法学部 | 法律学科 | |
| | 政策学部 | 政策学科 | |
| | 経済学部 | 現代経済学科 | |
| | 経営学部 | 経営学科 | |
| | 理工学部 | 数理情報学科 | |
| | 理工学部 | 機械システム工学科 | |
| | 理工学部 | 電子情報学科 | |
| | 理工学部 | 情報メディア学科 | |
| | 理工学部 | 環境ソリューション工学科 | |

| 大学名 | 学部名 | 学科名 | 専攻・コース・課程 |
|---|---|---|---|
| 龍谷大学 | 理工学部 | 物質化学科 | |
| 大阪経済法科大学 | 法学部 | 法律学科 | |
| | 経済学部 | 経済学科 | |
| 大阪国際大学 | グローバルビジネス学部 | グローバルビジネス学科 | |
| 大阪産業大学 | 人間環境学部 | 文化コミュニケーション学科 | |
| | 経済学部 | 国際経済学科 | |
| | 経済学部 | 経済学科 | |
| | 経営学部 | 経営学科 | |
| | 経営学部 | 商学科 | |
| | 工学部 | 機械工学科 | |
| | 工学部 | 交通機械工学科 | |
| | 工学部 | 電子情報通信工学科 | |
| | デザイン工学部 | 情報システム学科 | |
| | 工学部 | 都市創造工学科 | |
| | デザイン工学部 | 建築・環境デザイン学科 | |
| | 人間環境学部 | 生活環境学科 | |
| 大阪商業大学 | 経済学部 | 経済学科 | |
| | 総合経営学部 | 経営学科 | |
| | 総合経営学部 | 公共経営学科 | |
| | 総合経営学部 | 商学科 | |
| 関西大学 | 文学部 | 総合人文学科 | |
| | 外国語学部 | 外国語学科 | |
| | 社会学部 | 社会学科 | |
| | 社会安全学部 | 安全マネジメント学科 | |
| | 政策創造学部 | 国際アジア法政策学科 | |
| | 法学部 | 法学政治学科 | |
| | 政策創造学部 | 政策学科 | |
| | 経済学部 | 経済学科 | |
| | 商学部 | 商学科 | |
| | システム理工学部 | 数学科 | |
| | システム理工学部 | 物理・応用物理学科 | |
| | システム理工学部 | 機械工学科 | |
| | システム理工学部 | 電気電子情報工学科 | |
| | 環境都市工学部 | 都市システム工学科 | |
| | 化学生命工学部 | 化学・物質工学科 | |
| | 環境都市工学部 | エネルギー・環境工学科 | |
| | 化学生命工学部 | 生命・生物工学科 | |
| | 人間健康学部 | 人間健康学科 | |
| | 総合情報学部 | 総合情報学科 | |
| 関西外国語大学 | 外国語学部 | 英米語学科 | |
| | 外国語学部 | スペイン語学科 | |
| | 英語国際学部 | 英語国際学科 | |
| | 英語キャリア学部 | 英語キャリア学科 | |

資料：質問紙調査回答学科一覧　353

| 大学名 | 学部名 | 学科名 | 専攻・コース・課程 |
|---|---|---|---|
| 近畿大学 | 文芸学部 | 文学科 | 日本文学専攻 |
| | 文芸学部 | 文学科 | 外国語外国文学専攻 |
| | 文芸学部 | 英語コミュニケーション学科 | |
| | 総合社会学部 | 総合社会学科 | 心理系専攻 |
| | 文芸学部 | 文化・歴史学科 | |
| | 総合社会学部 | 総合社会学科 | 社会・マスメディア専攻 |
| | 経済学部 | 国際経済学科 | |
| | 法学部 | 法律学科 | |
| | 法学部 | 政策法学科 | |
| | 経済学部 | 経済学科 | |
| | 経営学部 | 経営学科 | |
| | 経営学部 | キャリア・マネジメント学科 | |
| | 経済学部 | 総合経済政策学科 | |
| | 経営学部 | 商学科 | |
| | 経営学部 | 会計学科 | |
| | 理工学部 | 理学科 | 数学コース |
| | 理工学部 | 理学科 | 物理学コース |
| | 理工学部 | 理学科 | 化学コース |
| | 工学部 | ロボティクス学科 | |
| | 工学部 | 機械工学科 | |
| | 理工学部 | 機械工学科 | |
| | 工学部 | 電子情報工学科 | |
| | 理工学部 | 電気電子工学科 | |
| | 工学部 | 情報学科 | |
| | 産業理工学部 | 電気通信工学科 | |
| | 産業理工学部 | 情報学科 | |
| | 理工学部 | 情報学科 | |
| | 工学部 | 建築学科 | |
| | 産業理工学部 | 建築・デザイン学科 | |
| | 建築学部 | 建築学科 | |
| | 理工学部 | 社会環境工学科 | |
| | 理工学部 | 応用化学科 | |
| | 工学部 | 化学生命工学科 | |
| | 産業理工学部 | 生物環境化学科 | |
| | 理工学部 | 生命科学科 | |
| | 生物理工学部 | 生物工学科 | |
| | 生物理工学部 | 遺伝子工学科 | |
| | 生物理工学部 | システム生命科学科 | |
| | 産業理工学部 | 経営ビジネス学科 | |
| | 生物理工学部 | 人間工学科 | |
| | 生物理工学部 | 医用工学科 | |
| | 農学部 | 農業生産科学科 | |
| | 農学部 | 応用生命化学科 | |
| | 農学部 | バイオサイエンス学科 | |

| 大学名 | 学部名 | 学科名 | 専攻・コース・課程 |
|---|---|---|---|
| 近畿大学 | 生物理工学部 | 食品安全工学科 | |
| | 農学部 | 環境管理学科 | |
| | 農学部 | 水産学科 | |
| | 総合社会学部 | 総合社会学科 | 環境・まちづくり系専攻 |
| 四天王寺大学 | 教育学部 | 教育学科 | 保健教育コース |
| | 教育学部 | 教育学科 | 小学校・幼児保育コース |
| | 人文社会学部 | 日本学科 | |
| | 人文社会学部 | 社会学科 | |
| | 人文社会学部 | 人間福祉学科 | 健康福祉専攻 |
| | 経営学部 | 経営学科 | |
| 摂南大学 | 外国語学部 | 外国語学科 | |
| | 法学部 | 法律学科 | |
| | 経済学部 | 経済学科 | |
| | 経営学部 | 経営学科 | |
| | 経営学部 | 経営情報学科 | |
| | 理工学部 | 生命科学科 | |
| | 理工学部 | 機械工学科 | |
| | 理工学部 | 電気電子工学科 | |
| | 理工学部 | 建築学科 | |
| | 理工学部 | 都市環境工学科 | |
| | 理工学部 | 住環境デザイン学科 | |
| | 看護学部 | 看護学科 | |
| 阪南大学 | 国際コミュニケーション学部 | 国際コミュニケーション学科 | |
| | 国際観光学部 | 国際観光学科 | |
| | 経済学部 | 経済学科 | |
| | 経営情報学部 | 経営情報学科 | |
| | 流通学部 | 流通学科 | |
| 桃山学院大学 | 国際教養学部 | 英語・国際文化学科 | |
| | 社会学部 | 社会学科 | |
| | 社会学部 | 社会福祉学科 | |
| | 法学部 | 法律学科 | |
| | 経済学部 | 経済学科 | |
| | 経営学部 | 経営学科 | |
| 関西学院大学 | 文学部 | 文学言語学科 | |
| | 神学部 | | |
| | 文学部 | 文化歴史学科 | |
| | 文学部 | 総合心理科学科 | |
| | 社会学部 | 社会学科 | |
| | 人間福祉学部 | 社会起業学科 | |
| | 人間福祉学部 | 社会福祉学科 | |
| | 国際学部 | 国際学科 | |
| | 法学部 | 法律学科 | |
| | 総合政策学部 | 国際政策学科 | |
| | 法学部 | 政治学科 | |

資料：質問紙調査回答学科一覧

| 大学名 | 学部名 | 学科名 | 専攻・コース・課程 |
|---|---|---|---|
| 関西学院大学 | 総合政策学部 | 都市政策学科 | |
| | 経済学部 | | |
| | 商学部 | | |
| | 理工学部 | 数理科学科 | |
| | 理工学部 | 物理学科 | |
| | 理工学部 | 化学科 | |
| | 理工学部 | 生命科学科 | |
| | 理工学部 | 生命医化学科 | |
| | 理工学部 | 情報科学科 | |
| | 理工学部 | 人間システム工学科 | |
| | 総合政策学部 | 総合政策学科 | |
| | 人間福祉学部 | 人間科学科 | |
| | 総合政策学部 | メディア情報学科 | |
| 甲南女子大学 | 文学部 | 日本語日本文化学科 | |
| | 文学部 | 英語文化学科 | |
| | 人間科学部 | 心理学科 | |
| | 文学部 | 多文化コミュニケーション学科 | |
| | 文学部 | メディア表現学科 | |
| | 看護リハビリテーション学部 | 看護学科 | |
| 神戸学院大学 | 人文学部 | 人間心理学科 | |
| | 人文学部 | 人文学科 | |
| | 現代社会学部 | 現代社会学科 | |
| | 現代社会学部 | 社会防災学科 | |
| | 経営学部 | 経営学科 | |
| 神戸女学院大学 | 文学部 | 英文学科 | |
| | 人間科学部 | 心理・行動科学科 | |
| | 文学部 | 総合文化学科 | |
| | 人間科学部 | 環境・バイオサイエンス学科 | |
| 神戸女子大学 | 文学部 | 日本語日本文学科 | |
| | 文学部 | 英語英米文学科 | |
| | 文学部 | 史学科 | |
| | 文学部 | 教育学科 | |
| | 文学部 | 神戸国際教養学科 | |
| | 健康福祉学部 | 社会福祉学科 | |
| 姫路獨協大学 | 外国語学部 | 外国語学科 | |
| | 法学部 | 法律学科 | |
| | 経済情報学部 | 経済情報学科 | |
| 武庫川女子大学 | 文学部 | 日本語日本文学科 | |
| 関西国際大学 | 教育学部 | 英語教育学科 | |
| | 教育学部 | 教育福祉学科 | こども学専攻 |
| | 人間科学部 | 人間心理学科 | |
| | 教育学部 | 教育福祉学科 | 福祉学専攻 |
| | 人間科学部 | 経営学科 | |
| | 保健医療学部 | 看護学科 | |

| 大学名 | 学部名 | 学科名 | 専攻・コース・課程 |
|---|---|---|---|
| 帝塚山大学 | 心理学部 | 心理学科 | |
| | 文学部 | 日本文化学科 | |
| | 文学部 | 文化創造学科 | |
| | 法学部 | 法学科 | |
| | 経済学部 | 経済学科 | |
| | 経営学部 | 経営学科 | |
| 奈良大学 | 文学部 | 国文学科 | |
| | 文学部 | 史学科 | |
| | 文学部 | 地理学科 | |
| | 社会学部 | 心理学科 | |
| | 文学部 | 文化財学科 | |
| | 社会学部 | 総合社会学科 | |
| 広島経済大学 | 経済学部 | 経済学科 | |
| | 経済学部 | 経営学科 | |
| | 経済学部 | スポーツ経営学科 | |
| | 経済学部 | ビジネス情報学科 | |
| | 経済学部 | メディアビジネス学科 | |
| 広島修道大学 | 人文学部 | 英語英文学科 | |
| | 人文学部 | 人間関係学科 | 教育学専攻 |
| | 人文学部 | 人間関係学科 | 心理学専攻 |
| | 人文学部 | 人間関係学科 | 社会学専攻 |
| | 法学部 | 国際政治学科 | |
| | 法学部 | 法律学科 | |
| | 経済科学部 | 現代経済学科 | |
| | 経済科学部 | 経済情報学科 | |
| | 商学部 | 経営学科 | |
| | 商学部 | 商学科 | |
| | 人間環境学部 | 人間環境学科 | |
| 九州共立大学 | 経済学部 | 経済・経営学科 | |
| 九州産業大学 | 国際文化学部 | 臨床心理学科 | |
| | 国際文化学部 | 国際文化学科 | |
| | 国際文化学部 | 日本文化学科 | |
| | 経営学部 | 国際経営学科 | |
| | 経済学部 | 経済学科 | |
| | 経営学部 | 産業経営学科 | |
| | 商学部 | 商学科 | |
| | 商学部 | 観光産業学科 | |
| | 工学部 | 機械工学科 | |
| | 工学部 | バイオロボティクス学科 | |
| | 工学部 | 電気情報工学科 | |
| | 工学部 | 建築学科 | |
| | 工学部 | 都市基盤デザイン工学科 | |
| | 工学部 | 物質生命化学科 | 化学および生物 |
| | 工学部 | 住居・インテリア設計学科 | |
| | 情報科学部 | 情報科学科 | |

資料：質問紙調査回答学科一覧　357

| 大学名 | 学部名 | 学科名 | 専攻・コース・課程 |
|---|---|---|---|
| 久留米大学 | 文学部 | 国際文化学科 | 英語コミュニケーション専攻 |
| | 文学部 | 心理学科 | |
| | 文学部 | 国際文化学科 | 国際文化専攻 |
| | 文学部 | 情報社会学科 | |
| | 文学部 | 社会福祉学科 | 子ども家庭福祉コース |
| | 文学部 | 社会福祉学科 | 医療福祉コース |
| | 法学部 | 国際政治学科 | |
| | 法学部 | 法律学科 | |
| | 経済学部 | 経済学科 | |
| | 経済学部 | 文化経済学科 | |
| | 商学部 | 商学科 | |
| | 医学部 | 看護学科 | |
| 西南学院大学 | 文学部 | 英文学科 | |
| | 文学部 | 外国語学科 | 英語専攻 |
| | 文学部 | 外国語学科 | フランス語専攻 |
| | 人間科学部 | 心理学科 | |
| | 国際文化学部 | 国際文化学科 | |
| | 人間科学部 | 社会福祉学科 | |
| | 経済学部 | 国際経済学科 | |
| | 法学部 | 法律学科 | |
| | 経済学部 | 経済学科 | |
| | 商学部 | 経営学科 | |
| | 商学部 | 商学科 | |
| 筑紫女学園大学 | 文学部 | 日本語・日本文学科 | |
| | 文学部 | 英語学科 | |
| | 人間科学部 | 人間科学科 | 人間関係専攻発達臨床心理コース |
| | 文学部 | アジア文化学科 | |
| | 現代社会学部 | 現代社会学科 | |
| 福岡工業大学 | 工学部 | 知能機械工学科 | |
| | 工学部 | 電子情報工学科 | |
| | 工学部 | 電気工学科 | |
| | 情報工学部 | 情報工学科 | |
| | 情報工学部 | 情報通信工学科 | |
| | 情報工学部 | 情報システム工学科 | |
| | 情報工学部 | システムマネジメント学科 | |
| | 社会環境学部 | 社会環境学科 | |
| 崇城大学 | 生物生命学部 | 応用生命科学科 | |
| | 工学部 | 機械工学科 | |
| | 工学部 | 宇宙航空システム工学科 | |
| | 工学部 | 建築学科 | |
| | 工学部 | ナノサイエンス学科 | |
| | 生物生命学部 | 応用微生物工学科 | |
| | 情報学部 | 情報学科 | |
| 熊本学園大学 | 社会福祉学部 | 社会福祉学科 | |
| | 社会福祉学部 | 福祉環境学科 | |

| 大学名 | 学部名 | 学科名 | 専攻・コース・課程 |
|---|---|---|---|
| 熊本学園大学 | 社会福祉学部 | 子ども家庭福祉学科 | |
| | 社会福祉学部 | ライフ・ウェルネス学科 | |
| | 商学部 | 経営学科 | |
| | 商学部 | ホスピタリティ・マネジメント学科 | |
| | 商学部 | 商学科 | |
| 鹿児島国際大学 | 国際文化学部 | 国際文化学科 | |
| | 福祉社会学部 | 社会福祉学科 | |
| | 福祉社会学部 | 社会福祉学科 | 介護福祉コース |
| | 経済学部 | 経済学科 | |
| | 経済学部 | 経営学科 | |

# 解　説

　本書は、2015年度に当プロジェクトが取り組んだ「大学のアクティブラーニング調査」の結果をまとめたものであり、同時にその結果報告を目的に2016年3月4日に河合塾麹町校に於いて開催された河合塾FDセミナーでの3大学の事例報告と溝上慎一京都大学教授のラップアップを収録している。ここでは、それぞれのパートについて簡単に解説を行う。

### ■「河合塾からの報告」について

　河合塾の調査報告に関して、その特徴は以下の点にある。

　まず2015年度調査は、単年度調査にとどまらず2011年度カリキュラムを対象とした調査との経年変化を明らかにしている。

　次にその分析結果から、カリキュラムマネジメント確立の重要性について提言を行っている。単に、個々の科目がバラバラにアクティブラーニングを導入するだけでなく、学部や学科において学生に獲得させるべき能力と、それを実現するためのカリキュラム設計、そのアセスメント方法を一体的に考えたカリキュラムデザイン（計画＝Plan）を起点として、それを実践（Do）、検証（Check）し、改善（Action）していくPDCAサイクルを回していくことの重要性である。

　2015年度調査で明らかになったように、すでに多くの大学で個々の教員ごとにアクティブラーニングの導入が量的にはある程度進展してきている現状に鑑みると、現在直面している次の課題はアクティブラーニングをより効果的にするための組織的な取り組みであり、それこそがカリキュラムマネジメントの確立だということである。

　さらに、本調査では実地調査を行った13大学・学科について、アクティブラーニングの導入の組織的取り組みを、トップダウンマネジメント、ミドルアップ・ダウンマネジメント、ボトムアップマネジメントの3類型に分類して紹介している。もとより類型化そのものに意味があるというよりも、大

学・学部内のどのポジションからでもアクティブラーニングの導入や推進を行うことができるということを示すためである。

## ■3大学からの事例報告について

　河合塾FDセミナーではトップダウン類型として創価大学 経営学部 経営学科、ミドルアップ・ダウン類型として首都大学東京 都市環境学部 分子応用化学コース、ボトムアップ類型として國學院大學 法学部 法律学科の3大学・学科・コースに登壇していただき、本書ではその講演を収録している。

　トップダウン類型の事例として登壇していただいた創価大学 経営学部 経営学科は、単なる個々の科目へのアクティブラーニングの導入にとどまらず、科目間をつなげて行くカリキュラム設計やアセスメントにも進んだ取り組みが行われ、総じて先進的なカリキュラムマネジメントが確立されている。

　ミドルアップ・ダウン類型の事例として登壇していただいた首都大学東京 都市環境学部 分子応用化学コースでは、コースのイニシアチブにより全学や学部に先行したカリキュラム改革が行われ、教員の協働によるカリキュラムマネジメントが確立している点が特徴的である。

　ボトムアップ類型の事例として登壇していただいた國學院大學 法学部 法律学科であるが、一部の教員の意識的な取り組みが全学科・学部を巻き込んでのアクティブラーニング導入に至っている。しかも特筆しておきたいことは、法学部での取り組みであるという点である。

## ■法・政治学系統におけるアクティブラーニング導入の本格化について

　事例報告の中で中川教授も触れられているが、当プロジェクトは2011年度の「大学のアクティブラーニング調査」の分析において、日本の大学における法学部のアクティブラーニングへの際立った立ち遅れについて強く批判した経緯がある。

　　法学部については、2010年度や2011年度の質問紙調査でも、全体的にアクティブラーニングへの消極的な現状が明らかとなった。
　　（中略）

このスタイルは旧来の法学部＝司法試験を目指すという構図の中では有効性を持ち得たが、現在のように司法試験の主舞台が法科大学院に移行し、法学部卒業生の大多数は法律に見識を持ったビジネスマンや行政マンとして社会に進出している中ではどうか。その意味で、他の学系が深い学びやアクティブラーニングが求められているのと、何ら選ぶところがないはずである。
　そういう脈絡において、法学部が学系的な特徴として伝統的なカリキュラムスタイルに固執している点について、当プロジェクトは再検討の必要性を指摘しておきたい。

（『「深い学び」につながるアクティブラーニング』134 ページ）

　2015 年度調査の結果では、法・政治学系統における一般的アクティブラーニングの実施については全体平均で 3.1 ポイントなっており、これは 2011 年度調査における 1.6 ポイントと比較すると倍近くに増加している。とはいえ他の系統と比較すると、経済・経営・商学系統の 2.7 ポイントに次いで低い水準にとどまっているのも事実である。
　高次のアクティブラーニングについても、**図表 5-1** のように同様の傾向がうかがえる。
　法・政治学系統における 2015 年度の高次のアクティブラーニング実施率は 2011 年度と比較して倍増しているものの、全系統平均と比較すると 2011 年度も 2015 年度も半分くらいの実施率にとどまっているのである。全体的なアクティブラーニング導入の進展のペースを超えて、遅れを取り戻すような動きは法・政治学系統全体として見られない。

| 年度 | | 2年次 | | 3年次 | | 4年次 | |
|---|---|---|---|---|---|---|---|
| | | 2011年度 | 2015年度 | 2011年度 | 2015年度 | 2011年度 | 2015年度 |
| 高次のAL導入度 | 法・政治平均 | 0.1 | 0.6 | 0.3 | 0.7 | 0.2 | 0.5 |
| | 全系統平均 | 0.1 | 1.1 | 0.8 | 1.5 | 0.3 | 0.8 |

**図表 5-1　高次のアクティブラーニング実施率ポイントの推移の比較（法・政治学系統と全系統）**

こうした法・政治学系統の状況の中にあって、國學院大學法学部法律学科の取り組みは、きわめて異例とも言える。しかもボトムアップマネジメントにより多くの教員を巻き込みつつ、アクティブラーニングを実施している教員比率85.7％、ペアワークやグループワークを取り入れている教員比率に限っても39.3％と、極めて多くの教員が取り組んでいるのである。他大学法学部においてもアクティブラーニングの導入においては、ぜひ参考にしてもらいたい事例である。

■ 溝上慎一京都大学教授によるラップアップ講演について
　また、溝上慎一京都大学教授からは、日々進化しつつあるアクティブラーニングをめぐって次の課題を考える視点からラップアップをしていただき、本書に収録した。同教授の指摘の中心は、専門知識を活用して課題解決に取り組む高次のアクティブラーニングは、すでにある程度日本の大学教育には導入されており、現在の課題は知識を習得する一般的アクティブラーニングが、どれだけ多くの講義型授業の中に導入されているのかにある、という点である。また、ミニッツペーパーや小テストを行うだけでもアクティブラーニングである、という段階から、「(アクティブラーニングには)認知プロセスの外化をともなう」という点に焦点を当てるべき段階へと、すなわちペアワークやグループワークを含んだものをアクティブラーニングと見るべき段階に移行してきているという指摘も重要である。これを当プロジェクトなりに受け止めると、2011年の時点の視点から現状を捉えて導入の進展を肯定的に捉えるだけでなく、あるべきアクティブラーニングを考えたところから、現状を課題とともに捉えるべきということであろう。

■「大学のアクティブラーニング調査」が果たした役割について
　また溝上教授は、講演の中でご自身と河合塾の大学のアクティブラーニング調査が果たしてきた役割についても簡単に触れられている。

　　「本当はこういった全国調査やアクティブラーニングの取り組みは、大学や文部科学省で取りまとめて行い、その中でいろいろと概念化が図

られてしかるべきですが、人材不足というか労力が足りないという状況で、河合塾が短い期間で全国調査をされてきました。私もこの調査を通じて多くの事実に新しく気付くことができ、振り返ると、協働しながらこの事業がうまく進んできたと思っています。

　皆さんもご存知のように 2012 年に質的転換答申（『新たな未来を築くための大学教育の質的転換に向けて－生涯学び続け，主体的に考える力を育成する大学へ－』中央教育審議会）でアクティブラーニングが施策の中に入りましたが、そうなる手前の時期に、やはり河合塾のさまざまなイベント、あるいは今日のような事例紹介による全国へのフィードバックなどが文部科学省の目に留まり、影響を与えたのではないかと思います」

（本書 197-198 ページ）。

　当プロジェクトは、大学教育が真に学生の能力を高めるものとなることを願って、アクティブラーニングの普及を後押ししてきたし、その中で多くの提言も行ってきた。

　2013 年には、アクティブラーニングが科目の壁を越えて知識活用がなされるように設計されることで、学生の「深い学び」を惹起せしめるという点について提言を行った。（『「深い学び」につながるアクティブラーニング』参照）

　2014 年には、高次のアクティブラーニングについては 1 年次から 4 年次まで学生が連続的に経験できるようにすべきこと、一般的アクティブラーニングについてはできる限り多くの科目で取り入れられるようにすべきこと、さらに科目間の連携を実現するために教員の協働が重要である等の提言を行っている。（『「学び」の質を保証するアクティブラーニング』参照）

　これらの提言を引き継ぎさらに発展させるものとして、今回の調査および本書では、カリキュラムマネジメントの確立を、という提言を行っている。

　振り返れば、個々の授業へのアクティブラーニング導入の度合いを調査することから始まって、次に科目間のつながりへと、さらに時間軸を加えたカリキュラムマネジメントへと、その調査対象が広がってきていることが分かる。

　そして現在のアクティブラーニングをめぐる日本の大学教育界の動向も、

われわれの提言が目指す方向を共有しているように思われる。多くの大学でアクティブラーニングへの取り組みが広がり進化していることについて、「大学のアクティブラーニング調査」が肯定的な影響をおよぼしたものと、当プロジェクトは受け止めたい。

　本書の内容が、アクティブラーニングによる大学教育の一層の向上を願う多くの大学人のさらなる一助となることを願う。

# 謝　辞

　本書のベースとなった 2015 年度の質問紙調査では、前述のとおり 1,339 もの学科から回答をいただくことができました。お忙しい時期にもかかわらず、また、多岐にわたる質問項目であったにもかかわらず、真摯にご回答くださった各大学・学部・学科の先生方、また学内の取りまとめをいただいた各大学の担当部門の職員の皆さまには、この場をお借りして深く感謝いたします。そして、質問紙調査後の実地調査において、私たちのために貴重なお時間を割いて、インタビューにご対応くださった 13 学科の先生方や職員の方々にも心より御礼申し上げます。

　また、2016 年 3 月実施の河合塾 FD セミナー「2011 ～ 2015 年　大学のアクティブラーニングの進化と新しい課題　導入からカリキュラムマネジメントへ」において、それぞれの大学での先進的な取り組み事例を詳らかにご報告くださった中村みゆき先生（創価大学）、川上浩良先生（首都大学東京）、中川孝博先生（國學院大學）には、本書の編集の過程においても格別なご協力をいただきました。さらに、ラップアップをお願いした溝上慎一先生（京都大学）には、セミナー実施および本書の制作のみならず、このプロジェクトを立ち上げた 2010 年当時から現在に至るまで、多くの助言と示唆をいただいてまいりました。

　本書の出版を快諾してくださった東信堂の下田勝司社長、膨大な編集作業を担当していただいた同社の向井智央氏と併せて、ここに記して御礼申し上げます。

　大学のアクティブラーニングをテーマとした河合塾の書籍も本書で 4 冊目となりました。当初は「なぜ、予備校である河合塾が、このような調査を行うのか？」と、違和感を覚える先生方もいらっしゃったことでしょう。しか

しながら、「生徒・学生の成長を支える」という一点においては、私たちも先生方と志を同じくするものであります。この間、多くの大学の先生方、あるいは生徒を送り出す側である高等学校の先生方と、「アクティブラーニング」という共通言語でコミュニケーションをとることができました。その経験から得られたもの一つひとつが、本調査を深める大きな示唆となり、またプロジェクトを遂行する推進力にもなりました。

本書は、多くの方々のご理解とご協力の賜物です。数多のご支援に深謝するとともに、ご高覧いただきました皆さまにとって、本書が教育実践・教育改善の一助となることを願ってやみません。

2016年8月吉日
　　　　　　　　河合塾 大学教育力調査プロジェクト

## 講演者紹介

溝上　慎一（みぞかみ・しんいち）

　京都大学　高等教育研究開発推進センター　教授　教育アセスメント室長
　京都大学大学院教育学研究科兼任。桐蔭学園教育顧問。日本青年心理学会常任理事、大学教育学会常任理事、"Journal of Adolescence" Editorial Board 委員ほか。京都大学博士（教育学）。専門は、青年心理学（現代青年期、自己・アイデンティティ形成、自己の分権化）、高等教育と高大接続（学習と成長パラダイム、アクティブラーニング、学校から仕事・社会へのトランジション）。主な著書に、『アクティブラーニングと教授学習パラダイムの転換』（2014 年 東信堂, 単著）などがある。

中村　みゆき（なかむら・みゆき）

　創価大学　経営学部　経営学科　教授
　創価大学経営学部副学長。専門は、コーポレート・ファイナンス、証券市場論。博士（経済学）。所属学会は、証券経済学会など。学部授業に 2002 年よりアクティブラーニングを導入、長年にわたり実績を積み、現在は創価大学の「文科省大学教育再生加速プログラム」を先導する中核メンバーとして活躍。主な著書に、『政府系ファンドの投資戦略と投資家動向―シンガポールにおける事例研究―』（2013 年 政務経理協会）などがある。

川上　浩良（かわかみ・ひろよし）

　首都大学東京　都市環境学部　分子応用化学コース　教授
　首都大学東京学長補佐兼大学教育センター副センター長。専門は、高分子化学、機能性分離膜、ナノファイバー、バイオマテリアル、エピジェネティクス工学、フリーラジカル科学。所属学会は、高分子学会（前関東支部理事、編集委員、燃料電池材料研究会委員長ほか）、日本化学会（前高分子ディビジョン、幹事ほか）、日本膜学会（評議員、編集委員、組織委員ほか）ほか。受賞歴は、2005 年ポルフィリン学会賞、2006 年日本人工臓器学会論文賞、2010 年 Who's Who in the World ほか。

中川　孝博（なかがわ・たかひろ）

　國學院大學　法学部　法律学科　教授
　國學院大學法学部における FD ワーキングチームの中核メンバーとして長年にわたって活躍。ティーチングポートフォリオの作成、アクティブラーニングの活用を柱とする法学部教育改革の提言を行うなど、大学全入時代の法学部生き残りをかけた法学部改革をリードしてきた。また、担当する裁判法 A（刑事訴訟法入門）や刑事訴訟法の講義においては、アクティブラーニングを活用した新しい教育方法を実践しており、その成果を『法学部は甦る!〈上〉初年次教育の改革』（2014 年 現代人文社）として公刊。

◆河合塾大学教育力調査プロジェクトメンバー（五十音順）

赤塚　和繁（あかつか・かずしげ）
　河合塾　教育イノベーション本部　教育研究部所属

石鍋　京子（いしなべ・きょうこ）
　河合塾　教育イノベーション本部　教育研究部所属

伊藤　寛之（いとう・ひろゆき）
　河合塾　教育イノベーション本部　教育研究部　チーフ

髙井　靖雄（たかい・やすお）
　河合塾　教育イノベーション本部　教育研究部　統括チーフ

友野伸一郎（ともの・しんいちろう）
　教育ジャーナリスト

中條恵理奈（なかじょう・えりな）
　河合塾　教育イノベーション本部　教育研究部所属

野吾　教行（やご・のりゆき）
　河合塾　教育イノベーション本部　教育研究部所属

山本　康二（やまもと・こうじ）
　河合塾　教育イノベーション本部　教育研究部　部長

大学のアクティブラーニング―導入からカリキュラムマネジメントへ―

2016 年 8 月 31 日　初　版第 1 刷発行　　　　　　　　〔検印省略〕

＊定価はカバーに表示してあります

編著者©河合塾　発行者 下田勝司　　印刷・製本　中央精版印刷

東京都文京区向丘 1-20-6　郵便振替 00110-6-37828

〒113-0023　TEL 03-3818-5521（代）　FAX 03-3818-5514　　株式会社　東信堂　発行所

E-Mail tk203444@fsinet.or.jp　URL http://www.toshindo-pub.com/

Published by TOSHINDO PUBLISHING CO.,LTD.

1-20-6, Mukougaoka, Bunkyo-ku, Tokyo, 113-0023, Japan

ISBN978-4-7989-1379-7 C3037 Copyright©Kawaijuku

**溝上慎一監修 アクティブラーニング・シリーズ 全7巻**
2016年3月全巻刊行　　各A5判・横組・並製

① **アクティブラーニングの技法・授業デザイン**
安永悟・関田一彦・水野正朗編
152頁・本体1600円・ISBN978-4-7989-1345-2 C3337

② **アクティブラーニングとしてのPBLと探究的な学習**
溝上慎一・成田秀夫編
176頁・本体1800円・ISBN978-4-7989-1346-9 C3337

③ **アクティブラーニングの評価**
松下佳代・石井英真編
160頁・本体1600円・ISBN978-4-7989-1347-6 C3337

④ **高等学校におけるアクティブラーニング：理論編**
溝上慎一編
144頁・本体1600円・ISBN978-4-7989-1348-3 C3337

⑤ **高等学校におけるアクティブラーニング：事例編**
溝上慎一編
192頁・本体2000円・ISBN978-4-7989-1349-0 C3337

⑥ **アクティブラーニングをどう始めるか**
成田秀夫著
168頁・本体1600円・ISBN978-4-7989-1350-6 C3337

⑦ **失敗事例から学ぶ大学でのアクティブラーニング**
亀倉正彦著
160頁・本体1600円・ISBN978-4-7989-1351-3 C3337

東信堂

# 東信堂

| 書名 | 著者 | 価格 |
|---|---|---|
| アウトカムに基づく大学教育の質保証―チューニングとアセスメントにみる世界の動向 | 深堀聰子 編著 | 三六〇〇円 |
| 高等教育質保証の国際比較 | 杉本和弘 他編 | 三六〇〇円 |
| 学士課程教育の質保証へむけて―学士調査と初年次教育からみえてきたもの | 山田礼子 | 三二〇〇円 |
| 主体的学び 創刊号 | 主体的学び研究所編 | 一八〇〇円 |
| 主体的学び 2号 | 主体的学び研究所編 | 一六〇〇円 |
| 主体的学び 3号 | 主体的学び研究所編 | 一六〇〇円 |
| 主体的学び 4号 | 主体的学び研究所編 | 一六〇〇円 |
| 「主体的学び」につなげる評価と学習方法―カナダで実践されるICEモデル | Sヤング&R.ウィルソン著 土持ゲーリー法一 訳 | 一〇〇〇円 |
| ポートフォリオが日本の大学を変える―ティーチング/アカデミック・ポートフォリオの活用 | 土持ゲーリー法一 | 二五〇〇円 |
| ティーチング・ポートフォリオ―授業改善の秘訣 | 土持ゲーリー法一 | 二〇〇〇円 |
| ラーニング・ポートフォリオ―学習改善の秘訣 | 土持ゲーリー法一 | 二五〇〇円 |
| アクティブラーニングと教授学習パラダイムの転換 | 溝上慎一 | 二四〇〇円 |
| 大学生の学習ダイナミクス―授業内外のラーニング・ブリッジング | 河井亨 | 四五〇〇円 |
| アカデミック・アドバイジング―その専門性と実践 日本の大学へのアメリカの示唆 | 清水栄子 | 二四〇〇円 |
| CT(授業協力者)と共に創る劇場型授業―新たな協働空間は学生をどう変えるのか | 大山眞人・井上雅裕他・鈴木講一子 編著 | 二〇〇〇円 |
| 大学のアクティブラーニング―導入からカリキュラムマネジメントへ | 河合塾編著 | 三二〇〇円 |
| 「学び」の質を保証するアクティブラーニング―3年間の全国大学調査から | 河合塾編著 | 二〇〇〇円 |
| 「深い学び」につながるアクティブラーニング―全国大学の学科調査報告とカリキュラム設計の課題 | 河合塾編著 | 二八〇〇円 |
| アクティブラーニングで大学生はどう変わるのか―全国大学調査からみえてきたこと | 河合塾編著 | 二八〇〇円 |
| 初年次教育でなぜ学生が成長するのか―経済系・工学系の全国大学調査からみえてきたこと | 河合塾編著 | 二八〇〇円 |

〒113-0023 東京都文京区向丘1-20-6
TEL 03-3818-5521　FAX03-3818-5514　振替 00110-6-37828
Email tk203444@fsinet.or.jp　URL:http://www.toshindo-pub.com/

※定価：表示価格(本体)＋税

東信堂

| 書名 | 著者 | 価格 |
|---|---|---|
| 転換期を読み解く——潮木守一時評・書評集 | 潮木守一 | 二六〇〇円 |
| 大学再生への具体像〔第2版〕 | 潮木守一 | 二四〇〇円 |
| フンボルト理念の終焉？——現代大学の新次元 | 潮木守一 | 二五〇〇円 |
| いくさの響きを聞きながら——横須賀そしてベルリン | 潮木守一 | 二四〇〇円 |
| 「大学の死」、そして復活 | 絹川正吉 | 二八〇〇円 |
| 大学教育の思想——学士課程教育のデザイン | 絹川正吉 | 二八〇〇円 |
| 北大 教養教育のすべて | 小笠原正明編著<br>細川敏幸 | 二四〇〇円 |
| ——エクセレンスの共有を目指して | 安藤厚 | |
| 国立大学法人の形成 | 大﨑仁 | 二六〇〇円 |
| 国立大学・法人化の行方——自立と格差のはざまで | 天野郁夫 | 三六〇〇円 |
| 大学は社会の希望か——大学改革の実態からその先を読む | 江原武一 | 三六〇〇円 |
| 転換期日本の大学改革——アメリカと日本 | 江原武一 | 三六〇〇円 |
| 大学の管理運営改革——日本の行方と諸外国の動向 | 江原武一編著 | 三八〇〇円 |
| 新自由主義大学改革——国際機関と各国の動向 | 杉本均 | |
| 新興国家の世界水準大学戦略 | 細井克彦編集代表 | |
| ——世界水準をめざすアジア・中南米と日本 | 米澤彰純監訳 | 四八〇〇円 |
| 東京帝国大学の真実 | 舘昭 | 四六〇〇円 |
| 原理・原則を踏まえた大学改革を——日本近代大学形成の検証と洞察 | 舘昭 | 二〇〇〇円 |
| 原場当たり策からの脱却こそグローバル化の条件 | 舘昭 | 一〇〇〇円 |
| 改めて「大学制度とは何か」を問う | 舘昭 | 三八〇〇円 |
| 原点に立ち返っての大学改革 | 立川明・坂本辰朗・井上比呂子訳著<br>D・ケネディ | 二五〇〇円 |
| 大学の責務——大学の自己変革とオートノミー | 寺﨑昌男 | 二五〇〇円 |
| 大学教育の創造——歴史・システム・カリキュラム | 寺﨑昌男 | 二五〇〇円 |
| 大学教育の可能性——教養教育・評価・実践 | 寺﨑昌男 | 二八〇〇円 |
| 大学は歴史の思想で変わる——FD・評価・私学 | 寺﨑昌男 | 一三〇〇円 |
| 大学改革 その先を読む | 寺﨑昌男 | 二八〇〇円 |
| 大学自らの総合力——理念とFDそしてSD | 寺﨑昌男 | 二〇〇〇円 |
| 大学自らの総合力II——大学再生への構想力 | 寺﨑昌男 | 二四〇〇円 |

〒113-0023 東京都文京区向丘1-20-6　TEL 03-3818-5521　FAX03-3818-5514　振替00110-6-37828
Email tk203444@fsinet.or.jp　URL http://www.toshindo-pub.com/

※定価：表示価格（本体）＋税

東信堂

| 書名 | 著者 | 価格 |
|---|---|---|
| アメリカ公立学校の社会史——コモンスクールからNCLB法まで | W・J・リース著 小川佳万・浅沼茂監訳 | 四六〇〇円 |
| アメリカ 間違いがまかり通っている時代——公立学校の企業型改革への批判と解決法 | D・ラヴィッチ著 末藤美津子訳 | 三八〇〇円 |
| 教育による社会的正義の実現（1945-1980） | D・ラヴィッチ著 末藤美津子訳 | 五六〇〇円 |
| 学校改革抗争の100年——20世紀アメリカ教育史 アメリカの挑戦 | D・ラヴィッチ著 末藤・宮本・佐藤訳 | 六四〇〇円 |
| アメリカ公民教育におけるサービス・ラーニング | 唐木清志 | 三四〇〇円 |
| マサチューセッツ州（MCASテスト）を中心に 現代アメリカの教育アセスメント行政の展開 | 北野秋男編 | 四八〇〇円 |
| アメリカ学校財政制度の公正化 | 竺沙知章 | 四六〇〇円 |
| ［増補版］現代アメリカにおける学力形成論の展開——スタンダードに基づくカリキュラムの設計 | 石井英真 | 六五〇〇円 |
| ハーバード・プロジェクト・ゼロの芸術認知理論とその実践——創造的知性とクリエイティビティを育むハワード・ガードナーの教育戦略 | 池内慈朗 | 六五〇〇円 |
| アメリカにおける学校認証評価の現代的展開 | 浜田博文編著 | 二八〇〇円 |
| アメリカにおける多文化的歴史カリキュラム | 桐谷正信 | 三六〇〇円 |
| EUにおける中国系移民の教育エスノグラフィ | 山本須美子 | 四五〇〇円 |
| 現代ドイツ政治・社会学習論——「事実教授」の展開過程の分析 | 大友秀明 | 五二〇〇円 |
| 現代教育制度改革への提言 上・下 | 日本教育制度学会編 | 各二八〇〇円 |
| 日本の教育をどうデザインするか | 村田翼夫・上田学編著 | 二八〇〇円 |
| 現代日本の教育課題——二一世紀の方向性を探る | 上田学編著 | 二八〇〇円 |
| バイリンガルテキスト現代日本の教育 | 岩槻知也他編著 | 三八〇〇円 |
| 人格形成概念の誕生——近代アメリカの教育概念史 | 山口満編著 | 三六〇〇円 |
| 社会性概念の構築——アメリカ進歩主義教育の概念史 | 田中智志 | 三八〇〇円 |
| グローバルな学びへ——協同と刷新の教育 | 田中智志編著 | 二〇〇〇円 |
| 学びを支える活動へ——存在論の深みから | 田中智志編著 | 二〇〇〇円 |
| 教育の共生体へ——ボディ・エデュケーショナルの思想圏 | 田中智志編 | 三五〇〇円 |
| 社会形成力育成カリキュラムの研究 | 西村公孝 | 六五〇〇円 |
| 社会科は「不確実性」で活性化する——未来を拓くコミュニケーション型授業の提案 | 吉永潤 | 二四〇〇円 |

〒113-0023 東京都文京区向丘1-20-6
TEL 03-3818-5521 FAX03-3818-5514 振替 00110-6-37828
Email tk203444@fsinet.or.jp URL:http://www.toshindo-pub.com/

※定価：表示価格（本体）＋税

# 東信堂

| 書名 | 著者 | 価格 |
|---|---|---|
| 感情と意味世界 | 松永澄夫 | 二八〇〇円 |
| 経験のエレメント——体の感覚と物象の知覚・質と空間規定 | 松永澄夫 | 四六〇〇円 |
| 価値・意味・秩序——もう一つの哲学概論：哲学が考えるべきこと | 松永澄夫 | 二六〇〇円 |
| 哲学史を読むⅠ・Ⅱ | 松永澄夫 | 各三八〇〇円 |
| 概念と個別性——スピノザ哲学研究 | 朝倉友海 | 四六四〇円 |
| 〈現われ〉とその秩序——メーヌ・ド・ビラン研究 | 村松正隆 | 三八〇〇円 |
| 省みることの哲学——ジャン・ナベール研究 | 越門勝彦 | 三二〇〇円 |
| ミシェル・フーコー——批判的実証主義と主体性の哲学 | 手塚博 | 三二〇〇円 |
| メルロ＝ポンティとレヴィナス——他者への覚醒 | 屋良朝彦 | 三八〇〇円 |
| 堕天使の倫理——スピノザとサド | 佐藤拓司 | 二八〇〇円 |
| 画像と知覚の哲学——現象学と分析哲学からの接近 | 小熊正久・清塚邦彦編著 | 二九〇〇円 |
| 〔哲学への誘い——新しい形を求めて 全5巻〕 | | |
| 自己 | 松永澄夫編 | 三二〇〇円 |
| 世界経験の枠組み | 鈴木泉編 | 三二〇〇円 |
| 社会の中の哲学 | 松永澄夫編 | 三二〇〇円 |
| 哲学の振る舞い | 村瀬鋼編 | 三二〇〇円 |
| 哲学の立ち位置 | 高橋克也編 | 三二〇〇円 |
| 食を料理する——哲学的考察 | 伊佐敷隆弘編 | 三二〇〇円 |
| 言葉の力（音の経験・言葉の力第Ⅰ部） | 浅田淳一編 | 二五〇〇円 |
| 音の経験（音の経験・言葉の力第Ⅱ部）——言葉はどのようにして可能となるのか | 松永澄夫 | 二八〇〇円 |
| 言葉は社会を動かすか | 松永澄夫編 | 二三〇〇円 |
| 言葉の働く場所 | 松永澄夫編 | 二三〇〇円 |
| 言葉の歓び・哀しみ | 松永澄夫編 | 二〇〇〇円 |
| 環境安全という価値は… | 松永澄夫編 | 二三〇〇円 |
| 環境設計の思想 | 松永澄夫編 | 二三〇〇円 |
| 環境文化と政策 | 松永澄夫編 | 二三〇〇円 |

〒113-0023 東京都文京区向丘1-20-6　TEL 03-3818-5521　FAX 03-3818-5514　振替 00110-6-37828
Email tk203444@fsinet.or.jp　URL:http://www.toshindo-pub.com/

※定価：表示価格（本体）＋税